Das Buch

Die Anthropologie, ursprünglich als vornehmlich naturwissenschaftliche Disziplin begründet, hat vielfältige Wandlungen und Ausweitungen erfahren. Insbesondere die Philosophie hat sich seit jeher mit der Frage nach dem Wesen des Menschen auseinandergesetzt und den anthropologischen Problemstellungen entscheidende Impulse verliehen. Allerdings gibt es in Deutschland bisher kein »Paradigma einer umfassenden wissenschaftlichen Anthropologie« (C. F. v. Weizsäcker), dagegen eine Vielfalt anthropologisch ausgerichteter Forschungen und Erkenntnisse verschiedenster Fachrichtungen.
Der vorliegende Band hat es sich zum Ziel gesetzt, einen Überblick über die unterschiedlichen Betrachtungsweisen zu geben und dabei den ganzen Menschen ins Blickfeld zu rücken. Angesichts der Breite des Themas können hier nur Beispiele ausgewählt, viele Einzelfragen nur gestreift werden. Das Buch bietet jedoch einen Einblick in den Stand gegenwärtiger anthropologischer Forschung und zugleich eine Fülle interessanter Erkenntnisse über Wesen, Verhalten und Handeln des Menschen.

Der ganze Mensch
Aspekte einer pragmatischen Anthropologie

Herausgegeben von Hans Rössner

Deutscher
Taschenbuch
Verlag

Originalausgabe
November 1986

Umschlaggestaltung: Celestino Piatti
Umschlagbild: Kykladisches Idol (Hirmer Fotoarchiv
München)
Gesamtherstellung: C. H. Beck'sche Buchdruckerei,
Nördlingen
Printed in Germany · ISBN 3-423-04447-0

Inhalt

Bemerkungen zum anthropologischen Defizit
von Hans Rössner 9

Mensch und Umwelt. Frühgeschichte einer Anpassung
von Hubert Markl 29

Von der Natur des Menschen in der Kultur
von Christian Vogel 47

Werkzeug, Bild und Grab. Vom Transanimalischen im Menschen
von Hans Jonas 67

Universalien im menschlichen Sozialverhalten
von Irenäus Eibl-Eibesfeldt 80

Sind Rassenmischungen biologisch schädlich?
von Friedrich Vogel 92

Über die zeitliche Struktur des Bewußtseins
von Ernst Pöppel 110

Unterwegs zu einer anthropologischen Linguistik
von Mario Wandruszka 127

Was weiß die Medizin vom Menschen?
von Thure von Uexküll 146

Die Ungleichheit der Intelligenz und das Ideal der Gleichheit
von Bernhard Hassenstein 169

Zur Rationalität der Emotionen
von Klaus R. Scherer 180

Triebe und Triebschicksale
von Margarete Mitscherlich-Nielsen 192

Anthropologie des religiösen Opfers. Die Sakralisierung der Gewalt
von Walter Burkert 205

Die Angst und der Staat. Fragen und Thesen zur Geschichte menschlicher Affekte
von Christian Meier 228

Merkende Vernunft. Betrachtungen über Vernunft und Zufall beim Menschen
von Odo Marquard 247

Über einige Voraussetzungen und Randbedingungen der Anthropologie
von Hans Rössner 257

Die Autoren 282

Der Mensch ist zur Vernunftfähigkeit organisiert.

Johann Gottfried Herder

Bemerkungen zum anthropologischen Defizit
von Hans Rössner

> Ein herrschendes Paradigma einer umfassenden wissenschaftlichen Anthropologie hat es bisher nicht gegeben. Es hat zersplitterte Einzelwissenschaften mit anthropologischen Fragestellungen gegeben. Fragen wir überhaupt nach einer umfassenden Anthropologie, so philosophieren wir bereits.
>
> Carl Friedrich von Weizsäcker[1]

Weizsäckers Feststellung legt Fragen nahe. Verweist das von ihm behauptete fachwissenschaftliche Defizit nur auf Versäumnisse, Schwachstellen oder Fehlentwicklungen einer einzelnen Wissenschaft? Oder kann sie den Anspruch einer umfassenden wissenschaftlichen Bewältigung ihres »Gegenstands« nicht erfüllen? Wenn dem so wäre, müßte man fragen, woran das liegt und ob der schon so oft beklagte Mangel womöglich in der Sache selbst zu suchen wäre. Mit »der Sache selbst« ist hier der ganze Mensch als Objekt der Wissenschaft gemeint. Sperrt und widersetzt sich vielleicht der »Gegenstand« einem umfassenden wissenschaftlichen Zugriff und Verständnis – also dem, was Adolf Portmann schon vor Jahrzehnten so bescheiden wie dringlich als »Versuch einer gründenden Zusammenfassung der wissenschaftlich möglichen Aussagen vom Menschen – eine schlichte basale Anthropologie« gefordert hat[2]? Auch Portmann stellte resignierend fest, es sei bisher nur eine Vielzahl »latenter Anthropologien« am Werke. Aber wenn man sich auch über die Schwierigkeiten einer solchen Unternehmung nicht täuschen dürfte, so Portmann, sollte man sich zumindest mit der Forderung nach einer *gründenden Lehre vom Menschen* auseinandersetzen.

Es gibt also offenbar Stolpersteine auf dem Wege zu einer umfassenden Wissenschaft vom Menschen, kleine und große, und am Ende vielleicht sogar unüberwindliche Hindernisse. Fragen wir darum etwas genauer, wie es mit der Anthropologie als Fachwissenschaft bestellt sei. Es gibt kritische Darstellungen und gut dokumentierte Belege. Zwei Beispiele aus jüngster Zeit seien angeführt.

Vor wenigen Jahren ist eine breit und gründlich angelegte »Untersuchung zur Lage der deutschen Anthropologie« erschienen[3]. Die an Tierfabeln erinnernde Metapher des Haupttitels ›Maus und Schlange‹ verdankt der Band dem provokanten Vergleich eines zeitgenössischen Anthropologen: die neuere Anthropologie sehe sich gebannt vor der Humangenetik sitzen – »wie die Maus vor der Schlange«. Selbstwahrnehmung eines Faches, das sich nicht erst seit gestern in einer permanent kritischen Selbsteinschätzung sieht. Die eigne Lagebeschreibung wird noch unterminiert durch die Frage eines Humangenetikers, wozu man die Anthropologie als Fachwissenschaft denn heute überhaupt noch brauche. Eine solche in Konkurrenzzonen zwischen Fachgebieten nicht ganz seltene freund-feindnachbarliche Frage mag zunächst auf einen wünschbaren Punkt Null zielen. Man kann sie aber, im Gegensinn, auch als eine grundsätzliche Frage verstehen, die positive Antworten herausfordert – ja, wozu brauchten wir denn heute eine integrierte Anthropologie? Auf diese Frage versucht der vorliegende Band eine, wenn auch nur vorläufige Antwort zu geben.

Freilich sollen dabei nicht nur äußere Existenzfragen eines wissenschaftlichen Faches, sondern tieferreichende, fundamentale Fragen jeder Anthropologie mit umfassendem Anspruch ins Blickfeld gerückt werden. Es wäre ja denkbar, daß das vielberufene und -beredete anthropologische Defizit vor einem unlösbaren – *anthropologischen* – Dilemma steht und in ihm steckenbleiben muß –, weil der wissenschaftlich mit sich selbst befaßte Mensch immer Subjekt und Objekt zugleich ist, weil alles wissenschaftliche Fragen nach dem »Wesen des Menschen« an ein vorwissenschaftliches Selbstverständnis des Menschen gebunden ist, das zumindest der Objektivität wissenschaftlicher Aussagen gewisse Sperren und Grenzen setzt. Aber es hilft der Fachwissenschaft kaum weiter, wenn man ihr wissenschaftstheoretisches Dilemma als erkenntnistheoretisches verstehen wollte, um es am Ende der philosophischen Anthropologie zu überlassen. Augustins Feststellung »Quaestio mihi factus est« – »Ich bin mir selbst zur Frage geworden« – könnte sich als belastende Mitgift für jede Wissenschaft vom Menschen herausstellen, auch wenn beispielsweise Hannah Arendt behauptet, als höchst entwickelte Gattung des organischen Lebens könne sich der Mensch nur der Frage stellen: *Was* sind wir? – Wer wir sind, könne allenfalls ein Gott beantworten, wozu Hannah Arendt anmerkt, es handle sich dann meistens um die Konstruktion eines »Philosophengottes«. Die Tatsache, daß Versuche, das Wesen des Menschen zu bestimmen, so leicht zu Vorstellungen führen, die uns nur deshalb als »göttlich« anmuten, weil sie offenbar Übersteigerungen eines Menschlichen beinhalten, dürfte uns argwöhnisch gegen den Versuch machen, das Wesen des Menschen *begrifflich* zu bestimmen[4]. Man wird andrerseits darauf hinweisen müssen, daß jede begriffliche Definition *des* Menschen in Abstraktion und Reduktion landet.

Leszek Kolakowski geht noch weiter, wenn er meint, die zeitgenössische Anthropologie sei eine genuin europäische Wissenschaft, indem sie verlange, »die eigenen moralischen und ästhetischen Normen, Urteile und Denkgewohnheiten zu suspendieren, um so weit wie möglich in die Betrachtungsweise des anderen einzudringen, sich dessen Wahrnehmungen zu eigen zu machen«. Die Stellung des Beobachters einzunehmen, der sich selbst von außen betrachtet, könne zwar teilweise gelingen. Das volle Gelingen scheitere aber an einer erkenntnistheoretisch unmöglichen Situation – eben an jener Subjekt-Objekt-Identität des Gegenstandes *und* des Beobachters[5].

In seinem Essay ›Europa und die Illusion des kulturellen Universalismus‹ meint Kolakowski, der Versuch, sich ganz in den Forschungsgegenstand zu versetzen und zugleich die objektive Haltung des Wissenschaftlers zu bewahren, sei dennoch nicht vergebens. Die Stellung des Beobachters, der sich selbst von außen betrachtet, erfordere, daß er imstande sei, sich eigener Urteile zu enthalten. Solche Enthaltung habe aber kulturelle Wurzeln; denn sie besteht in einem Verzicht, der nur zu leisten ist innerhalb einer spezifischen Kultur, die ihn ermöglicht – einer Kultur, die sich dieser Anstrengung, den anderen zu verstehen, fähig erwiesen hat, »weil sie vermochte, sich selbst in Frage zu stellen«. Hier wird also die Frage nach einer effektiven Anthropologie in das Vorverständnis der abendländisch-europäischen Kultur eingebunden. Das mag auch in unserm Zusammenhang im Blick auf die Wissenschaft vom Menschen nicht ohne Bedeutung sein.

Aber genug der Fragen und Vorbehalte, die allesamt freilich verhindern sollten, daß wir mit allzu wohlgemutem Positivismus eine umfassende Wissenschaft vom Menschen statuieren, die es nicht gibt, nie gegeben hat und vielleicht auch künftig nicht geben *kann.* Als ein kritisches Leitmotiv zieht sich darum durch die reichlich diffuse Krisendiskussion, die Anthropologie fasse ihre Probleme und Projekte viel zu weit, es gehe um

»Frontverkürzung der Aufgaben und Inhalte der Forschung« und am Ende um die Preisgabe »unerfüllbarer Kompetenzansprüche«, nämlich ein integriertes Menschenbild zu entwickeln (so Christian Vogel in einem früheren Grundsatzreferat)[6]. Ist die wissenschaftliche Anthropologie vielleicht von vornherein mit einem zu umfassenden Anspruch angetreten oder gehen nur neuere Konzepte viel zu weit?

Wenn Johann Gottfried Herder in seinen ›Ideen zur Philosophie der Geschichte der Menschheit‹ (1784–1791), seinem unvollendeten Hauptwerk, konstatiert, der Mensch sei zur *Vernunftfähigkeit* organisiert, dann verdient das die Anmerkung, daß nicht gesagt wird, er sei damit auch schon zum stetigen Gebrauch der Vernunft programmiert. Daneben heißt es beim großen Vordenker einer kommenden Wissenschaft vom Menschen: »In so verschiedenen Formen das Menschengeschlecht auf der Erde erscheint: so ist's doch überall ein und dieselbe Menschengattung«[7].

Neben das Zitat von der Vernunftfähigkeit wird häufig ein zweites, noch geläufigeres, noch berühmteres gestellt. Der Mensch ist, nach Herder, der erste *Freigelassene der Schöpfung*. Das klingt nach stolzer Gewißheit und ist doch auch wieder nur als Chance gemeint, wenn man den Satz in seinem Kontext beläßt, dort heißt es nämlich:

»Der Mensch ist der erste Freigelassene der Schöpfung; er steht aufrecht. Die Waage des Guten und Bösen, des Falschen und Wahren hängt in ihm: er kann forschen, er soll wählen. Wie die Natur ihm zwei freie Hände zu Werkzeugen gab und ein überblickendes Auge, seinen Gang zu leiten: so hat er auch in sich die Macht, nicht nur die Gewichte zu stellen, sondern auch ... selbst Gewicht zu sein auf der Waage. Er kann dem trüglichsten Irrtum Schein geben und ein freiwillig Betrogener werden: er kann die Ketten, die ihn, seiner Natur entgegen, fesseln, mit der Zeit lieben lernen ... Wie es also mit der getäuschten Vernunft ging, geht's auch mit der mißbrauchten oder gefesselten Freiheit; sie ist bei den meisten das Verhältnis der Kräfte und Triebe, wie Bequemlichkeit oder Gewohnheit sie festgestellt haben. Selten blickt der Mensch über diese hinaus und kann oft, wenn niedrige Triebe ihn fesseln und abscheuliche Gewohnheiten ihn binden, ärger als ein Tier werden.

Indessen ist er, auch seiner Freiheit nach, und selbst im ärgsten Mißbrauch derselben ein König. Er darf doch wählen ...«

Zugegeben, das ist *philosophische* Anthropologie, deren ingeniöser Zugriff bis heute kaum überboten worden ist. Als Herder aber im genannten Werk über den Menschen anthropologisch zu philosophieren beginnt, da verweist er vergleichend auf Blumenbachs Befunde bei der Anatomie eines Affengehirns[8].

Johann Friedrich Blumenbach (1752–1840) war Mediziner an der Universität Göttingen, las aber auch über allgemeine Naturgeschichte und darin eingeordnet über die Naturgeschichte des Menschen. Das hat ihm den Ehrentitel »Vater der deutschen Anthropologie« eingebracht. Mit ortsgebundener Nachwirkung: 1861 wurde, ebenfalls in Göttingen, das eigenständige Fach Anthropologie begründet. Initiator war der Deutschbalte Karl Ernst von Baer (1792–1876), Professor für Zoologie in Königsberg und später an der Akademie der Wissenschaften in St. Petersburg. Seine anthropologischen Vorlesungen behandelten allgemeine Anatomie und Physiologie, bis er, inzwischen schon weithin bekannt und berühmt, als vergleichender Anthropologe zu arbeiten begann. Bei der Gründungsversammlung in Göttingen ging es dann auch vor allem um Beschaffung und Bereitstellung »reichhaltigen Materials« für vergleichende Anthropologie. Man verstand die neue Wissenschaft streng als Naturwissenschaft, wobei »vor allen Dingen jede philosophische Betrachtung über den Menschen ... ganz ausgeschlossen bleiben« sollte[9]. Die späteren Gründungen der Berliner (1869) und der Deutschen (1870) Gesellschaft für Anthropologie, Ethnologie und Urgeschichte seien nur noch erwähnt. Prägender Gründervater war damals Rudolf Virchow, berühmter Pathologe an der Universität Berlin, Mitbegründer und Führer der Fortschrittspartei im preußischen Landtag. Einer der großen, auch anthropologisch zu lesenden Texte aus dem 19. Jahrhundert ist Virchows Bericht über die Typhusepidemie 1849 in Oberschlesien und darin sein, wenn auch zunächst noch folgenloser Hinweis auf die psychosoziale Genese und Prophylaxe von Krankheiten. Schließlich ist Virchow als Schöpfer der Zellularpathologie in die Medizingeschichte eingegangen, »doch haben wir vergessen oder verdrängt, daß er der eigentliche Begründer der psychosomatischen Medizin und der Medizinsoziologie gewesen ist« (Herbert Begemann).

Dies zur Vorgeschichte des Fachs. Das heißt freilich nicht, daß anthropologische Fragestellungen und Forschungen nicht viel weiter zurückreichten, eingebunden in abendländische Philosophie, Theologie, Medizin und beginnende Naturwissenschaften. Was sich bei Herder und seinen Nachfahren anbahnt, das ist ja auch ein Bruch, ein weit- und tiefreichender »Paradigmenwechsel« im abendländischen Denken und dem zugrundeliegenden Kulturbewußtsein. Das Fortleben und Fortwirken dreier – auch anthropologisch zu verstehender – Traditionen wird künftig nicht nur Kursänderungen aufweisen, sondern zu geistesgeschichtlichen Reduktionen gelangen und schließlich zur Auflösung führen. Gemeint sind die Moralisten, vor allem französischer Prägung (und vor ihnen der immer wieder neu zu entdeckende Montaigne), die deutsche Aufklärung und der abendländische Humanismus; gemeint ist jenes in der römischen Republik begründete Nachdenken über Wesen, Zweck, Ziel und Sinn des Menschlichen, ein vielfältiges und weiträumiges, humanes Denk- und Verhaltenskonzept, eher anthropozentrisch als im engeren Sinne anthropologisch, aber über anderthalb Jahrtausend beständig rückfragend nach dem kulturell-ethischen Selbstverständnis des Menschen in seinem irdischen Dasein, diesseits aller vermeintlichen Selbstentfremdung durch überirdische Wahrheiten oder natürliche Mächte.

Das große Thema der Moralisten: die Lenkbarkeit der Leidenschaften, ja ihre Bekämpfung, die natürlichen Grundlagen unseres moralischen Bewußtseins und das heute nur noch von fern erinnerte Leitbild einer humanen Lebenskunst. Das Thema der Aufklärung: eine rational gesteuerte, praktikable Vernünftigkeit, als Leitbild freilich immer in Gefahr, den Menschen mit Vernunft gleichzusetzen und einem verengenden Rationalismus zu verfallen, von dem unsere Wissenschaftsgläubigkeit bis heute noch zehrt.

Herder fordert eine *Physiologie* der menschlichen Erkenntniskräfte als Unterbau wahrer Humanität. Gewiß ein bedeutender anthropologischer Ansatz, zugleich aber auch Widerspruch und Widerstand gegen Kants moralischen Rigorismus.

Aber auch Kant hat ja die praktische oder gar die reine Vernunft ummißverständlich von einer Anthropologie in pragmatischer Hinsicht unterschieden. Dazu nur der Hinweis auf die berühmten vier Fragen in seiner ›Logik‹: Was kann ich wissen? Was soll ich tun? Was darf ich hoffen? Was ist der Mensch? Die dritte Frage wird an die Religion verwiesen, die vierte an die Anthropologie. Im Grunde aber, meint Kant, könnte man »alles dieses zur Anthropologie rechnen, weil sich die drei ersten Fragen auf die letzte beziehen«[10]. Ihm geht es zunächst darum, die Quellen des menschlichen Wissens zu bestimmen, den Umfang des möglichen und nützlichen Gebrauchs allen Wissens, und endlich – die »Grenzen der Vernunft. Das letztere ist das Nötigste, aber auch das Schwerste ...« Wenn Kant dann in seiner ›Anthropologie in pragmatischer Hinsicht‹ – einer über Jahre hin wiederholten Vorlesung, die 1798 erstmals als Buch erschien und der bereits 1800 eine »zweyte verbesserte Auflage« folgte, eine »Lehre vom Menschen, systematisch abgefaßt« darbot, dann sollte diese Lehre entweder in physiologischer oder in pragmatischer Hinsicht traktiert werden; denn: »die physiologische Menschenkenntnis geht auf die Erforschung dessen, was die Natur aus dem Menschen macht, die pragmatische auf das, was er, als freihandelndes Wesen aus sich selber macht oder machen kann und soll«[11].

Die drei Bücher des ersten Teils von Kants Anthropologie handeln vom Erkenntnisvermögen, vom Gefühl der Lust und Unlust und vom Begehrungsvermögen. Der zweite Teil bietet eine anthropologische Charakteristik »der menschlichen Person nach Naturell, Temperament und Denkungsart; des Geschlechts, des Volkes, der Rasse, der Gattung« und schließt mit einer Schilderung des »Charakters der Menschengattung«.

In seiner Vorrede verweist schon Kant auf erkenntnistheoretische wie praktische Schwierigkeiten, die Anthropologie »zum Rang einer förmlichen Wissenschaft zu erheben«. Und wenn er auf die Quellen anthropologischer Forschung zu sprechen kommt, dann bezieht er weit ausgreifend »Weltgeschichte, Biographien, ja Schauspiele und Romane« mit ein; denn mögen erdichtete Charaktere und Situationen auch übertrieben sein, so müssen sie »der Qualität nach« doch mit der menschlichen Natur übereinstimmen.

Kant hat »einige dreißig Jahre hindurch zwei auf Weltkenntnis abzweckende« Vorlesungen gehalten, eben über Anthropologie und über »physische Geographie« – neben »meinem anfänglich frei übernommenen, späterhin mir als Lehramt aufgetragenen Geschäfte der reinen Philosophie«. Und er verstand diese beiden Vorlesungen als fachwissenschaftliche Disziplinen, wenn er einleitend anmerkt, daß jedes einzelne Thema in das zugehörige Fach zu stellen sei, wobei »die Einheit des Plans« ermögliche, daß die vielfältigen Themen »gerade« – und das heißt doch wohl auch: *gerade noch* – »zu einem Ganzen vereinigt werden«[12]. Kants Entwurf einer pragmatischen Anthropologie ist bis heute unerfülltes, ja weithin vergessenes Programm geblieben.

Mehr als anderthalb Jahrhunderte später wird Weizsäcker feststellen, zur Beantwortung der Frage »Was ist der Mensch?« besäßen wir, wissenschaftlich gesagt, »keinen integrierenden anthropologischen Ansatz«. Und auch er fährt fort, vermutlich sei diese Lücke im Kern eine notwendige Folge der objektivierenden Methode der Wissenschaft: »Positive Wissenschaft im neuzeitlichen Sinn beruht methodisch darauf, die im Konsens der Wissenschaftler entscheidbaren Fragen zu stellen, die so nicht entscheidbaren Fragen aber ausdrücklich abzuweisen (und dann oft ganz zu vergessen)«[13].

Es brauchte nun eine eigne wissenschaftsgeschichtliche Untersuchung – die in unserm Zusammenhang gar nicht geleistet werden kann –, ob jemals, und bis in die neueste Zeit, der theoretische Versuch unternommen worden ist, die konsensfähigen Fragen so zu bündeln, daß daraus ein integrierender Ansatz für eine wissenschaftlich umfassende Anthropologie hätte entstehen können. Oder ob alle solche Versuche von vornherein – und seit langem – an der mangelnden Konsensfähigkeit wichtiger anthropologischer Fragen zum Scheitern verdammt gewesen wären? Oder gab es fürs Scheitern auch noch andere Gründe?

Überschaut man die Gesamtentwicklung der Anthropologie auch nur oberflächlich, dann werden in der Geschichte des Fachs neben ungelösten theoretischen Grundfragen gewiß eine ganze Fülle von Ansatzpunkten, aber auch große Lücken in der bisherigen Forschung sichtbar. Freilich kommt die eingangs erwähnte ›Untersuchung zur Lage der deutschen Anthropologie‹ gegen alle festgestellten Defizite zu dem gedämpft positiven Ergebnis, daß von Anfang bis heute eine Reihe von Fragestellungen die anthropologische Fachwissenschaft durchziehen: »ein fester Kern wird damit sichtbar«[14]. Gemeint ist »die diachronische und synchronische Variabilität des Menschen« oder konkreter: »die Evolutions- und Bevölkerungsbiologie des Menschen«. Damit wird über einen vergleichsweise langen Zeitraum auch so etwas wie ein mögliches Selbstverständnis des Fachs deutlich. Das erstmals 1914 erschienene ›Lehrbuch der Anthropologie‹ von Rudolf Martin beginnt mit dem Satz: »Die Anthropologie ist die Naturgeschichte der Hominiden in ihrer zeitlichen und räumlichen Ausdehnung«, und als Kernthema bezeichnet derselbe Autor »die Variabilität normaler biologischer Merkmale der Hominiden«[15].

Nimmt man diese programmatischen Formulierungen ohne Rückfrage nach Theorie und Methoden, so wird, gleichsam von einem topographischen Punkt aus, dreierlei deutlich. Einmal, daß hier in der Tat so etwas wie eine durchgehende, fundamentale Fragestellung formuliert scheint, die allerdings, mehr als ein Dreivierteljahrhundert später, Christian Vogel als Anspruch der deutschen Anthropologie wesentlich breiter, differenzierter und tiefergreifend formuliert hat: »das Problemfeld Evolution des Menschen in Vergangenheit, Gegenwart und Zukunft zu beschreiben, zu analysieren und zu interpretieren«. Vogel zitiert damit die Definition einer Arbeitsgruppe deutscher biologischer Anthropologen aus dem Jahre 1981[16]. Versteht man diese Definition so weiträumig und anspruchsvoll wie möglich, dann mag man auf Aspekte und Perspektiven kommen, die beträchtlich über die biologischen Grenzen des Fachs hinausweisen. Unübersehbar bleibt aber auch, daß das Fach, indem es sein biologisches Konzept neu entfaltet, damit wie selbstverständlich einer langen Tradition folgend, einen noch umfassenderen Anspruch aufgibt – und das meint sowohl Kants großangelegtes Konzept wie den Verzicht auf einen integrierenden Ansatz im Hinblick auf den *ganzen* Menschen. Dies anzumerken heißt freilich nicht, das so anspruchsvoll wie selbstkritisch formulierte Konzept der modernen *biologischen* Anthropologie in Frage zu stellen.

Da von der Historie der wissenschaftlichen Anthropologie die Rede ist, wenn auch nur in großen Sprüngen, so sollten die ideologische Verstrickung und der politische Mißbrauch des Fachs in der Zeit des Nationalsozialismus nicht übergangen werden. Die Umbenennung der Gesellschaft für physische Anthropologie in Gesellschaft für Rassenkunde hatte gewiß mehr als nur fachwissenschaftliche Bedeutung. Sie signalisierte ein politisches Programm, nicht nur der physischen Menschenvernichtung, sondern auch der Zerstörung eines abendländischen Menschenbildes, deren Folgen noch längst nicht getilgt sind – Folgen, die nicht nur zur stillschweigenden Tabuierung wissenschaftlicher Themen (etwa der Rassenprobleme), sondern auch zu einer tiefen Verunsicherung des Fachs beigetragen haben, deren Überwindung – wie auf vielen anderen geistigen Feldern auch – eher im Schweigen und Verzicht als in entschiedenem Neubeginn gesucht wurde. Wobei es auch in der Wissenschaft nicht nur um die Wiederherstellung, sondern auch um den Neuentwurf eines wahreren Menschenbildes ging und bis auf den heutigen Tag geht. Denn das Regime des Nationalsozialismus hatte ja auch einmal mehr gelehrt und praktiziert, daß wir Menschen von und in Vorstellungen und aus Leitbildern leben, die wir uns – und seien sie noch so verfälscht und entstellt – von uns selbst machen.

Zehn Jahre vor der genannten »Untersuchung« hatte 1972 eine auf sieben Bände angelegte ›Neue Anthropologie‹ zu erscheinen begonnen, herausgegeben von Hans-Georg Gadamer und Paul Vogler, gegliedert in Biologische Anthropologie, Sozialanthropologie, Kulturanthropologie, Psychologische und Philosophische Anthropologie[17]. In unserem Zusammenhang das zweite Beispiel mit breiter Dokumentation der Lage und der fortschreitenden Ausfächerung anthropologischer Forschung. Gadamers Vorwort kommt zu der Feststellung, niemand könne sich heute einbilden, »wir vermöchten die Integration wirklich zu vollziehen, nach der wir für unser Wissen vom Menschen verlangen. Unsere Erkenntnisfortschritte unterliegen dem Gesetz zunehmender Spezialisierung, d.h. auch der zunehmenden Erschwerung ihrer Zusammenfassung. Das Handeln des Menschen ... entbehrt offensichtlich einer einheitlichen wissenschaftlichen Grundlage«[18].

Gadamer erläutert das an Beispielen, so, wenn er fragt, ob sich mit den Mitteln der Wissenschaft verstehen läßt, was »Selbstbewußtsein« sei. Man könne zwar an Modellen und mit Simulationen verdeutlichen und erklären, also auf sehr komplizierte Weise Bewußtsein zum Gegenstand naturwissenschaftlicher Forschung machen. Aber es bleibe am Ende eine offene, unbeantwortbare Frage, ob eine künftig vollendete Kybernetik eine Menschenmaschine machen könne; denn es gehe ja darum, *»was Menschen mit ihrem Können wollen«* – gewiß eine unüberholbare Grundfrage des Menschseins, die weit über alle Wissenschaft und Computertechnik hinausweist.

Und was die Integration unseres neuen Wissens vom Menschen, einer wahren Fülle von Einzelwissen, betrifft, so meint Gadamer resignierend mit zugleich bescheidenem Optimismus, ein »richtiges« Menschenbild, das sei vor allem ein durch Naturwissenschaft, Verhaltensforschung, Ethnologie wie durch die Vielfalt geschichtlicher Erfahrung »entdogmatisiertes« Menschenbild. Auch wenn man zu den genannten Wissenschaften noch die Linguistik, die Sozialwissenschaft und die Psychologie, die Humanethologie und manches mehr hinzunimmt, wird man Gadamers skeptischem Resümee zweierlei entnehmen können. Hier wird – erstens – eine wissenschaftsmethodisch und -theoretisch nicht integrierbare Vielfalt anthropologischer Forschung vorausgesetzt, die – zweitens – nur philosophisch zum »richtigen« – vielleicht sollte man vorsichtig beim komparativen »richtigeren« bleiben? – und »entdogmatisierten« Menschenbild führen kann. Aber das »richtige« oder »falsche« Bild setzt ja schon normative Vorstellungen voraus, die nur die Philosophie in ihre, den Einzelwissenschaften gegenüber hermeneutische Funktion einbeziehen kann. Denn auch die wissenschaftlichen Anthropologien müssen auf normative Ansprüche verzichten, wenn sie »entdogmatisierend« wirken wollen und sollen. Sie können zwar etwas über Werte und Normen aussagen, können sie aber nicht aus eigner Zuständigkeit legitimieren. Das mag Problem und Auftrag einer philosophischen Ethik sein, auch wenn sich die philosophische Anthropologie nur »reaktiv« oder »verarbeitend«, nicht »begründend« versteht[19]. Denn wissenschaftliche Anthropologien »stehen allemal vor der Schwierigkeit« – so sieht es Habermas –, »daß empirische Verallgemeinerungen von Verhaltensmerkmalen zu schwach, ontologische Aussagen über das Wesen des Menschen zu stark sind«[20].

Dem eher reduktionistischen Lage- und Selbstverständnis der fachwissenschaftlichen Anthropologie und der zerstreuten und öfter auch isolierten anthropologischen Forschung in sehr verschiedenen Fachbereichen steht eine merkwürdig gegenläufige, integrierende und systematisierende Entwicklung gegenüber, nämlich die Entfaltung einer philosophischen Anthropologie in diesem Jahrhundert, deren hermeneutische Funktion und Bedeutung für ein »richtigeres Menschenbild« sowohl nach Niveau als auch nach Substanz und Konturen kaum überschätzt werden kann. Als schon ergiebiges Vorfeld dieser Entwicklung darf man die neuere Lebensphilosophie sehen und Namen wie Nietzsche, Dilthey, Bergson, Simmel, Klages u.a. nennen bis hin zu Ernst Cassirers spätem ›Essay on Man‹ von 1944 (deutsch 1960). Deren mittelbare, teilweise auch unmittelbare Wirkung auf die neuere philosophische Anthropologie dürfte ebenso unbestritten sein wie etwa die Wirkung Nicolai Hartmanns auf wissenschaftstheoretische und erkenntniskritische Fundamentalfragen der modernen vergleichenden Verhaltensforschung. Das mag für Hartmanns Kategorienlehre ebenso gelten wie für die Wiederbelebung seines Gedankens der

»Schichtung« allen organischen Lebens in seinem ›Aufbau der realen Welt‹.

Das wohl markanteste Datum der neueren philosophischen Anthropologie dürfte – auf deutschsprachiger Szene – 1928 sein. Damals erschien Max Schelers berühmter Vortrag ›Die Stellung des Menschen im Kosmos‹ – der Entwurf zu einer geplanten Anthropologie, zu deren Ausarbeitung Scheler dann nicht mehr gekommen ist. Und im gleichen Jahr erschien Helmuth Plessners ›Die Stufen des Organischen und der Mensch‹, ein nicht minder bedeutender Entwurf. Das zunächst philosophiegeschichtliche Ereignis, folgenreich im Gesamtfeld der Anthropologie bis in unsere Tage, ist freilich noch in weiterem philosophischem Zusammenhang zu sehen. Ein Jahr vorher war der erste Band von Heideggers ›Sein und Zeit‹ erschienen[21].

Plessner hat in einem späten Aufsatz über den ›Aussagewert einer philosophischen Anthropologie‹[22] auf, wie er es nannte, Heideggers frühe »Sperrklausel« verwiesen. Heideggers Daseinsontologie schien den Neuansatz einer philosophischen Anthropologie auf biologischer Grundlage von vornherein zu überholen, zu konterkarieren, wenn nicht zu desavouieren. Plessner zitiert aus Heideggers Kant-Buch: Alle Anthropologie, auch die philosophische, habe den Menschen schon als Menschen gesetzt »und damit die Voraussetzungen dieser Setzung aus dem Fragenhorizont ausgeblendet«. In der ›Einführung in die Metaphysik‹ wird noch konstatiert, daß die Wesensbestimmung des Menschen nie Antwort, »sondern wesentliche Frage sei« – und bleibe.

Plessner erwähnt die massiven Einsprüche Heideggers und Jaspers' gegen die Unterordnung der Frage nach dem Menschen in eine biologische Anthropologie, und er nimmt Heideggers fundamental ontologische Feststellung ernst, der Mensch frage nach seinem »Was« und »Ist« offenbar als nach sich selber und nicht nach etwas, auf das ein naturwissenschaftlicher Begriff passen könnte. Aber ganz wider Willen, so Plessner, habe Heidegger der neuen Anthropologie den Weg dennoch offengelassen. Plessner bezieht sich auf die schon zitierten Fragen Kants, wenn er schließlich wohlgemut formuliert: Da eine philosophische Anthropologie in seinem (Plessners) Sinne die Frage, was der Mensch sei, in eine *umfassende Lebensperspektive* einbeziehe und damit den Anschluß an die Erfahrung des Menschen gewinne, halte er den Aussagewert einer *solchen* Anthropologie anderen, auch existenzphilosophischen Aussagen gegenüber, für überlegen.

Aber auch für Plessner blieb, im Blick auf die Vieldeutigkeit der menschlichen Natur, die Frage nach der Conditio humana stets offene Frage, weil die Idee des Menschen »keine fixe Bestimmung enthält«[23]. Gesagt hat er das, indem er die menschliche *Geschichte* in die anthropologische Frage einbezog, was zur Mehrdeutigkeit des Menschen noch erheblich beiträgt; denn: »Das Grundinventar von Normen läßt sich jedenfalls leichter auf Gemeinsamkeiten bringen als die Fülle der Antworten, welche das geschichtliche Leben im Zug der Jahrtausende darauf gefunden hat«[24].

Bei Dilthey war zu lesen, der Mensch erkenne sich nur durch Geschichte, nie durch Introspektion. »Gäbe es eine Wissenschaft des Menschen, so wäre es Anthropologie, die die Totalität der Erlebnisse nach dem Strukturzusammenhang verstehen will ... Auch in den Kultursystemen suchen wir eine anthropologisch bestimmte Struktur, in welcher sich ein X realisiert ...«[25]. Wenn Hannah Arendt in ihrem schon zitierten Buch über die menschliche Bedingtheit spricht, dann versteht sie unter »vita activa« dreierlei, nämlich Arbeiten, Herstellen und Handeln. Die Tätigkeit der Arbeit entspreche dem biologischen Prozeß des menschlichen Körpers, sie führe dem menschlichen Organismus die Lebensnotwendigkeiten zu, ihre Grundbedingung sei das Leben selbst. Im Herstellen dagegen, das eine künstliche Welt von Dingen produziert, manifestiere sich das Widernatürliche eines von der Natur abhängigen Wesens, »das sich der immerwährenden Wiederkehr des Gattungslebens nicht fügen kann und für seine individuelle Vergänglichkeit keinen Ausgleich findet in der potentiellen Unvergänglichkeit des Geschlechts ... Und schließlich das Handeln: Es ist die einzige Tätigkeit, die sich ohne Vermittlung von Materie, Material und Dingen direkt zwischen Menschen abspielt«. Ihre Grundbedingung ist die Tatsache, daß viele Menschen auf der Erde leben, also das Faktum der Pluralität. Dagegen begreife jede »Idee vom Menschen überhaupt« die menschliche Pluralität als unendlich variierbare Reproduktion eines Urmodells »und bestreitet damit von vornherein und implicite die Möglichkeit des Handelns«. Das Handeln bedarf der Pluralität, »in der zwar alle dasselbe sind, nämlich Menschen, aber dies auf die merkwürdige Art und Weise, daß keiner dieser Menschen je einem anderen gleicht, der einmal gelebt hat oder lebt oder leben wird...«[26]

Handeln also auch als die politische Tätigkeit par excellence. Jedem Neuankömmling in der Welt komme die Fähigkeit zu, einen Neuanfang zu machen, und das heißt eben: zu handeln. Ein nachdenkenswerter Hinweis wohl auch darauf, daß das biologische Lebewesen Mensch fähig ist, Geschichte zu haben und Geschichte zu machen, in der sich das manifestiert und gestaltet, was wir Kultur nennen. Ein anthropologisches, in seiner Komplexität wie in seiner humanen Exzentrizität nie ganz überschaubares Urphänomen und – nach Plessner – ein Funktionszusammenhang, also »das ganze Ensemble der für das menschliche Verhalten spezifischen Kennzeichen – und die Tatsache, daß diese Kennzeichen ein inneres System bilden«[27]. Auch für Arnold Gehlen ist Handlung ein zentraler Begriff seiner empirisch-philosophischen Anthropologie: der Mensch als handelnd erkennendes Wesen. »Sowohl die höheren menschlichen Funktionen und Fähigkeiten, wie Phantasie, Sprache, Denken laufen wie die biologisch morphologische Sonderstellung des Menschen im Begriff ›Handlung‹ zusammen. Der Mensch ist ein handelndes Wesen«[28]. Daß zum Ensemble wie zur Bedingtheit des Menschen auch seine Denkfähigkeit, sein Bewußtsein und Selbstbewußtsein, seine Vernunftfähigkeit gehören, sollte in der hier gegebenen »Lageskizze« nicht unerwähnt bleiben.

Soviel zur Historie einer anthropologischen Disziplin und ihrer eigentümlichen Verschränkung mit der Philosophie, die für letztere vielfältig anregend, für die wissenschaftliche Forschung aber nahezu folgenlos geblieben ist. In den sechziger Jahren konnte Odo Marquard noch der Frage nachgehen, was es bedeute, »daß Anthropologie für einen beträchtlichen Umfang des Gegenwartsdenkens kein bloßer Disziplintitel ist, sondern zum Titel für die amtierende Grundphilosophie wird«[29]. Ob das für die achtziger Jahre und das kommende Jahrzehnt noch gleichermaßen gilt, kann bezweifelt werden. Freilich, daß eine starke anthropologische »Grundströmung« im philosophischen Denken wirksam bleiben dürfte, scheint ziemlich sicher. Denn das philosophische Denken korrespondiert, wenn auch oft nur unterschwellig, auch mit alltäglichen Befunden, mit öffentlichem Bewußtsein, mit populären Hoffnungen und Ängsten. Da aber die Beobachtung unabweisbar ist, daß die Frage nach Wesen, Verhalten und Selbstverständnis des Menschen im praktischen Denken und Handeln, in der öffentlichen Diskussion, wenn auch geschwätzig und verworren, weil nicht hinreichend reflektiert, eher noch dringlicher wird, verweist auch dies auf die Dringlichkeit einer wissenschaftlich fundierten, pragmatischen Anthropologie.

Pragmatisch – das meinte schon bei Kant auch: auf das praktische Handeln und Verhalten bezogen, ihm dienend – auf alles, was der Mensch »aus sich selber macht oder machen kann und soll«. Das läuft auch auf gefährlich ideologisierte und emotionsbelastete Begriffe wie *Selbstverständnis* und *Selbstentfremdung* zu, die dringend rationaler Ausnüchterung bedürfen. Solche modisch trivialisierten Wortfetische laufen am Ende so unausweichlich wie leichtfertig auf eine zynische Berufung auf Unfähigkeit hinaus. Der Hinweis auf die ungenutzte Vernunftfähigkeit des Menschen droht nur allzu schnell und allzu oft an der vermeintlichen Eigengesetzlichkeit einer technologischen Zivilisation zu stranden, an einer hilflosen Arroganz des Besserwissens, deren blinder Anthropozentrismus der anthropologischen Aufklärung bedarf. Hierbei geht es auch um »die ständige Reflexion auf die condition verbale des Menschen«[30], die eine anthropologisch fragende Sprachwissenschaft ernstnehmen sollte – auch als jenes denkfaule Verfallensein an die Wörter. Schon Francis Bacon sprach im ›Novum Organon‹ von den *idola fori,* Trugbildern des Marktes, leeren Begriffen, die nur zu Täuschung und Unsinn taugen[31]. Sie gehören zu jenen Bedingungen und Möglichkeiten des Menschlichen, die uns auf einen weiten Erfahrungshorizont verweisen. Die Wahlfreiheit des Menschen, die er sich selbst zuschreibt und verbürgt, bewahrt ihn im Kleinen wie im Großen, als einzelnes Individuum, als Gruppe und als ganze Menschheit keineswegs vor *falscher* Wahl. Herder nannte das »... dem betrüglichsten Irrtum Schein geben und ein freiwillig Betrogener werden ...« (vgl. S. 12).

Auch hier sind die Wissenschaften vom Menschen, ist eine neue Anthropologie aufgerufen, im Konsens mit allen Humanwissenschaften nach den Ursachen, den Voraussetzungen, den Gründen und Folgen zu fragen, wenn auch für die wissenschaftliche Anthropologie gilt, daß Wissenschaft nach Sein und Werden, nicht nach Sollen fragt. Objekt ist dabei immer der »ganze Mensch«, aber dieser ganze Mensch, als Subjekt und Objekt der Wissenschaft, ist nie der Mensch schlechthin. Der bleibt ein abstrakter Begriff, das Abziehbild einer unendlichen Reduktion. Der *ganze* Mensch ist immer der *konkrete* Mensch. Deshalb wird eine sich neu orientierende Wissenschaft vom Menschen sich auch nicht mit idealtypischen Mustern begnügen können, sondern zunächst nach den grundlegenden Universalien fragen müssen, die man nur nicht zu rasch generalisieren darf, um auch die unverzichtbaren Randbedingungen des der natürlichen Evolution entstammenden Kulturwesens Mensch nicht aus den Augen zu verlieren. Wer – zum Beispiel – die Bevölkerungsexplosion in Milliardengrößen hochrechnet, um zu erfahren, wieviel Menschen die Erde ernähren könnte, ohne gleichzeitig zu fragen, wie es dann wohl mit den zivilisatorischen Mindestbedingungen, mit dem kulturellen Bewegungsspielraum, mit den inneren und äußeren Pufferzonen eines unmenschlich anwachsenden Aggressionsbedürfnisses und dem leib-seelischen Wohlbefinden des *ganzen* Menschen bestellt sein würde, der hat in seiner Exploration die conditio humana längst preisgegeben. Auch der Mensch als bisher höchstorganisiertes Geschöpf der Evolution hat sich dank seiner kulturellen Fähigkeiten eine Umwelt erobern müssen, die ihm nicht nur als Nahrungsquelle, sondern als Lebensraum in einem spezifisch menschlichen Sinne – und das heißt zugleich als kulturelle Aufgabe – zuwächst oder sich ihm entzieht. Und diese Umwelt, ob natürlich oder kulturell bestimmt, ist immer auch Partner und Kontrahent. Das mag einer der Gründe sein, warum – als archetypische Überlieferung – bis heute und bis weit in die streng rational und empirisch forschenden Naturwissenschaften *die* Natur nicht nur als pluralistischer Begriff, sondern als mythisches Subjekt oder mythologische Metapher schafft und gestaltet. Ferner Nachhall vom Auszug der Götter?

Was damit – sehr kursorisch – angedeutet werden soll, ist dies: Anthropologisch fragende Wissenschaften sehen sich heute unausweichlich pragmatisch in die Pflicht genommen. Es geht um Anwendung der Ergebnisse anthropologischer Forschung auf sehr vielen Feldern des Menschlichen. Und es sind zum Teil alte, wenn nicht uralte Fragen menschlichen Verhaltens, Handelns und Verstehens, die neu beantwortet werden müssen. Denn heute scheint eine kritische Schwelle erreicht zu sein, die im globalen Sinne nicht folgenlos überschritten werden kann. Und das ist eine Herausforderung, vielleicht die bisher größte auch an anthropologische Forschung, in Konsens und Verein mit sehr verschiedenen Disziplinen, wofür die Beiträge in diesem Band Beispiele bieten. Die Herausforderung ist so groß, weil es sich bei der vielberedeten Krise unseres Menschseins in der Welt nicht allein um Ursachen von gestern und vorgestern handelt, sondern um seit Menschengedenken unaufgearbeitete Probleme unseres Selbst- und Weltverständnisses, während sich die Entwicklungen in nahe und ferne Zukunft – auch dies ein Humanum und damit Thema der Anthropologie! – offenbar schwindelerregend beschleunigen.

In der ›Antigone‹ läßt Sophokles den Chor sagen, nach der wohl neuesten Übersetzung aus den fünfziger Jahren:

> Viel Unheimliches birgt die Welt,
> Allerunheimlichstes ist der Mensch!

In den ersten Jahrzehnten unseres Jahrhunderts wurden die gleichen Verszeilen so übersetzt:

> Vieles Gewaltige lebt, doch nichts
> Gewaltiger als der Mensch.

Oder auch:

> Viel sind die Wunder, keines doch
> Wunderswürdiger als der Mensch!

Nur unterschiedliche Annäherungen oder Willkür der Übersetzer? Oder spiegelt sich in der oszillierenden Semantik auch der immer rascher wechselnde Zeitgeist? Die jüngste Übersetzung mag die Meinung des griechischen Dramatikers am genauesten treffen, so trifft sie auch – über fast zweieinhalbtausend Jahre hinweg – unser heutiges Welt- und Selbstverständnis[32]. Mögen auch Glauben und Vertrauen in Weltlauf und menschliche Vernunft von jeher leicht zu erschüttern gewesen sein, unser Wissen hat sie nicht bestärkt, es hat allenfalls die Ängste gedämpft und gesteuert.

Wenn diese Anmerkungen das Lage- und Selbstverständnis der heutigen Anthropologie im deutschsprachigen Bereich, obwohl nur an wenigen Beispielen und Zitaten, einigermaßen zutreffend beschreiben, warum dann ein Band mit auf den ersten Blick höchst disparat erscheinenden Beiträgen aus ganz verschiedenen anthropologischen Forschungsbereichen? Um das vielberedete Dilemma des Fachs oder das allgemeine anthropologische Defizit einmal mehr mit Beiträgen aus erster Hand zu belegen? Der Untertitel des Bandes ›Aspekte einer pragmatischen Anthropologie‹ modifiziert die Frage, ohne schon auf eine schlüssige Antwort zu verweisen. Nicht Beiträge, Bausteine zu einer »basalen Anthropologie« – dies mag Wunsch, vielleicht Utopie bleiben. Aber doch Einblick in die Vielfalt der

Aspekte einer sich im Kern und in den gemeinsamen Fundamenten pragmatisch verstehenden interdisziplinären Anthropologie.

Der Band ist aus einer Vortragsreihe des Bayerischen Rundfunks zur Frage ›Brauchen wir eine neue Anthropologie?‹ entstanden, die 1984 (Oktober bis Dezember) gesendet worden ist unter redaktioneller Leitung von Leonhard Reinisch. Sie hatte Aufmerksamkeit und Interesse zu verzeichnen, was eine Buchveröffentlichung nahelegte. Die Funkmanuskripte wurden in den meisten Fällen stark überarbeitet und erweitert. Die Beiträge von Walter Burkert, Hans Jonas, Hubert Markl, Klaus Scherer und Friedrich Vogel sind im Band neu hinzugekommen.

Die Buchausgabe verfolgt keine Systematik, auch kein vorgegebenes Konzept. Die Abfolge versucht nur eine gewisse thematische Gruppierung: vorab wissenschaftliche Fragen und Befunde zur Evolution und Frühgeschichte des Menschen, nach diesen Voraussetzungen sodann Beispiele neuester Forschung aus sehr verschiedenen Bereichen, zum Schluß anthropologische Rückfragen an die Geschichte und die Frage des Philosophen, wie denn Herders Feststellung, der Mensch sei zur Vernunftfähigkeit organisiert, aus heutiger Erfahrung verstanden werden könnte.

Die Abfolge kann dem Leser auch Querverbindungen, wechselseitige Ergänzungen, übergeordnete Fragestellungen – und schließlich auch Antworten aufzeigen, die von höchst verschiedenen wissenschaftlichen Forschungsansätzen und Zusammenhängen aus das »Was« des Menschen klären und verstehen helfen. Wenn am Ende insgesamt ein Beitrag zu einem »richtigeren« Menschenbild, Ansätze zu einem besseren Selbstverständnis, etwas mehr an verläßlichem Wissen über Grundlagen und Strukturen menschlichen Handelns und Verhaltens herauskämen, dann wäre das schon viel. Man sollte aber auch, trotz aller vorgegebenen Skepsis, die Frage nach einer integrierbaren »basalen« Wissenschaft vom Menschen nicht ganz aus den Augen verlieren.

Der Herausgeber dankt allen Autoren für ihre Bereitschaft zur Mitarbeit, die auch eine Zustimmung zur Grundthese des ganzen Bandes bedeutet, daß nämlich die Frage nach dem Menschen offen bleiben müsse. Und dem Verlag sei gedankt für seine ohne Zögern geäußerte Bereitschaft zur Veröffentlichung.

Literaturnachweise

1. C. F. von Weizsäcker, Der Garten des Menschlichen. Beiträge zur geschichtlichen Anthropologie. München 1977, S. 17.
2. A. Portmann, Vom Lebendigen. Versuche zu einer Wissenschaft vom Menschen. Frankfurt a.M. 1973, S. 109f. Dort heißt es weiter: »Wieviel wirksamer wären juristische und soziologische Auseinandersetzungen über Gesellschaft, Staat und Individuum, wenn die biologischen Resultate über die Rolle einer Individualsphäre sowohl wie auch die Bedeutung des Soziallebens zu den Voraussetzungen des Gespräches gehören würden«.
3. I. Spiegel-Rösing, I. Schwidetzky (Hrsg.), Maus und Schlange. Zur Lage der deutschen Anthropologie. München 1982. Dem Buch verdankt das einleitende Referat mancherlei Daten, Fakten und Querverweise.
4. H. Arendt, Vita activa oder vom tätigen Leben. Stuttgart 1960, S. 17f.
5. L. Kolakowski, Europa und die Illusion des kulturellen Universalismus. In: H. Rössner (Hrsg.), Rückblick in die Zukunft. Beiträge zur Lage in den achtziger Jahren. Berlin 1981, S. 29ff.
6. Zitiert in Spiegel-Rösing/Schwidetzky, Maus und Schlange, S. 25.
7. J. G. Herder, zit. nach: Mensch und Geschichte. Sein Werk im Grundriß. Hrsg. von Willi Koch. Leipzig 1935, S. 220ff.
8. Zit. nach Spiegel-Rösing/Schwidetzky, Maus und Schlange, S. 77.
9. Zit. nach ebd., S. 78.
10. I. Kant, Werke in sechs Bänden. Hrsg. von W. Weischedel. Wiesbaden 1958, Bd. 3, S. 447f.
11. Kant, Werke, Bd. 6., S. 399.
12. Ebd., S. 402.
13. C. F. von Weizsäcker, Die Einheit der Natur. Studien. München 1971, S. 28.
14. Spiegel-Rösing/Schwidetzky, Maus und Schlange, S. 148.
15. Zit. ebd., S. 105.
16. Ch. Vogel, Biologische Perspektiven der Anthropologie. Gedanken zum sog. Theorie-Defizit der biologischen Anthropologie in Deutschland. Zeitschr. f. Morphologie und Anthropologie 73, S. 225ff.
17. H. G. Gadamer, P. Vogler (Hrsg.), Neue Anthropologie. 7 Bände, Stuttgart, München 1972ff.
18. Neue Anthropologie, Bd. 1, S. XVII.
19. J. Habermas, Anthropologie. In: Fischer-Lexikon, Band Philosophie. Frankfurt a.M. 1958, S. 20.
20. J. Habermas, Erkenntnis und Interesse. Frankfurt a.M. 1973, S. 373.
21. Vgl. H. Rössner, Das anthropologische Defizit. In: Reproduktion des Menschen. Beiträge zu einer interdisziplinären Anthropologie. Frankfurt, Berlin, Wien 1981, S. 301. Dort noch ergänzende Hin-

weise. Der ganze Band bietet Beiträge zu einem neuen Menschenbild, ausgehend vom Begriff biologischer Reproduktion als – nach François Jakob – »unaufhörliche Durchführung eines von seiner Verwirklichung nicht zu trennenden Programms«.

22. H. Plessner, Die Frage nach der Conditio humana. Aufsätze zur philosophischen Anthropologie. Frankfurt a. M. 1976, S. 180ff.
23. Ebd., S. 81.
24. Ebd.
25. W. Dilthey, Der Aufbau der geschichtlichen Welt in den Geisteswissenschaften. Einleitung von M. Riedel. Frankfurt a. M. 1970, S. 348. Das Zitat stammt aus dem zweiten Projekt einer geplanten Fortsetzung von Diltheys Werk ›Der Aufbau der geschichtlichen Welt in den Geisteswissenschaften‹, zuerst erschienen in den Abhandlungen der Preußischen Akademie der Wissenschaften. Philos.-histor. Klasse, Jg. 1910.
26. Arendt, Vita activa, S. 14ff.
27. Plessner, Die Frage, S. 143.
28. A. Gehlen, Der Mensch. Seine Natur und seine Stellung in der Welt. Frankfurt a. M. 1962, S. 28ff. Gehlens Grundthese (so auf S. 28 formuliert): Man dürfe sich nicht darauf einlassen, »den Menschen entweder nur graduell vom Tiere unterschieden anzunehmen, oder ihn durch den ›Geist‹ allein, dann also meistens im Sinne eines gegennatürlichen Wesenszuges, zu bestimmen. Die Anthropologie gewinnt ihr Feld überhaupt erst jenseits dieser Vorurteile und sie muß an einem strukturellen Sondergesetz festhalten, welches in *allen* menschlichen Eigentümlichkeiten dasselbe ist, und welches von dem Naturentwurf eines *handelnden Wesens* aus verstanden werden muß.«
29. O. Marquard, Schwierigkeiten mit der Geschichtsphilosophie. Frankfurt a. M. 1973, S. 122ff.
30. H. Weinrich, Literatur für Leser. Stuttgart 1972, S. 115. Dort bezieht sich die Bemerkung auf Valéry.
31. Dazu H. M. Gauger, Der Mann im Kind. Notizen zu Sartres ›Les mots‹. In: Zeitschrift für französische Sprache und Literatur. Beiheft. Neue Folge, Heft 5, S. 17ff.
32. Vgl. E. Buschor, Griechische Tragödien. Gesamtausgabe in 9 Bänden. Band 3, Zürich, München 1979. Die beiden älteren Übersetzungen stammen von G. Thudichum und R. Woerner.

Mensch und Umwelt
Frühgeschichte einer Anpassung
von Hubert Markl

Die Evolution einer neuen Organismenart ist immer zugleich die Entdeckung und Erschließung – ja oft genug geradezu die Erfindung – einer neuen ökologischen Nische. Sie muß es sein, da es ein oft bestätigtes ökologisches Grundprinzip ist, daß zwei Arten von Lebewesen im gleichen Lebensraum zur gleichen Zeit nie auf längere Frist die gleiche Umweltnische besetzen können. Nach dem ökologischen Ausschlußprinzip von Gause und Volterra wird über kurz oder lang die eine die andere verdrängen, wenn es ihr nicht gelingt, sich wenigstens hinsichtlich einer oder einiger Umweltbedingungen einen eigenständigen Anspruch zu sichern.

So ist auch die Frage nach der Beziehung unserer eigenen, menschlichen Spezies zu den Umweltgegebenheiten ihrer Existenz zunächst eine Frage danach, wie sich die allerersten menschlichen Lebensformen, unsere ältesten menschlichen Vorfahren also, in ihren ökologischen Nischenansprüchen, mit anderen Worten: in ihrer spezifischen Umweltanpassung von den nächstverwandten Tierprimaten unterschieden. Die Frage nach der Menschwerdung ist also – natürlich *nur* aus biologischer Sicht, aber auch nur aus biologischer Sicht *natürlich!* – die Frage nach Art und Entstehungsweise der eigenständig menschlichen Umweltbeziehung.

Nur in einem sehr generellen und durchaus oberflächlichen Sinne könnten wir also sagen, daß wir Menschen wie alle anderen Organismenarten auch ökologischen Gesetzmäßigkeiten unterworfen und von bestimmten Umweltvoraussetzungen abhängig existieren. Dies ist zwar durchaus richtig, aber erstens recht trivial und zweitens nur die eine Seite der Beziehung, die andererseits durch die Feststellung zu ergänzen ist, daß unsere menschliche Form der Umweltanpassung, unsere Lebensweise, wie man meist sagt, genau wie die jeder anderen Spezies ganz besonders und einzigartig sein muß, um biologisch Bestand haben zu können. Und in dieser Einzigartigkeit und Besonderheit ist nicht weniger »Natur« als in unserer Unterordnung und Einbettung in die ökologischen Wirkungsbezüge von Lebensgemeinschaften.

Was also machte die menschliche Lebensweise vom Uranfang her aus, als vor mehreren – sicher mehr als zwei, wohl kaum mehr als fünf – Millionen Jahren die ersten Lebewesen in Erscheinung traten, die Paläanthropologen als im engeren Sinne hominid erkennen? Wie für jede in der Evolution neu auftretende Lebensform muß auch für diese frühesten Menschen gegolten haben, daß sie sehr viele ihrer körperlichen, physiologischen und verhaltensmäßigen Umweltanpassungen mit ihren nahen Verwandten, aus deren Kreis heraus sie sich entwickelt haben, gemeinsam hatten, während typischerweise wenige, aber wichtige Anpassungsmerkmale sie unverwechselbar aus deren Kreis heraushoben.

Zur Beantwortung dieser Frage ist es notwendig, sich zunächst darüber klar zu werden, wann wir fossil erhaltenen Knochenresten menschliche Qualität zusprechen können. Da die wahrhaft und unbezweifelbar menschlichen Eigenschaften sich alle auf Verhaltensleistungen beziehen – etwa der Besitz einer symbolbegrifflichen Lautsprache, das Vermögen, das eigene Verhalten nach moralischen Normen zu richten, der Gebrauch von Feuer zur Nahrungszubereitung, die Fähigkeit, mit Werkzeugen andere Werkzeuge herzustellen –, für deren Vorhandensein uns gerade die allerfrühesten fossilen Knochenreste gar keine oder nur höchst unzuverlässige Hinweise geben, muß sich die biologische Definition der Menschwerdung notgedrungen auf die härtesten aller harten biologischen Tatsachen beziehen: den Bau und die Form von Skelettbestandteilen, vor allem von Zähnen. Das muß auch gar kein Nachteil sein, da eine Änderung der Lebensweise, wie wir sehen werden, meist zuvörderst eine Änderung der Ernährungsweise bedeutet, die sich bei Säugetieren allemal am besten an der Gebißausbildung ablesen läßt.

Da hochentwickeltes menschliches Verhalten vor allem fortgeschrittene Lernfähigkeit und Intelligenz voraussetzt, für die wir auf ein besonders leistungsfähiges Gehirn angewiesen sind – das Gehirn des heutigen Menschen ist annähernd dreimal so groß wie das eines gleichgroßen Menschenaffen –, möchte man meinen, die Messung des Schädelvolumens gebe den besten Gradmesser für die »Menschlichkeit« eines Skeletts. Dies gilt allerdings, wie Anthropologen herausfanden, nur in einer Richtung: Ein Gehirnvolumen von deutlich über 600 ml läßt keinen Zweifel daran, daß dessen Besitzer uns schon nahestand, doch spricht viel dafür, daß wir auch nichtäffische Vorfahren hatten – die wir der Gattung *Australopithecus* zurechnen –, deren Gehirn keineswegs größer als das gleichgroßer Menschenaffen war. Warum erkennen wir sie dennoch als zumindest menschenähnlicher als alle anderen Primaten? Weil der Bau ihrer Becken- und Beinknochen keinen Zweifel daran läßt, daß sie aufrecht zu gehen vermochten, wenn sich ihr Gang auch in Einzelheiten von dem des heutigen Menschen unterschieden zu haben scheint. So konnten sie offenbar viel geschickter als wir auf Bäumen klettern.

Die nächsten Verwandten des Menschen im Tierreich sind unbezweifelbar die höheren Tierprimaten oder, wie wir ohne Zögern feststellen sollten: die Affen, denn nur ein ganz charakterloser Emporkömmling wird auf seine Ahnen herabsehen oder gar schlecht über sie sprechen, nur weil er es weiter gebracht hat als sie. Um den Anpassungshintergrund zu verstehen, aus dem heraus der Mensch entstand, lohnt es zu betrachten, was die wesentlichen Umweltanpassungsmerkmale sind, die höhere Affen, insbesondere die uns am nächsten stehenden Menschenaffen – Orang-Utan, Gorilla, Schimpanse und Bonobo – untereinander gemeinsam haben, so daß wir auch einigermaßen plausibel darauf schließen können, daß unsere ersten nicht mehr menschenäffischen Vorfahren diese teilten.

Alle höheren Primaten sind fast ausschließlich von pflanzlicher Nahrung lebende, meist hervorragend an die Fortbewegung in Bäumen angepaßte tagaktive Tiere. Deren wichtigstes sensorisch-motorisches Anpassungsmerkmal ist die Verbindung von gleichermaßen zu Fein- und Kraftgriff befähigter, fünffingriger Greifhand mit einem zur perfekten Greifzielsteuerung geeigneten binokularen Sehvermögen und einem Sinnesdaten und motorische Befehle blitzschnell verarbeitenden Zentralnervensystem. Diese Kombination gestattet zielsichere Bewegung mit »affenartiger« Geschwindigkeit in einem höchst unübersichtlichen dreidimensionalen Lebensraum – dem Geäst von Bäumen –, der kaum ein Feind zu folgen vermag. Man könnte vereinfacht sagen: Affenintelligenz ist äußerste Bewegungsfreiheit, was uns verständlich machen kann, warum sich ausgerechnet auf solcher Grundlage Menschenintelligenz als Verhaltensfreiheit im noch viel weiteren Sinne, die wir bezeichnenderweise geistige Beweglichkeit nennen, entwickeln konnte.

Tierprimaten sind weiterhin typischerweise Bewohner warmer Erdzonen mit ganzjährig gleichmäßig gesichertem Nahrungsangebot. Daher verwundert es nicht, daß wir bei ihnen keine jahreszeitlich festgelegten Paarungszeiten kennen, sie sind ganzjährig zu Fortpflanzungsverhalten befähigt. Praktisch alle Tierprimaten leben ebenfalls – und in unmittelbarem Zusammenhang mit dem eben Gesagten – zeitlebens in sozialen Verbänden, denen je nach Art verschiedene Anzahlen erwachsener Tiere mit ihren Nachkommen angehören. Auf den Schutz vor Feinden, den dieses Gemeinschaftsleben mit sich bringt, und die ausgezeichneten Möglichkeiten, die es für soziales Lernen für die Jungtiere bietet, sind Tierprimaten in hohem Maße angewiesen. Auch hochentwickeltes Sozialleben gehört also zur Basisverhaltensausstattung unserer Tiervorfahren.

Zwar gestatten uns die Paarungsverhältnisse der Tierprimaten keinen einfachen Rückschluß auf das mutmaßliche Paarungssystem unserer ersten Ahnen. Von lebenslanger Einehe über Einmannharems mit vielen Weibchen bis zu ausgesprochen promiskuitiven Beziehungen zwischen zahlreichen männlichen und weiblichen Erwachsenen in einer Gruppe kennen wir von Primaten fast jede denkmögliche Paarungsstruktur. Charakteristisch ist jedoch für viele, wenn nicht alle Primaten, daß Bestandteile des Paarungsverhaltens nicht nur unmittelbar zu reinen Fortpflanzungszwecken, sondern auch außerhalb der Brunstzeit der weiblichen Tiere gleichsam zweckentfremdet verwendet werden, zum Beispiel Aufreiten als Dominanzgeste oder sexuelles Anbieteverhalten als Ausdruck der Unterwürfigkeit – wohlgemerkt, von beiden Geschlechtern verwendet!

Zwar kennen wir von allen Tierprimaten die Fähigkeit zu aggressivem Verhalten – das selbst die Tötung von Artgenossen nicht ausschließt –, vor allem in der Auseinandersetzung um Geschlechtspartner oder Nahrungsressourcen und beim Fernhalten fremder Artgenossen von der eigenen Gruppe, doch sind zum Beispiel aggressiv aufrechterhaltene Rangordnungsverhältnisse genauso vielfältig und verschiedenartig wie die Formen der Raumnutzung, so daß es nicht möglich ist, von einem typisch primatenhaften (und daher wohl auch vormenschlichen) Aggressions-, Rang- oder Territorialverhalten zu sprechen.

Schon bei Tierprimaten ist die Zeit des Heranwachsens von der Kleinkinderzeit bis zum vollen Erwachsenenstatus gegenüber den meisten anderen Säugetieren sehr ausgedehnt, im männlichen Geschlecht meist noch mehr als im weiblichen. Dem entspricht eine für Säugetiere beachtliche Langlebigkeit bei dennoch erstaunlich geringer Nachkommenzahl. Man muß sich nur einmal vergegenwärtigen, daß eine Schimpansin erst mit etwa zehn Jahren voll geschlechtsreif ist und für die Aufzucht eines Jungen annähernd sechs Jahre benötigt, so daß sie, da sie in der Regel mehrere Jahre lang nicht mehr als ein Kind zu betreuen vermag, 20 Jahre oder älter werden muß, um auch nur einigermaßen sicher zu sein, wenigstens das »Ersatzaufzuchtziel« von zwei Nachkommen zu erreichen. Für noch heute auf Sammler- und Jägerniveau lebende Menschen liegt das vergleichbare Alter nur um wenige Jahre höher.

Schließlich ist es für viele Primaten, vor allem wieder für die Menschenaffen, kennzeichnend, daß die Blutsverwandtschaftsbeziehung – genauer: die genetische Verwandtschaft – für das Verhaltensgeschehen in der Gruppe eine bedeutende Rolle spielt, wobei vor allem das Band zwischen Mutter und Kindern und in abgeschwächtem Maße das zwischen Geschwistern von großer Bedeutung ist. So kommt es zum Beispiel praktisch nicht zur Paarung zwischen Verwandten ersten Grades (am ehesten noch zwischen Vater und Tochter), und nahe Verwandte unterstützen sich gegenseitig in vielfältiger Weise. Dies wird besonders auffällig bei der Verteilung von Fleischnahrung bei Schimpansen, bei denen männliche Tiere zwar mengenmäßig wenig, aber doch recht regelmäßig kleinere Säugetiere zum Verzehr töten und Gruppenangehörige vor allem nach Maßgabe der Verwandtschaftsnähe an dieser begehrten Beute teilhaben lassen (nur brünstige Weibchen erhalten eine Vorzugsbehandlung außerhalb der Verwandtschaftsreihe).

Schließlich verständigen sich alle Tierprimaten untereinander höchst lebhaft durch Lautsignale, die aber in der Regel nur Ausdruck ihrer augenblicklichen Stimmungslage sind. Zwar wurde in einigen Fällen nachgewiesen, daß wild lebende Affen auch bestimmte Umweltereignisse – etwa das Erscheinen eines bestimmten Freßfeindes – durch Laute anzuzeigen vermögen. Doch sind selbst solche, für sich beachtlichen Leistungen unendlich weit von dem entfernt, was wir unter menschlichem Sprachvermögen verstehen.

Dies also ist, in groben Strichen gezeichnet, der Verhaltensanpassungshintergrund für die Umwelt, aus dem heraus sich der Mensch entwickelte. Damit dürfte zugleich Wesentliches von dem angedeutet worden sein, was auch unsere Urahnen vor zwei, drei oder vier Millionen Jahren als allgemeine »Grundausstattung« ihrer Lebensweise mitbekommen haben. Was war es nun, was die spezifische Sonderentwicklung ihrer Umwelteinnischung kennzeichnete? Fünf Punkte sind dabei vor allem zu betrachten: der *Lebensraum,* die *Ernährungsbasis,* die *Me-*

thoden des Nahrungserwerbs, die *Arbeitsteilung der Geschlechter im Nahrungserwerb* und schließlich die *Bedrohung durch Feinde und Maßnahmen der Verteidigung* dagegen.

Es gibt heute keinen Zweifel daran, daß der Mensch im tropisch-subtropischen Kerngebiet der Primatenverbreitung in der Alten Welt – sei es in Afrika oder in Südasien – entstanden ist. Die Paläoklimatologie weist für diesen Bereich gegen Ende des Tertiärs im Übergang von Miozän zu Pliozän vor fünf bis sieben Millionen Jahren eine entscheidende klimatisch bedingte Veränderung des *Lebensraumes* unserer Vorfahren nach: das Klima wurde allgemein kühler und trockener. Anstelle ganzjährig gleich hoher Temperatur und Feuchtigkeit, die während des Früh- und Mittel-Tertiärs das Wachstum üppiger Tropenwälder begünstigten, trat der deutlichere Wechsel von Regen- und Trockenzeiten. Die Wälder wurden lichter, von Grassavannen durchbrochen. Damit wurden der arboreale Lebensraum der Tierprimaten verkleinert und zugleich das Pflanzennahrungsangebot sowohl räumlich als auch im Jahreszeitwechsel ungleichmäßiger und unzuverlässiger.

Andererseits eröffneten sich dadurch für jene Primatenformen, die sich dem Aufenthalt auf dem Boden und dem Nahrungserwerb in trockeneren Landstrichen anpassen konnten, ganz neue Ausbreitungsräume und Nutzungsmöglichkeiten. Da sich der aufrechte Gang besonders für die Fortbewegung im freieren Gelände eignet, ist anzunehmen, daß diese Klima- und Vegetationsveränderungen den Aufbruch einer sich zunehmend auf das Bodenleben spezialisierenden Primatenlinie zur Menschwerdung begünstigte.

Die Ernährungsbasis für das Dasein von Primaten im wechselfeuchten, halboffenen Wald- und Savannengelände kennen wir aus Untersuchungen an heute in solchen Gebieten lebenden Tierprimaten und auf Wildbeuterstatus existierenden Menschen sehr genau. Das Angebot an pflanzlicher Nahrung ist sowohl in der Feucht- als auch in der Trockenzeit meist durchaus reichlich und vielfältig, wobei vor allem die an Speicherstoffen reichen Früchte, Samen, Wurzeln und Knollen von vielen Bodenpflanzen und Bäumen die wichtigste Rolle spielen. Schon Tierprimaten ergänzen diese pflanzliche Diät in gewissem Umfang durch Kleintiere, zum Beispiel Heuschrecken oder die fetten Geschlechtstiere von Termiten und Ameisen auf deren Hochzeitsflügen. Wie bereits erwähnt, kann dazu – etwa bei Schimpansen – mit immerhin einigen Prozent der Kalorienaufnahme das Fleisch erjagter kleiner Wirbeltiere kommen, etwa nestjunger Vögel, Eidechsen, Jungantilopen oder kleiner Affen.

In zweifacher Hinsicht scheinen nun unsere frühesten Vorfahren diese Nahrungsnische zukunftsentscheidend erweitert zu haben, wobei allerdings zuzugeben ist, daß dies nur aus recht subtilen Deutungen der Gebißveränderungen, so von *Australopithecus* im Vergleich zu Menschenaffen und von Knochenansammlungen in Verbindung mit Frühmenschenskelettfunden erschlossen werden kann.

Die zunehmende Betonung des Mahlgebisses – bei manchen *Australopithecus*-Formen geradezu extrem als Nußknackergebiß ausgebildet – spricht dafür, daß in immer größerem Umfang hart- und dickschalige Früchte und Knollen als Nahrung genutzt wurden. Aus dem Vergleich von heute im gleichen Lebensraum existierenden Tierprimaten und Menschen einfachsten Kulturzustandes sticht dabei vor allem eines hervor: beide nutzen an der Bodenoberfläche zugängliche Pflanzennahrung in durchaus vergleichbarer Weise. Der wesentliche Unterschied besteht darin, daß der Mensch durch Verwendung von *Grabwerkzeugen* – vor allem des Grabstockes – besonders nahrhafte Knollen aus größerer Bodentiefe hervorholen kann, und daß er auch besonders hartschalige Samen und Früchte durch Aufschlagen mit *Schlagwerkzeugen* – im einfachsten Fall unbearbeiteten Steinen – und durch Zerreiben mit *Mahlwerkzeugen* und andauerndes Kaumahlen erschließen kann, was seine Pflanzennahrungsversorgung auf gleicher Flächeneinheit gegenüber der der Affen vervielfacht und ganzjährig erheblich sicherer macht. Es scheint daher nicht zu kühn anzunehmen, daß diese Verbesserung von Extraktion und Aufschluß von Hartpflanzennahrung der eine wesentliche Schritt in nahrungsökologisches Neuland war, den *Australopithecus* tat. Wurde die Pflanzennahrung von den zerstreut sammelnden Gruppenmitgliedern zusammengetragen und geteilt – was Affen nicht tun, so daß wir nicht wissen, ob *Australopithecus* schon dazu befähigt war –, so kamen wohl bald noch *Tragwerkzeuge*, zum Beispiel Bastschlingen, Netze, Fellbeutel zur Grundausstattung dieser Kultur hinzu.

Der zweite Schritt ist bei Anthropologen umstrittener. Der begrenzende Nahrungsfaktor besonders für das Heranwachsen der Kinder und insbesondere in Mangelzeiten ist ja die Versorgung mit Eiweiß. Nun enthält tierische Nahrung wesentlich mehr an sofort verwertbarem hochwertigen Eiweiß als die meisten pflanzlichen Nahrungsquellen. Da schon Tierprimaten ihren Speisezettel durch tierische Kost etwas ergänzten, liegt die Annahme überaus nahe, daß unsere ersten savannenbewohnenden Menschenvorfahren – also etwa vor vier oder fünf Millionen Jahren – zunächst in Mangelzeiten, dann sicher auch sonst, wann immer möglich, diesen Nahrungsanteil – und damit die ganze Nahrungsnische – ebenfalls erweiterten, vor allem, da er für die Milchproduktion der Menschenmütter, die ihre Kinder viel länger ausschließlich stillen als alle Tierprimaten, von größter Wichtigkeit gewesen sein muß.

Das Verspeisen von Heuschrecken oder anderen Insekten brachte wohl nicht viel an Änderung gegenüber dem, was Affen auch nutzen. Hingegen konnte man das besonders begehrte Fleisch von Wirbeltieren auf zweierlei Art in größerem Umfang gewinnen: als Kostgänger an den Überbleibseln des Beuterisses von Großraubtieren wie Löwen oder Hyänen – wie wir dies heute noch sehr gut an Schakalen oder Geiern beobachten können – und/oder durch intensiveres Suchen, Verfolgen und Totschlagen von wenig wehrhaften und fluchtfähigen Jungtieren oder von krankem oder verletztem Wild. Dabei kann es unseren Vorfahren nicht lange verborgen geblieben sein, daß sich ein kräftiges Grabwerkzeug auch gut als *Totschlagwerkzeug* verwenden läßt, ein handlicher Stein zum Nüsseknacken nicht minder.

Mit diesem nahrungsökologischen und ernährungstechnischen Mindestszenario dürfen keine zu hohen Vorstellungen von den geistigen und handwerklichen Fähigkeiten der ersten aufrechtgehenden, aber durchaus nur mit einem kleinen Menschenaffengehirn ausgestatteten Urmenschen auf *Australopithecus*-Stufe verbunden werden. Sie erfordern weder dauerhaft bearbeitete Werkzeuge noch Feuergebrauch zur Nahrungszubereitung. Für beides gibt es bei *Australopithecus* keinen überzeugenden Hinweis.

Dennoch wurde mit diesem Übergang zum Graben nach Feldfrüchten, zum Aneignen der Beutereste von Großraubtieren, zur vermehrten Jagd kleinerer Beutetiere und mit allgemein zunehmender Omnivorie das Tor zu einer für Primaten neuen ökologischen Nische, zu einer ungemein folgenreichen Umweltanpassung aufgestoßen, aus dem in der weiteren natürlichen und kulturellen Evolution der echte Mensch hervorgehen konnte.

Dazu gehört nun allerdings noch eine eingehendere Betrachtung darüber, wie dieser neu eroberte Lebensraum und die neu erschlossenen Ernährungsmöglichkeiten auf die soziale Organisation unserer frühesten Vorfahren zurückgewirkt haben könnten. Dabei handelt es sich selbstverständlich um einen Kreisprozeß, in dem Ursache und Wirkung in der evolutiven Fortentwicklung dauernd ineinander übergehen: die Herausforderungen neuartiger Umweltgegebenheiten bedingen selektiv adaptive Veränderungen der Verhaltensorganisation, die eben, weil sie die Individuen besser an die Gegebenheiten anpassen, das Tieferhineinschreiten in die neuerlangten Lebensmöglichkeiten zur Folge haben.

Dabei ist es wichtig, sich kurz einige Eigentümlichkeiten der soziosexuellen Verhaltenseigentümlichkeiten unserer Spezies zu vergegenwärtigen, die allen lebenden Menschen – so unterschiedlich immer ihre Kulturformen sein mögen – gemeinsam sind und die sie ebenso nachdrücklich von allen anderen Primaten unterscheiden.

Wie schon erwähnt, sind die soziosexuellen Organisationsformen – vor allem des Paarungsverhaltens – der Tierprimaten außerordentlich variabel. Unsere eigene Spezies zeigt jedoch in dieser Hinsicht – neben Gemeinsamkeiten mit Tierprimaten, wie dem Fehlen von jahreszeitlichen Brunstperioden oder der Verwendung sexueller Verhaltenselemente zur sozialen Kommunikation – eine Kombination von vor allem drei Besonderheiten, die erst im Zusammenhang mit der neuen Lebensstrategie der Menschen-Primaten verständlich wird, beziehungsweise die als eine wichtige Voraussetzung dieser neuen Daseinsstrategie begriffen werden können: 1. die Ehigkeit, 2. Ovulationsverbergung, 3. die ganzjährig hohe Kopulationsfrequenz.

1. Nur der Mensch lebt in geschlossenen Gruppen von mehreren erwachsenen Männern und Frauen unter gleichzeitiger Ausbildung lang andauernder, im Extrem lebenslanger Paarbindung, die wir – als Kultureinrichtung – *Ehen* nennen. Sie können mono- oder polygam organisiert sein. Auf die Ehen sind – vor allem für Frauen – die Geschlechtsbeziehungen weitgehend oder vollständig beschränkt. Die durch Ehebande definierte Familie ist für die Aufzucht der Nachkommen überwiegend oder ausschließlich verantwortlich.

2. Während bei allen weiblichen Tierprimaten die Zeit des Eisprungs durch mehr oder weniger deutliche äußere Kennzeichen sowohl für männliche Interessenten als auch für das weibliche Tier selbst klar erkennbar ist, wozu in diesem Zeitab-

schnitt zusätzlich noch aktiv geäußerte Paarungsbereitschaft der Weibchen kommt, weiß – jedenfalls ohne spezielle medizinische Belehrung – weder die Menschenfrau noch können Männer wahrnehmen, wann die befruchtungsfähigen Tage der Frau liegen, in denen der Eisprung stattfindet: Die *Ovulation* bleibt dem nicht speziell unterrichteten Menschen physiologisch, morphologisch und ethologisch ganz und gar *verborgen*. Dies ist ein höchst bemerkenswertes Faktum. Bedeutet es doch nichts weniger, als daß die biologische Natur des Menschen, sein genetisches Programm, das für die Ausbildung dieses Zustandes zweifellos verantwortlich ist, die Gelegenheit versäumt, das anzuzeigen, was doch für die Darwinsche Fitness, auf deren Steigerung genetische Programme in der Evolution ausgelesen werden, das allerwichtigste sein müßte: die Anzeige, wann eine Kopulation Befruchtungs- und Vermehrungserfolg verspricht! Dies fordert eine Erklärung – und zwar, weil es eine körperliche Eigenschaft ist, eine evolutionsbiologische Erklärung! – geradezu heraus. Dadurch verliert beim Menschen übrigens der Geschlechtsverkehr den ganz unmittelbaren Bezug zur Fortpflanzung. Die Tendenz, Sexualverhalten nicht nur zu sexuell-reproduktiven Zwecken zu benutzen, die schon bei Tierprimaten erkennbar ist, wird dadurch verstärkt. Geschlechtsverkehr kann dadurch zum Beispiel zur Liebesbezeugung, das heißt zu weit mehr als »Sex« werden.

3. Während Tierprimaten, die in stabilen Bindungen zwischen einem männlichen Tier und einem bis mehreren weiblichen Tieren leben, insgesamt betrachtet relativ selten kopulieren – trächtige oder säugende Weibchen sind in der Regel nicht zur Kopulation bereit, und dies ist zeitlich betrachtet der »Normalzustand« erwachsener Äffinnen! –, kopulieren erwachsene Menschen aller Kulturen trotz, ja sogar wegen längerfristig recht stabiler Ehigkeitsbeziehungen außerordentlich häufig, jedenfalls aber um ein Vielfaches häufiger als zur Sicherung ausreichender Befruchtungs- und Vermehrungschancen biologisch notwendig erschiene. Dies ist wohl eine unmittelbare Folge der Ovulationsverbergung, verdient aber, wie zu zeigen sein wird, aus funktionellen Gründen besondere Betonung.

Wie können wir uns diese Kombination von soziosexuellen Merkmalen im Zusammenhang mit der Eroberung einer neuen ökologischen Nische durch den Menschen erklären? Besteht überhaupt ein solcher Zusammenhang?

Dafür sind viele verschiedene Hypothesen vorgeschlagen

worden. Jeder Versuch einer nachträglichen Erklärung kann bei der Rekonstruktion eines solchen Evolutionsprozesses ja nur plausibel-hypothetischen Charakter haben. Ein möglicher Zusammenhang zwischen diesen drei Merkmalen und der typisch menschlichen Art der Nahrungsversorgung scheint jedoch besonders offenkundig und bedeutungsvoll.

Es ist nämlich nicht genug, festzustellen, daß fast alle menschlichen Kulturen der einfachsten Subsistenzstufe von Sammlern und Jägern vielseitige pflanzliche Ernährung – die meist den größeren Anteil der benötigten Nahrungsenergie deckt – mit zusätzlicher Fleischkost, vor allem von Jagdwild, verbinden. Man muß auch anmerken, daß die Pflanzenkost ganz überwiegend von Frauen und Kindern und Heranwachsenden im Nahbereich des Lagerplatzes einer Sammler- und Jägerhorde gesammelt wird, während fast ausschließlich erwachsene Männer das Fleisch von Jagdzügen einbringen, die sie oft tagelang weit weg vom Lagerplatz über das Jagdrevier führen. Das heißt, es existiert typischerweise eine ausgeprägte *Arbeitsteilung der Geschlechter hinsichtlich des Nahrungserwerbs.* Eine Arbeitsteilung, die übrigens in Vorstufen bereits bei unseren nächsten Menschenaffen-Verwandten, den Schimpansen, erkennbar ist. Bei ihnen streifen Gruppen männlicher Tiere auf der Suche nach den weit verstreut stehenden fruchttragenden Urwaldbäumen durch das weiträumige Aufenthaltsgebiet einer Schimpansengruppe und zeigen einen Nahrungsfund durch weithin schallende Geräusche den Kleingruppen der Mütter mit ihren Jungen an, die auf diese Weise leichter zu solchen begehrten, aber schwer zu findenden Nahrungsquellen gelangen. Dieses getrennte und dennoch verbundene Handeln männlicher und weiblicher Schimpansen wird allerdings unterbrochen, wenn ein weibliches Tier einer Horde mit den bekannten äußeren Zeichen in Brunst gerät: Nun versuchen vor allem die voll erwachsenen Schimpansen-Männer möglichst ständig in ihrer Nähe zu bleiben, um jede sich bietende Kopulationsmöglichkeit zu nutzen, von denen ja ihre biologische Fitness entscheidend abhängt.

Dies macht das Problem deutlich, das sich in soziosexueller Hinsicht für die Vorfahren des Menschen beim Übergang zu ihrer neuen, omnivoren und arbeitsteiligen Nahrungserwerbsstrategie stellen mußte. Es leuchtet sofort ein, daß die Erweiterung der Nahrungsnische über Pflanzen und Kerbtiere hinaus auf reichlich Protein lieferndes Jagdwild nicht nur für Männer und Frauen, sondern vor allem auch für deren Kinder die Nahrungsversorgung insbesondere in Zeiten, in denen pflanzliche Nahrung knapp wurde, erheblich verbessern konnte. Was ist eine Antilope ernährungsbiologisch schon anderes als eine schmackhafte, leicht verdauliche, auch in Trockenzeiten haltbare Verpackungsform von jedenfalls für die meisten Tier- und Menschenprimaten unschmackhaftem, unverdaulichem und in der Trockenzeit verdorrendem Gras?

Allerdings hat die Antilope den Nachteil, leicht flüchtig und daher schwer zu jagen zu sein. Keine Chance für einen urmenschlichen Jäger, dies gemeinsam mit einem ganzen Tross von Weibern und Kindern zu versuchen. Die Jäger mußten sich also, um erfolgreich jagen zu können, immer wieder langfristig von den Gruppen der Frauen und Kinder trennen, zumal die Tierjagd auch viel großräumigere Reviere erfordert als das Sammeln von Feldfrüchten. Außerdem muß ein Jäger seine Jagdgebiete immer wieder wechseln, um das Wild nicht durch zu häufige Bedrängnis zu vergrämen.

Wie aber konnte sich ein solcher Jäger für längere Zeit von den Frauen trennen, ohne Gefahr zu laufen, daß andere, die bei ihnen zurückblieben – was vielleicht sogar zum Schutz der Gruppe vor Feinden notwendig war –, die Kopulations- und Fortpflanzungschancen wahrnahmen, ohne die auch der schönste Jagderfolg biologisch am Ende unrentierlich blieb? Das mochte noch angehen, solange die Periode höchster Fruchtbarkeit der Frauen – also der Ovulation – äußerlich deutlich erkennbar war: dann war es eindeutig, wann man besser nicht dem Waidwerk nachging, sondern zu Hause blieb.

Mit der Entwicklung der Ovulationsverbergung gab es jedoch diese Möglichkeit nicht mehr. Die Ovulationsverbergung scheint es, in solchem Licht betrachtet, daher biologisch geradezu unmöglich zu machen, daß sich Männer unter dem Regiment des Darwinschen Fitness-Imperativs überhaupt je länger von den über den ganzen Monatszyklus hinweg zur Paarung fähigen und potentiell auch bereiten Frauen trennen können.

Wie fügt sich das zu der unbezweifelbaren Tatsache, daß der Mensch gerade mit Erreichen der Stufe des *Homo* vor etwa zwei Millionen Jahren, auf der mit den anderen körperlichen Kennzeichen vermutlich auch die menschencharakteristische Sexualphysiologie entwickelt gewesen sein dürfte, immer mehr zur Jagd größeren, schwerer zu jagenden Wildes überging, wozu es unumgänglich war, daß sich gerade die tüchtigsten Jäger, die erwachsenen Männer, regelmäßig lange von den Frauen trennten? Vielleicht ist es nicht ohne Bedeutung, daß dies zugleich die Periode zunehmender Gehirnvergrößerung war – durch die *Homo* als Gattung definierbar ist: War sie die Voraussetzung für eine neue Stufe sozialer Organisation des Fortpflanzungsverhaltens?

Die plausibelste Erklärung für diese zunächst widersprüchlich erscheinenden Zusammenhänge berücksichtigt die beiden anderen menschentypischen Eigenschaften des Sexualverhaltens: dauerhafte, zuverlässige Bindung, sowie Exklusivität des Geschlechtsverkehrs innerhalb fester Ehebeziehungen und Festigung dieser Bindung unter gleichzeitiger Wahrung der Befruchtungschance trotz Ovulationsverbergung durch häufigen, regelmäßigen Geschlechtsverkehr zwischen den Ehegatten. Nur indem eine Frau durch keinerlei leicht – ihr selbst oder begehrlichen anderen – ausspähbare Anzeichen zu erkennen gab, wann sie tatsächlich empfängnisfähig war, ließ sich eine solche soziale Menschengemeinschaft ohne unerträgliche Spannungen stabil organisieren, obwohl gerade die tüchtigsten Männer auf dem Höhepunkt ihrer körperlichen und gewiß auch sexuellen Leistungsfähigkeit lange Zeit auf der Jagd abwesend sein mußten. Da weiter (wegen der Ovulationsverbergung) zahlreicher, regelmäßiger Geschlechtsverkehr mit einer Frau nötig war, um eine Empfängnis zu erreichen – was außerhalb der Ehebeziehung in der Face-to-face-Kleingruppengesellschaft früher Sammler und Jäger der sozialen Kontrolle kaum verborgen bleiben konnte –, war weder Ertrag noch Gelegenheit von Seitensprüngen eine zu große Gefährdung. Und indem schließlich die aufreizenden Fruchtbarkeitsanzeichen brünstiger Menschenaffenweibchen bei der Menschenfrau vollständig verschwunden waren, wurde allzu offenkundige sexuelle Provokation schon rein biologisch gesehen gemindert. Das Geschlechtsverhalten wurde zunehmend intimisiert, das heißt auf den Ehebereich begrenzt.

Es bedarf keiner übertriebenen Spekulation, um zu sehen, daß kulturelle Anpassungen des denkgewandten, lern- und lehrbereiten und dadurch traditionsbildenden Menschen diese biologischen Anpassungen zusätzlich überformen und weiter verbessern konnten. Keine menschliche Kultur überläßt das Sexualverhalten gänzlich den natürlichen Antrieben. Die Normensysteme und Moralvorstellungen aller uns bekannten menschlichen Gesellschaften regeln insbesondere die Bedingungen von Eheschließungen und die mit dem Ehebund eingegangenen Verpflichtungen, oft bis ins kleinste Detail. Sie regeln dies nicht nur, sie unterwerfen zugleich das Verhalten aller Mitglieder einer Gemeinschaft einer permanenten sozialen Kontrolle, die in aller Regel daraufhin gerichtet ist, die Bindekraft von Liebesbeziehungen, auf denen Ehen gründen (können), zu stärken. Ja, diese soziale Bekräftigung kann am Ende – wenn Heiraten rein konventionell arrangiert werden – diese sozusagen biologischen Bindungskräfte sogar gänzlich durch rein kulturelle ersetzen und dadurch die Stabilität der Ehen und Familien mehr oder weniger gut garantieren.

Diese in manchen Gesellschaften bis zur Obsession gehende Befassung moralischer Normen mit dem Geschlechtsleben ihrer Mitglieder – man denke nur an den Exzess der Verhängung der Todesstrafe für Ehebrecher – könnte, nun weit zurückblickend, biologisch ihre Wurzel in den erwähnten Schwierigkeiten haben, die die geschlechtsarbeitsteilige Organisation des Nahrungserwerbes in der neu erschlossenen ökologischen Nische des Urmenschen mit sich brachte.

Man darf allerdings die Tatsache von Ehigkeit, Ovulationsverbergung und häufigem Geschlechtsverkehr dabei nicht nur aus der Sicht der Wahrung der Fortpflanzungschancen des männlichen Geschlechts interpretieren, wie es bisher geschehen ist. Genauso gültig ist die Frage, welchen Fitnessvorteil das weibliche Geschlecht aus einer Veränderung ziehen konnte, die – wie die Ovulationsverbergung – ja seine ureigensten, genetisch angelegten biologischen Eigenschaften betrifft und daher wohl nach Maßgabe solcher Fitnessvorteile durch natürliche Selektion entstanden sein dürfte. Folgende Überlegung macht dies verständlich.

Wenn – wofür alles spricht – der Zugang zu dem proteinreichen Fleisch von Jagdwild vor allem für die optimale Nahrungsversorgung der heranwachsenden Nachkommen – schon während der langen Stillzeit, aber auch nachher – von zunehmender und für deren Gesundheit und Wohlergehen ausschlaggebender Bedeutung wurde, so mußte es im ersten Interesse jeder Frau liegen, sich nur einem Manne geschlechtlich zu verbinden, der sich nicht nur als tüchtiger Jäger, sondern vor allem auch als langfristig zuverlässiger Versorger erwies, denn ein Menschenkind bedarf dieser Versorgung auch bei Sammlern und Jägern weit über ein Jahrzehnt hinaus. Dies ist völlig anders als bei Menschenaffen, bei denen der Beitrag der Männer zur Jungenbetreuung ziemlich gering und recht indirekt zu sein pflegt. Erst beim Menschen gibt es daher erstmals unter den Primaten neben der rein biogenetischen auch eine wirkliche ökonomische *Vaterrolle* – und auf Sammler- und Jägerniveau bedeutet dies: eine Rolle, in der der männliche Versorger einer Familie eine spezielle ökologische Nahrungsnische zur Versorgung seiner Familie erfolgreich nutzen können muß. Unter solchen Bedingungen konnte es nur nachteilig sein, wenn eine Menschenfrau den Zeitpunkt, zu dem allein eine Befruchtung stattfinden kann, deutlich anzeigt. Im Gegenteil, gerade die Ungewißheit darüber mußte ja einen Mann dazu veranlassen, den häufigen Geschlechtsverkehr mit der gleichen Frau zu suchen, was dieser wieder die ausgedehnte Möglichkeit gab, festzustellen, wie erfolgreich und zuverlässig dieser Mann als Versorger der künftigen Familie sein konnte, wie treu er sich also nicht nur sexuell, sondern auch ökonomisch erwies.

Dieses biologisch-*ökonomische* Quid-pro-quo-Verhältnis konnte aber nur dadurch zu einer beiderseitig vorteilhaften stabilen Beziehung werden, daß sich der zur Jagd abwesende Mann auf die, jedenfalls weitgehende, geschlechtliche Treue seiner Frau – durch soziale Kontrolle zusätzlich gesichert – verlassen konnte; die Frau mußte sich ihrerseits darauf verlassen können, daß der Mann nicht nur fleißig jagte, sondern das erjagte Wild auch nicht nur allein verzehrte oder sich damit die Gunst einer anderen Frau erkaufte, sondern tatsächlich redlich mit ihr und den gemeinsamen Kindern teilte. Dadurch entstand der biologische Ansatzpunkt nicht nur für eine (wiederum durch kulturelle Moralmittel bestärkbare) Gütertauschbeziehung im Dienst gegenseitiger Unterstützung, sondern auch dafür, daß der Mensch – in diesem Fall der Mann, Vergleichbares gilt aber auch für die von Frauen eingesammelte Pflanzennahrung, an der die Männer teilhaben und auf die sie genauso angewiesen bleiben – um seine *biologische*, reproduktive Fitness zu fördern, vor allem die *ökonomische* Kontrolle über den Erwerb, die Verteilung und den Tausch von Nahrungsressourcen gewinnen mußte. Dadurch wird schon von der biologischen Grundlage her das Ziel der natürlichen Evolution – die Optimierung reproduktiver Fitness – durch ein immer stärker kulturell bestimmtes Optimierungsziel ergänzt: die Verfügungsgewalt über und der ökonomisch ergiebige Einsatz von benötigten oder begehrten Gütern. Die primäre faire Tauschbeziehung zwischen den Geschlechtern im Eheverhältnis wird somit gleichsam zum

Modell, zum Kern, aus dem sich in der menschlichen Kultur ganz allgemeine Regeln fairer Tauschbeziehungen zu beiderseitigem Nutzen herleiten lassen.

Selbst diese kurze und oberflächliche Skizze des Zusammenspiels der Bedingungen von körperlichen und Verhaltenseigenschaften des Frühmenschen und seiner neuen ökologischen Anpassungsstrategie des Nahrungserwerbs zeigt, daß man das gesamte soziale Verhaltenssystem einer Spezies wie der menschlichen im Blick behalten muß, wenn man auch nur eine begrenzte Teilfunktion – hier die Entwicklung des Jagdverhaltens beim Mann unter Arbeitsteilung der Geschlechter – verstehen will.

Dabei sind noch weitere Verhaltensfolgen in Anpassung an die neuen Umweltbedingungen zu berücksichtigen, die hier nur knapp angedeutet seien, nicht weil sie weniger wichtig sind, sondern weil die Zusammenhänge dabei einfacher durchschaubar gemacht werden können.

So brachte das Leben im freien Gelände – vor allem für die sich langsam entwickelnden und lange Zeit wenig behenden Kinder – ganz neue Gefahren in Form der Bedrohung durch Raubtiere mit sich, denen sich baumlebende Primaten viel leichter entziehen konnten. Unvermeidlich mußte vor allem den Männern dadurch eine für die ganze Gruppe bedeutende Schutzfunktion durch aktive Verteidigung zufallen. Daß dabei die gleichen Werkzeuge (die wir Waffen nennen) Einsatz finden konnten wie bei der Jagd auf Wild, machte den Einsatz der Männer zur Abwehr von Gefahren noch naheliegender.

Damit öffnete sich allerdings sogleich auch die Möglichkeit, mit den gleichen Mitteln nicht nur andere Raubtiere von deren Riß zu vertreiben, um ihn selber auszubeuten. Genauso konnte gegen konkurrierende Menschengruppen verfahren werden, und dies nicht nur bei der Auseinandersetzung um ein gegebenes Beutestück, sondern schon bei der Wahrung alleiniger oder bevorzugter Nutzungsansprüche an Sammel- und Jagdreviere, Wasserstellen oder anderen wichtigen Ressourcen. Da es dabei vor allem auf die mobilisierbare eigene Volksstärke ankam, mußte der Kooperation gerade unter den verteidigungs- und kampfbereiten Männern einer sozialen Gruppe eine besondere Bedeutung zukommen, die dann natürlich auch wieder der gemeinsamen Jagd auf Großwild zugute kam.

Andererseits lehrt das Studium überlebender Sammler- und Jägerkulturen, daß die Beziehungen zwischen benachbarte Lebensräume nutzenden Horden zwar einerseits nie ganz frei von

Spannungen sind – gleichsam Ausdruck eines Gleichgewichtes gegenseitig durchsetzbarer Ansprüche, Rechte und Verbindlichkeiten –, daß aber andererseits zwischen den Nachbar-Horden immer auch ökonomisch wichtige und durchaus harmonisch geregelte *Kooperationsbeziehungen* bestehen, die allein schon deshalb notwendig sind, weil keine Sammler- und Jägerbande von ein paar Dutzend Individuen auf längere Sicht überleben könnte, wäre sie auf Inzucht angewiesen. Erst Stammesorganisationen mit einigen hundert bis tausend Mitgliedern (»Sprachstamm«), also ein Netz solcher Gruppen, zwischen denen Heiratspartner ausgetauscht werden – und mit ihnen auch viele andere lebenswichtige Güter und noch wichtiger: Obligationen! –, sind biologisch auf Dauer überlebensfähig.

Dabei ist es von entscheidender Bedeutung, daß beim kulturbestimmten Menschen mit der Bildung genetisch-genealogischer Beziehungen zwischen Familien verschiedener Gruppen, die Heiratspartner tauschen, auch ausgedehnte und lebenswichtige Beziehungen aus Kooperationsansprüchen und Unterstützungsverpflichtungen zustandekommen, deren Gesamtheit dann erst das soziale System des Menschen und seine ökologischen Anpassungs- und Leistungseigenschaften ausmachen.

Schließlich ergibt es sich von selbst, daß die Arbeitsteilung und regelmäßige längerfristige räumliche Trennung der Geschlechter beim Nahrungserwerb insgesamt die mittelfristige Seßhaftigkeit der Gruppen förderte; der erfolgreiche Jäger mußte ja wissen, wohin er – unter Umständen über viele Dutzend Kilometer hinweg – die Beute zu bringen hatte, damit Frauen und Kinder daran teilhaben konnten. Das gleiche gilt für das Einbringen des Sammelertrags der Frauen und Heranwachsenden. Beides erlaubte es zugleich, daß alte oder kranke Gruppenmitglieder im Lagerbereich zurückbleiben konnten, ohne dadurch der Versorgung verlustig zu gehen.

Dieses evolutive Szenario der Beziehungen des ganz frühen Menschen zu seiner Umwelt, das uns ganz wesentliche Grundzüge biologisch angelegter menschlicher Verhaltensorganisation erklären kann, kennzeichnet nun nicht nur die Lebensbedingungen in grauester, altsteinzeitlicher Vorzeit. Im Grunde genommen blieb dies – bei aller Differenzierung und Vervollkommnung menschlicher Kultur, erkennbar vor allem an den ständig verbesserten und verfeinerten Werkzeugen – unverändert die Basis des Lebens aller Sammler und Jäger, selbst der wenigen Völkerreste, die bis heute noch auf solche Weise leben.

Wir können konservativ schätzen, daß der Mensch vor etwa vier Millionen Jahren mit *Australopithecus* den Übergang zum Bodenleben im offenen Gelände unter zunehmender Inanspruchnahme tierischer Zusatzkost in Form von Kleintieren und von Beuteresten anderer Raubtiere fand. Vor etwa zwei Millionen Jahren setzte die zusätzliche Gehirnvergrößerung ein, die unsere Gattung *Homo* kennzeichnet, zusammen mit der Entfaltung fortgeschrittener Jagdfähigkeiten auf immer größeres, stärkeres, schnelleres und schwerer zu jagendes Wild. Das bedeutet, daß die grundlegende Form menschlicher Verhaltensanpassung an die Umwelt über weit mehr als 100000 Generationen hinweg von den Bedingungen des Daseins gekennzeichnet war, wie sie hier vorgestellt wurden. Hingegen konnte der Teil der Menschheit, der sich der Landbaukultur zuwandte, diese neue Lebensweise erst über einige hundert Generationen – weniger als ein Promille der Sammler- und Jägerzeit – entwikkeln. Da aller seither erreichte Fortschritt in den Beziehungen der Agrikultur-Menschheit zu ihrer Umwelt mit all den Licht- und Schattenseiten dieser Veränderungen praktisch ausschließlich kultureller Natur gewesen sein dürfte, da in uns allen also – biologisch gesehen – im wesentlichen der gleiche alte Adam der Sammler- und Jägerzeit steckt, können wir uns als biologische Wesen, das heißt als Wesen, die die biologische Evolution an die Nutzung bestimmter Umweltgegebenheiten durch bestimmte Verhaltensstrategien angepaßt haben, nicht selbst begreifen, wenn wir uns nicht die Grundstrukturen dieser Verhaltens-Umwelt-Beziehungen verdeutlichen, die zu Beginn der Menschwerdung entwickelt wurden. Die vielfältigen Blütenformen menschlicher Kulturen und Zivilisationen haben sich von Anbeginn bis heute sozusagen an ein und demselben Stamm entfaltet, dessen grundlegende Wuchsform angelegt wurde, als es galt, aus einem baumlebenden, vegetarischen Tierprimaten ohne allzu tiefgreifende ökologisch-ökonomische Rollenaufteilung der Geschlechter in der Nutzung der Nahrungsnische eine Lebensform zu entwickeln, der wir das Attribut »menschlich« zuerkennen. Wir Nachkömmlinge dieses Evolutionsprozesses sollten uns durch diese biologisch vorgeformte Grundstruktur unseres Wesens nicht phylogenetisch gefesselt, vorbelastet oder gar niedergehalten sehen, sondern vielmehr als stammesgeschichtlich getragen, vorbereitet und befähigt für die Entfaltung menschlicher Kulturleistungen begreifen.

Von der Natur des Menschen in der Kultur
von Christian Vogel

In der klassischen christlich-abendländischen Denktradition gelten Natur und Kultur als zwei vollständig getrennte, ja in vielfacher Hinsicht einander entgegenstehende Sphären, deren Dialektik das Wesen des Menschen kennzeichnet und sein irdisches Dasein bestimmt. Der ausschließlich dem Menschen vorbehaltene Besitz von Kultur erscheint vielen als eindeutiger Beleg für das endgültige Ausscheren des Menschen aus den unerbittlichen Zwängen der Natur, aus dem schicksalhaften Wechselspiel von Zufall und Notwendigkeit, dem die Evolution des Lebendigen von jeher unterliegt. Kultur verleiht dem Menschen seine qualitativ einzigartige Sonderstellung auf Erden und im Kosmos. Cartesianische Philosophie hatte diese menschliche Ausnahmestellung über den alten Leib-Seele-Dualismus hinaus festgeschrieben auf den Dualismus einer den physikalisch-physiologischen Gesetzen gehorchenden Welt der Körper oder Materie *(res extensa)* und einer immateriellen Welt des Geistes *(res cogitans):* an beiden Welten habe der Mensch – und nur er unter den Lebewesen! – teil. Im Menschen (und nur in ihm) manifestiert sich unmittelbar die Antinomie von Natur und Geist, und letzterer – so die Forderung aufgeklärter Moralphilosophie – habe die Physis des Menschen zu beherrschen. Da lag auch der prinzipielle und zugleich ethisch verpflichtende Unterschied zwischen Mensch und aller anderen Kreatur. Der Aussage Galens: »Die Tiere werden durch ihre Organe belehrt«, hatte Goethe selbstbewußt hinzugefügt: der Mensch aber »belehrt die seinigen und beherrscht sie«. Geist aber schafft Kultur, und Kultur bändigt die Natur. Natur ist durch Erbe und Umweltgegebenheiten determiniert, Kultur aber ist schöpferisch und frei, sie kann der Natur vernünftige und moralische Anweisungen geben. Natur versus Kultur, die altehrwürdige Antinomie, die mit dem prinzipiellen Unterschied von Mensch und Tier verknüpft ist: Kultur hat allein der Mensch, Natur haben beide, Mensch und Tier.

Entsprechend separiert waren auch die wissenschaftlichen Zugänge: Naturwissenschaften, im besonderen die Physiologie, auf der einen, Geisteswissenschaften, im besonderen die Philosophie, auf der anderen Seite. »Die physiologische Menschenkenntnis geht auf die Erforschung dessen, was die Natur aus dem Menschen macht, die pragmatische auf das, was er, frei handelndes Wesen, aus sich selber macht oder machen kann und soll«, schrieb Kant 1798 in seiner der Kenntnis des Menschen »als mit Vernunft begabtem Erdwesen« verpflichteten ›Anthropologie in pragmatischer Hinsicht‹. Und von der Welt des natürlichen »Ist« zur Welt des moralischen »Soll« gibt es keinen irgendwie gearteten naturwissenschaftlichen Zugang.

Der Mensch sei von Natur aus »zur Vernunftfähigkeit organisiert«, so sah es Herder, und er nannte den Menschen den »ersten Freigelassenen der Schöpfung«, freigelassen von den unerbittlichen Zwängen physiologischer Mechanismen und eingeborener Instinkte. In Herders Vision waren Sprache und Kultur freilich geboren aus der Mitte natürlicher »Ausstattungsmängel« des Menschen, als »Ersatz« gewissermaßen, der allerdings weit mehr kompensiere als nur das, was uns im Vergleich zu anderen Geschöpfen von Natur aus ermangele: »Das instinktlose, elende Geschöpf, das so verlassen aus den Händen der Natur kam, war auch vom ersten Augenblicke an das freithätige, vernünftige Geschöpf, das sich selbst helfen sollte und nicht anders als konnte.« Hier waren längst – allerdings teleologisch-idealistische – Evolutionsvorstellungen im Spiel: der Mensch, ein »Kulturwesen von Natur aus«, wie das später Arnold Gehlen formulierte.

Der »Homo duplex«, ein janusköpfiger »Wandler zwischen zwei Welten«? Oder anspruchsvoller und zugleich eitler: der Mensch, das Maß aller Dinge, die Krone der Schöpfung oder »das Wunder und der Ruhm des Universums«, wie sogar Charles Darwin 1871 in seinem Werk ›The Descent of Man‹ den Menschen noch glorifizierte?

Das alles mögen vertraute Metaphern unseres Selbstverständnisses sein, moderne Evolutionsbiologie aber kann sich mit solchen Denkfiguren nicht zufrieden geben: sie muß unter anderem beharrlicher nach dem Verhältnis von Natur und Kultur im Menschen fragen. Vor allem sollte sie erklären können, *wie* eine durch keinen Schöpferplan gelenkte, sich vorwiegend auf die natürliche Auslese (Darwins *natural selection*) stützende Evolution ein Wesen hervorbringen konnte, dem Kultur zum natürlichen Rüstzeug gehört, ein Wesen, das man mit Recht den »ersten Freigelassenen der Schöpfung« nennen dürfte?

Allein schon die Tatsache, daß Kultur ganz offensichtlich auf dem »ganz natürlichen Wege« der organismischen Evolution entstehen konnte, sollte Mahnung genug sein, Natur und Kultur nicht in einem strikt gegensätzlichen Verhältnis begreifen zu wollen. So gut differentialdiagnostisch scharf trennende Definitionen gedanklicher Eindeutigkeit auch dienen mögen, sie erweisen sich oft als eher nachteilig für die Untersuchung von Entwicklungsprozessen. Vorschnelle Antinomie-Konstruktionen sind hier besonders hinderlich. Das gilt gerade auch im Hinblick auf das gegenseitige Verhältnis von Natur und Kultur.

So ist die Natur des Menschen selbstverständlich nicht auf den Körper und dessen physiologische Funktionen, auf das sogenannte »Somatische« beschränkt, dem man das »Psychische« und somit auch den kulturschaffenden »Geist« als eine »höhere« und menschenspezifische (vielleicht sogar göttliche) Sphäre entgegenstellen könnte, wie uns alte abendländische Denktraditionen lehren. Die Natur baut also nicht nur das nun einmal unentbehrliche Fundament oder Kellergeschoß, auf dem dann ganz unabhängig und freischöpferisch Kultur ihre stattlichen Obergeschosse errichtet.

Ebensowenig läßt sich die Natur des Menschen auf das eingrenzen, was er »angeborenermaßen« in diese Welt mitbringt, auf das, was seine genetische Ausstattung unmittelbar determiniert, einschließlich der verhaltenswirksamen Reflexe, Antriebe und Instinkte. Alle derartigen Vorstellungen sind mit gesicherten Forschungsergebnissen von Genetik, Neurobiologie, Evolutionsbiologie, Ethologie und Soziobiologie ebenso unvereinbar wie mit den Resultaten psychosomatischer Medizin und den Befunden der Entwicklungspsychologie.

Falsch ist auch die verbreitete Gegenüberstellung von »biologisch« und »sozio-kulturell«, denn zum einen steht fest, daß »Soziales« etwas eminent »Biologisches« ist, und zum anderen ist eine menschliche Natur ohne Kultureinfluß nirgendwo existent und überhaupt nicht lebensfähig, ja nicht einmal vorstellbar.

Als gleichermaßen unhaltbar hat es sich erwiesen, Kultur als etwas mit Vernunft Geplantes und somit »Künstliches« der irrational-unbewußten, biologischen Natur gegenüberzustellen. Kulturen sind in der Tat alles andere als »künstlich-rationale« Schöpfungen des menschlichen Verstandes. F. A. v. Hayek (1979) hat ohne Frage recht mit der Feststellung: »Kultur ist weder natürlich noch künstlich, weder genetisch noch mit dem Verstande geplant. Sie ist eine Tradition erlernter Regeln des

Verhaltens, die niemals erfunden worden sind, und deren Zweck das handelnde Individuum gewöhnlich nicht versteht.«

Immerhin, Tradition oder die traditionale Weitergabe erlernter Verhaltensformen gilt als ein zentrales Charakteristikum von Kultur. Und so sehen es auch die Biologen, die sich mit der Evolution von Kulturfähigkeit und Kultur beschäftigen. J. T. Bonner (1980) definiert in seinem Buch ›The Evolution of Culture in Animals‹ geradezu: »Unter Kultur verstehe ich die Weitergabe von Information durch Verhalten, insbesondere durch den Vorgang von Lehren und Lernen.« Er fährt dann erläuternd fort: »Die Information, die in Kulturform weitergegeben wird, schlägt sich als Wissen und Tradition nieder, doch liegt das Schwergewicht dieser Definition eher auf der Art und Weise der Informationsweitergabe als auf dem Ergebnis.« Es dürfte ohne weiteres einleuchten, daß Kultur, definiert als verhaltenssteuernde Lern-Tradition, keineswegs auf den Menschen beschränkt, sondern zumindest unter den höher entwickelten Wirbeltieren in vielfältigen Ansätzen weit verbreitet ist.

Eine derart pragmatische Definition von Kultur mag manchem Leser doch allzu reduktionistisch erscheinen. Ohne Frage ist das Merkmal »Tradition« für Kulturen konstituierende Bedingung, doch ist es kaum ausreichend, Kultur zu definieren. Wir reklamieren für alle Kulturen eine je besondere Welt von Werten und somit in der Tat etwas, das wir (bisher) nur vom Menschen kennen. Gleichviel, jene reduktionistische Definition Bonners führt mit der Betonung einer besonderen Art der Informationsgewinnung und Informationsweitergabe – nämlich über Lernen und Lehren – direkt auf den für evolutionsbiologische Überlegungen zentralen Kern. Sie hilft uns weiter, wenn wir dem Verhältnis und der Verflechtung von Natur und Kultur in der Evolution auf die Spur kommen wollen.

Beide, die biologische Evolution wie die Kulturgeschichte beruhen letztlich auf dem Erwerb, der Speicherung und Anreicherung sowie der selektiv-differentiellen Weitergabe von Information. Informationsfluß ist der rote Faden, der sich durch beide hindurchzieht und beide gestaltet. Worin liegen, abgesehen von dieser prinzipiellen Analogie, die Gemeinsamkeiten und worin die Unterschiede von biologisch-genetischer Evolution und Kulturgeschichte? Gibt es eine unmittelbare oder mittelbare Verbindung zwischen beiden?

In der genetischen Evolution werden Informationen als Gene in Form der Desoxyribonukleinsäure (DNS) kodiert und gespeichert, durch identische Replikation vervielfältigt, bisweilen durch Mutationen abgeändert und dann im Vorgang der zweigeschlechtigen Fortpflanzung ständig neu kombiniert. Die Weitergabe erfolgt als genetische Vererbung von Generation zu Generation. Diesen Prozeß nennen wir im folgenden die *biogenetische Informationsübertragung*, die daraus resultierende Entwicklung *biogenetische Evolution*.

Sehr früh schon etablierte sich in der Evolution des Lebendigen ein zweiter, von der DNS-Kodierung im Genom, von deren Mutationen und von der genetischen Fortpflanzung unabhängiger Modus des Informationserwerbs, der Informationsverarbeitung und Informationsweitergabe, der im Lauf der organismischen Evolution zunehmend an Bedeutung gewann. Wir bezeichnen diesen Vorgang gemeinhin als Lernen. Die Höherentwicklung von Lebewesen läßt sich geradezu charakterisieren als wachsende Fähigkeit, Informationen aus der Umwelt aufzunehmen, sie zu speichern, sie mit anderen Informationen zu kombinieren und so für die Zukunft nutzbar zu machen. Höher entwickelte Tiere lernen mehr und sind daher flexibler und anpassungsfähiger im Verhalten. Die individuell gesammelte Erfahrung wird im Gehirn gespeichert, sie kann dort auf individuelle Weise verarbeitet, kreativ variiert und schließlich über Lehr- und Lernvorgänge an andere Individuen weitergegeben werden. In einem geeigneten sozialen Feld können sich auf diesem Wege Traditionen entwickeln, und Traditionsbildung ist ein entscheidender Grundpfeiler der Kulturentwicklung. Den hier kurz charakterisierten Prozeß nennen wir im folgenden die *tradigenetische Informationsübertragung*, und wir möchten noch einmal betonen, daß er keineswegs auf den Menschen beschränkt ist. In der Menschheitsgeschichte freilich führte diese *tradigenetische Evolution* zu einer beispiellosen Kulturentwicklung.

»Dieses Umgehen des Genoms«, so schrieb 1980 John Tyler Bonner, »war so erfolgreich, daß der Selektionsdruck auf die Gene nicht länger mehr in Richtung feinerer genetischer Signale arbeitete, sondern auf die Entwicklung größerer und leistungsfähigerer Gehirne abzielte, die eher dazu in der Lage waren, eine Vielfalt von schnellen, flexiblen, neuerungsträchtigen Signalen auf dem Verhaltenswege zu übermitteln. Dieser Schritt bildete den Grundstein für die Evolution von Kultur, und es spricht alles dafür, daß er eine Folge der natürlichen Selektion war.«

Wir sehen also: beide, *die biogenetische wie die tradigenetische Entwicklung sind primär Bestandteile der biologischen Evolution.* Kulturgeschichte wurzelt in biologischer Evolution.

Im biogenetischen und im tradigenetischen Entwicklungsgeschehen herrscht ein ökonomisches Optimierungsprinzip, das sich auf Konkurrenz und Auslese stützt. Biologen sprechen hier von natürlicher, also ungeplanter Selektion. Diese führt über je nach Maßgabe der unterschiedlichen Eignung oder Fitness der einzelnen Ausprägungsformen unterschiedliche Reproduktionserfolge generell zu einer zunehmend besseren Anpassung oder Adaptation. So sind Konkurrenz um knappe Ressourcen und daraus folgende Selektion der treibende Motor dieser Entwicklung. In analoger Weise wird man auch im kulturellen Bereich von Anpassungs- und Optimierungsprozessen sprechen können, die durch wechselseitige Konkurrenz und (auch hier) ungeplante Selektion angetrieben werden. Während man die Fitness einer biogenetischen Information, also zum Beispiel eines Gens, im nachhinein am relativen Ausbreitungserfolg innerhalb der Population messen kann, könnte die Fitness einer tradigenetischen Information entsprechend an ihrem relativen Ausbreitungs- beziehungsweise Durchsetzungserfolg im Wettstreit mit alternativen kulturellen Produkten, tradierten Verhaltensregeln, Ideen usw. abgelesen werden.

Aufnahme, Speicherung, Verarbeitung, Reproduktion und Selektion von Information kennzeichnen also sowohl den biogenetischen als auch den tradigenetischen Entwicklungsprozeß.

Neben diesen (analogen) Ähnlichkeiten gibt es jedoch einige markante Unterschiede zwischen biogenetischem und tradigenetischem Entwicklungsgeschehen, die sich auf das Informationsaufnahme-, Informationsverarbeitungs- und Informationsübertragungssystem beziehen. Diese prinzipiellen Unterschiede müssen wir besonders beachten, weil die Vermutung naheliegt, daß es gerade diese Differenzen sind, die letztlich darüber entscheiden, welches der beiden Entwicklungsprinzipien unter den jeweils gegebenen Bedingungen von der optimierenden natürlichen Selektion begünstigt wird.

1. Im biogenetischen Prozeß wird Information – wir sehen hier von der Ausnahme einer Übertragung von Genmaterial durch Viren einmal ab – nur am Beginn des individuellen Lebens aufgenommen und nur über genealogische Fortpflanzung weitergegeben. Im tradigenetischen Prozeß dagegen wird Information zeitlebens aufgenommen und kann jederzeit weitergege-

ben werden. Nur im tradigenetischen System – nicht aber im biogenetischen! – gilt das Prinzip, das Lamarck (1809) irrtümlich gerade für die biologische Vererbung postuliert hatte, nämlich die Weitergabe »von zu Lebenszeiten des Individuums erworbenen Eigenschaften und Fertigkeiten«.

2. Damit hängt zusammen, daß tradigenetische Informationen von den Individuen selektiv, das heißt nach eigener »Wahl« aufgenommen werden können, während die biogenetischen Informationen zwangsläufig akzeptiert werden müssen: kein Kind kann sich weigern, die Gene seiner Eltern anzunehmen.

3. Während im biogenetischen Prozeß die Informationsweitergabe nur in einer Richtung möglich ist, nämlich jeweils nur von den Eltern auf ihre Kinder, ist die tradigenetische Informationsübertragung an keine derartigen Beschränkungen gebunden. Sie kann im gleichen Zeithorizont alle genealogischen Grenzen überspringen, sie kann sogar von der Tochter- auf die Elterngeneration zurückgreifen, ja, sie ist überhaupt nicht an genealogische Verwandtschaft geknüpft. Nicht der biogenetische Vererbungsmodus, sondern die Kontaktausbreitung einer Infektionskrankheit liefert das passende Modell zum Verständnis der tradigenetischen Informationsverbreitung. Daraus folgt zugleich auch, daß die tradigenetische Informationsübernahme nicht wie im biogenetischen Prozeß nur über die *beiden* Eltern erfolgen kann, sondern, daß das individuelle Informationsreservoir prinzipiell von beliebig vielen »Eltern« stammen kann.

4. Während Mutationen im biogenetischen Prozeß in aller Regel nur kleine Veränderungsschritte durchbringen können, gibt es in der tradigenetischen Entwicklung die Möglichkeit großer Änderungsschritte: So kann zum Beispiel ein technisches Gerät am Reißbrett in einem Zuge völlig neu durchkonstruiert werden, ohne dabei auf ältere Baupläne und Materialien Rücksicht nehmen zu müssen. Darüber hinaus besteht – wieder im Unterschied zur biogenetischen Entwicklung – die Möglichkeit, sofort (und nicht erst über die generationenlange Erprobung via Selektion) am Erfolg oder Nichterfolg einer Neuerung zu lernen und Fehler zu korrigieren: nur hier also gibt es den wichtigen Effekt des »Lernens, wie man lernt«. Und schließlich kann hier sogar die von der Selektion favorisierte Entwicklungsrichtung direkt erkannt und für weitere Änderungsschritte sogleich berücksichtigt und vorsorglich bereits mit eingeplant werden. Im biogenetischen Geschehen dagegen ist die jeweilige Mutationsrichtung prinzipiell bei jeder Neumutation immer

wieder unabhängig von der Richtung, welche die natürliche Selektion begünstigt.

Alle hier genannten Unterschiede laufen letztendlich auf eine Beschleunigung im Änderungs-, Ausbreitungs- und Entwicklungstempo des tradigenetischen Geschehens im Vergleich zu biogenetischen Prozessen hinaus. Der tradigenetische Modus erweist sich als der schnellere, flexiblere und möglicherweise radikalere Weg von Verhaltensänderungen. Ebenso unbestreitbar jedoch erscheint er als der störanfälligere und in vieler Hinsicht auch riskantere Weg, der darüber hinaus auf leistungsfähigere Gehirne mit möglichst hohen und vielseitigen kognitiv-intellektuellen Fähigkeiten angewiesen ist. Wenn dieser Weg allerdings einmal mit Erfolg eingeschlagen wurde, dann dürfte ein stetiger und kräftiger natürlicher Selektionsdruck auf eine diese Fähigkeiten erhöhende strukturelle Verbesserung des Gehirns stehen, die tradigenetische Prozesse immer effizienter macht. Genau das ist ganz offensichtlich in der Primaten-Evolution und dann, noch weiter beschleunigt, in der Hominiden-Entwicklung geschehen: das Resultat sind die menschlichen Kulturen.

In unserer eigenen Entwicklungsgeschichte spielte daher der biogenetische Prozeß ständig eine eher konservative Rolle, während dem tradigenetischen Geschehen der dynamischere Part zukommt.

Es ist das Wechselspiel zwischen diesen beiden Mechanismen, oder kurz, zwischen Stabilität und Innovation, das Geschichte definiert und prägt und in dem auch die biologische Evolution ihren Weg nimmt. Der Prozeß der Menschwerdung (Hominisation) liefert das Anschauungsmaterial dafür, wie erst durch die wechselseitige Verflechtung von biogenetischer und tradigenetischer Evolution jenes atemberaubende Tempo erreicht wurde, mit dem sich die physische, aber auch psychobiologische Umkonstruktion vom Menschenaffen-Niveau bis zum rezenten Menschen *(Homo sapiens)* in vielleicht nur fünf, höchstens aber neun Millionen Jahren vollzog.

Wichtig ist vor allem, daß beide Prozesse in unserer Geschichte nie vollständig getrennt nebeneinander wirkten, sondern daß sie ständig zueinander in Beziehung treten und sich wechselseitig beeinflussen. Das Verhältnis von Kultur und Natur des Menschen ist ein fortwährendes, sich wechselseitig unterstützendes und herausforderndes Ineinandergreifen tradigenetischer und biogenetischer Prozesse, das nicht zuletzt den

Effekt einer gewaltigen biologischen Fitness-Steigerung mit sich brachte. Den biologischen Erfolg dieses ständigen biogenetisch-tradigenetischen Rückkopplungsprozesses wird niemand bestreiten wollen, der den exponentiellen Anstieg der Wachstumskurve der menschlichen Erdbevölkerung vor Augen hat.

Kultur und Zivilisation sind selbstverständlich nicht selektionsneutral. Ganz im Gegenteil: sie bilden einen zentralen Anteil der menschlichen Anpassungsfähigkeit an unterschiedliche Lebensumstände. Tradierte Verhaltensregeln und technologische Neuerungen zum Beispiel erweitern das Anpassungsspektrum einer Menschengruppe erheblich, führen zu gesteigertem Reproduktionserfolg und beschleunigter Ausbreitung dieser Bevölkerung. Im dadurch verschärften Konkurrenzkampf fallen Kulturformen von geringerem Anpassungswert und langsamerem Entwicklungstempo der Verdrängung zum Opfer und damit nicht selten zugleich auch die entsprechenden Völker der natürlichen Selektion. Tradigenetische und biogenetische Fitness-Maximierung arbeiten im großen und ganzen gleichsinnig Hand in Hand. *Co-Evolution,* haben Evolutionsbiologen dieses sich wechselseitig unterstützende Ineinandergreifen von biologischer und kultureller Entwicklung genannt, und genau diese Erscheinung wollen wir im folgenden anhand von vier Beispielen etwas genauer betrachten.

Beispiel 1: Bei westafrikanischen Völkern, die ihre Anbauflächen jeweils durch Roden und Abbrennen von Waldstücken gewinnen, soll es ein Konsumations-Tabu für die nahrhafte Yam-Frucht während der Regenzeit geben (Durham, 1982). Man weiß seit langem, daß bei der Bevölkerung dieser Regionen ein die Hämoglobin-Variante S produzierendes mutiertes Gen (HbS genannt) stark angereichert ist, obwohl dieses Allel, das für die Sichelzellen-Anämie verantwortlich ist, in reinerbiger (homozygoter) Kombination tödlich wirkt und auch in mischerbiger (heterozygoter) Kombination unter bestimmten Umständen über ein starkes »Sicheln« der roten Blutkörperchen einen lebensgefährlichen anämischen Zustand hervorrufen kann. Trotz dieser schädigenden Wirkung und der durch die hohe Mortalität seiner Träger ständig arbeitenden Contra-Selektion ist dieses Allel in endemischen Malaria-Gebieten stark angereichert, weil die mischerbigen (heterozygoten) »Sichler« einen hohen Grad an Malaria-Resistenz besitzen und dadurch bessere Überlebens- und Fortpflanzungschancen gewinnen.

Die Yam-Frucht enthält nun eine chemische Substanz, die dafür bekannt ist, daß sie das gefährliche »Sicheln« der roten Blutkörperchen mindert. Daher erscheint es nützlich, die Yam-Frucht in der hinsichtlich der Malaria ungefährlichen Trockenzeit zu essen. In der malaria-gefährlichen Regenzeit dagegen, wo das »Sicheln« Schutz gegen die lebensbedrohende Krankheit bietet, erweist es sich als vorteilhaft, auf den Genuß der Yam-Frucht zu verzichten. Genau das schreibt das oben erwähnte Konsumations-Tabu vor: in der Regenzeit darf die Yam-Frucht nicht gegessen werden. Natürlich ist der eben angedeutete biogenetisch Fitness-fördernde Zusammenhang den Eingeborenen unbekannt, das Tabu hat eine ganz andersartige mythologische Begründung. Wie so oft ist hier der biologische »Zweck« tradigenetisch »maskiert«. Wichtig ist lediglich, daß beide Prozesse denselben Fitness-fördernden Effekt erzielen. Ob dies bewußt, mit richtiger oder falscher Begründung oder ganz und gar unbewußt geschieht, ist absolut unerheblich.

Der eben beschriebene Fall kann als Beispiel für eine kulturelle Anpassung an natürliche, biogenetisch wirksame Umstände interpretiert werden, doch läßt sich an ihm auch die Gegenrichtung aufzeigen. Erst durch die brandrodende Wirtschaftsform nämlich – also durch eine kulturelle Maßnahme – ist es zu der gefährlichen Anreicherung von geeigneten »Brutstätten« der Mückenart *Anopheles gambiae* gekommen, die ihrerseits Hauptüberträger des blutparasitierenden Malaria-Erregers *Plasmodium falciparum* ist. Es lag also wohl zunächst ein Kultureffekt vor, der den biogenetischen Evolutionsprozeß beeinflußte, worauf wiederum eine kulturelle Antwort in Form einer tradierten Verhaltensregel als Fitness-fördernde Korrektur erfolgte. Kurz, wir haben einen klassischen Rückkopplungsprozeß vor uns.

Beispiel 2: Ein weiteres Beispiel für einen wechselseitigen Rückkopplungsprozeß zwischen biogenetischem und kulturell-tradigenetischem Geschehen ist das bekannte Nord-Süd-Gefälle der Frischmilchverträglichkeit bei Erwachsenen in Europa (Flatz und Rotthauwe, 1977). Mit der Domestikation von Milch produzierenden Haustieren (zunächst Schafe und Ziegen, später dann Rinder) vor etwa 9000 Jahren erschloß sich der Mensch eine neue Nahrungsquelle von hohem Wert. Zunächst war diese Energiequelle allerdings für Erwachsene nur indirekt über die Zubereitung von saurer Milch oder Käseprodukten nutzbar; denn für die weit überwiegende Mehrzahl der Menschen auf der Erde – und das dürfte der ursprüngliche Zustand sein – ist Frischmilch in größeren Mengen im Erwachsenenalter unverträglich. Erst eine genetische Mutation, die über das Enzym Lactase die Lactose-Absorption ermöglichte, erschloß die Energiequelle Frischmilch für erwachsene Menschen. Diese Mutante, die vielleicht erst vor etwa 5000 Jahren aufgetreten ist, hat in Nordeuropa im Verlauf von etwa 200 Generationen via biogenetische Selektion dazu geführt, daß über 90 Prozent der Erwachsenen hier Lactose absorbieren und somit den vielseitig hohen Nutzwert der Frischmilch ausschöpfen können. Vermutlich dadurch, daß die Lactose das Vitamin-D-Defizit ausgleicht und die schlimmen Folgen von Calcium-Mangel, wie Spätrachitis und Osteomalazie mit Knochenverbiegungen und Beckenverengung bei den Frauen, im sonnen- beziehungsweise UV-strahlungsarmen Nordeuropa verhindert, brachte diese genetische Mutante unter den klimatischen Gegebenheiten Nordeuropas einen bedeutenden Selektionsvorteil, der ihre starke und schnelle Anreicherung in der Bevölkerung dieser Region erklären kann.

Hier schuf also eine kulturelle Neuerung neue biogenetische Selektionsbedingungen, die wiederum eine Bevölkerung mit veränderter biologisch-genetischer Konstitution hervorbrachten. Auch dieser Prozeß ist ganz sicher ohne bewußtes Verständnis der realen Zusammenhänge abgelaufen, dürfte aber gleichwohl eine wichtige Rückwirkung auf den tradigenetischen Prozeß in Form einer radikalen Einstellungsänderung in Bezug auf das Trinken von Frischmilch durch Erwachsene von vormaliger Ablehnung zu besonderer Hochschätzung gezeitigt haben. Diese Einstellungsänderung ihrerseits wurde zum Motor einer die Milchleistung verbessernden Rinderzucht. Also wieder ein biogenetisch-tradigenetischer Rückkopplungsprozeß.

Beispiel 3: Als drittes Beispiel für die biogenetisch-tradigenetische Wechselwirkung wählen wir die über traditionale Verhaltensregeln angestrebte und erreichte durchschnittliche Dauer des Geburtenabstands bei den Buschleuten der Kalahari. Empirische Untersuchungen haben ergeben, daß das mittlere Intergeburtenintervall der Frauen bei etwa vier Jahren (genau: bei 3,88 Jahren) liegt und daß dieser Abstand auch traditionell als erwünscht empfunden wird, weshalb man ihn mittels Stillgewohnheiten und sexueller Tabus einzuhalten sucht. Auf den ersten Blick erscheint dies unvereinbar mit dem biogenetischen Selektionsdruck auf Reproduktionsmaximierung. Die klassische Kulturanthropologie sah darin denn auch einen an die spezifischen Lebensbedingungen angepaßten autonomen kulturellen Regulationsmechanismus der Bevölkerungsdichte: Im Dienste und zum Wohle der Gemeinschaft verzichten die Individuen unter kulturellem Normendruck auf die volle Ausschöpfung ihrer eigenen Fortpflanzungskapazität. Moderne Evolutionsbiologen mochten diesem Erklärungsansatz nicht folgen, weil – streng nach Darwins Selektionstheorie – notwendigerweise jedes Individuum, das in einer Gruppe von »freiwilligen Verzichtern« die Alternative der eigenen Reproduktionsmaximierung wählen würde, zwangsläufig alle Konkurrenten in der Ausbreitung seiner eigenen Gene schnell überrunden müßte. Für Evolutionsbiologen blieb daher keine andere Möglichkeit, als den Profit aus dieser Fortpflanzungsstrategie auf der individuellen Ebene zu suchen. Und in der Tat haben Computer-Simulationen ergeben, daß genau der durchschnittlich eingehaltene Geburtenabstand von vier Jahren unter den gegebenen Lebensumständen dieser Jäger-Sammler-Bevölkerung zum optimalen Reproduktionserfolg (hier an der entscheidenden Zahl erfolgreicher Aufzuchten und nicht an der Zahl der Geburten gemessen!) der einzelnen Frauen führt. Um das zu verstehen, muß man bedenken, daß die Kalahari-Buschleute etwa zwei Drittel ihres Kalorienbedarfs über den vegetabilischen Sammelertrag der Frauen decken. Um die erforderliche Menge einzubringen, müssen die Frauen etwa jeden zweiten oder dritten Tag unter harten klimatischen Bedingungen (zum Beispiel Temperaturen von 40 bis 50 Grad Celsius im offenen, schattenarmen Gelände bei extremer Trockenheit) recht weite Exkursionen unternehmen, wobei sie im Durchschnitt 15–20 kg Sammelgut einbringen. Auf diesen Sammelexkursionen müssen die Mütter ihre bis zu zwei Jahre alten Kinder ständig mit sich tragen, Kinder bis zu vier Jahren begleiten sie und müssen zeitweise ebenfalls getragen werden.

Die Konsequenz: Bei Müttern, die zeitweise mehr als ein Kind zu tragen haben, reduziert sich die »Ertrags-Nutzlast« dramatisch, sie unterschreitet schnell die kritische Grenze für die Ernährung der Familie, wobei natürlich jedes hinzukommende Kind den Nahrungsbedarf noch erhöht. Darüber hinaus ist die Mutter bei Überlast unter den gegebenen klimatischen Bedingungen einem stark erhöhten Hitzschlag- und Dehydrations-

Risiko ausgesetzt, das wiederum nur durch Mitnahme von mehr Wasser eingeschränkt werden könnte, wodurch dann – ein wahrer Teufelskreis – die mögliche »Ertrags-Nutzlast« noch weiter reduziert würde.

Mittels umsichtiger Computer-Simulationen, in die eine Fülle von empirisch ermittelten Einzeldaten eingebracht wurden (zum Beispiel Kalorienbedarf der zu ernährenden Kinder und Erwachsenen, die Länge und Häufigkeit der Sammelausflüge, Art, Gewicht und energetische Nutzbarkeit des Sammelgutes, klimatologische Daten, Sterblichkeitsraten von Kindern und Jugendlichen usw.), haben Blurton Jones und Sibly (1978) versucht, die optimalen Intergeburtenabstände zu ermitteln. Ihr Resultat: Abstände von etwa 4 Jahren erscheinen im Individualinteresse optimal, sie verheißen unter den gegebenen Lebensbedingungen im Durchschnitt den höchsten reproduktiven Aufzuchterfolg für die individuellen Frauen!

Unser Beispiel läßt vor allem das kooperative Ineinandergreifen von biogenetischen und tradigenetischen Mechanismen klar hervortreten: Der – wie wir gesehen haben – evolutionsbiologisch »sinnvolle« Geburtenabstand von durchschnittlich vier Jahren wird von den Frauen als normal und generell erwünscht empfunden. Sie halten ihn – ohne darüber rationale Kosten-Nutzen-Kalkulationen anzustellen – über tradierte Stillgewohnheiten und sexuelle Verhaltensregeln im Durchschnitt recht genau ein. (Erinnern wir uns: eine empirische Untersuchung hatte ein mittleres Intervall von 3,88 Jahren ergeben!). Hier greifen also unter den gegebenen ökologisch-ökonomischen Bedingungen kulturelle Normen direkt im Sinne einer individuellen biogenetischen Fitness-Maximierung in den biologischen Fortpflanzungsprozeß ein, wobei als ziemlich sicher gelten darf, daß der biogenetische Selektionsdruck der Umweltbedingungen seinerseits erst die Etablierung genau dieser kulturellen Verhaltensnormen bedingt oder gar erzwungen hatte: ein typischer Rückkopplungsprozeß im Rahmen der biogenetisch-tradigenetischen Co-Evolution.

Beispiel 4: Wie weitreichend biogenetische Fitness-Maximierung selbst an der Gestaltung kultureller Rechtsnormen beteiligt sein kann, soll uns ein letztes Beispiel vor Augen führen.

Der berühmte französische Kanada-Pionier Samuel de Champlain verbrachte auf seiner 8. Expedition den Winter 1615/16 am Huron-See beim Volk der Huronen.

»Während des Winters, der vier Monate dauerte«, so schreibt Champlain in seinem Reisebericht* »hatte ich genügend Muße, um ihr Land, ihre Sitten und Gebräuche kennenzulernen, desgleichen ihre Lebensweise, Art und Form ihrer Versammlungen und andere Dinge, die ich beschreiben möchte.« Ausführlich schildert er sodann u. a. die für unsere Gesellschaftsmoral kaum vorstellbare, offenbar weitgehend gewalt- und eifersuchtsfreie Promiskuität sowohl vor als auch nach der Eheschließung: »Denn wenn die Nacht kommt, gehen die jungen Frauen von einer Hütte zur anderen, genau wie die jungen Männer, und nehmen sich, doch ganz ohne Gewalt, was ihnen gut scheint, wobei sie aber alles dem Willen der Frauen überlassen. Der Ehemann macht das gleiche bei seiner Nachbarin, aber es entsteht keine Eifersucht deshalb unter den Eheleuten, es kommt zu keiner Ehrlosigkeit oder Beschimpfung: so ist es eben der Brauch des Landes.« Wurde ein Mädchen bei diesem »Lebenswandel« schwanger, so heiratete sie den Mann ihrer Wahl, wobei die Frage, ob er auch der Vater des erwarteten Kindes sei, offensichtlich keine Rolle spielte. Auch während dieser Ehe »tut sie sich, obwohl sie mit diesem Ehemann lebt, in ihrem Geschlechtsleben keinen Zwang an. Sie bleibt bei ihm, immer im selben Haushalt, und ist zufrieden.«

Die für unsere Erörterung wichtigste Passage aus Champlains Bericht lautet dann so: »Die Kinder, die auf diese Weise von einer solchen Frau geboren werden, können nicht sicher sein, daß sie legitim sind. Es gibt dann auch einen Brauch, der dieser Gefahr steuert: Die Kinder sind, was den Besitz und die Würde angeht, niemals die Erben ihres Vaters (– gemeint ist hier der Ehemann der Mutter! –), von dem man, wie ich schon sagte, nicht sicher sein kann, daß er sie gezeugt hat. Die Ehemänner setzen vielmehr zu ihren Nachfolgern und Erben die Kinder ihrer Schwestern ein, von denen sie sicher sein können, daß sie von diesen geboren worden sind.«

Was Champlain damit beschreibt, ist Ausdruck einer aus vielen Ethnien bekannten sozialen Institution, die als »Avunkulat.« bezeichnet wird. Ganz allgemein versteht man darunter institutionalisierte Verhaltensregeln, die ein besonders hervorgehobenes Interesse an den Kindern der Schwestern dokumentieren, indem diese Normen die rechtliche Beziehung zu ihnen

* Hier zitiert nach: Dokumente zur Geschichte der europäischen Expansion. Hrsg. v. E. Schmitt. Bd. 2: Die großen Entdeckungen. München 1984, S. 469–472.

im Unterschied zu anderen Kindern regeln. Die Ausprägungsstärke des Avunkulats ist interkulturell sehr verschieden, entsprechend vielfältig sind die kulturellen Muster, in denen es sich manifestiert (z.B. Goody, 1969). Die in unserem Zusammenhang interessante Frage lautet nun: Warum sind den Huronen-Männern – trotz ihrer sexuellen Toleranz – die biologischen Verwandtschaftsverhältnisse bei ihren Vererbungspraktiken offenbar so wichtig, daß sie Besitz und Status an die Kinder der Schwester anstatt an die der eigenen Frau weitergeben? Bringt das evolutive Vorteile? Oder allgemeiner gefragt: Gibt es einen evolutiv verwurzelten Grund für die Präsenz des Avunkulats in bestimmten Ethnien und sein Fehlen in anderen? Um diese Frage beantworten zu können, ist zunächst der Rückgriff auf ein wenig soziobiologische Theorie erforderlich.

In der biogenetischen Evolution zählen einzig das Überleben und die differentielle Ausbreitung von Genen vermittels ihrer identischen Kopien oder Replikate. Individuen sind als Evolutionssubstrat ungeeignet, weil sie in ihrer Genkombination einmalig und nicht identisch replizierbar sind. Natürliche Selektion jedoch begünstigt oder verwirft Gene mittels eines Gütetests an den Individuen, die diese Gene tragen. Wenn aber letztlich die Ausbreitung von Genen im biogenetischen Evolutionsprozeß entscheidet, dann scheint es dafür weitgehend nebensächlich, über welche spezifischen Individuen die Ausbreitung bestimmter Gene erfolgt. Für Gene wäre es demnach geradezu ein Erfolgsrezept, wenn sie ihre individuellen Träger nicht ausschließlich daraufhin programmieren würden, sich selbst maximal zu vermehren, sondern auch darauf, die Reproduktion anderer Individuen zu fördern, die identische Genkopien tragen. Und eben die Wahrscheinlichkeit, daß zwei Individuen abstammungsgleiche Genreplikate tragen, wächst mit dem Grad ihrer erbbiologischen Verwandtschaftsnähe. Blutsverwandte, also Geschwister, Vettern und Basen, Tanten und Onkel, Nichten und Neffen sind wegen ihrer mehr oder weniger direkten gemeinsamen Abstammung mit jeweils statistisch gut kalkulierbaren abgestuften Wahrscheinlichkeiten Träger derselben genetischen Ausstattung. Dies ist ja auch der Grund dafür, daß sich Geschwister durchschnittlich ähnlicher sehen als entferntere Verwandte.

Populationsgenetiker drücken die Wahrscheinlichkeit, mit der in zwei Individuen einer Population über gemeinsame Ahnen identische Genreplikate zu erwarten sind, durch den sogenannten Verwandtschaftskoeffizienten r aus. Dieser Koeffizient kann durchschnittliche Rechenwerte zwischen Null (nicht verwandt) und Eins (genetisch identisch, z.B. bei eineiigen Zwillingen) annehmen. So gilt zum Beispiel für biologische Elter-Kind- sowie für Vollgeschwister-Kombinationen r = 0,5; für die Großelter-Enkel-Kombination oder für Halbgeschwister untereinander, ebenso wie für das Verhältnis Onkel oder Tante zu Neffe oder Nichte (bei strikt monogamen Sexualbeziehungen!) r = 0,25; für Urgroßelter-Urenkel- und Vettern- oder Basen-Kombinationen ersten Grades r = 0,125 usw.

Nach unseren zuvor angestellten Erwägungen sollten also Individuen im »Interesse der Ausbreitung ihrer Gene« nicht nur in ihre eigene Reproduktion investieren, sondern auch in diejenige anderer Individuen, und zwar nach Maßgabe ihrer erbbiologischen Verwandtschaftsnähe, also um so intensiver, je höher der r-Wert zwischen Investor und Rezipient ist. Auf dem direkten Wege eigener Nachkommen *und* auf dem indirekten Wege über entsprechende Investitionen in nahe Verwandte kann ein Individuum die Ausbreitung seiner Gene fördern und dadurch – so nennen das die Soziobiologen – seine *Gesamtfitness* steigern. Und die Maximierung eben dieser Gesamtfitness wird und wurde allzeit in der biogenetischen Evolution von der natürlichen Selektion prämiert. Den dabei involvierten Vorgang der bevorzugten Unterstützung von nahen Verwandten nennen Soziobiologen *kin selection* (Verwandtschaftsselektion): Er bildet die biogenetische Grundlage des auch in allen menschlichen Gesellschaften zu beobachtenden Nepotismus.

Nun zurück zu den Huronen. Die Männer übertrugen dort ihr materielles Erbe, ihren Status und ihre Würde und damit gerade jene Dinge, die letztlich wieder zum künftigen Reproduktionserfolg der Kinder beitragen, nicht den Kindern der Frau, mit der sie in ehelicher Gemeinschaft lebten, und auch nicht den Kindern ihrer Brüder, sondern gezielt und ausschließlich den Kindern ihrer Schwester. Wie läßt sich das mit unserem Modell erklären?

Die Antwort hängt offensichtlich mit der in einer bestimmten Gesellschaft jeweils gegebenen durchschnittlichen Vaterschaftswahrscheinlichkeit von Ehemännern zu den Kindern ihrer Ehefrauen zusammen. In einer Gesellschaft, in der zum Beispiel bei strikter Monogamie eine streng durchgehaltene sexuelle Monopolisierung der Frauen durch den Ehemann und damit eine hohe Vaterschaftswahrscheinlichkeit gegeben ist, sind in aller

Regel die Kinder der Ehefrauen mit deren Ehemännern genetisch durchschnittlich näher verwandt, als es die Kinder einer Schwester oder eines Bruders je sein könnten. Man wird daher nach unserem Modell erwarten dürfen, daß hier die Männer ganz besonders oder ausschließlich in die Kinder ihrer Ehefrauen und damit in ihren eigenen direkten Nachwuchs investieren. Das ist tatsächlich in Gesellschaften mit derart restriktiven sexuellen Normen für verheiratete Frauen generell der Fall.

Ganz anders aber bei Champlains Huronen. Hier geht extreme sexuelle Promiskuität mit dem Effekt geringer Vaterschaftswahrscheinlichkeit einher. Resultat: genereller Verzicht der Männer auf Investitionen in direkten Nachwuchs, da jede Sicherheit darüber fehlt, welche Kinder man überhaupt als eigenen genetischen Nachwuchs bezeichnen könnte. Weil hingegen über die Mutterschaft keine Zweifel bestehen können, sind die Männer sicher, mit den durch ihre eigenen Mütter geborenen Schwestern in jedem Fall verwandt zu sein (r beträgt mindestens 0,25) und folglich auch mit deren Kindern (r beträgt mindestens 0,125). Mit zunehmender Promiskuität und damit nachlassender Vaterschaftssicherheit in einer Gesellschaft geht der durchschnittliche Vaterschaftskoeffizient zwischen Männern und den Kindern ihrer Ehefrauen allmählich in Richtung auf r = 0,0. Der durchschnittliche Verwandtschaftskoeffizient zwischen diesen Männern und den Kindern ihrer Schwestern mütterlicherseits aber sinkt niemals unter = 0,125. Mit dem Absinken der Vaterschaftswahrscheinlichkeit sinkt selbstverständlich auch die Wahrscheinlichkeit, daß man mit den Kindern seiner Brüder überhaupt verwandt ist, in Richtung auf r = 0,0. Kurz, unter den sexuell so freizügigen Verhältnissen der von Champlain beschriebenen Huronen gibt es für die Männer keine Investitionsstrategie, die ihrer Gesamtfitness förderlicher wäre als die bevorzugte Investition in die Kinder ihrer Schwestern. Das Avunkulat erweist sich hier, wie immer unter solchen soziokulturellen Bedingungen, als ein biogenetisch hochgradig angepaßtes, also adaptives System der Fitness-Maximierung (Alexander, 1979; Kurland, 1979).

Diese wenigen Beispiele müssen hier als Belege dafür ausreichen, daß Natur und Kultur, biogenetische und tradigenetische Entwicklungsprozesse sich in der Menschheitsgeschichte immer wieder intensiv verflochten haben und durchdringen. Kultur und Technik spielen eine zentrale Rolle für die biologische

Anpassungsfähigkeit unserer Spezies. Auf der anderen Seite ist Kultur auf das Überleben ihres »biologischen Substrats« angewiesen. Nicht nur das menschliche Gehirn als außerordentlich komplexe Struktur ist ein evolutives Produkt der biogenetisch-tradigenetischen Wechselwirkungen, auch die Regeln des Lernens, also die Regeln der tradigenetischen Informationsaufnahme unterliegen genetischen Kontrollen. Sie müssen biogenetisch erfolgreich sein und sind damit auch der natürlichen Selektion unterworfen. Lernen selbst ist seinerseits ein selektiver Vorgang; denn nicht alle denkbaren Lerninhalte haben die gleiche Wahrscheinlichkeit, auch tatsächlich gelernt zu werden. Somit unterliegt auch das Produkt aller Lernprozesse der natürlichen Selektion. Kurz, kulturelle Entwicklung und biogenetische Evolution sind Vorgänge, die untrennbar ineinander verwoben sind, sie bilden gemeinsam ein co-evolutives System. Es steckt also viel Natur in den Kulturen des Menschen und viel Kultur in der Natur des Menschen. Kultur ist Manifestation menschlicher Natur!

Dies alles redet nicht etwa einem biologischen Determinismus menschlichen Verhaltens das Wort. Selbstverständlich sind Kulturen nicht einfach maskierte »Re-Interpretationen biogenetischer Imperative«. Im Gegenteil, die biologische Evolution hat uns eine beispiellose Emanzipation von genetischer Determination beschert. Unbestreitbar ist, daß unsere genetische Ausstattung uns eher Verhaltensvorschläge als bindende Verhaltensvorschriften macht. Der Einzelne kann sich sogar ohne größere Schwierigkeiten gegen alle biogenetischen Fitness-Imperative entscheiden. Er kann auf biologische Reproduktion bewußt verzichten; dennoch: im Durchschnitt handeln wir letztlich unter einem permanenten biogenetischen Druck, ohne daß dieser in unser Bewußtsein dringt. »Die angeborene Natur des Menschen mag ihm große, fast völlige Verhaltensfreiheit geben, die gleiche Natur entfernt aber mit der Zeit regelmäßig jene Genotypen, die von dieser Freiheit einen Gebrauch machen, der dem Vermehrungserfolg ihrer Gene allzu nachteilig ist«, formulierte das Hubert Markl (1983).

Menschliche Kulturen sind also weder bloße Maskierungen biogenetischer Imperative, noch sind sie reine Ergebnisse verstehender Vernunft. Sie sind vielmehr primär das dynamische Produkt der biogenetisch-tradigenetischen Co-Evolution. Kulturen enthalten ganze Sätze von an die jeweiligen Lebensbedingungen angepaßten und somit in diesem Milieu erfolgreichen

Verhaltensregeln. Dabei ist es für den Erfolg ganz unerheblich, ob diese Regeln und ihre Effekte bewußt verstanden, ob mit richtiger oder falscher Begründung tradiert, oder ob sie das Ergebnis unverstandener Zufälle, Einfälle oder Entdeckungen, ob sie rational geplant sind oder Ergebnis irrationaler Ahnungen: Was in der Evolution zählt, ist einzig der reproduktive Erfolg. Natürliche Selektion prämiert automatisch jeweils den Mechanismus, der sich biogenetisch am besten auszahlt. »Verhaltensregeln, die den Menschen befähigen, sein Verhalten an seine Umwelt anzupassen, waren sicherlich wichtiger für ihn als das Wissen, wie sich die Dinge verhielten. Mit anderen Worten: Der Mensch hat sicherlich öfters gelernt, das Richtige zu tun, ohne zu verstehen, warum es richtig war«, notiert Friedrich A. v. Hayek (1979). An unseren Beispielen hatten wir gesehen, daß sich auch rational völlig undurchschaut »sinnvoll-vernünftige« traditionale Verhaltensregeln einstellen und durchsetzen. Für tradierte Verhaltensregeln werden wir in Anlehnung an den oben zitierten Autor drei unterschiedliche »Quellen« annehmen dürfen, die unsere Kulturen speisen:

1. das tief in unserer Stammesgeschichte wurzelnde genetische Erbe: das *biogenetische Potential;*
2. die mächtige Schicht alt-überkommener gesellschaftlicher Traditionen, die »weder geplant noch verstanden sind«: das *tradigenetische Potential;*
3. die »dünne Schicht von Regeln, die bewußt angenommen und modifiziert wurden, um bestimmten Zwecken zu dienen«: das *rationale Potential.*

Die Natur des Menschen beeinflußt sie alle drei, mit unterschiedlicher Gewichtung freilich.

So ist der Mensch zwar – um wieder auf Johann Gottfried Herder zurückzukommen – von Natur aus »zur Vernunftfähigkeit organisiert«, er ist jedoch keinesfalls ein »natürliches Mängelwesen«, und ein »Freigelassener der Schöpfung« ist er nur sehr bedingt und unvollständig geworden.

Literaturhinweise

R. D. Alexander, Darwinism and human affairs. Seattle 1979.
N. Blurton Jones, R. M. Sibly, Testing adaptiveness of culturally determined behaviour. Do bushman women maximize their reproductive succes by spacing births widely and foraging seldom? In: Human

behaviour and adaptation. Hrsg. v. N. Blurton Jones, V. Reynolds. London 1978, S. 135–157.
J. T. Bonner, The evolution of culture in animals. Princeton 1980. Zitiert nach der deutschen Ausgabe: Kultur-Evolution bei Tieren. Berlin, Hamburg 1983.
W. H. Durham, Interactions of genetical and cultural evolution. Models and examples. In: Human ecology 10 (1982), S. 289–323.
G. Flatz, H. W. Rotthauwe, The human lactase polymorphism. Physiology and genetics of lactose absorption and malabsorption. In: Progress in medical genetics. Hrsg. v. A. Steinberg et al. NS, Bd. II. Philadelphia 1977, S. 205–249.
J. Goody, Comparative studies in kinship. Stanford 1969.
F. A. von Hayek, Die drei Quellen der menschlichen Werte. Walter Eucken Institut: Vorträge und Aufsätze 70. Tübingen 1979.
J. A. Kurland, Paternity, mother's brother and human sociality. In: Evolutionary biology and human social behavior. An anthropological perspective. Hrsg. v. N. A. Chagnon, W. Irons. North Scituate, Mass. 1979, S. 145–180.
H. Markl, Wie unfrei ist der Mensch? Von der Natur in der Geschichte. In: Natur und Geschichte. Hrsg. v. H. Markl. München 1983, S. 11–50.

Werkzeug, Bild und Grab
Vom Transanimalischen im Menschen
von Hans Jonas

Daß der Mensch am Animalischen teilhat, ja, physisch zum Tierreich gehört, wurde nicht erst durch die Darwinsche Abstammungslehre dem Denken aufgedrängt, sondern war schon Aristoteles so geläufig wie Linné und versteht sich aus seiner Anatomie von selbst. Ihr gemäß ist er ein Wirbeltier, ein Warmblüter, ein plazentales Säugetier, und die nähere morphologische Vergleichung stellt ihn sogar schon, mit oder ohne Abstammungslehre, in eine bestimmte Tierfamilie, die Primaten, bzw. ihnen am nächsten. Diese Anerkennung des Gemeinsamen hat nie gehindert, den Menschen zugleich von aller bloßen Tierheit zu unterscheiden, also ein Transanimalisches in ihm wahrzunehmen und darin sein eigentliches Wesen zu sehen. Dabei kann offenbleiben, ob dies dem Menschen Eigentümliche – die *differentia specifica* in seiner Definition – eine einzige Eigenschaft ist oder eine Mehrzahl; und unter mehreren kann wieder die eine oder andere zur entscheidenden erhoben werden. Eine berühmte Definierung durch *eine* solche Eigenschaft ist die Aristotelische des Menschen als »das Tier, das Sprache (bzw. Vernunft) besitzt«: *zóon lógon échon, homo = animal rationale.* Der biblische Nachdruck lag auf dem Unterscheidungsvermögen zwischen Gut und Böse, worin der Hauptsinn der »imago Dei«-Formel erblickt wurde. Das setzt Sprache und Vernunft voraus, fällt aber nicht einfach damit zusammen. Wie auch immer, mit solcher Transzendierung des Animalischen, dem er trotzdem verhaftet blieb, wurde der Mensch als Bürger zweier Welten begriffen, als Mittleres zwischen Tier und Engel, usw. – kurz, als ein aus aller Natur, auch der beseelten, herausragendes, zu einem *Teil* supranaturales Wesen.

Warum dann, wenn man immer von seinem Leibe her um die animalische Basis des Menschlichen gewußt hatte, wurde Darwins Lehre von der tierischen *Abstammung* zum Kulturschock? Übergehen wir die vordergründige erste Ursache, die Skandalierung des Schöpfungsglaubens, so bleibt der mehr philosophische Schock, daß mit dieser immanenten Herkunftserklärung nach rein biologischen Spielregeln, die keiner Intervention eines neuen Prinzips bedurften, die letzte irdische Heimstätte aller vormals vermeinten Transzendenz vom allmächtigen Monismus einer absichtslos-mechanischen Natur verschlungen wurde. Die Weise seines Werdens definierte das Gewordene. Diese letzte Entzauberung, nach aller vorangegangenen der übrigen Welt, schien das bisherige Menschenbild von der Wurzel her zu widerlegen.

So schien und scheint es gemäß dem, was man den »genetischen Trugschluß« nennt. Da das evolutionäre Ausleseprinzip ausschließlich im Überlebensvorteil von Verhaltensweisen besteht, so wird der Unterschied des Menschen vom Tier immer pragmatischer in die überlegene Erfolgstüchtigkeit verlegt, sein mentales Dasein rein instrumental als Mittel dazu gedeutet, und der Wert, ja der Sinn des spezifisch Menschlichen danach bestimmt. In der Tat läßt sich an jede menschliche Eigenschaft die Frage richten, was an ihr sie zur natürlichen Auslese, zum Passieren des biologischen Siebes qualifiziert hatte. Da kann denn diese *Erklärung* ihrer Herkunft, d.h. ihrer Zulassung und Herauszüchtung, mit der Erkenntnis ihres Wesens verwechselt werden, die Kriterien der Werdebegünstigung mit dem Gehalt des Ergebnisses. Unerklärt bleibt der enorme Überschuß des so Hervorgegangenen über den erklärenden Zweck, der Luxus seiner höchst eigenmächtigen *selbsterzeugten* Zwecke, die gar nicht mehr biologisch sind. Ähnliches gilt übrigens für die genetische Logik in gleichzeitiger Psychologie und Soziologie: Begriffe wie »Sublimierung« und »Überbau« bezeichnen gebietseigene »Abstammungslehren«, die der biologischen weitere Schichten reduktiver Interpretation hinzufügen. Alle, soweit sie wahr sind, haben ihr Recht als Korrektiv des vormaligen Extrems einer absoluten Wesenskluft, die jüdischer Schöpfungsglaube, griechische Vernunftmetaphysik und – beide einbegreifend – christlicher Transzendentalismus zwischen Mensch und Tier, ja zwischen Mensch und Natur überhaupt aufgerissen hatten. Insofern war besonders der Darwin-Schock ein spezifisch christlich-abendländischer, worin eine lange historische Einseitigkeit sich rächte. Gewiß hatten im Kampf um Darwin die recht, die den Vorwurf einer Beleidigung des Menschen durch die Tierverwandtschaft zurückwiesen und ihrerseits der darin enthaltenen Beleidigung der Tiernatur widersprachen.

Aber wie wir einmal sind, kann *eine* Wahrheit andere verstellen, die Berichtigung eines Extrems leicht ins Gegenextrem ausschlagen und Einseitigkeit mit Einseitigkeit vertauschen. Die neue, monistische bedroht uns mit einem verarmten Selbstverständnis, dem kostbare Einsichten des zu Recht überwundenen Dualismus abhanden kommen. Die zuerst sehendmachende Entzauberung beginnt, uns blind zu machen. Um da zwischen den Einseitigkeiten die rechte Mitte zu finden, ist es an der Zeit, und Aufgabe einer philosophischen Anthropologie, sich auf das wesenhaft Transanimalische im Menschen zu besinnen, ohne sein Animalisches zu verleugnen. Im Gegenteil, jenes alle Tierheit Übertreffende können wir gerade als neue Stufe einer im Tierdasein sich ausbildenden Mittelbarkeit des Weltverhältnisses begreifen, die ihrerseits schon das Mittelbare aller organischen Existenz als solcher überlagert und *auf* der sich die nochmalige, gesteigerte Mittelbarkeit menschlichen Welt- und Selbstverhältnisses aufbaut – aber als ein essentiell, nicht nur graduell Neues. Der Sinn dieser Aussage wird im weiteren klarer werden.

Meine Methode wird sein, einige ausgewählte Merkmale des Menschen auf ihren Sinn zu befragen. Der Merkmale gibt es viele, von den äußeren des Leibes bis zu den inneren des Geistes. Aber vergrößertes Gehirn, Hand, aufrechter Gang zeigen ihre Bedeutung in dem, was sie leisten; ebenso auch das Innerste, wie Vernunft und Phantasie. So habe ich mich für das Zeugnis sichtbarer Artefakte menschlicher Erzeugung entschieden, und zwar solche, die früh und weit verbreitet in der Vorzeit auftreten, keinem Tier zugetraut werden können, und schon in ihrer primitivsten, einfachsten Form das Wesen der darin wirksamen Eigenschaft des Erzeugers enthüllen. Das seit alters mit Recht als vorzüglichstes anerkannte Merkmal, die Sprache, ist bei dieser Wahl bewußt umgangen, da es philosophisch alles andere als »einfach« ist, seine frühmenschlichen Anfänge uns auch direkt nicht sichtbar sind, während die sichtbaren Artefakte das Sprechen (oder das Vermögen dazu) schon indirekt mitbezeugen: Ihre Hervorbringer müssen sprechende Subjekte gewesen sein. Insofern ist zwar die thematische Analyse dieser Grundeigenschaft umgangen, aber ihre durchgängige Präsenz nicht übergangen. Halten wir uns also an paradigmatische Klassen dessen, was von Menschen seit Urzeiten *hergestellt* wurde, und fragen, was jede davon uns über das dem Menschen qua Menschen Eigentümliche zu sagen hat.

Meine Wahl fiel auf Werkzeug, Bild und Grab, die lange vor den geschichtlichen Kulturen, vor den großen Behausungen der Götter und den Schrifttafeln unter den Überresten der Vergangenheit erscheinen, keinen Zweifel an ihrem menschlichen Ursprung lassen und unterschiedlich Entscheidendes über den Menschen aussagen. Zusammen liefern sie der Auslegung so etwas wie die Grundkoordinaten einer philosophischen Anthropologie. Ich beginne mit dem Werkzeug, das sicher das früheste der drei ist und dem tierischen Vitalzweck noch am nächsten steht.

Was ist ein Werkzeug? Ein Werkzeug ist ein hierfür künstlich hergerichtetes träges Objekt, das vermittelnd, d.h. als Mittel, zwischen das handelnde Leibesorgan (meist die Hand) und den außerleiblichen Gegenstand der Handlung zwischengeschaltet wird. Es ist permanent für den wiederkehrenden Zweck geformt und kann in Bereitschaft für ihn zurückgelegt werden. Also ist der zur Augenblickshilfe aufgeraffte Stock oder Stein noch kein Werkzeug. Zum Bearbeiten gemacht, ist das Werkzeug selbst bearbeitet. Seine Herstellung ist frei und daher verschieden je nach verschiedenem Zweck, wovon es viele, im Anfang typische gibt, aber auch immer neue geben kann. Die Speerspitze ist anders geformt als die Axt, der Schaber, das Messer, der Stampfer; und ihre Herstellung mag ihrerseits weitere Werkzeuge erfordern – schon eine doppelte Vermittlung des Umgangs mit der Welt, die sich immer weiter vermehren läßt: Vermittlung in steigenden Potenzen.

Das Werkzeug ist ein menschliches gerade dadurch, daß es an sich mit dem Menschen nichts zu tun hat, keiner organischen Funktion entspringt und keiner biologischen Programmierung untersteht. Also ist das Spinnennetz, »kunstvoll« wie es ist, kein Werkzeug – nicht wirklich »künstlich«, sondern eben »natürlich« (ebenso wie Vogelnester und Termitenbauten). Die Organfremdheit des künstlichen Mittels ist die Kehrseite der *Freiheit* seiner Erfindung. Soviel dabei ein tastendes Versuchen und glückliches Finden mitspielen mag, sie enthält zuletzt ein eidetisches Element: Die der Einbildung vorschwebende Form wird der Materie aufgezwungen, die im erfolgreichen Vorbild angeschaute wird in seiner Vervielfältigung nachgebildet. Das setzt eidetische Kraft der Vorstellung und eidetische Kontrolle der Hand (und der willkürlichen Motilität überhaupt) voraus. Damit sind wir schon beim Bildvermögen des Menschen, das nicht einfach mit dem »Denken« zusammenfällt, es vielmehr mit seiner spielenden Phantasie unterbaut und ergänzt (etwas, wodurch sich wirkliches Denken leicht von jeder Computerleistung unterscheiden läßt). Bevor wir zu diesem nächsten Thema übergehen, sagen wir noch, daß die Freiheit der Werkzeugschöpfung, transanimalisch wie sie ist, ihrer Motivierung und Bestimmung nach, ihrem ganzen utilitarischen Charakter nach, noch am engsten mit dem Bereich animalischer Notwendigkeit zusammenhängt, deren Bedürfnissen sie auf transanimalische Weise dient, und daß hier am ehesten sich an fließende Übergänge zwischen tierischer und menschlicher Leistung denken läßt.

Nicht so beim Bildmachen, das schon vom ersten Anfang an, noch mit seinem primitivsten und stümperischsten Erzeugnis, nicht einen graduellen, sondern den vollen Wesensunterschied vom Tier offenbart, dem keine spätere Vervollkommnung noch etwas hinzuzufügen hat und bei dem Übergänge nicht einmal denkbar sind. Mit dieser intuitiven Evidenz belehrt uns *homo pictor,* der Bildmacher und -betrachter, darüber, daß *homo faber,* der Werkzeugmacher und -benutzer, allein noch nicht der ganze *homo sapiens* ist.

Warum sind wir überzeugt, wenn wir irgendwo, selbst auf einem anderen Planeten, etwa auf Felszeichnungen stoßen, daß nur Menschen sie gemacht haben können, wobei im extraterrestrischen Fall »Mensch« etwas meinen muß, was von jeder morphologischen Ähnlichkeit mit uns frei sein kann? Für unsere spontane Überzeugung, daß kein bloßes Tier ein Bild hervorbringen würde und könnte, genügt zunächst die biologische Nutzlosigkeit jeder bloßen Repräsentation. Tierische Artefakte haben direkte physische Verwendung in der Verfolgung vitaler Zwecke, wie Ernährung, Fortpflanzung, Versteck, Überwinterung. Sie sind selber etwas im Bewirkungszusammenhang von etwas. Die Darstellung von etwas verändert aber weder die Umwelt noch den Zustand des Organismus selbst. Ein bildmachendes Wesen ist daher eines, das entweder dem Herstellen nutzloser Dinge frönt, oder Zwecke außer den biologischen hat, oder die letzteren noch auf andere Weise verfolgen kann als durch die instrumentale Verwendung von Dingen. Jedenfalls ist in der bildlichen Darstellung der Gegenstand in einer neuen, nichtpraktischen Weise angeeignet, und eben die Tatsache, daß das Interesse an ihm sich an sein Eidos heften kann, bezeugt eine neue Objektbeziehung.

Was für Vermögen und Haltungen sind im Bildmachen (auch im Bilderkennen) am Werke? Zunächst: Was ist ein »Bild«? Es ist eine absichtlich hergestellte Ähnlichkeit mit der visuellen Erscheinung eines Dinges (in Ruhe oder Aktion) im statischen

Medium der Oberfläche eines anderen Dinges. Sie soll das Original weder wiederholen noch vortäuschen, sondern es »darstellen«. Dazu genügt die Andeutung durch wenige »repräsentative« Züge: Die Wiedergabe der Erscheinung verlangt Auswahl und erlaubt äußerste Sparsamkeit in Weglassung und Vereinfachung, anderseits Übertreibung, Verzerrung, Stilisierung. Solange die Absicht erkennbar bleibt, ist noch ein Minimum an Ähnlichkeit ein Bild des Dargestellten. Da im Bilde nur die Ansicht, nicht das Ding selbst wiedergegeben wird, kann es von demselben Bilde beliebig viele Wiederholungen (Kopien) geben. Da dasselbe Ding zahllose Ansichten bietet, kann es von ihm beliebig viele verschiedene Bilder geben (obwohl de facto jeweils Vorzugsansichten gewählt werden). Vor allem aber, da Form als solche »allgemein« ist, kann dasselbe Bild beliebig viele Individuen repräsentieren: Die Antilope der Buschmannzeichnungen ist nicht diese oder jene bestimmte, sondern jede Antilope, die erinnert, erwartet, als »eine Antilope« ansprechbar ist, die Figuren der Jäger sind jede jagende Buschmanngruppe in Vergangenheit, Gegenwart oder Zukunft. Die Repräsentation, da sie durch Form geschieht, ist wesentlich allgemein. Im Bilde wird Allgemeinheit sinnfällig, eingeschaltet zwischen die Individualität des Bilddinges und die der abgebildeten Dinge.

Wenn dies die Eigenschaften des Bildes sind, welche Eigenschaften sind in einem Subjekt erfordert für das Machen oder Auffassen von Bildern? Zuerst natürlich die Wahrnehmung von Ähnlichkeit – aber eben als *bloßer* Ähnlichkeit, ohne Verwechslung mit dem, was sie nur repräsentieren soll. Wahrnehmung an sich aber weiß nichts von Repräsentation, sie kennt nur schlichte Präsentation, in der jedes für sich und nichts für ein anderes steht. Sie ist direkte Gebung des Anwesenden in seiner Anwesenheit. Bildlichkeit, die das Abwesende gibt, ist in der Tat eine eigene begriffliche Dimension, in der vertretungsweise alle Grade anschaulicher Ähnlichkeit vorkommen können. Diese Dimension birgt in ihrer Struktur eine dreifache Unterscheidung: das Bild wird von seinem physischen Träger unterschieden und der abgebildete Gegenstand von beiden. Das zwischen den zwei physischen Realitäten – Bildding und abgebildetem Ding – schwebende Mittelglied, das Eidos als solches, wird zum eigentlichen Objekt der Erfahrung.

Das hier auf der Subjektseite wirksame Prinzip ist die intentionale Trennung von Stoff und Form. Hier haben wir einen spezifisch menschlichen Tatbestand und den Grund, warum wir von Tieren weder Bildmachen noch Bildverstehen erwarten. Das Tier hat es mit dem anwesenden Ding zu tun. Ist es genügend »wie« ein anderes Ding, so ist es ein Ding derselben Art. Nur Wirklichkeit zählt, und Wirklichkeit weiß nichts von Repräsentation. Auch das »Zeichen« der Geruchsspur ist kein Bild des Tieres, das sie hinterließ. So sind wir bei der Suche nach den Bedingungen des Bildmachens von dem sinnlichen Vermögen, visuelle Ähnlichkeit zu erkennen, zu dem nichtsinnlichen verwiesen worden, das Eidos vom Dasein zu trennen, oder die Form vom Stoffe.

Welchen Schritt tut das Bildvermögen im Menschen, wenn er es unternimmt, einen visuellen Aspekt in eine stoffliche Ähnlichkeit zu übersetzen? Wir sehen sofort, daß in diesem Schritt eine neue Stufe der Mittelbarkeit erreicht wird, jenseits der, die schon im Sehen als solchem liegt. Das Bild wird losgelöst vom Gegenstand, d.h. die Anwesenheit des Eidos wird unabhängig gemacht von der des Dinges. Das Sehen bereits enthielt ein Zurücktreten von der Andringlichkeit der Umwelt und verschaffte die Freiheit distanzierten Überblicks. Ein Zurücktreten zweiter Ordnung liegt vor, wenn Erscheinung *als* Erscheinung ergriffen, von der Wirklichkeit unterschieden und, mit freier Verfügung über ihre Anwesenheit, interpoliert wird zwischen das Selbst und das Wirkliche, dessen Anwesenheit nicht frei verfügbar ist.

Diese freie Verfügung ist zuerst erreicht in der inneren Ausübung der Einbildungskraft, der Imagination, durch die sich – soviel wir wissen – menschliche Erinnerung von tierischem Gedächtnis unterscheidet. Erinnerung transzendiert bloßes Gedächtnis durch das freie Reproduktionsvermögen der Einbildung, das die Bilder der Dinge in seiner Gewalt hat. Daß es sie nach Willen auch sich anders vorstellen kann, folgt fast notwendig daraus, daß es sie in Loslösung von aktueller Sensation und damit von der widerspenstigen Tatsächlichkeit des Selbstseins der Objekte hat. Imagination trennt das erinnerte Eidos vom Vorkommnis der individuellen Begegnung mit ihm und befreit so seinen Besitz vom Zufall des Raumes und der Zeit. Die so gewonnene Freiheit – den Dingen in der Imagination nachzusinnen – ist eine Freiheit der Distanz und der Herrschaft zugleich.

Die erinnerte Form kann sodann von innerer Einbildung übersetzt werden in äußeres Bild, das wiederum Gegenstand der Wahrnehmung ist: einer Wahrnehmung aber nicht des ursprünglichen Gegenstandes, sondern seiner Repräsentation. Es ist veräußerlichte Erinnerung und nicht Wiederholung der Erfahrung selbst. Es macht bis zu einem gewissen Grade tatsächliche Erfahrung überflüssig, indem es etwas von ihrem wesentlichen Gehalt ohne sie verfügbar macht.

Die Verfügbarkeit geht über Nachschöpfung zu Neuschöpfung. Als der Nach-Schöpfer der Dinge »in ihrem Bilde« unterstellt sich der homo pictor dem Maße der Wahrheit. Ein Bild kann mehr oder weniger wahr, d.h. dem Originale treu sein. Der Vorsatz, ein Ding abzubilden, anerkennt es, wie es ist, und akzeptiert das Urteil seines Seins über die Angemessenheit der bildnerischen Huldigung. Die *adaequatio imaginis ad rem*, die der *adaequatio intellectus ad rem* vorangeht, ist die erste Form theoretischer Wahrheit – der Vorläufer verbal beschreibender Wahrheit, die ihrerseits der Vorläufer wissenschaftlicher Wahrheit ist.

Der Nachschöpfer von Dingen ist aber potentiell auch der Schöpfer neuer Dinge und die eine Macht ist nicht verschieden von der anderen. Die Freiheit, die gewählt hat, eine Ähnlichkeit wiederzugeben, kann ebensogut wählen, von ihr abzuweichen. Die erste vorsätzlich gezogene Linie erschließt jene Dimension der Freiheit, in der auch Treue zum Original, oder überhaupt zu einem Modell, nur *eine* Entscheidung ist: Diese Dimension transzendiert die aktuelle Wirklichkeit als ganze und bietet ihr Feld unendlicher Variation als ein Reich des *Möglichen* an, das vom Menschen wahrgemacht werden kann nach seiner Wahl. Dasselbe Vermögen ist Macht des Wahren und Macht des Neuen.

Noch eine Freiheit des Menschen bezeugt sich im bildnerischen Tun. Bilder müssen schließlich hergestellt, nicht nur konzipiert werden. Ihr äußeres Dasein als Ergebnis menschlicher Tätigkeit offenbart daher auch einen *physischen* Aspekt der Macht, die im Bildvermögen wirksam ist: die Art Gewalt, die der Mensch über seinen Körper hat. Nur dadurch kann die Vorstellung zur Darstellung fortschreiten, und die hierbei betätigte motorische Freiheit wiederholt die imaginative noch einmal: Der Übergang von der Vorstellung zur Darstellung und wiederum deren Sich-leiten-*Lassen* von jener sind ebenso frei wie es das Vorstellen selber war. Das geläufigste Beispiel dieser »Übersetzung« eines eidetischen Musters oder Schemas in Bewegung der Gliedmaßen ist das Schreiben; und der Gebrauch der Hand allgemein zeigt diese motorische Umsetzung von imaginierter Form in ihrem weitesten Umfang als die Bedingung alles menschlichen Bildens, also auch aller Technik, wie wir schon bei der Betrachtung des Werkzeugs fanden.

Was wir hier vor uns haben, ist ein transanimalischer, einzigartig menschlicher Tatbestand: eidetische Kontrolle der Motilität, das heißt Muskeltätigkeit, regiert nicht von festen Reiz- und Reaktionsschemata, sondern von frei gewählter, innerlich imaginierter und vorsätzlich projizierter Form. Die eidetische Kontrolle der Motilität, mit ihrer Freiheit äußerer Ausführung, ergänzt so die eidetische Kontrolle der Imagination, mit ihrer Freiheit inneren Entwerfens. *Homo pictor,* der beide in *einer* unteilbaren Evidenz anschaulich zum Ausdruck bringt, bezeichnet den Punkt, an dem *homo faber* und *homo sapiens* verbunden sind – ja, in dem sie sich als ein und derselbe erweisen.

Noch eins können wir der Evidenz frühester Bilder entnehmen: die sie schufen, hatten auch Sprache. Was sich beim Werkzeug vermuten ließ, wird beim Bilde gewiß. Denn es tut anschaulich, was der Name unanschaulich tut: den Dingen eine neue Existenz im Symbol verschaffen. Die Bibel erzählt (Gen. 2,19), daß Gott die Tiere des Feldes und die Vögel der Luft schuf, es aber Adam überließ, sie zu benennen. Die Benennung der Geschöpfe ist hier als die erste Tat des neugeschaffenen Menschen angesehen, und als vorzüglich menschlicher Akt. Es ist ein Schritt über die Schöpfung hinaus. Der ihn tat, bewies damit seine Überlegenheit über seine Mitgeschöpfe und kündigte seine künftige Herrschaft über die Natur an. Indem er »jedem lebenden Geschöpf«, das Gott geschaffen hatte, einen Namen gab, schuf der Mensch Artnamen für die Vielfalt, zu der jedes sich vermehren würde. Der Name, derart allgemein werdend, bewahrt die archetypische Ordnung der Schöpfung gegenüber ihrer massenhaften Wiederholung im Individuellen. So ist die symbolische Verdoppelung der Welt durch Namen zugleich ein Ordnen der Welt gemäß ihren generischen Urbildern. Jedes Pferd ist das ursprüngliche Pferd, jeder Hund der ursprüngliche Hund.

Die Allgemeinheit des Namens ist die Allgemeinheit des Bildes. Der vorzeitliche Jäger zeichnete nicht diesen oder jenen Büffel, sondern *den* Büffel – jeder mögliche Büffel war darin beschworen, vorweggenommen, erinnert. Das Zeichnen des Bildes ist analog dem Nennen beim Namen, oder ist vielmehr die ungekürzte Form davon, da es in einer sinnfälligen Gegenwart jenes innere Bild ausdrücklich macht, wovon das phonetische Zeichen die Abbreviatur ist und durch dessen Allgemeinheit allein es sich auf die vielen Individuen beziehen kann. Das Bildmachen wiederholt jedesmal den schöpferischen Akt, der im Residuum des Namens verborgen ist: das symbolische Noch-einmal-Machen der Welt. Es demonstriert, was der Gebrauch der Namen fraglos voraussetzt: die Verfügbarkeit des Eidos jenseits der Einzeldinge für menschliches Erfassen, Imaginieren und Besprechen. Im ideographischen Schriftzeichen treffen sich denn auch diese beiden sichtbar: Bild und Wort.

Als drittem Artefakt, nach Werkzeug und Bild, wenden wir uns dem Grab zu. Wenn biologische Überflüssigkeit oder gar Nutzlosigkeit ein Beweis des Transanimalischen sein sollte, so übertrifft darin das Grab selbst das Bild, das immerhin der Kommunikation, der Belehrung und sogar der Erfindung dienen kann und insofern noch durch das evolutionäre Prämiensystem gedeckt sein könnte, wie es das Werkzeug gewiß ist. Daß das Grab ausschließlich menschlich ist, sagt uns schon empirisch die Tatsache, daß kein Tier seine Toten bestattet oder weiterhin überhaupt beachtet. Nach diesem Kriterium allein hätte es noch nichts vor Werkzeug und Bild voraus. Doch das im Gräberkult und sonstigen sichtbaren Formen perpetuierte Gedenken der Verstorbenen ist einzigartig menschlich in einem über beide vorigen Beispiele noch hinausgehenden Sinn. Denn es ist mit *Glaubens*vorstellungen verbunden, auf deren über die Erde und die Zeiten verschiedenen, teils bekannten, teils vermutbaren Inhalt wir hier nicht einzugehen brauchen. Gemeinsam ist allen, daß sie irgendwie dem Augenschein unserer Endlichkeit Trotz bieten und über alles Sichtbare hinweg ins Unsichtbare, vom Sinnlichen ins Übersinnliche fortschreiten. Eben davon ist das Grab das sichtbare Zeugnis. Als einziges von allen Wesen weiß der Mensch, daß er sterben muß, und indem er das Nachher und Dort bedenkt, bedenkt er auch das Jetzt und Hier seines Daseins – das heißt er sinnt über sich selbst nach. An den Gräbern kristallisiert sich die Frage: Wo komm ich her, wo geh ich hin?, und letztlich die: Was bin ich – jenseits dessen, was ich jeweils tue und erfahre? Damit taucht die *Reflexion* als neuer Modus der Vermittlung auf, über Werkzeug und Bild hinaus. Nicht nur das Verhältnis zur Welt ist mittelbar beim Menschen, auch das zu sich selbst. Auch zum eigenen Sein gelangt er nur auf dem Umweg über die Ideen davon. Im Wissen um seine Sterblichkeit kann er als Mensch nicht leben ohne ein Selbstverständnis, das selber keineswegs »selbstverständlich« ist, sondern das schwankende Ergebnis fragender Spekulation. Vom einzelnen Ich erweitert sie sich notwendig ins Seinsganze, in das es sich gestellt sieht. So erhebt sich aus den Gräbern die Metaphysik. Aber auch die Geschichte als Gedenken des Vergangenen, wie zuerst der Ahnenkult deutlich macht. Die bewahrende Bindung an die Vorfahren erweitert das flüchtige Jetzt des eigenen Daseins in die Kontinuität der Geschlechterfolge und Erinnerung des Zeitlichen wird ebenso überpersönlich wie das Bedenken des Ewigen. In beiden Hinsichten wird das Selbst von sich selbst entfernt, um sich so erst – um den Preis verlorener Unmittelbarkeit – zu entdecken.

In dieser letzten Abstandnahme und ihrer Überbrückung durch die Reflexion, die nie endet, gipfelt das Prinzip der Mittelbarkeit, mit der das Leben begann und deren Anwachsen sich durch die ganze organische Evolution verfolgen läßt. Dies müßten wir jetzt tun, um auch das Transanimalische im Menschen einschließlich jenes Gipfels noch im Zusammenhang des Ganzen zu sehen. Doch dafür muß ich auf meinen Aufsatz ›Evolution und Freiheit‹ verweisen (Scheidewege 13, 1983/84), der mit der Analyse der Tierheit endete und zu dem der jetzige die Folge ist. Soviel sei immerhin in äußerster Kürze rekapituliert. Das einigende Leitmotiv in der Interpretation äonenlanger Lebensentwicklung ist wachsende Selbstheit und Freiheit um den Preis wachsender Mittelbarkeit, Leidensfähigkeit und Gefahr. Die Sterblichkeit gehört von Anbeginn dazu. Schon der Stoffwechsel selbst – und daher schon das Pflanzendasein – ist durch Tätigkeit vermittelte Identität und Kontinuität und als solche fortlaufend dem Tode abgewonnen. Die gesteigerte Mittelbarkeit und damit Freiheit tierischer Existenz zeigt sich in Bewegung, Wahrnehmung und Emotion, die einen Abstand zur Welt bewältigen müssen, den die Pflanze im direkten chemischen Verkehr mit dem angrenzenden Stoffe nicht kennt. Die nochmalige Überbietung dieser Mittelbarkeit im Menschen war das Thema der vorliegenden Ausführungen. Die neue Mittelbarkeit zentriert geistig in der Zwischenschaltung des abstrahierten und intentional manipulierbaren Eidos zwischen die Wahrnehmung und den aktuellen Gegenstand, und wir sahen, daß es nicht bei äußerer Bildlichkeit bleibt. Der Mensch im vollen Sinne taucht auf, wenn er, der den Büffel und selbst seinen Jäger malte, sich dazu wendet, das nicht malbare Bild seines eigenen Seins und seiner Bestimmung in den Blick zu bekommen. Über die Entfernung dieses sich wundernden, suchenden und vergleichenden Blicks konstituiert sich das neue Wesen »Ich«. Von allen ist dies das größte Wagnis der Mittelbarkeit und Objektivation und das Wissen um den Tod mag sehr wohl der Anstoß dazu gewesen sein. Hinfort muß, willig oder nicht, der Mensch – jeder von uns – die Idee oder das »Bild« des Menschen leben, an dem ständig weiter gearbeitet wird. Es verläßt ihn nie, so sehr es ihn manchmal nach dem Glück der Tierheit zurückverlangt. Nur über die unermeßliche Distanz des Sich-selbst-Gegenstand-Seins kann der Mensch sich »haben«. Aber er hat sich, während kein Tier sich selbst hat. In der Kluft, die in dieser Konfrontation des Selbst mit sich selbst aufgetan wurde, haben die höchsten Erhebungen und tiefsten Niedergeschlagenheiten menschlichen Erlebens ihren Platz. Der Mensch allein ist auch der Verzweiflung offen, er allein kann Selbstmord begehen. *Quaestio mihi factus sum,* »ich bin mir selbst zur Frage geworden«: Religion, Ethik und Metaphysik sind nie vollendete Versuche, dieser Frage im Horizont einer Auslegung des Seinsganzen zu begegnen und eine Antwort zu verschaffen.

Fassen wir zusammen, was die ausgewählten äußeren Kennzeichen des Menschen uns zu sagen hatten. Das *Werkzeug* sagt uns, daß hier ein Wesen, von seiner Notdurft zum Umgang mit der Materie angehalten, dieser Notdurft in künstlich vermittelter, erfindungsbedingter und verbesserungsoffener Weise dient. Das *Bild* sagt uns, daß hier ein Wesen – Werkzeuge am Stoff zu unstofflichem Zweck betätigend – den Inhalt seiner Anschauung sich selbst darstellt, variiert und um neue Formen vermehrt – und damit eine neue Objektwelt des Dargestellten jenseits der stofflichen seiner Bedürfnisbefriedigung erzeugt. Das *Grab* sagt uns, daß hier ein Wesen, der Sterblichkeit unterworfen, über Leben und Tod nachsinnt, dem Augenschein Trotz bietet und sein Denken ins Unsichtbare erhebt – Werkzeug und Bild in dessen Dienst stellend. In diesen Grundformen wird das dem Menschen wie aller Tierheit schlechthin Gegebene auf einzig menschliche Weise beantwortet und überboten: im Werkzeug die physische Notwendigkeit durch Erfindung; im Bild die sinnliche Anschauung durch Repräsentation und Imagination; im Grab der unabwendbare Tod durch Glaube und Pietät. Alle drei, als Überbietungen des Unmittelbaren, sind Modi der Mittelbarkeit und Freiheit, die wir Heutigen mit jenen Vormaligen teilen, und somit allzeit gültig als verschiedene, von einem Ursprung ausstrahlende Koordinaten des Verstehens. Wir mögen nicht immer den Zweck eines bestimmten Werkzeugs wissen, aber wir wissen, daß es einen hatte, im Zweck-Mittel-, Ursache-Wirkung-Verhältnis gedacht und aus solchem Denken erzeugt war: in der weiteren Richtung solchen kausalen Denkens liegen Technik und Physik. Wir mögen nicht immer die Bedeutung eines Bildes verstehen, aber wir wissen, daß es ein Bild ist, etwas darstellen sollte und in solcher Darstellung die Wirklichkeit, erhöht und vergültigt, wiedererscheinen ließ: in der Richtung solchen Darstellens liegt die Kunst. Wir mögen die bestimmten Ideen eines Totenkults nicht kennen (und wenn wir sie kennten, äußerst fremdartig finden), aber wir wissen, daß hier Ideen im Spiel waren – die bloße Tatsache des Grabes und Rituals sagt es uns – und daß in ihnen dem Rätsel des Seins und dem Jenseits der Erscheinung nachgesonnen wurde: in der Richtung solchen Sinnens liegt die Metaphysik. Physik, Kunst und Metaphysik, urzeitlich angezeigt durch Werkzeug, Bild und Grab, sind hier genannt nicht als schon Bestehendes oder etwas, wozu es überall kommen muß, sondern als ursprüngliche Dimensionen menschlichen Bezugs zur Welt, deren sich dehnender Horizont sie in seiner Ferne als *Möglichkeiten* einschließt.

So wenig Möglichkeit Verwirklichung garantiert, so wenig besagt diese Aufzählung der Horizonte, daß selbst ihre urtümlichen Anzeigen in jeder Menschengruppe sämtlich zu jeder Zeit angetroffen werden müssen. Sie sind beweiskräftig durch Anwesenheit, nicht ohne weiteres auch durch Abwesenheit. Werkzeuge werden aus begreiflichen Gründen wohl nirgends fehlen. Aber Bild und Grab, beides ein größerer Luxus des mit der Naturnot sich plagenden Menschentums, mögen aus verschiedenen Gründen hier und dort ausbleiben. Die Fähigkeit zu ihnen rechnen wir dennoch zur Fülle des Menschseins, und in keiner *Kultur* fehlen sie ganz. Die unsere legt heute den größten Nachdruck auf das, was im Werkzeug sich ankündigte: Technik und die ihr dienende Naturwissenschaft. Das, was dem biologischen Zweck und seiner Auslesedynamik am nächsten stand, als Zoll an den Naturzwang zuerst erschien, ihm als Behelf entgegengestellt wurde, überstrahlt neuerdings mit seinen niegeahnten und sich immer neu übertreffenden, unser ganzes äußere Dasein beherrschenden Erfolgen alles, was uns sonst unterscheidet »von allen Wesen, die wir kennen«. Vergessen wir darüber nicht, daß die anderen transanimalischen, fortschrittsfremderen Horizonte – auch die heute verschriene Metaphysik – mit zur Ganzheit des Menschen gehören.

Universalien im menschlichen Sozialverhalten
von Irenäus Eibl-Eibesfeldt

Die Grundfrage aller Verhaltensforschung, warum wir uns eben so und nicht anders verhalten, kann man auf verschiedene Weise zu beantworten suchen. Der Biologe ist zunächst einmal an den unmittelbaren Ursachen interessiert, die ein Verhalten in Gang setzen. Er untersucht, welche Reize es auslösen, welche zentralen Mechanismen die einzelnen Muskelaktionen koordinieren, welche motivierenden Mechanismen ihn in Bewegung setzen und so fort. Ihn interessiert also, um ein Bild von Niko Tinbergen zu gebrauchen, die Funktionsweise der physiologischen Maschinerie. Neben dieser verhaltensphysiologischen Fragestellung möchte der Biologe jedoch auch wissen, wozu ein bestimmtes Verhalten gut ist, das heißt, wie es zur Eignung des Merkmalsträgers beiträgt, welchen spezifischen Selektionsdrucken es also seinen Ursprung verdankt und damit den Zusammenhang, wie es sich im Laufe der Stammesgeschichte, der Kulturgeschichte oder der Individualgeschichte entwickelte. Hier geht es gewissermaßen um die Aufdeckung der letzten Ursachen, denen eine Struktur oder ein Verhalten seine Existenz verdankt. Es wird einleuchten, daß die Beantwortung dieser Fragen ganz andere Methoden erfordert als die der Verhaltensphysiologie. So spielt die vergleichende Methode bei der Rekonstruktion stammesgeschichtlicher Zusammenhänge und beim Aufspüren von Universalien im menschlichen Verhalten eine große Rolle. Ferner bedingt die Frage nach der Angepaßtheit eine ökologische Ausrichtung. Die Humanethologen erforschen unter diesen Gesichtspunkten sowohl kulturell gewachsene als auch stammesgeschichtlich entwickelte Verhaltensmuster. Gegenwärtig liegt das Schwergewicht des Interesses bei den stammesgeschichtlichen Anpassungen, und das hat gute Gründe. Die Verhaltenswissenschaften vom Menschen wurden nämlich lange von dem Glauben beherrscht, der Mensch käme als unbeschriebenes Blatt zur Welt und würde im wesentlichen von seiner Umwelt geformt. Sämtliche seiner Verhaltensprogramme, so nahm man an, würden über Lernprozesse erworben. Dieser Ansicht zufolge wäre also der Mensch durch Erziehung nach allen Richtungen gleich leicht zu formen, und was gut sei, würden die jeweils herrschenden Ideologien definieren.

Dieser extrem behavioristische Standpunkt gilt heute als überholt. Die Anstöße zum Umdenken gingen zunächst von der tierischen Verhaltensforschung aus. Konrad Lorenz und Niko Tinbergen konnten nachweisen, daß Tiere in genau definierbaren Bereichen ihres Verhaltens durch stammesgeschichtliche Anpassungen quasi vorprogrammiert zur Welt kommen. Die Anpassungen liegen einerseits im motorischen Bereich: ein neugeborener Wal kann schwimmen, ein neugeborenes Gnu laufen, ein frisch geschlüpftes Entlein schwimmen, laufen, den Schlamm nach Nahrung durchseihen und vieles andere mehr. Wir müssen annehmen, daß die solchen Fertigkeiten zugrunde liegenden neuronalen Strukturen in einem Prozeß der Selbstdifferenzierung aufgrund der im Erbgut festgelegten Entwicklungsanweisungen bis zur Funktionsreife heranwachsen wie andere Organe auch. Wir sprechen in diesem Fall, in einer Art Kurzbeschreibung, von angeborenen Verhaltensweisen.

In zahlreichen zum Teil recht radikalen Experimenten der Aufzucht unter Erfahrungsentzug hat man nachgewiesen, daß viele der sozialen Verhaltensweisen, auch der höheren Wirbeltiere, im Laufe der Jugendentwicklung heranreifen, ohne daß es dazu eines Artvorbildes, einer Unterweisung oder einer Einübung durch selbsttätiges Experimentieren bedarf. Die stammesgeschichtlichen Anpassungen beschränken sich dabei nicht nur auf den motorischen Bereich. Tiere sind auch in der Lage, auf bestimmte Reize oder Reizkonfigurationen bei erster Konfrontation angepaßt zu reagieren. Sie sind mit Detektoren ausgerüstet, die Wahrnehmung und Datenverarbeitung ermöglichen und die so mit der Motorik verdrahtet sind, daß beim Eintreffen bestimmter Reize ganz bestimmte Reaktionen ausgelöst werden. Wir sprechen in diesen Fällen von angeborenen Auslösemechanismen. Über sie werden viele der sozialen Reaktionen der Tiere ausgelöst, und in wechselseitiger Anpassung entwickelten sich in diesem Fall sowohl angeborene Auslösemechanismen als auch auf sie passende, das heißt abgestimmte Signale, die man als Auslöser bezeichnet. Solche Signale sind zum Beispiel die bunten Farbmerkmale tropischer Korallenfische, die wie Flaggensignale Art und Geschlecht für den Sozialpartner kennzeichnen. Dank dieser Vorprogrammierungen ist ein Korallenfisch, der ja zunächst im Plankton als Larve heranwächst, ohne je seine Eltern kennenzulernen, in der Lage, am Riff Rivalen und Geschlechtspartner zu erkennen. Neben morphologischen Merkmalen spielen auch Verhaltensweisen, die sogenannten Ausdrucksbewegungen, akustische Signale und geruchliche Signale eine große Rolle. In besonderen Sollmustern sind Erwartungen vorgegeben. Es handelt sich um Referenzmuster, mit denen ein Tier einkommende Meldungen vergleichen kann. So müssen Buchfinken ihren Gesang lernen. Spielt man ihnen jedoch Tonbänder mit verschiedenen Gesängen vor, dann wählen sie den arteigenen Gesang zu ihrem Vorbild. Sie wissen also, was der richtige Gesang ist. Aufgrund weiterer vorgegebener Programme lernen die Tiere das Richtige zur rechten Zeit, suchen sie bestimmte Optima auf, richten ihr Verhalten nach Normen aus, orientieren sich in bestimmter Weise im Raume und anderes mehr. Tiere sind schließlich mit einer Anzahl motivierender Mechanismen ausgerüstet, die bewirken, daß sie nicht nach Art der Groschenautomaten nur passiv auf ankommende Reize warten, sondern, einmal hungrig, durstig, aggressiv oder geschlechtlich gestimmt, im sogenannten Appetenzverhalten aktiv nach auslösenden Reizsituationen suchen, die es gestatten, ein bestimmtes Verhalten etwa des Beutefangens, Kämpfens oder Werbens ablaufen zu lassen. Innere Sinnesreize, Hormone, aber vor allem auch biochemische Vorgänge im zentralen Nervensystem spielen dabei eine entscheidende Rolle.

Die Forschungen der letzten zwanzig Jahre haben nun ergeben, daß auch menschliches Verhalten innerhalb genau definierbarer Bereiche durch stammesgeschichtliche Anpassungen abgesichert ist. Das bedeutet keineswegs, daß wir nur wie unfreie Automaten handeln, wohl aber, daß wir insbesondere im Bereich unseres sozialen Verhaltens nicht nach allen Richtungen gleich leicht zur Erziehung modifizierbar sind. Es gibt eine menschliche Natur, die solchen Bemühungen auch Widerstände entgegensetzt. Und strebt man eine humane Gesellschaft an, dann ist es sicher gut, um diese Dispositionen zu wissen. Einerseits, um sie nicht unnötigerweise, etwa einer Ideologie zuliebe, zu unterdrücken, andererseits aber auch, um sie dort, wo sie unser zwischenmenschliches Zusammenleben stört, besser unter Kontrolle zu bringen; denn sicher ist nicht alles, was unser Verhalten als stammesgeschichtliche Anpassungen mitbestimmt, in der heutigen Zeit adaptiv.

Unser Wissen um stammesgeschichtliche Anpassungen im menschlichen Verhalten speist sich aus verschiedenen Quellen. Das Studium taub und blind geborener Kinder lehrt, daß ihr Repertoire von mimischen Ausdrücken weitgehend dem normaler Kinder gleicht, obwohl die taub und blind Geborenen in ewiger Nacht und Stille heranwachsen und nie wahrnehmen können, wie sich ihre Mitmenschen verhalten. Weitere wichtige Informationsquellen sind der Tier-Mensch-Vergleich, der Kulturenvergleich und das Studium der normalen Verhaltensentwicklung. So beginnen Säuglinge im Alter von sechs Monaten zwischen ihnen bekannten und ihnen fremden Personen zu unterscheiden, während sie bis dahin jedermann freundlich anlächelten, lösen nunmehr nur noch ihnen bekannte Personen so eindeutige Zuwendungsreaktionen aus. Fremden Personen gegenüber reagieren sie mit einer gewissen scheuen Zurückhaltung. Auch sie lösen zwar Reaktionen der Zuwendung aus, diese Reaktionen der Zuwendung mischen sich jedoch mit solchen der Abkehr, ja manchmal sogar der Abwehr. Im typischen Fall lächelt der Säugling den Fremden an, birgt sich dann scheu an der Mutter und nimmt nach einer Weile wieder freundlichen Blickkontakt auf. Bleibt der Fremde auf Distanz, dann kann sich das Kind an ihn gewöhnen, und die Scheu verliert sich. Kommt er jedoch näher, ohne dem Kind Zeit zu lassen, dann löst auch sein gut gemeinter Versuch, den freundlichen Kontakt herzustellen, beim Säugling Furcht, ja oft sogar panischen Schrecken aus. Diese Fremdenfurcht hat keinerlei schlechte Erfahrungen mit Fremden zur Voraussetzung. Auch wenn einem Säugling von einem Fremden nie etwas Böses widerfuhr, zeigt er dieses Reaktionsmuster. Wir müssen daher annehmen, daß der Säugling aufgrund von Reifungsprozessen zu diesem Zeitpunkt in der Lage ist, bestimmte Signale des Mitmenschen, die Angst einflößen, zu erkennen. Diese Aussage wird auch durch die Tatsache gestützt, daß wir in allen daraufhin untersuchten Kulturen, bei den Buschleuten der Kalahari ebenso wie bei den Yanomami am oberen Orinoko oder den Eipo im Bergland Neuguineas, diese Fremdenscheu nachweisen können, ganz unabhängig von den jeweiligen Sozialisationspraktiken, die in diesen Kulturen üblich sind.

Einige der Signale, die beim Menschen neben Zuwendung auch Meidereaktionen auslösen, sind uns bekannt. Von besonderer Bedeutung ist dabei der Blickkontakt. Er wird als Zuwendung interpretiert, als Mitteilung, daß die Kanäle für die Kommunikation offen sind, und wir brauchen ihn, wenn wir uns mit einem Mitmenschen unterhalten wollen. Allerdings dürfen wir den Partner nie zu lange anschauen; denn sonst empfindet dieser den Blickkontakt als Starren, und Anstarren wird als Ausdruck der Dominanz und Drohung aufgefaßt. Aus diesem Grund vermeiden es Sprechende, den Blickkontakt ins Starre eskalieren zu lassen, indem sie von Zeit zu Zeit den Blick abwenden. Der Zuhörer dagegen darf unentwegt schauen, er muß ja auf die nichtverbalen Zeichen achten, mit denen ihm das Gespräch übergeben wird. Spricht er dann selbst, dann ist es an ihm, den Blickkontakt von Zeit zu Zeit zu unterbrechen. Daß Blickkontakt die Interaktionspartner erregt, kann man auch durch physiologische Messungen nachweisen. Blickkontakt erhöht zum Beispiel die Pulsrate.

Nun sind die Bezugspersonen eines Säuglings sicher ebenfalls Träger von Merkmalen, die Scheu auslösen könnten. Wir sind jedoch so konstruiert, daß persönliche Bekanntheit die Wirkung der angstauslösenden Signale stark abschwächt, so daß die freundlichen Zuwendungsreaktionen überwiegen. Bekanntheit schwächt die angstauslösende Wirkung von Signalen ab, und das Verhalten wird im Umgang mit Bekannten in Richtung auf Vertrauen verschoben. Bei Begegnung mit Fremden dagegen kommen die angstauslösenden mitmenschlichen Signale voll zum Tragen, und das Verhalten verschiebt sich dementsprechend in Richtung auf Mißtrauen. Dieses einfache soziale Reaktionsmuster hat für unser zwischenmenschliches Zusammenleben weitreichende Konsequenzen. Unter anderem wird dadurch bewirkt, daß wir uns in kleinen geschlossenen Gruppen wohl fühlen und Fremden mit einer gewissen Reserviertheit gegenüberstehen. Über die längste Zeit der Geschichte lebte nun der Mensch in Kleingruppen, in denen jeder jeden kannte, weswegen daher persönliche Beziehungen des Vertrauens vorherrschten. Das hat sich mit der Ausbildung der Massengesellschaft geändert.

Wir verbringen heute den Alltag mit Menschen, die wir nicht näher kennen, und das bedingt, daß der Mitmensch in der Großstadt in gewisser Hinsicht zum Stressor wird, zu einer Belastung, da die nicht durch Bekanntheit in ihrer Wirksamkeit abgeschwächten distanzierenden Signale ständig auf uns einwirken. Die daraus resultierende soziale Irritation kann man an verschiedenen Verhaltensmerkmalen ablesen. Bornstein untersuchte zum Beispiel die Gehgeschwindigkeit von Menschen in verschiedenen großen Städten und maß eine gesicherte Zunahme der Gehgeschwindigkeit mit der Bevölkerungsdichte. Die Leute hasten gewissermaßen, als wären sie fluchtmotiviert, aneinander vorbei. Sie vermeiden auch den Blickkontakt mit anderen. Davon kann man sich leicht selbst überzeugen, wenn man in einer Stadt einen Hotelaufzug benützt. Man vermeidet dort den Blickkontakt, man schlägt den Blick nieder oder betrachtet wie fasziniert die Anzeigertafel. Man verbirgt ferner Gemütsregungen hinter einer Maske, um nicht andere zur Kommunikation einzuladen, durch die man unter Umständen verletzlich würde. Dieses Maskieren des Ausdrucks kann zu einer so fest eingefahrenen Haltung werden, daß die Menschen der anonymen Gesellschaft nicht einmal mehr im Familienkreis ihre Maske ablegen können und dann der Kommunikationstherapien bedürfen, um wieder kommunikationsfähig zu werden.

Sicher belastet uns das Leben in der anonymen Großgesellschaft, die uns auf der anderen Seite, und auch das müssen wir betonen, auch sehr viele Vorteile gewährt. Die Frage, die wir uns dagegen vernünftigerweise zu stellen haben, ist, in welcher Weise wir das Leben in der Großgesellschaft humaner gestalten können.

Wir können dabei von der sehr positiven Bereitschaft des Menschen ausgehen, mit anderen Menschen freundliche Kontakte herzustellen, eine Bereitschaft, die ja bekanntlich so stark ist, daß in Stellungskriegen gegnerische Frontsoldaten schließlich über ein Bekanntwerden die Aggressionen abbauen. Der Mensch sucht den Kontakt mit seinen Mitmenschen, und es gehört zu den Widersprüchlichkeiten des Lebens in der modernen Großgesellschaft, daß wir über ein Zuviel an Kontakten mit Menschen, die wir nicht kennen, klagen und zugleich das Eingebettetsein in einen Verband uns persönlich Bekannter vermissen; denn jene, die wir gut kennen, unsere Freunde und unsere nächsten Verwandten, sind heute meist über viele Orte verstreut. Wir sind daher trotz des Miteinander mit vielen recht einsam. Die Mobilität hat viele Bindungen zerrissen, und neue herzustellen, ist bei der gegenwärtigen Struktur unserer Städte schwierig. Es mangelt an Kontaktzonen, in denen man zwanglos bekannt wird. Die Wohnungen in den Blöcken der neuen Satellitenstädte sind eher so konstruiert, als wäre der Mensch des Mitmenschen nächster Feind. Sie isolieren die Bewohner wirksam voneinander. Die Satellitenstädte sind erschreckende Beispiele geplanter sozialer Sterilität. Und durch intakte dörfliche Gemeinden, die noch einen Dorfplatz haben, pflegt man heute breite Verkehrsschneisen zu schlagen und vertreibt damit Jung und Alt von den natürlichen Begegnungsstätten im Freien.

Man erkennt aber die Problematik, und es gibt Ansätze zu einem humanen Massenwohnbau. Im Rahmen des »Wiener Modells« fördert die Gemeinde Wien das Programm »Vollwertiges Wohnen« dessen Zielsetzung die Humanisierung der Stadt und des Wohnmilieus durch Einbeziehung ethologischer Erkenntnisse ist. In einem von uns erstellten Bedürfniskatalog (Eibl-Eibesfeldt und H. Hass 1985, H. Glück 1985) spielt unter anderem das Bedürfnis nach Naturnähe eine große Rolle. Dieses Bedürfnis hat man schon früher erkannt (ohne es theoretisch zu begründen), und es gibt eine Reihe von Lösungsvorschlägen. R. Rainer (1978) entwickelte das Konzept der Gartenstadt. Verdichteter Flachbau und die gärtnerische Ausgestaltung der neu entdeckten Höfe (s.a. B. Lötsch 1984) kennzeichnen diese Bewegung, die den Wohnscheiben der Nachkriegsjahre zu Recht den Kampf ansagt. Daß man Natur auch in die mehrgeschossigen Bauten tragen kann, zeigte Glück mit dem Konzept des »gestapelten Einfamilienhauses«. Es handelt sich um Terrassenbauten.

Darüber hinaus bemüht man sich um die sozialintegrative Stadterneuerung. Man hat erkannt, daß der Mensch außer Privatheit auch den Kontakt mit Menschen sucht, die nicht zu seiner unmittelbaren Familie gehören. Er will in eine Gemeinde eingebettet sein, er braucht den selbstgewählten (nicht aufgezwungenen) Kontakt und damit die Anregung, die der Umgang mit Mitgliedern einer größeren Gemeinschaft bietet. Damit sich ein solcher Kontakt entwickeln kann, bedarf es besonderer Kontaktzonen und Einrichtungen, die zwanglos Begegnungen herbeiführen. Als solche Strukturen haben sich die von Glück in diesem Zusammenhang »entdeckten« Schwimmbäder bewährt. So gelang es in Alt-Erlaa bei Wien 6000 Menschen in kurzer Zeit zu einer Gemeinde in einem neuen Wohnprojekt zusammenzuführen. Man errichtete dort auf den Dächern der Wohnblöcke unter anderem großzügige Schwimmbäder, die von über 80 Prozent der Bewohner regelmäßig und von einem weiteren Prozentsatz gelegentlich benutzt wurden. Das führte die Menschen zusammen. Es bildeten sich nach Interessen weiter untergliederte Gemeinschaften, man schloß sich in Vereinen zusammen und gibt sogar eine kleine Zeitung heraus. Und der Vandalismus, der sonst Mietskasernen so plagt, spielt hier keine Rolle.

Die Schwimmbäder sind gewissermaßen Katalysatoren für Gemeindebildung. Sie müssen, um diese Funktion zu erfüllen, keineswegs nur auf den Dächern von Hochbauten untergebracht sein. Wichtig ist nur, daß man solche Begegnungsorte schafft. Das können im Rahmen einer sozialintegrativen Stadterneuerung auch andere Strukturen mit gleicher Funktion sein. Hier wird die Phantasie der Architekten herausgefordert. Hans Hass spricht in diesem Zusammenhang von der Notwendigkeit einer Kompartimentalisierung der gegenwärtigen unübersichtlichen Metropolen. Sicherheit findet der Mensch im überschaubaren Bereich, wo er mit Vorhersehbarem rechnen kann und damit orientiert bleibt.

Die von der wissenschaftlichen Begleitgruppe* des Wiener Modells entwickelten Thesen zum Programm »vollwertiges Wohnen« wurden 1985 sieben in den kommenden Jahren zu verwirklichenden Großbauprojekten der Gemeinde Wien zugrunde gelegt, an denen über zwanzig führende Architekten Europas teilnehmen (E. Gehmacher 1985). Nach ihrer Erstellung werden diese Bauten von der wissenschaftlichen Begleitgruppe auf ihren Wohnwert untersucht. Es wird dabei ebenso das Bewohnerurteil in der Umfrage als auch das durch Beobachtung und Experiment mit ethologischen Methoden objektiv feststellbare Verhalten erfaßt. Von medizinischer Seite hofft man, mit Hilfe der Epidemiologie, Fakten über das Gelingen der verschiedenen Projekte zu erfahren. Es handelt sich um eines der größten Experimente in der Geschichte des sozialen Massenwohnbaus mit dem Ziel einer weiteren Humanisierung des Lebens in der Stadt. Für den Fortbestand einer demokratisch-liberalen Gesellschaftsordnung ist die Humanisierung des Großstadtlebens von entscheidender Bedeutung. Unterschwellige Furcht führt nämlich dazu, daß wir Sicherheit bei Ideologien und charismatischen Persönlichkeiten suchen. Man spricht von Angstbindung. Sie ist altes Erbe, das sich in der Mutter-Kind-Beziehung herausbildete.

Stammesgeschichtliche Anpassungen bestimmen unser Sozialverhalten aber noch in vielen anderen Bereichen: Unsere Familialität, das Rangstreben, die Bereitschaft zum Gefolgsgehorsam und unsere Neigung zu Konformität, um nur einige Beispiele zu nennen, beruhen auf angeborenen Dispositionen.

* Als Ethologen wirken außer dem Verfasser, Hans Hass und Wulf Schiefenhövel mit, der zugleich die Medizin vertritt. Kurt Freisitzer ist für die Soziologen federführend, Ernst Gehmacher für die Umfrageforschung, und die Organisation liegt in den Händen von Korzendörfer vom Institut für Stadtforschung in Wien, dem auch als Dachorganisation die Koordination der Projekte obliegt.

Das lehrt uns unter anderem die Tatsache, daß sich solche *traits* trotz verschiedener Sozialisationspraktiken in verschiedenen Kulturen und oft gegen diese entwickeln. So hat man sich im Kibbuz darum bemüht, die Ideale des klassischen Sozialismus zu verwirklichen. Unter anderem wollte man die Frau durch ihre volle Eingliederung ins Berufsleben von der ökonomischen Vorherrschaft des Mannes befreien und durch kollektive Aufzucht der Kinder von der Sklaverei der Mutterschaft. Die Kinder wurden dazu eigenen Pflegern anvertraut. Sie lebten in einem Kinderkollektiv und kamen nur abends für eine Spielstunde zu ihren Eltern. Man tolerierte die Ehe, feierte aber Eheschließung nicht besonders und hoffte, auch dieses bürgerliche Erbe einmal zu überwinden. Die Gründergeneration der Kibbuzbewegung nahm dieses Anliegen ernst, lebte danach und versuchte ihre Kinder in diesem Sinne zu sozialisieren. Die Untersuchungen von Spiro ergaben jedoch, daß die im Kibbuz herangewachsenen Kinder der feministischen Revolution eine feminine Gegenrevolution entgegensetzten. Sie fanden sich nicht mehr damit ab, daß ihre Kinder in erster Linie von Fremden betreut wurden, sie schätzten die Ehigkeit wieder höher ein. Die Frauen, die sich in der Gründerphase den Männern auch äußerlich in der Kleidung angeglichen hatten, kleideten sich wieder fraulich. Sie zogen sich aus den Männerberufen zurück; und ein großer Teil der heranwachsenden Frauen zeigte mehr Interesse am familialen als am politischen Geschehen, was viele irritierte.

Spiro, den diese Befunde selbst erstaunten, da er bei einer ersten Erhebung durchaus an das Gelingen des Experiments geglaubt hatte, untersuchte die damals von ihm erhobenen Spieldaten und stellte fest, daß die Kinder, obgleich sie in einem egalitären Milieu mit dem gleichen Spielzeug aufgezogen worden waren, nach Geschlechtern unterschiedlich spielten. Die Buben nahmen sich Männer als Modelle zum Vorbild, die Mädchen Frauen. Aber aus der Fülle der angebotenen Vorbilder wählten sie selektiv nur das Vorbild der kinderbetreuenden Mutter. Das führte Spiro zu dem Schluß, daß auch die psychischen Geschlechtsrollen durch präkulturelle, sprich: biologische Faktoren entscheidend mitbestimmt werden.

Der Kulturenvergleich deckt darüber hinaus noch eine Vielzahl von Gemeinsamkeiten auf. Seit zwanzig Jahren filmen wir bei sehr verschiedenen Völkern ungestellte soziale Interaktionen. Ihr Vergleich zeigt sowohl formale Übereinstimmungen, die bis ins Detail gehen, als auch Übereinstimmungen des Prinzips. So ist das Repertoire der mimischen Ausdrucksbewegungen über die Kulturen hinweg bis in erstaunliche Details gleich. Als Ausdruck freundlicher Zuwendung, etwa beim Gruß über Distanz, heben Menschen in allen Kulturen beispielsweise für das Sechstel einer Sekunde die Augenbrauen, gleichzeitig heben sie den Kopf an, anschließend nicken sie, und ein Lächeln breitet sich aus. Es handelt sich um einen ritualisierten Ausdruck freudigen Erkennens, gewissermaßen um die nichtverbale Aussage: »Ach, du bist es«.

Kulturelle Unterschiede betreffen die Bereitwilligkeit, mit der dieses Zeichen gesendet wird. In Polynesien grüßt man auch Fremde so, wenn man sie akzeptiert. Die Japaner dagegen sind zurückhaltend: Bei ihnen gilt dieser Ausdruck deutlicher Zuwendung zwischen Erwachsenen als unschicklich. Aber wenn eine Mutter mit ihrem Kinde interagiert, sendet sie unentwegt dieses freundliche Signal. Wir Europäer nehmen eine Mittelstellung ein. Wir heben die Augenbrauen als Zeichen begeisterter Zustimmung und grüßen auch Freunde so, die wir gut kennen. Schließlich senden wir das freundliche Signal auch, wenn wir flirtend mit einem Partner des anderen Geschlechts anbandeln. Kosmetisch schenken vor allem Frauen der Brauen- und Lidpartie viel Aufmerksamkeit. Sie färben die Brauen ein, rasieren sie aus, und oft wird die obere Lidpartie eingefärbt. Sie tun dies, ohne um die Funktion des Signals zu wissen, so wie man vielfach völlig unbewußt das Richtige tut.

Der Kulturenvergleich zeigt jedoch nicht nur eine auffallende Übereinstimmung im Repertoire der Ausdrucksbewegungen. Es gibt auch viele bemerkenswerte Ähnlichkeiten des Prinzips, die darauf schließen lassen, daß unseren nichtverbalen und verbalen sozialen Interaktionen ein universales Regelsystem zugrunde liegt, das diese Interaktionen strukturiert. So beobachtet man bei Ritualen freundlicher Kontakteröffnung in der Regel Appelle der Selbstdarstellung in Kombination mit bandstiftenden Appellen. Wenn ein Waika-Indianer als Festgast in das Dorf seiner Gastgeber kommt, dann tanzt er zunächst in vollem Schmuck, Pfeil und Bogen schwenkend und oft auch mit dem Pfeile zielend und mit imponierend abweisender Gebärde, eine Runde durchs Dorf. Diese aggressive Selbstdarstellung verbindet er jedoch mit einem freundlichen Appell. Ein Kind tanzt mit ihm, das grüne Wedel schwenkt. Wenn in unserer

Kultur ein Staatsbesuch empfangen wird, dann stellt sich der Gastgeber durch das angetretene Militär und durch Salutschießen imponierend dar. Gleichzeitig überreicht man dem Staatsgast jedoch häufig Blumen, meist durch ein kleines Mädchen. Die äußere Erscheinungsform dieser beiden Rituale ist offensichtlich kulturell geprägt und verschieden. Die darunter liegende Tiefenstruktur dagegen ist offensichtlich gleich.

Wir können nachweisen, daß es eine Reihe von elementaren Interaktionsstrategien gibt, die kulturspezifische Ausdifferenzierungen erfahren und die auch ganz oder teilweise in Worte übersetzt werden können, so daß ihre äußere Erscheinungsform kulturell wechselt. Diese kulturelle Einkleidung verbirgt oft das gemeinsame Grundmuster, nach dem diese Interaktionen strukturiert sind. Das geschulte Auge vermag sie jedoch zu erkennen. Die Entdeckung, daß verbale wie nichtverbale Interaktionen eines Typus dem gleichen Regelsystem unterworfen sind, überbrückt die Kluft zwischen verbaler und nichtverbaler Kommunikation und eröffnet den Weg zur Erforschung der universalen Grammatik menschlichen Sozialverhaltens. Damit ist der Humanethologie ein entscheidender Durchbruch gelungen.

Literaturhinweise

M. H. Bornstein, The Pace of life. Revisited. In: Int. Journal of Psychology 14 (1979), S. 83–90.

I. Eibl-Eibesfeldt, Die Biologie des menschlichen Verhaltens. Grundriß der Humanethologie. 2. Aufl., München 1986.

I. Eibl-Eibesfeldt, Grundriß der vergleichenden Verhaltensforschung. 7. Aufl., München 1986.

I. Eibl-Eibesfeldt, H. Hass, Sozialer Wohnbau und die Umstrukturierung der Städte aus biologischer Sicht. In: Stadt und Lebensqualität. Neue Konzepte im Wohnbau auf dem Prüfstand der Humanethologie und der Bewohnerurteile. Hrsg. v. I. Eibl-Eibesfeldt, H. Hass, G. Freisitzer, E. Gehmacher u. H. Glück. Stuttgart 1985, S. 49–84.

E. Gehmacher, Das Wiener Modell der menschengerechten Stadt. In: Wiener Wohnbau. Beispiele neuer Tendenzen im sozialen Wohnbau. Hrsg. v. G. Peichl. Wiener Akademiereihe, Bd. 17, Wien 1985, S. 126–199.

H. Glück, Stadt und Lebensqualität. Ebd., S. 85–161.

B. Lötsch, Auf der Suche nach dem menschlichen Maß. Teil I: Habitatgestaltung; Teil II: Wohnbaualternativen. In: Garten und Landschaft 1984, Heft 1 u. 6.
R. Rainer, Kriterien der wohnlichen Stadt. Trendwende im Wohnungswesen und Städtebau. Graz 1978.
M. E. Spiro, Gender and culture. Kibbutz women revisited. Durham, NC 1979.

Sind Rassenmischungen biologisch schädlich?
von FRIEDRICH VOGEL

Die (physische) Anthropologie versteht sich als ein Zweig der Biologie des Menschen. Innerhalb dieser Wissenschaft ist die Erforschung der *Unterschiede* zwischen Menschen und Menschengruppen, sowie ihrer Ursachen seit langer Zeit ein wichtiges Teilgebiet. Damit man sich über bestimmte Tatbestände verständigen kann, muß sich eine Wissenschaft ein gemeinsames Begriffssystem schaffen. Innerhalb der Anthropologie hat hier der Begriff der »Rasse« eine besondere Rolle gespielt. Sein Nachteil ist, daß das gleiche Wort in der Geschichte der letzten anderthalb Jahrhunderte dazu herhalten mußte, Vorstellungen vom besonders hohen Wert der eigenen Menschengruppe und vom geringeren Wert, ja vom Unwert fremder Gruppen ein wissenschaftliches Mäntelchen umzuhängen. Deshalb ruft er noch heute vielfach falsche Vorstellungen hervor. Manche Anthropologen gehen so weit, vorzuschlagen, man solle auf diesen Begriff ganz verzichten und ihn durch andere, weniger »belastete« Begriffe ersetzen. Leider ist dazu noch kein überzeugender Vorschlag vorgelegt worden.

Im folgenden wird der Rassenbegriff im ausschließlich »spezialwissenschaftlichen« Sinne verwendet. Allerdings wird deutlich werden, daß Vorurteile über Wert und Unwert bestimmter Rassen auch in die wissenschaftliche Diskussion immer wieder hineinspielen. Dafür gibt es noch heute nicht wenige Beispiele. Man denke etwa an die Kontroverse über die Ursachen der bekannten Unterschiede im durchschnittlichen Intelligenzquotienten zwischen Weißen und Schwarzen in den USA (zur Diskussion vgl. Vogel und Motulsky, 1986; Vogel und Propping, 1981).

In diesem Beitrag soll eine andere, ebenfalls häufig in der Öffentlichkeit diskutierte Frage behandelt werden, die nicht weniger durch Vorurteile – und von ihnen beeinflußte, veraltete wissenschaftliche Konzepte belastet ist: die Frage, ob Rassenmischungen schädlich sind.

Wir beginnen mit einer Definition und einigen Voraussetzungen. Alle heute auf der Erde lebenden Menschen gehören einer einzigen Art an. Sie können in allen möglichen Kombinationen fruchtbare Nachkommen miteinander erzeugen. Die Art »homo sapiens« gliedert sich jedoch in verschiedene »Rassen«. Eine Rasse ist eine Gruppe von Individuen, die einen bestimmten Anteil ihres Bestandes an Erbanlagen gemeinsam hat, wodurch sie sich von anderen Rassen unterscheidet.

Rassen sind entstanden aufgrund der gleichen Mechanismen, die auch zur Evolution der Organismen vom Einzeller bis zum Menschen und zur Differenzierung von Arten geführt haben: durch Mutation entsteht immer wieder neue genetische Variabilität; Mutationen können die Überlebens- und Fortpflanzungsfähigkeit ihrer Träger verbessern oder (viel öfter) verschlechtern; diese natürliche Selektion verändert die genetische Zusammensetzung der nachfolgenden Generationen. Da die Zahl der Individuen in einer Population nicht unendlich groß ist, gibt es daneben auch zufällige Unterschiede im Genbestand aufeinanderfolgender Generationen. Es ist eine Streitfrage der modernen Populationsgenetik, welche Bedeutung derartige zufällige Häufigkeitsänderungen selektiv neutraler Mutationen in der Evolution gehabt haben (zur Literatur vgl. Vogel und Motulsky, 1986).

Damit aus einer einheitlichen Population zwei (oder mehrere) Subpopulationen (Arten oder Rassen) entstehen können, ist es erforderlich, daß zwischen bestimmten Gruppen innerhalb dieser Population Fortpflanzungsbarrieren errichtet werden – sie mögen geographische, physiologische oder auch psychologische Ursachen haben. Ohne eine derartige – wenigstens teilweise – Isolation, die längere Zeit anhalten muß, würden sich genetische Besonderheiten, die sich in einer Subpopulation herauszubilden im Begriffe sind – sei es unter dem Einfluß der Selektion als Folge besonderer Umweltbedingungen, sei es auch rein zufällig –, immer wieder verwischen.

Seit etwa zweihundert Jahren hat man versucht, die Subpopulationen innerhalb der heutigen Menschheit systematisch zu erfassen und zu beschreiben. Das führte zu einer Reihe von Rassen-Systematiken. Diese Systematiken – insbesondere solche, die in den letzten hundert Jahren entwickelt wurden – stimmen in einigen wesentlichen Zügen überein. Das zeigt, daß sie nicht ganz aus der Luft gegriffen sein können, sondern einen Teil der Wirklichkeit einigermaßen richtig beschreiben. Jedoch nur einen Teil – sie betonen das Gemeinsame *innerhalb* von Gruppen und die Unterschiede *zwischen* den Gruppen, vernachlässigen aber die Unterschiede *innerhalb* der Gruppen. Damit ordnen sie sich ein in die geistige Tradition des typologischen Denkens.

Andere typologische Versuche innerhalb der Biologie des Menschen führten etwa zur Aufstellung von »Konstitutionstypen« (Kretschmer, Sheldon, Conrad, vgl. Knußmann 1968). Die Tendenz zur Aufstellung von Typologien reichte in den ersten Jahrzehnten des 20. Jahrhunderts weit in die Psychologie und die Philosophie hinein. Man denke an Eduard Sprangers ›Lebensformen‹ oder an die ›Psychologie der Weltanschauungen‹ von Karl Jaspers.

Ein gutes Beispiel für eine Rassensystematik ist die schon vor fast fünfzig Jahren durch von Eickstedt (1934) entwickelte:

Hauptrassenkreise	Unterrassen
Europide	Nordide, Osteuropide, Alpine (einschließlich Lappide), Dinaride, Armenide, Turanide, Orientalide, Mediterrane, Indide
Mongolide	Tungide, Sinide, Palämongolide, Sibiride, Eskimide, Indianide
Negride	Sudanide, Nilotide, Kafride (= Bantuide), Palänegride, Äthiopide, Indomelanide, Neomelaneside, Palämeloneside, Bambutide, Negritide
	(Australide; Khoisanide)

Man darf sie, wie andere Typologien auch, nicht zu wörtlich nehmen. Gerade bei den sogenannten »Unterrassen« ist der Versuch, in die vielfältige Variation auf diesem Wege Ordnung zu bringen, sehr problematisch, und es ist kein Zufall, daß es sehr wenige umfassende neuere Versuche dieser Art gibt. Bedingt vor allem durch die Entwicklung der modernen Genetik verlor nämlich das typologische Denken in der Biologie des Menschen in den letzten Jahrzehnten mehr und mehr an Einfluß. Dagegen wurde ein erstaunliches Maß an genetischer Variabilität innerhalb von Populationen – also zwischen einzelnen Individuen – herausgearbeitet. Betrachtet man nur die 22 bekanntesten normalen erblichen Merkmale des menschlichen Blutes, die einem einfachen Mendelschen Erbgang folgen, und geht man von der Häufigkeit dieser verschiedenen Merkmale in unserer europiden Population aus, so läßt sich errechnen, daß der häufigste gemeinsame Phänotyp für alle diese Erbmerkmale zusammen sich nur in etwa 3 von 100000 Individuen vorfindet. Würde man die gesamte bekannte genetische Variabilität einbeziehen – einschließlich der genetisch besonders vielgestaltigen, erblichen Oberflächenmerkmale unserer Körperzellen, die zum Beispiel bewirken, daß Organtransplantationen nur unter besonderen Voraussetzungen gelingen, einschließlich auch der sehr häufigen Mischerbigkeit (Heterozygotie) für rezessive Erbleiden, morphologisch sichtbarer Chromosomen-Varianten usw. – so wäre wahrscheinlich kein heute lebender Mensch mit irgendeinem anderen genetisch identisch, eineiige Zwillinge natürlich ausgenommen (vgl. Vogel und Motulsky, 1986).

Gelegentlich gibt es unter den vorkommenden genetischen Varianten auch solche, die nur bei Mitgliedern *eines* Hauptrassenkreises beobachtet werden. So haben sehr viele Vertreter der schwarzen Rasse (Negride) Erbanlagen für eng gekräuseltes Haar. Den Diego-Blutgruppenfaktor findet man nur bei Mongoliden. Europide und Negride sind in diesem Merkmal einheitlich negativ. Und schließlich ist das Allel Fy^0 im Duffy-Blutgruppensystem nur bei Negriden sehr häufig, in anderen Rassen dagegen selten. Im letzten Fall kennt man auch die Ursache: Die Duffy-Spezifität an der Oberfläche der Erythrocyten dient als Rezeptor für das Plasmodium vivax, dem Erreger der Malaria tertiana. Bei Homozygoten des Allels Fy^0 fehlt dieser Rezeptor: Das verschafft ihnen eine angeborene Immunität gegenüber dieser Malaria-Infektion (Miller u.a., 1976). Andererseits haben wir Europiden eine, im Vergleich zum gesamten Primatenreich im Durchschnitt sehr helle Pigmentierung von Haut und Haaren; das ist fast mit Sicherheit eine genetische Anpassung an die geringe Einstrahlung von ultraviolettem Licht bei nördlichem Klima. Die helle Pigmentierung erleichtert offenbar die Ausnutzung des geringen Ultraviolett-Anteiles für die Vitamin-D-Bildung in der Haut und hilft so, die schweren Knochenverformungen durch Rachitis hintanzuhalten (Bekemeier, 1969). Außerdem behalten die meisten Bewohner Nordwesteuropas die Fähigkeit, den Milchzucker zu spalten, eine Fähigkeit, die bei allen anderen Bevölkerungen – und auch bei fast allen Säugetieren – in der Regel schon im Laufe der frühen Kindheit verlorengeht. Ursache für das Häufigwerden dieser »konstitutiven« Mutation ist fast mit Sicherheit ebenfalls eine biologische Anpassung; vielleicht hat sie sogar auch mit dem Knochenaufbau und der Rachitis zu tun (Flatz, 1977).

In vielen Bevölkerungen der gegenwärtigen Menschheit beobachtet man in der Neuzeit eine Auflösung der sogenannten Isolate und eine zunehmende Vermischung. So vermischen sich in Mittel- und West-Europa, aber natürlich auch in Amerika, die Gruppenunterschiede zwischen den »Unterrassen« immer mehr. Diese Typologie verliert damit nicht nur theoretisch, in der wissenschaftlichen Konzeptbildung, sondern auch in der empirisch faßbaren Wirklichkeit mehr und mehr an Bedeutung. Erhalten haben sich dagegen bisher – jedenfalls in den ursprünglichen Siedlungsgebieten der alten Welt, zum Teil aber auch in Amerika –, die Hauptrassenkreise. Konnte man noch vor zwei bis drei Jahrzehnten vermuten, die Vermischung werde auch hier relativ rasch fortschreiten, so beobachtet man heute an vielen Stellen eher eine Besinnung auf die eigene Identität, die eben nicht nur kulturelle, sondern auch biologische Aspekte hat.

In immer zahlreicher werdenden Randbereichen kommt es jedoch auch zu Verbindungen zwischen Menschen aus verschiedenen Hauptrassenkreisen. So wurde berechnet, daß »schwarze« Bevölkerungen der USA jetzt 18–22 Prozent europider Gene besitzen (Reed, 1969). Deshalb hat hier die Frage, ob Rassenmischungen biologisch schädlich sind, eine gewisse Berechtigung. Als man im letzten Jahrhundert – in Unkenntnis der Gesetze der Vererbung – von dem typologischen Rassenbegriff ausging, schien diese Annahme eine gewisse Wahrscheinlichkeit für sich zu haben: Schüttet man rote und blaue Tinte zusammen, dann ergibt sich ein mißfarbenes Gemisch. Die modernen genetischen Erkenntnisse über die enorm hohe genetische Variabilität *innerhalb* von Rassengruppen im Vergleich zu den im Ganzen doch bescheidenen durchschnittlichen Unterschieden *zwischen* Rassen lassen dagegen ernste Zweifel an der Anwendbarkeit eines so naiven Modells aufkommen. Entscheidend sind jedoch nicht Spekulationen aufgrund von theoretischen Modellen, sondern empirische Befunde; und solche sollen jetzt besprochen werden. Diese Besprechung, die natürlich nur eine Auswahl der Befunde berücksichtigen kann, gliedert sich in vier Teile:

1. Untersuchungen an Mischpopulationen in den ersten Jahrzehnten dieses Jahrhunderts (Rehobother Bastarde; Mestizen auf Kisar);

2. eine große, statistisch besonders sauber ausgeführte Studie aus neuerer Zeit (Hawaii);

3. Versuche, das Problem tierexperimentell anzugehen;
4. eine sehr einfache, populationsgenetische Betrachtung.

Rehobother Bastarde

Im Jahre 1913 publizierte Eugen Fischer seine Studie ›Rehobother Bastards‹. Er hatte sorgfältige genealogische und anthropologische Studien an einer Bevölkerungsgruppe von mehreren hundert Individuen durchgeführt, die in der damaligen Kolonie Deutsch-Südwestafrika (dem jetzigen Namibia) in einem geschlossenen Siedlungsgebiet südlich von Windhoek in relativer Autonomie lebten. Diese Gruppe war gut hundert Jahre zuvor aus der Nachkommenschaft von Verbindungen zwischen nordeuropäischen (in der Mehrzahl holländischen) Männern und Nama-Frauen entstanden. Aufgrund vorhandener Aufzeichnungen ließ sich die Genealogie rekonstruieren.

Fischers Hauptanliegen war es, den Vererbungsmodus äußerer Merkmale (Haarfarbe, Haarform, Haut- und Augenfarbe, Merkmale des Gesichts usw.) zu studieren mit dem Ziel, die Gültigkeit der damals neu bekannt gewordenen Mendelschen Gesetze auch für den Menschen zu erweisen. Daneben machte er aber auch Beobachtungen über Gesundheitszustand und Leistungsfähigkeit. Er betonte die »allgemeine Kräftigkeit und Gesundheit« der Bastarde. Ihre durchschnittliche Körpergröße übertreffe die der beiden Ausgangsrassen. Das könne – neben Umweltbedingungen wie guter Ernährung – auch durch das sonst in der Biologie bekannte »Luxurieren der Bastarde« mitbedingt sein. Ihre natürliche Fruchtbarkeit wird als sehr hoch beschrieben (durchschnittlich 7,7 Kinder/Ehe). Von einer Abnahme der Fruchtbarkeit als Folge der Bastardierung könne nicht die Rede sein. Angeborene Fehlbildungen und geistig-seelische Störungen schienen sehr selten zu sein. Tuberkulose und Krebs kamen angeblich überhaupt nicht vor. Dagegen waren akutes rheumatisches Fieber und Malaria häufiger – offenbar wegen der klimatischen Bedingungen.

Das Gesamtbild ist also außerordentlich positiv. Irgendwelche nachteilige Wirkungen der Mischung zwischen doch recht extrem verschiedenen Rassengruppen ließen sich nicht plausibel machen. Dabei ist es – gerade im Lichte der späteren positiven Einstellung von Fischer zum Nationalsozialismus und seiner Rassen-Ideologie – daher unwahrscheinlich, daß Fischer Hinweise etwa auf mögliche schädliche Wirkungen verschwiegen hatte. Allenfalls hätte man das Gegenteil erwarten können.

Mestizen auf Kisar

Eine ähnliche Studie führte der Hygieniker E. Rodenwaldt 1922 auf der Insel Kisar durch (im Norden der Ostspitze von Timor gelegen und damals unter niederländischer Herrschaft). Im 17. und 18. Jahrhundert hatte die Holländisch-Ostindische Companie europäische Soldaten zu langjährigem Wehrdienst in ihre indonesischen Besitzungen gebracht. Sie blieben in der Regel auch nach dem Ende ihrer Dienstzeit im Lande, nahmen sich Frauen aus der Bevölkerung und gründeten Familien. Im Jahre 1775 entschied der damalige Resident auf Kisar, daß auch Söhne aus diesen Verbindungen Soldaten werden dürften. Das schuf für diese Mischlinge (»Mestizen«) einen Sonderstatus, der zur Bildung eines Isolates von zuletzt einigen hundert Individuen innerhalb der etwa 6000 Menschen starken Inselbevölkerung führte. Diese Untersuchung führte Rodenwaldt zu dem Ergebnis, »daß die Bastardierung zwischen Europäern und einer alfurischen Population zu tieferen, lebensschädigenden Störungen der Konstitution keinen Anlaß gibt«. Vor allem beobachtete er keine besondere Häufigkeit von körperlichen Anomalien und Krankheiten oder von psychischen Störungen und eine sehr hohe eheliche Fruchtbarkeit. Hinweise für ein »Luxurieren der Bastarde« fanden sich nicht.

Die beiden Studien – Rehobother Bastarde und Mestizen auf Kisar – sind bemerkenswert als frühe Zeugnisse einer sich nicht mit Verallgemeinerungen ungeprüfter Eindrücke und mit Vorurteilen zufriedengebenden, sondern auf empirische Befunde gegründeten Beurteilung des Problems der Rassenmischung. Man kann jedoch einwenden, daß diese empirische Grundlage doch noch sehr schmal war. Möglicherweise sind die Befunde auf örtliche und zeitliche Besonderheiten zurückzuführen. Einen besonderen Beweiswert haben erst Studien an großen Mischlingsbevölkerungen, die in neuerer Zeit mit moderner Fragestellung und mit verbesserter Methodik durchgeführt wurden (für eine Übersicht über anthropologische Studien vgl. Trevor, 1953). Die umfassendste und beste Untersuchung dieser Art wurde von Morton, Chung und Mi (1967) in Hawaii durchgeführt.

Eine Mischlingsstudie in Hawaii

Die Bevölkerung von Hawaii setzt sich im wesentlichen aus Hawaiianern polynesischer Herkunft sowie aus Europiden, Chinesen und Japanern zusammen. Daneben gibt es in kleinerer Anzahl Koreaner, Filipinos, Puertoricaner und einige andere. Die Bevölkerungsstatistik ist zuverlässig, und eine gute medizinische Versorgung steht allen gleichermaßen zur Verfügung. Auch die allgemeinen Umweltbedingungen, unter denen die einzelnen Bevölkerungen leben, sind nicht allzu verschieden. Mischehen zwischen verschiedenen Rassengruppen sind relativ häufig. Der Trend zu Mischehen besteht jedoch erst seit relativ kurzer Zeit, so daß ihre möglichen biologischen Auswirkungen bereits in der ersten Generation der Vermischung beobachtet werden konnten.

Die Fragestellung dieser Studie wurde wie folgt formuliert:

1. Welches sind beim Menschen die Folgen der Rassenmischung in der ersten Mischlingsgeneration?

2. Stellen menschliche Bevölkerungen Kombinationen aneinander adaptierter Erbanlagen dar, die durch Rassenmischung auseinandergerissen werden – mit schädlichen Folgen?

Der größte Teil der zur Beantwortung dieser Fragen analysierten Daten setzte sich zusammen aus 172488 Geburts-Zertifikaten für Lebendgeborene und 6879 für Totgeburten. Zusammen umfaßten sie alle Geburten der Jahre 1948–1958. Nach den dortigen Vorschriften enthalten diese Zertifikate Angaben über die rassische Zugehörigkeit der Eltern. Natürlich bedeutet das nicht, daß die Eltern im Sinne dieser Angaben »reinrassig« wären. Sie enthielten im Gegenteil oft Beimischungen aus anderen Rassengruppen. Diese Beimischungen konnten jedoch mit Hilfe eines Vergleiches der Häufigkeit verschiedener erblicher Blutmerkmale bei der Mischlingsbevölkerung und bei den Ausgangsbevölkerungen abgeschätzt werden. Insgesamt war die Stichprobe der Eltern zu 62,7 Prozent polynesischer oder mongolider Herkunft, der Rest war hauptsächlich europid. Zusätzlich wurden Informationen über Größe und Gewicht der Mütter in einer Gebärklinik verwendet.

Die sehr sorgfältige Analyse machte es möglich, die Frage zu untersuchen, ob vielleicht Gruppenunterschiede auch durch entsprechende sozioökonomische Unterschiede erklärbar sind oder ob man sie allein auf biologische Wirkungen der Rassenkreuzung zurückführen muß.

Das Hauptergebnis dieser Studie kann folgendermaßen zusammengefaßt werden: Rassenmischung hatte keinerlei Einfluß auf die Sterblichkeit vor der Geburt oder auf die Säuglingssterblichkeit. Wegen der ungleichen Körpergröße hatte man eventuell mit Geburtskomplikationen bei der Mutter gerechnet, wenn die kleine, zarte Mutter japanischer oder chinesischer Herkunft, der stämmige Vater aber europid war. Diese Erwartung bestätigte sich jedoch nicht.

Bekanntlich gibt es zweieiige Zwillinge bei Mongoliden wesentlich seltener als bei Europiden und Negriden. Man hatte schon lange vermutet, daß diese Häufigkeit mit dem Vorkommen mehrerer, gleichzeitiger Eisprünge während eines vierwöchigen Zyklus zusammenhängt, also nur von der genetischen Konstitution der Mutter abhängt (vgl. Propping und Krüger, 1976). Die Hawaii-Studie bestätigte diese Vermutung: Die Häufigkeit zweieiiger Zwillinge hing tatsächlich nur von der Herkunft der Mutter ab und war unabhängig davon, ob der Vater der gleichen oder einer anderen Rassengruppe entstammte oder selbst ein Mischling war.

Praktisch besonders wichtig ist die Häufigkeit angeborener Fehlbildungen. Insgesamt wurde dabei kein Unterschied zwischen den Rassengruppen beobachtet, während einzelne Gruppen von Fehlbildungen verschieden häufig auftraten. Durch Rassenmischung wurde das Vorkommen von Fehlbildungen danach nicht beeinflußt. Mischlingskinder hatten allenfalls einen leichten Vorteil, der jedoch statistisch nicht signifikant war.

Damit lassen sich die zwei zu Anfang der Studie (Morton u. a., 1967) gestellten Fragen beantworten:

1. Rassenmischung führt in der ersten Generation der Mischlinge *nicht* zu einer Vermehrung von Todesfällen in der perinatalen Periode oder im Säuglingsalter und auch nicht zu einer Zunahme von angeborenen Fehlbildungen.

2. Menschliche Bevölkerungen stellen offenbar *keine* Kombinationen aneinander adaptierter Erbanlagen dar, deren Auseinanderreißen durch Rassenmischung irgendwelchen schädlichen Einfluß auf die Fehlbildungshäufigkeit und die Überlebensfähigkeit bis zum Ende der Säuglingszeit hätte.

Disharmonien bei Rassen-Mischungen?

Trotzdem beantwortet diese Studie nicht *alle* möglichen Fragen. So ist in der älteren Literatur häufiger die Möglichkeit diskutiert worden, daß Kombinationen von Erbanlagen, die nicht zueinander passen, zu (physisch oder psychisch) disharmonischen Phänotypen führen können. Wer einmal aus Rassenmischungen hervorgegangene junge Menschen beiderlei Geschlechtes am Strande von Hawaii oder Rio de Janeiro hat betrachten können, der wird freilich solchen Behauptungen gegenüber mindestens äußerst skeptisch sein. Es gibt jedoch auch Untersuchungen an tierexperimentellen Modellen, die diese eben genannte Meinung widerlegen.

Als Beleg für derartige Disharmonien fand man früher oft eine Untersuchung über »getrennte Vererbung von Zahn und Kiefer« und über dadurch bedingte Disharmonien bei Kreuzungen zwischen Nama, Negern und Buschmännern zitiert (eine kritische Besprechung dieser Arbeiten findet sich bei Nachtsheim, 1947). Ein Anthropologe hatte früher einmal auf seinen Reisen durch die Kalahari (Namibia) 75 Schädel gesammelt, die er aufgrund verschiedener Merkmale als von Nama, Buschmännern und deren Hybriden stammend diagnostizierte. Das gleiche Material wurde viel später von einem anderen Forscher auf Disharmonien untersucht. Er schreibt, er habe die Angaben darüber, welches ein »Bastardschädel« sei, im allgemeinen unverändert übernommen, bezeichnete aber 35 Schädel als von Mischlingen stammend, während der Sammler des Materials nur 14 als solche gekennzeichnet hatte und auch diese noch ausdrücklich mit der Bezeichnung »fraglich«. Natürlich blieb völlig unbekannt, zu welchen Individuen die Schädel gehörten, woher sie kamen, von wem sie stammten und aus welcher Art von Kreuzung sie hervorgegangen waren.

Messungen an Zähnen und Kiefern, die der Nachuntersucher vornahm, ergaben in manchen Fällen eine geringe Nichtübereinstimmung, die man als »Disharmonie« bezeichnen konnte. Man nahm nun an, diese Schädel stammten von Mischlingen. Aufgrund dieser Annahme schloß man dann auf ein vermehrtes Vorkommen von disharmonischen Zahn-Kiefer-Kombinationen bei Mischlingen. Man tat also zuerst etwas in den Topf hinein, und behauptete dann, sich sehr zu wundern, als man eben dies darin vorfand.

Das Problem der getrennten Vererbung von Zahn- und Kiefergröße eignete sich jedoch zur Prüfung am tierexperimentellen Modell des Kaninchens (Stengel, 1958). Die »Deutschen Riesen« und die »Hermelin«-Kaninchen unterscheiden sich sehr erheblich in Größe und Gewicht: Etwa 5000 g gegenüber etwa 1100 g. Ihre Kiefer sind, abgesehen von der Größe, etwa gleich gebaut. Wegen des gesamten Größenunterschiedes war nicht einmal eine natürliche Paarung möglich. Daher mußte künstlich besamt werden. Zwölf Monate nach der Geburt, also im »Erwachsenenalter« wurden die Tiere getötet und ihre Schädel untersucht. Insgesamt wertete Stengel 166 Schädel aus, davon 92 von den Ausgangsrassen, der Rest von Bastarden.

Diese Studie wurde also unter den extrem möglichen Bedingungen durchgeführt. Wenn überhaupt »Disharmonien« zwischen Zahn- und Kiefergröße entstehen könnten, dann hätte dieser Versuch sie hervorbringen müssen. In Wirklichkeit war keine Rede davon: Bei den Bastarden bestand sogar eine besonders enge Korrelation zwischen Zahn- und Kiefergröße. Ihr Wachstum während der Individualentwicklung ist demnach so gut ausreguliert, daß keine Spur von »Disharmonien« festzustellen war.

Die bisher diskutierten Befunde und die aus ihnen ableitbaren Verallgemeinerungen gelten zunächst nur für körperliche Merkmale. Behauptungen über Disharmonien erstreckten sich jedoch auch auf den geistig-seelischen Bereich. Was davon zu halten ist, darauf wird weiter unten noch kurz einzugehen sein. An dieser Stelle sei stattdessen eine populationsgenetische Betrachtung über rezessive Gene eingeschoben.

Rezessive Gene und Rassenmischung

Die Häufigkeit der Reinerbigen (Homozygoten) und Mischerbigen (Heterozygoten) autosomaler Gene folgt dem Hardy-Weinberg-Gesetz: Nenne ich die Genhäufigkeit zweier Allele, A und a, in einer Bevölkerung p und q ($p + q = 1$), und besteht außerdem »random mating«, das heißt, erfolgt die Partnerwahl unabhängig vom Genotyp bezüglich dieses speziellen Gens, so treten die drei Genotypen AA, Aa und aa im Verhältnis $p^2 : 2pq : q^2$ auf. Dabei sind die Homozygoten AA reinerbig für das normale Gen (Allel), die Homozygoten aa besitzen nur das mutierte Allel; sie sind also an dem rezessiven Erbleiden erkrankt. Die Heterozygoten Aa sind selbst gesund. Wenn es jedoch das Unglück will, daß der Ehepartner heterozygot für das gleiche rezessive Gen ist, so hat jedes ihrer Kinder ein Risiko von ¼, homozygot aa zu sein und zu erkranken. Kommt also ein autosomal-rezessives Erbleiden etwa mit der Häufigkeit 1 : 10000 (q^2) in einer Bevölkerung vor, so beträgt die Genhäufigkeit $\sqrt{1 : 10000} = 1 : 100$ und die Heterozygoten müssen eine Häufigkeit von etwa 1 : 50 (2 pq) haben.

Nun ist gut bekannt, daß autosomal-rezessive Erbleiden in verschiedenen Bevölkerungen durchaus unterschiedlich häufig sind. So hat die cystische Pankreasfibrose, eine schwere Systemerkrankung, die oft zu frühem Tod nach wiederholten Lungeninfektionen und gleichzeitig zu schweren Störungen in der Funktion der Bauchspeicheldrüse (Pankreas) und ihrer Organe führt, bei Europiden Nordwesteuropas eine Häufigkeit von etwa 1 : 2000 bis 1 : 3000. Sie ist in der schwarzen Rasse wesentlich seltener. Umgekehrt findet sich bei manchen Stämmen Afrikas die (homozygote) Sichelzellenanämie bei etwa 1 Prozent aller Neugeborenen (gelegentlich auch noch häufiger), während sie in Nordwesteuropa praktisch nicht vorkommt.

Sind diese globalen Häufigkeitsunterschiede durch natürliche Selektion bedingt, so gibt es sehr viel zahlreichere Besonderheiten in der Häufigkeit rezessiver Gene in kleinen, oft in der Vergangenheit für lange Zeit isolierten Bevölkerungen, die offensichtlich durch zufällige Verschiebungen in der Genhäufigkeit (Gründer-Effekte usw.) verursacht wurden (für Einzelheiten vgl. Vogel und Motulsky, 1986). Als Beispiele seien hier nur die speziell in Finnland vorkommenden Krankheiten genannt (Norio u. a., 1973).

Diese Befunde bilden den empirischen Hintergrund für die folgende Betrachtung: Nehmen wir an, Homozygote des Gens a hätten in Bevölkerung Nr. 1 eine Häufigkeit von 1 : 10000. Daraus errechnet sich eine Genhäufigkeit von 1 : 100 (und, wie wir sahen, eine Heterozygotenhäufigkeit von ≈ 1 : 50). Dagegen gäbe es Homozygote des Gens b an einem anderen Genlocus in dieser Bevölkerung nur mit der Häufigkeit 1 : 1 Million (Genhäufigkeit 1 : 1000, Heterozygotenhäufigkeit ≈ 1 : 500). In der gleich zahlreichen Bevölkerung Nr. 2 sei es genau umgekehrt: Hier mögen die Homozygoten aa eine Häufigkeit 1 : 1 Million, die Homozygoten bb eine Häufigkeit 1 : 10000 haben. Nun vermischen sich diese beiden Bevölkerungen vollständig. Das führt für Gen a und b zu einer Genhäufigkeit von 0,0055 (= 1 : 200 + 1 : 2000) in der Mischbevölkerung, und also für jedes von ihnen zu einer Homozygotenhäufigkeit von $0{,}0055^2 = 0{,}00003025 = 1 : 33000$. Die Zahl der Homozygoten aa und bb *zusammen*, also der klinisch Kranken, beträgt demnach jetzt 1 : 16500, gegenüber mehr als 1 : 10000 in jeder der Ausgangsbevölkerungen. Die Vermischung als solche führte also zu einer ganz beträchtlichen Verminderung von autosomal-rezessiv erblichen Erkrankungen in beiden Bevölkerungen. Hier bringt Rassenmischung einen *Nutzen* für die Gesundheit von Bevölkerungen. Das ist kein theoretisch konstruierter Sonderfall. Wie die vorliegenden Befunde über unterschiedliche Häufigkeit rezessiver Erbleiden in menschlichen Bevölkerungen zeigen, ist ein solcher Effekt vielmehr in der Regel als Folge der Rassenmischung zu erwarten.

Bisher wurden vier verschiedene Gruppen von Befunden daraufhin untersucht, ob sich Hinweise auf biologische Schädlichkeit von Rassenmischungen ergeben:

1. Wir haben Beobachtungen an Mischpopulationen aus den ersten Jahrzehnten dieses Jahrhunderts betrachtet;

2. es wurde eine große, statistisch besonders gut ausgearbeitete, neuere Studie aus Hawaii referiert;

3. wir besprachen einen Versuch, das Problem tierexperimentell – durch Bastardisierungs-Versuche am Kaninchen – anzugehen;

4. wir stellten eine spezielle, einfache populationsgenetische Betrachtung an.

Alle vier Befunde führten übereinstimmend zu *einem* Ergebnis: Rassenmischungen beim Menschen haben offenbar keinerlei nachweisbar schädliche gesundheitliche Folgen. Dagegen ließ sich am Beispiel autosomal-rezessiver Erbleiden zeigen, daß als günstige Folge der Rassenmischung erwartet werden darf, daß die autosomal-rezessiv erblichen Krankheiten deutlich seltener werden.

Damit ist das Problem jedoch noch nicht abgeschlossen. Wir müssen uns noch mit zwei Behauptungen auseinandersetzen, von denen die eine schon über hundert Jahre alt ist, also noch aus der Zeit des typologischen Denkens stammt, während die andere erst in den letzten Jahren aufgestellt wurde: Rassenmischungen sollen einerseits zu psychischen Disharmonien führen, sie sollen andererseits das Risiko für bösartige Tumoren erhöhen.

Eine Erhöhung des Risikos für bösartige Tumoren?

Die zweite Behauptung findet sich in einem Vortrag von F. Anders, der 1980 bei der Gesellschaft Deutscher Naturforscher und Ärzte gehalten wurde (Anders, 1981). Dieser Autor führte sehr scharfsinnige genetische Analysen durch, um die Anfälligkeit für bestimmte, spontan entstehende oder (häufiger) durch bestimmte krebsauslösende Stoffe induzierte Tumoren bei bestimmten Fischen (Xiphophorus) zu ermitteln. Es handelt sich größtenteils um Melanome und Fibrosarkome, also Tumorformen, die beim Menschen relativ selten sind, während beim Menschen bekanntlich die große Mehrzahl aller bösartigen Tumoren Carcinome sind. Er fand, daß Fische aus Wildpopulationen relativ resistent sind, während Bastarde eine von Generation zu Generation zunehmende Empfindlichkeit aufweisen, die durch schrittweise Trennung von »Tumorgenen« von den ihnen in natürlichen Populationen koadaptierten »Resistenzgenen« erklärt wurde. So weit, so gut. Nun verließ Anders jedoch den Bereich seiner Fachkompetenz und behauptete, auch beim Menschen gäbe es derartige »koadaptierte Systeme« in Subpopulationen, die einen Schutz gegen bösartige Tumoren böten; auch sie hätten sich in lange Zeit einheitlichen Bevölkerungen durch Selektion etabliert und würden durch Rassenmischungen Schritt für Schritt zerstört. Er führte Beispiele aus der Krebsepidemiologie des Menschen an, die diese Hypothese seiner Meinung nach stützen, so etwa – neben anderen – einerseits eine allgemein geringe Häufigkeit des Darmkrebses bei Schwarzen in Afrika, die andererseits bei der schwarzen Bevölkerung in den USA stark anstieg.

Tatsächlich hat die Forschung über Krebs-Epidemiologie aber diese und andere Häufigkeits-Unterschiede durch Einwirkungen der Umwelt (Ernährungsfaktoren, Infektionen usw.) im ganzen befriedigend erklärt. So ist zum Beispiel – was Anders nicht erwähnt – ein bestimmter Tumor des Lymphsystems, das Burkitt-Lymphom, und auch der primäre Leber-Krebs bei Schwarzen in Westafrika wesentlich häufiger als bei ihren nordamerikanischen Nachkommen, was auf Infektionen zurückgeführt wird (vgl. Doll u. Peto, 1980).

In ähnlich unkritischer Weise wurden auch andere Einzeldaten aus der Krebsepidemiologie des Menschen willkürlich herausgegriffen, soweit sie sich zur Untermauerung der Hypothese zu eignen schienen. Abgesehen von diesen Details verraten die Spekulationen von Anders ein erstaunliches Maß an Unkenntnis sowohl in bezug auf die genetische Struktur menschlicher Populationen, als auch über die auch *innerhalb* von Bevölkerungen normalerweise angetroffene Variabilität und über die Effekte der Inzucht beim Menschen (für Literatur vgl. Vogel und Motulsky, 1986). So hätte man bei Kindern aus Verwandtenehen eine *Verminderung* der Tumor-Häufigkeit erwarten müssen, was aufgrund eines sehr umfangreichen Datenmaterials nicht beobachtet wurde.

Trotzdem ist es natürlich nicht unmöglich, daß es einen genetischen Schutz gegen bestimmte Tumoren durch bestimmte Koadaptation gibt und daß dieser Schutz durch bestimmte Kreuzungen abgebaut werden könnte. Nur hätte man hier nicht aufgrund begrenzter Daten aus kaum vergleichbaren Tierversuchen spekulieren dürfen, sondern zunächst sorgfältig definieren müssen, *welche* Kreuzungen beim Menschen man hier speziell im Auge hat. Das hätte dann zu einem entsprechenden Auswertungsplan führen können. Beispielsweise wäre eine Nachuntersuchung der oben erwähnten Hawaii-Daten (Morton u.a., 1967), wenn die dort analysierten Kinder ein höheres Lebensalter erreicht haben, dafür geeignet. Denn es ist eben nicht so, wie Anders schreibt, daß man »naturgemäß (sic!) weder die Umweltfaktoren, die Krebs bedingen, noch die Erbfaktoren, die uns vor Krebs schützen, am Menschen selbst prüfen« kann.

Psychische Disharmonien als Folge von Rassenmischungen?
Bleibt die Behauptung zu kommentieren, Rassenmischung führe zu psychischen Disharmonien infolge disparater, nicht koadaptiver Erbanlagen. So schrieb schon Nietzsche: »In dem neuen Geschlecht, das gleichsam verschiedene Maße und Werte ins Blut vererbt bekommt, ist alles Unruhe, Störung, Zweifel, Versuch« (Rodenwaldt, a.a.O.). Aus der Zeit vor und nach der letzten Jahrhundertwende gibt es eine so umfangreiche wie sachlich unfundierte Literatur über angebliche negative Wirkungen der Rassenmischung auf die psychische Entwicklung, die an dieser Stelle im Einzelnen aufzuzählen sich wirklich nicht lohnt; denn diesen Behauptungen ist gemeinsam, daß der Einfluß, den psychologische und soziale Faktoren auf die seelische Entwicklung zweifellos haben (vgl. die Diskussion in Sekt. 8, Vogel und Motulsky, 1979), vernachlässigt wird. Bei Diskussionen zu diesem Thema, die in der Öffentlichkeit geführt werden, wirft man in der Regel soziale und psychologische Probleme mit biologischen Problemen unkritisch durcheinander. Noch schlimmer, man zieht unberechtigterweise biologische Erklärungsmodelle dort heran, wo eigentlich die Sozialwissenschaften und die Politik gefordert sind. Natürlich schafft es Probleme, wenn in eine durch christliche Tradition geprägte Bevölkerung wie die der Bundesrepublik im Laufe weniger Jahre einige Millionen Muslims einwandern, mit ihren oft völlig anderen Vorstellungen und Verhaltensweisen. Aber das hat mit der Biologie dieser Bevölkerung wenig oder nichts zu tun. Hinzu kommt in diesem Falle noch, daß biologische Unterschiede etwa zwischen Deutschen und Türken wesentlich geringer sein können als Unterschiede zwischen einzelnen Menschen, wie sie innerhalb der deutschen und auch innerhalb der türkischen Be-

völkerung nicht selten sind. Man soll deshalb nicht Probleme auf die Biologie abschieben, die in der Politik gelöst werden müssen – hoffentlich, darf man hinzufügen, im Geiste von Vernunft und Toleranz.

Über die Natur der Erbanlagen, die beim Menschen auch inter-individuelle Unterschiede in der geistig-seelischen Entwicklung hervorbringen können, weiß man in Wirklichkeit noch außerordentlich wenig. Aufgrund von Zwillings-, Familien- und Adoptionsstudien ist allerdings bekannt, daß Erbanlagen an den geistig-seelischen Unterschieden innerhalb einer Bevölkerung wesentlich beteiligt sind (vgl. Vogel und Propping, 1981). Die biologische Natur dieser Erbanlagen und ihrer Wirkungsmechanismen beginnt man jedoch erst jetzt zu erforschen (Vogel, 1981). So ist zum Beispiel noch unbekannt, ob Unterschiede zwischen Populationen verschiedener Herkunft, wie etwa die durchschnittlichen I. Q.-Unterschiede zwischen Weißen und Schwarzen in den USA (vgl. Loehlin u.a., 1975) oder auch zwischen aschkenasischen Juden und anderen Europiden wenigstens teilweise biologisch-genetisch bedingt sind, oder ob sie ausschließlich auf historische und soziale Einflüsse zurückgeführt werden müssen. Auch heute noch gilt der Satz Rodenwaldts: »... daß noch ein weiter Weg geduldigen Forschens zurückzulegen sein wird, bevor hinsichtlich der oben genannten Vermutungen der Boden gesicherter Tatsachen betreten werden kann, bevor es möglich sein wird, das Erbliche und Nichterbliche in den Äußerungen des Seelenlebens von Mischlingen zu scheiden.«

Schädlichkeit von Rassenmischungen?

Trotz unseres noch mangelhaften Wissens auf diesem Gebiet läßt sich auf *eine* Frage doch schon heute eine klare Antwort geben. Die Frage lautet (vgl. Vogel, 1961): Sind von Mischehen zwischen verschiedenen Rassen, etwa von Heiraten zwischen Schwarzen und Weißen, schädliche Folgen für die psychische Beschaffenheit und die Fähigkeit zu hervorragenden geistigen Leistungen zu erwarten? Das ist natürlich nicht der Fall, und zwar unabhängig davon, ob Erbanlagen, die bestimmte geistig-seelische Eigenschaften beeinflussen, wirklich in den Rassen verschieden verteilt sind oder nicht. Gerade hier findet man nämlich die größte Variabilität *innerhalb* der Rassen. Nun ist es jedoch bekannt, daß gerade bezüglich psychischer Merkmale – wie zum Beispiel des I. Q. – ein erhebliches Maß an »positive assortative mating« (Paarungssiebung) besteht. Das heißt, Ehepartner tendieren dazu, auch im I. Q. besonders ähnlich zu sein (»Gleich zu gleich gesellt sich gern«). Das wird natürlich auch in Zukunft so bleiben, unabhängig davon, ob und wie rasch die Rassenschranken fallen werden. Aus dem gleichen Grunde ist auch nicht zu befürchten, daß die Menschheit in einem »Rassenmischmasch« versinken und ihre schöpferischen Fähigkeiten verlieren würde, selbst wenn es zu einer allgemeinen Rassenmischung käme. Denn man heiratet schließlich nicht einen Bevölkerungsmittelwert, sondern eine einzelne Person. Und infolge des »positive assortative mating« werden sich weiterhin Erbanlagen, die geistig-seelische Hochleistungen möglich machen, in bestimmten Familien anhäufen – als die beste biologische Voraussetzung für das Entstehen schöpferischer Persönlichkeiten. Ob ihre Hautfarbe schwarz, weiß, gelb oder rot ist, oder ob sie – was in der Mehrzahl der Fälle zutreffen wird – aus diesen Farben undefinierbar gemischt sein wird, danach wird dann hoffentlich niemand mehr fragen.

Literaturhinweise

F. Anders, Erb- und Umweltfaktoren im Ursachengefüge des neoplastischen Wachstums nach Studien an Xiphophorus. In: Klinische Wochenschrift 59 (1981), S. 943–956.

H. Bekemeier, Evolution der Hautfarbe und kutane Vitamin D-Photosynthese. In: Deutsche Medizinische Wochenschrift 94 (1969), S. 185–189.

R. Doll, R. Peto, The causes of cancer. Quantitative estimates of avoidable risks of cancer in the U.S. today. In: Journal of the National Cancer Institute 66 (1981), S. 1196–1308.

E. von Eickstedt, Rassenkunde und Rassengeschichte der Menschheit. Stuttgart 1934.

E. Fischer, Rehobother Bastards. Jena 1913.

G. Flatz, H. W. Rotthauwe, The human lactase polymorphism. Physiology and genetics of lactose absorption and malabsorption. In: Progr. Medical Genetics N.F. 2 (1977), S. 205–250.

K. Jaspers, Psychologie der Weltanschauungen. Berlin 1919.

R. Knußmann, Entwicklung, Konstitution, Geschlecht. In: Humangenetik. Ein kurzes Handbuch in fünf Bänden. Hrsg. v. P. E. Becker. Stuttgart 1968, S. 280–416.

J. C. Loehlin, G. Lindzey, J. N. Spuhler, Race differences in intelligence. San Francisco 1975.

L. H. Miller, S. J. Mason, O. F. Clyde, M. H. McGinnis, The resistance factor to plasmodium vivax in blacks. In: New England Journal of Medicin 295 (1976), S. 302.

N. E. Morton, C. S. Chung, M.-P. Mi, Genetics of interracial crosses in Hawaii. Monogr. Human Genetics 3 (1967).

H. Nachtsheim, Rassenreinheit und Rassenmischung. Zur Kritik der nationalsozialistischen Rassentheorie. In: Dtsch. Gesundh. Wes. 2 (1947).

R. Norio, H. R. Nevalinna, J. Perheentupa, Hereditary diseases in Finland. Rare flora in rare soil. Annual Clinical Research 5 (1973), S. 109–141.

P. Propping, J. Krüger, Über die Häufigkeit von Zwillingsgeburten. In: Deutsche Medizinische Wochenschrift 101 (1976), S. 506–512.

T. E. Reed, Caucasion genes in American negroes. In: Science 165 (1969), S. 762–768.

E. Rodenwaldt, Die Mestizen auf Kisar. Den Haag o. J.

E. Spranger, Lebensformen. Geisteswissenschaftliche Psychologie und Ethik der Persönlichkeit. 5. Aufl. Halle.

H. Stengel, Gibt es eine »getrennte Vererbung von Zahn und Kiefer« bei der Kreuzung extrem großer Kaninchenrassen? Ein experimenteller Beitrag zum sogenannten »Disharmonieproblem«. In: Zeitschrift f. Tierzüchtung und Züchtungsbiologie 72 (1976), S. 255–286.

J. L. Trevor, Race crossing in man. The analysis of metric characters. Eugen. Lab. Mem. U. London 36 (1953), S. 45.

F. Vogel, Lehrbuch der allgemeinen Humangenetik. Berlin, Göttingen, Heidelberg 1961.

F. Vogel, Neurobiological approaches in human behavior genetics. In: Behavior Genetics II (1981), S. 87–101.

F. Vogel, A. G. Motulsky, Human genetics. Problems and approaches. Berlin, Heidelberg, New York 2. Aufl. 1986.

F. Vogel, P. Propping, Ist unser Schicksal mitgeboren? Berlin 1981.

Über die zeitliche Struktur des Bewußtseins

von Ernst Pöppel

Die Hirnforschung hat in den letzten Jahren zunehmend an Faszination gewonnen. Wer in der Hirnforschung arbeitet, fühlt sich angetrieben von dem Gedanken, etwas Faßbares über das menschliche Erleben aussagen zu können. Die Hirnforscher glauben heute, daß es gelingen wird, die neuronalen Prozesse zu identifizieren, die notwendig sind, damit wir einen Schmerz als Schmerz empfinden, ein Gesicht als Gesicht erkennen, Musik als Musik hören oder willkürliche Bewegungen auszuführen vermögen. Und viele meinen sogar, etwas Grundlegendes über das »Bewußtsein« aussagen zu können – ein Begriff, der noch vor wenigen Jahren von den meisten naturwissenschaftlich orientierten Psychologen als metaphysisches Konstrukt abqualifiziert wurde.

Die Aufgaben der modernen Hirnforschung bringen es mit sich, daß sich Wissenschaftler der verschiedensten Gebiete herausgefordert fühlen, bei der Lösung der einzelnen Probleme mitzuarbeiten. Neuroanatomen konzentrieren sich auf die Struktur des Gehirns. Neurophysiologen befassen sich mit den in den Hirnstrukturen ablaufenden Prozessen, und zwar entweder auf der zellulären Ebene oder auf der Ebene der Zellsysteme. Psychologen versuchen, das subjektive Abbild der physiologischen Vorgänge zu erkennen, und stellen spezifische Hypothesen auf, welche subjektiven Vorgänge in welchen neuronalen Systemen zu erwarten sind. Neurologen und Psychiater versuchen, über auftretende Störungen Rückschlüsse auf die normale Funktionsweise des Gehirns zu ziehen. Verhaltensforscher glauben, über die Analyse des tierischen Verhaltens Einblick in die Prinzipien des menschlichen Erlebens und Verhaltens zu gewinnen. Mathematiker und Physiker benutzen ihre Sprache und Denkweise, um neuronale Vorgänge genauer zu beschreiben und passende Modelle zu entwickeln. Vertreter der »künstlichen Intelligenz«, eines Arbeitsbereichs, der zunehmend an Bedeutung gewinnt, erhoffen sich aus den Neurowissenschaften Anregungen, wie man Roboter baut, die wie Menschen sehen oder Sprache verstehen können. Und manche Philosophen ersehnen sich aus der Hirnforschung endlich eine Antwort auf das die seit über zweitausend Jahren quälende Leib-Seele-Problem.

Eine Frage, die wohl alle Hirnforscher angeht: Wie ist Bewußtsein möglich? Geht man an diese Frage von der Psychologie aus heran, muß man zunächst eine notwendige Unterscheidung vornehmen. Wir müssen trennen zwischen den *Inhalten* des Bewußtseins und den *formalen Aspekten* des Bewußtseins. Wenn wir uns für die Inhalte des Bewußtseins interessieren, fragen wir uns, *was* uns überhaupt bewußt werden kann. Wenn wir das Bewußtsein unter formalen Aspekten untersuchen, fragen wir uns, *wie* die Inhalte bewußt werden. Dieses Wie ist in erster Linie eine Frage nach der zeitlichen Struktur des Bewußtseins. Um Einblick in diese zeitliche Struktur zu bekommen, soll erörtert werden, wie der Mensch mit der Zeit umgeht, wie er sich auf der Grundlage von verschiedenen Hirnmechanismen Zeit überhaupt verfügbar machen kann. Dabei sollte der Leser berücksichtigen, daß hier ein naturwissenschaftlich orientierter Neuro-Psychologe, der an die Aussagekraft von Experimenten glaubt, sein Glück an einem Thema versucht, das üblicherweise Philosophen vorbehalten bleibt. Allein diese Tatsache bringt es mit sich, daß die Ausführungen nur eine begrenzte Aussagekraft haben können.

Beginnen wir unsere Überlegungen mit einem klassischen Zitat: »Die absolute, wahre und mathematische Zeit fließt auf Grund ihrer eigenen Natur und aus sich selbst heraus ohne Beziehung zu etwas Äußerem gleichmäßig dahin.« Dies ist die Definition von Zeit, die Isaac Newton vor etwa 300 Jahren gegeben hat. Sie mag beim ersten Lesen völlig selbstverständlich erscheinen, doch sollte man sich vor Augen halten, daß die Annahme einer gleichförmig fließenden Zeit, wie sie Newton hier macht, die Formulierung physikalischer Gesetze überhaupt erst ermöglicht hat. Man stelle sich einmal vor, die Zeit selbst würde sich während eines Beobachtungszeitraumes unvorhersehbar ändern. Dann könnte man beispielsweise keine Aussagen über Geschwindigkeiten machen, da eine Geschwindigkeit ja als zurückgelegter Weg je Zeiteinheit definiert ist, und der Ablauf der Zeit innerhalb einer Zeiteinheit selbstverständlich als gleichbleibend angenommen werden muß.

Ist mit der Definition von Newton, die für die Physik und für die Technik so fundamental ist, auch schon eine hinreichende Aussage über den Ablauf der *subjektiven Zeit* gemacht? Newton selbst kennzeichnet die subjektive Zeit in folgender Weise: »Die relative, subjektive und gewöhnliche Zeit ist ein äußeres, durch die Sinnesorgane vermitteltes Maß der absoluten Zeit, und zwar auf der Grundlage der Bewegung, gleichgültig, ob dieses Maß genau oder ungleichmäßig ist.« Wenn die absolute Zeit gleichmäßig fließt und die subjektive Zeit ein Maß dieser absoluten Zeit ist, das uns durch unsere Sinnesorgane an sich bewegenden Objekten vermittelt wird, dann kann man daraus ableiten – wie es oft geschehen ist –, daß auch die subjektive Zeit gleichmäßig fließt, da sie ja gleichsam *sekundär* an die primäre absolute Zeit angepaßt ist.

Daß subjektive Zeit kontinuierlich fließt, wenn auch nicht unbedingt immer gleichmäßig, entspricht im allgemeinen unserer unmittelbaren Erfahrung. Nehmen wir als Veranschaulichung für das Fließen der Zeit beispielsweise folgende Beschreibung von Robert Musil aus seinem Roman ›Der Mann ohne Eigenschaften‹: »Der Zug der Zeit ist ein Zug, der seine Schienen vor sich herrollt. Der Fluß der Zeit ist ein Fluß, der seine Ufer mitführt. Der Mitreisende bewegt sich zwischen festen Wänden auf festem Boden; aber Boden und Wände werden von den Bewegungen der Reisenden unmerklich auf das lebhafteste mitbewegt.«

Vielleicht ist aber unser Gefühl, als fließe die Zeit *kontinuierlich*, eine Illusion. Fragen wir uns darum, wie menschliches Zeiterleben aufgebaut ist. Um diese Frage zu beantworten, möchte ich eine hierarchische Klassifikation von Zeiterlebnissen erörtern, die uns auch einen Einblick in die zeitliche Organisation des Bewußtseins liefern wird.

Eine Hierarchie ist dadurch gekennzeichnet, daß die jeweils höheren Stufen die unteren Stufen voraussetzen, daß aber auf den höheren Stufen jeweils etwas Neues hinzukommen muß. Die Hierarchie des menschlichen Zeiterlebens ist nun durch folgende Elementar-Phänomene gekennzeichnet: Erlebnis der Gleichzeitigkeit gegenüber Ungleichzeitigkeit, Erlebnis der Aufeinanderfolge (oder zeitlichen Ordnung), Erlebnis der Gegenwart oder des Jetzt und das Erleben von Dauer. Jedes später genannte Zeiterlebnis setzt die zuvor genannten voraus. Um die verschiedenen Elementarphänomene zu verdeutlichen, möchte ich mich auf experimentelle Beobachtungen beziehen. Zunächst einige Befunde über das Phänomen Gleichzeitigkeit.

Um zu bestimmen, was gleichzeitig oder ungleichzeitig ist, können wir einen einfachen Versuch durchführen. Wir setzen einer Versuchsperson Kopfhöhrer auf und spielen in jedes Ohr unabhängig voneinander kurze Töne. Die Töne sollen jeweils nur eine Tausendstel-Sekunde dauern. Wenn das linke und das rechte Ohr gleichzeitig gereizt werden, das heißt, wenn kein meßbarer Abstand zwischen dem Ton links und dem Ton rechts besteht, dann hört die Versuchsperson nicht etwa zwei Töne in beiden Ohren, sondern nur einen. Dieser eine Ton aber hat eine merkwürdige Eigenschaft: Man hört ihn »im Kopf«. Wenn aber beide Ohren nicht exakt gleichzeitig gereizt werden, sondern eine kleine zeitliche Differenz zwischen die Reize gelegt wird, dann kommt es zu einem interessanten subjektiven Phänomen. Man hört zwar immer noch einen Ton, aber jetzt an einer anderen Stelle im Kopf. Wird beispielsweise zuerst das linke Ohr gereizt und eine Tausendstel-Sekunde später das rechte, dann hört man den einen Ton deutlich in der linken Kopfhälfte. Wird die Differenz zwischen den Reizen im linken und rechten Ohr auf zwei Tausendstel-Sekunden erhöht, wandert der verschmolzene Ton noch weiter nach links in Richtung des linken Ohres. So kann man durch geringfügig geänderte Ankunftszeiten der Töne in den Ohren den Ton im Kopf hin und her wandern lassen, ohne daß der Hörende Einfluß darauf hätte. Dabei ist wichtig, noch einmal hervorzuheben, daß man bei diesen kleinen zeitlichen Differenzen stets nur *einen* Ton hört, auch wenn die objektiv meßbare Differenz zum Beispiel zwei Tausendstel-Sekunden beträgt. Der objektive zeitliche Unterschied ist also nicht hinreichend, daß zwei Töne gehört werden. Was *zwei* Tausendstel-Sekunden auseinanderliegt, was also *objektiv* ungleichzeitig ist, erscheint *subjektiv* als *ein* Ereignis. Das heißt: Mit diesen beiden akustischen Reizen bewegen wir uns innerhalb eines »Gleichzeitigkeits-Fensters«. Wird nun der zeitliche Abstand zwischen den Reizen weiter vergrößert, dann wird schließlich eine Schwelle erreicht, von der ab beide Reize nicht mehr zu einem Ton verschmelzen. Jenseits des Gleichzeitigkeits-Fensters, etwa bei drei Tausendstel-Sekunden, bei manchen Versuchspersonen auch erst bei vier hört man plötzlich zwei Töne.

Führt man einen ähnlichen Versuch in einem anderen Sinnessystem durch, also etwa beim Sehen, könnte man zunächst ein entsprechendes Ergebnis in bezug auf die Größe des Gleichzeitigkeits-Fensters erwarten. Dem ist aber nicht so. Beim Sehen müssen etwa zwanzig bis dreißig Tausendstel-Sekunden vergehen, damit zwei Seheindrücke als ungleichzeitig erscheinen. Unterhalb dieser zeitlichen Grenze bleibt alles gleichzeitig. Aus solchen Beobachtungen über Gleichzeitigkeit gegenüber Ungleichzeitigkeit können wir festhalten, daß *physikalische*

Gleichzeitigkeit nicht dasselbe ist wie *subjektive* Gleichzeitigkeit. Wenn man das Wort »gleichzeitig« verwendet, muß man sich, um Mißverständnisse zu vermeiden, darum stets vergewissern, in welchem Zusammenhang man den Begriff gebraucht.

Wenn man in derartigen Versuchen (die im übrigen auch in der medizinischen Diagnostik eingesetzt werden können) das Gleichzeitigkeits-Fenster untersucht, dann fragt man die Versuchspersonen, ob ein oder zwei Reize, also Töne oder Lichter, wahrgenommen werden. Man kann nun eine geringfügige Änderung im Experiment vornehmen, die darin besteht, zu fragen, welches jeweils der *erste* und welches der *zweite* Reiz gewesen ist. Der Unterschied in den Versuchen besteht also darin, daß nicht nur gefragt wird, ob es ein oder zwei Reize waren, sondern ob der Ton zuerst im linken oder im rechten Ohr gehört wurde.

Damit eine solche Aufgabe überhaupt gelöst werden kann, muß zunächst ein Ereignis *als solches* identifiziert werden. Erst dann, wenn etwas als eigenständiges Ereignis erscheint, kann es zeitlich auch auf andere Ereignisse bezogen werden, also Element in einer Folge von Ereignissen werden. Die *Identifikation* muß notwendigerweise der Möglichkeit einer Einordnung eines Ereignisses in einer Folge vorausgehen. Bei der Bestimmung der Schwelle für zeitliche Ordnung von Ereignissen mißt man also auch die minimale Identifikationszeit für Ereignisse.

Bei Messungen der Identifikationszeit oder Ordnungsschwelle stellt man nun fest, daß jemand erst dann in der Lage ist, eine korrekte Auskunft zu geben, wenn der zeitliche Abstand zwischen zwei Tönen etwa bei dreißig bis vierzig Tausendstel-Sekunden liegt. Obwohl also zwei verschiedene Töne gehört werden können, muß von etwa drei Tausendstel-Sekunden an eine mindestens zehnmal so lange Zeit vergehen, bis Sicherheit darüber besteht, welches der erste und welches der zweite Ton war. Für die Identifikation eines akustischen Ereignisses braucht man also erheblich mehr Zeit als für die Aufgabe, Einheit gegenüber Zweiheit zu unterscheiden. Wenn das Experiment mit optischen Reizen durchgeführt wird, dann ergibt sich für dieses Sinnessystem ebenfalls ein deutlicher Unterschied zum Gleichzeitigkeits-Fenster. Sagen zu können, etwas sei das *erste* oder das *zweite*, erfordert interessanterweise für Hören und Sehen jeweils dasselbe zeitliche Intervall, eben etwa dreißig bis vierzig Tausendstel-Sekunden, während die Spanne der Gleichzeitigkeit in beiden Sinnessystemen völlig verschieden ist.

Die Tatsache, daß zwei Reize als zeitlich getrennt wahrgenommen werden können, heißt also noch nicht, daß sie eindeutig eine zeitliche Richtung definieren. Unterhalb von etwa dreißig bis vierzig Tausendstel-Sekunden bestimmt ihre getrennte Wahrnehmung *keine* zeitliche Reihenfolge. Die subjektive Ungleichzeitigkeit von gehörten, gesehenen oder auch gefühlten Reizen ist eine notwendige, aber noch keine hinreichende Bedingung dafür, daß die zeitliche Folge von Reizen angegeben werden kann. Wir wissen, daß etwas verschieden ist, können aber nicht sagen, in welcher Richtung es läuft. Dies widerspricht unserer Intuition, das heißt, wir gehen normalerweise davon aus, daß etwas auch hintereinander folgt, wenn es als ungleichzeitig erlebt wird.

Der zunächst so einfach erscheinende Begriff der Gleichzeitigkeit ist somit recht kompliziert geworden. Unterhalb einer bestimmten Schwelle, die für die einzelnen Sinnessysteme verschieden ist, kann man von »vollkommener« *subjektiver* Gleichzeitigkeit sprechen. Oberhalb dieser Schwelle, aber unterhalb der Grenze bei dreißig bis vierzig Tausendstel-Sekunden, liegt ein Intervall, dessen Ausdehnung für jedes Sinnessystem verschieden ist und in dem es so etwas wie »unvollkommene« Gleichzeitigkeit gibt. Zwar wissen wir, daß zwei Reize ungleichzeitig sind. Das hören, fühlen oder sehen wir. Aber die Frage, welches der erste oder welches der zweite war, können wir nicht beantworten. Erst jenseits dieser Grenze können wir dann mit hinreichender Gewähr sagen, welcher zuerst und welcher danach kam. Erst jenseits dieser Grenze werden Reize zu *Ereignissen* mit Eigenständigkeit, und sie können auf Grund dieser Eigenständigkeit in eine zeitliche Reihenfolge gebracht werden.

Wenn man sich nun fragt, woran es liegt, daß das zeitliche Auflösungsvermögen in den verschiedenen Sinnessystemen derart verschieden ist, während die Zeit zur Identifikation von Ereignissen in allen Fällen gleich ist, gelangt man zu der Vermutung, daß verschiedene Bereiche des Gehirns für diese Unterschiede verantwortlich sind. Daß das zeitliche Auflösungsvermögen beim Hören, Tasten oder Sehen so verschieden ist, liegt an Eigenschaften der Sinnesorgane selbst. Das Auge ist verglichen mit dem Gehör, zeitlich gesehen, ein relativ träges System. Die Umwandlung von Lichtenergie in Impulse, die vom Gehirn verstanden werden, also in eine »Gehirnsprache«, beruht auf einem langsameren chemischen Prozeß, während die Umwandlung akustischer Energie in die Gehirnsprache viel schneller geschieht. Diese verschiedenen Umwandlungsweisen mit unterschiedlicher Dauer spiegeln sich dann subjektiv im zeitlichen Auflösungsvermögen und im Erleben von Gleichzeitigkeit und Ungleichzeitigkeit wider.

Die Identifikation von Ereignissen beruht aber nicht auf einem Prozeß in den Sinnesorganen, sondern ist bedingt durch Vorgänge, die im Gehirn ablaufen. Daß diese Phänomene im Gehirn verankert sein müssen, ergibt sich schon aus der Tatsache, daß das zeitliche Intervall für die Angaben der zeitlichen Ordnung in den verschiedenen Sinnessystemen identisch ist. Das läßt darauf schließen, daß hier ein gemeinsamer Mechanismus am Werke ist, der in gleicher Weise Informationen von Augen und Ohren bearbeitet, dabei etwa dreißig bis vierzig Tausendstel-Sekunden beansprucht und verschiedene Ereignisse für uns identifizierbar macht.

Die vorangegangenen Überlegungen geben uns auch eine Antwort auf die Frage, die sich aus dem Zitat von Newton ergab: ob Zeit für uns kontinuierlich oder diskontinuierlich verläuft. Wir müssen davon ausgehen, daß der Fluß der Zeit nur rekonstruiert werden kann aus der Aufeinanderfolge von wahrgenommenen Ereignissen. Da für die Identifikation von Ereignissen eine Minimalzeit von dreißig bis vierzig Tausendstel-Sekunden notwendig ist, und die Identifikation von Ereignissen Voraussetzung dafür ist, daß eine zeitliche Ordnung wahrgenommen werden kann, muß Zeit für uns also *diskontinuierlich* ablaufen. Diese Diskontinuität des Zeitablaufs liegt aber auf einer Ebene, in die wir mit unseren Bewußtseinsvorgängen keinen Einblick haben. Die Ereignis-Identifikation geht so »schnell«, daß das zeitliche »Zerhacken« des Ereignis-Stroms nicht auffällt. Für die subjektive »Glättung der Zeit« sind weitere Mechanismen verantwortlich, nämlich solche der Integration der sensorischen Information. Auf sie kommen wir bei der Erörterung der nächsthöheren Erlebniskategorie in der hierarchischen Taxonomie der subjektiven Zeit zu sprechen, nämlich des Jetzt oder der subjektiven Gegenwart.

Bisher sind nur zwei zeitliche Elementarphänomene angesprochen worden, nämlich das Erlebnis der Gleichzeitigkeit oder des »Zugleichseins« und das Erlebnis des »Aufeinanderfolgens«. Für viele Denker sind diese Zeiterlebnisse Ausgangspunkt für das Nachdenken über die Zeit des Menschen und die Zeit überhaupt gewesen. Denken wir beispielsweise an die Definition der Zeit von Aristoteles: »Die Zeit ist die Zahl der

Bewegung nach dem Früher oder Später«. Und in einem der grundlegenden Werke der abendländischen Philosophie, in der ›Kritik der reinen Vernunft‹, bezieht sich Immanuel Kant genau auf diese beiden Zeiterlebnisse. Kant schreibt wörtlich: »Die Zeit ist kein empirischer Begriff, der irgend von einer Erfahrung abgezogen worden. Denn das *Zugleichsein* oder *Aufeinanderfolgen* würde selbst nicht in die Wahrnehmung kommen, wenn die Vorstellung der Zeit nicht a priori zum Grunde läge. Nur unter deren Voraussetzung kann man sich vorstellen, daß einiges zu einer und derselben Zeit (zugleich) oder in verschiedenen Zeiten (nacheinander) sei ... Die Zeit ist eine notwendige Vorstellung, die allen Anschauungen zum Grunde liegt ... Die Zeit ist also a priori gegeben. In ihr allein ist alle Wirklichkeit der Erscheinungen möglich. Diese können insgesamt wegfallen, aber sie selbst (als die allgemeine Bedingung ihrer Möglichkeit) kann nicht aufgehoben werden.«

Für uns ist interessant, festzustellen, welche Phänomene des Zeiterlebens Kant nennt, die zu erklären sind. Er nennt das *Zugleichsein* und das *Aufeinanderfolgen.* Ist damit aber das menschliche Zeiterleben erschöpfend beschrieben? Sind damit alle Elementarphänomene erfaßt? Welche Zeiterlebnisse kommen außer dem Erleben des Zugleichseins und des Aufeinanderfolgens noch hinzu?

Wenn wir ein Bild betrachten, einen Satz oder nur ein Wort hören oder wenn wir einen Gegenstand betasten, dann ist das stets begleitet von einem *Jetztgefühl.* Darum müssen wir, wenn wir über das subjektive Zeiterleben nachdenken, auch zu diesem Jetztgefühl in unserem Erleben Stellung nehmen. Ein einfaches Beispiel möge das Phänomen verdeutlichen: Wenn der Leser jetzt das Wort »Zeit« liest, dann liest er das ganze Wort »Zeit«. Er liest nicht eine getrennte Folge von vier verschiedenen Buchstaben Z-e-i-t. Diese Selbstverständlichkeit besagt, daß die Folge von Buchstaben in unserem Erleben zu einer Wahrnehmungseinheit zusammengefaßt wird, die im Augenblick des Zusammengefaßtwerdens subjektiven »Gegenwarts«-Charakter hat. Man kann annehmen, daß es im Gehirn *Integrations*mechanismen gibt, die dafür sorgen, daß aufeinanderfolgende Ereignisse zu Wahrnehmungsgestalten zusammengefaßt werden.

Darum ist es an dieser Stelle auch sinnvoll, darüber Klarheit zu gewinnen, was eigentlich gemeint ist, wenn wir von »Jetzt« oder »Gegenwart« sprechen. Wenn wir dabei zunächst über das, was Zeit sein könnte, *nachdenken,* indem wir von der Auffassung Isaac Newtons ausgehen, daß die absolute Zeit gleichmäßig fließt, dann können wir sagen, daß Gegenwart die Grenze zwischen Vergangenheit und Zukunft ist. Denn wenn absolute Zeit gleichmäßig fließt, muß es immer einen Zeitpunkt geben, der genau diese Grenze angibt. Ihn können wir das Jetzt nennen. Dieses so *gedachte* Jetzt ist eine *ausdehnungslose* Grenze, die sich in die Zukunft hinein bewegt. Auf der Grundlage der klassischen Physik ist dies eine sinnvolle und berechtigte Interpretation von Gegenwart oder dem Jetzt.

Es ist übrigens bemerkenswert, daß Martin Heidegger in seinem epochalen Werk ›Sein und Zeit‹ genau diese Auffassung von »Jetzt« vertreten hat, wenn er schreibt: »Jedes Jetzt ist auch schon ein Soeben bzw. Sofort« und an anderer Stelle: »Jedes letzte Jetzt ist als jetzt je immer schon ein Sofort-nichtmehr, also Zeit im Sinne des Nicht-mehr-jetzt, der Vergangenheit; jedes erste Jetzt ist je ein Soeben-noch-nicht, mithin Zeit im Sinne des Noch-nicht-jetzt, der Zukunft.« Dem nicht-philosophischen Beobachter fällt dabei auf, wie weit sich Heidegger hier von den Phänomenen entfernt hat.

Das Gegenwärtige nur als eine Grenze zwischen Vergangenheit und Zukunft zu sehen, ist zunächst physikalische Theorie. Es entspricht sicher nicht unserem unmittelbarem Erleben. Ein nicht durch theoretische Überlegungen und durch in Logik und Physik führende Abstraktionen verunsicherter Mensch käme nie auf die Idee, der Gegenwart ihre Wirklichkeit abzusprechen. Unsere Erlebnisse sind »jetzt«, und das heißt: Sie sind nicht ein theoretisches Gemisch aus Vergangenem und Zukünftigem. Hier wird uns gleichzeitig ein sprachliches Problem deutlich. Wir verwenden denselben Begriff »jetzt«, wenn wir damit unser Erleben kennzeichnen wollen oder wenn wir eine abstrakte Beschreibung der Zeit versuchen. In beiden Fällen meinen wir aber jeweils etwas anderes.

Auf die Gegenwart unseres Erlebens hat vor allem der Kirchenvater Augustinus in seinen ›Bekenntnissen‹ hingewiesen. Im 11. Kapitel schreibt er: »Soviel ist aber nun klar und deutlich: Weder die Zukunft noch die Vergangenheit »ist«, und nicht eigentlich läßt sich sagen: Zeiten »sind« drei: Vergangenem, Gegenwart und Zukunft; vielmehr sollte man, genau genommen, etwa sagen: Zeiten »sind« drei: Eine Gegenwart von Vergangenem, eine Gegenwart von Gegenwärtigem, eine Gegenwart von Künftigem. Denn es sind diese Zeiten als eine Art

Dreiheit in der Seele, und anderswo sehe ich sie nicht; und zwar ist da Gegenwart von Vergangenem, nämlich Erinnerung; Gegenwart von Gegenwärtigem, nämlich Augenschein; Gegenwart von Künftigem, nämlich Erwartung.« Und in einem Gedicht von T. S. Eliot heißt es im Hinblick auf die Bedeutung des Gegenwärtigen: »Time past and time future / what might have been and what has been / Point to one end, which is always present.«

Haben wir Gegenwart als eine Realität des Erlebens erkannt, dann können wir uns fragen, welche *Dauer* diese *Gegenwart* haben kann. Um dieser Frage nachzugehen, soll auf einige experimentelle Beobachtungen eingegangen werden, die zeigen, daß unsere Gegenwart eine Dauer von nur wenigen Sekunden hat, wobei die meisten Beobachtungen auf einen Wert von drei Sekunden weisen. Weiter soll gezeigt werden, daß die subjektive Gegenwart auf einem Integrationsmechanismus in unserem Gehirn beruht, der aufeinanderfolgende Ereignisse jeweils zu Wahrnehmungsgestalten zusammenfaßt.

Eine erste Beobachtung können wir mit Hilfe eines Metronoms machen. Wenn wir das Metronom auf die Zahl 120 einstellen, dann hören wir in gleichen zeitlichen Abständen von einer halben Sekunde gleich laute Schläge. Wir versuchen nun, in die gleichförmige Ereigniskette einen Takt hineinzuhören. Wir geben jedem zweiten Metronomschlag ein stärkeres *subjektives* Gewicht. So kann wahrscheinlich jeder die gleichförmige Folge der Schläge durch subjektive Akzentuierung in eine Folge von gehörten Gestalten umformen. Wir können bei diesem Tempo auch jedem dritten, jedem vierten oder gar jedem fünften Schlag einen subjektiven Akzent geben, und damit einen Rhythmus in die Schläge hineinhören, der objektiv nicht vorhanden ist; denn objektiv sind die Schläge alle gleich laut. Wieviele Schläge jeweils zu einer Wahrnehmungsgestalt zusammengefaßt werden, steht uns frei.

Von einer bestimmten Grenze ab ist es aber nicht mehr möglich, durch subjektive Akzentuierung *eine* zeitliche Gestalt zu bilden. Was geht hier vor? Ich möchte die Beobachtung der begrenzten Gestaltbildung so verstehen, daß es im Gehirn eine Grenze der Integrationsfähigkeit von zeitlich aufeinanderfolgenden Ereignissen gibt. Die Fähigkeit, subjektiv Akzente zu setzen, heißt ja, zwei (oder mehrere) aufeinanderfolgende Schläge des Metronoms zu einer *Einheit* zusammenzufassen. Der subjektiv lautere wird auf den subjektiv leiseren Schlag bezogen. Beide zusammen machen die subjektive Wahrnehmungsgestalt aus. Diese Integration zu einer Einheit bricht dann zusammen, wenn der zeitliche Abstand eine bestimmte Grenze überschreitet, nämlich etwa drei Sekunden.

Ereignisse zu einer Wahrnehmungseinheit zusammenfassen heißt, diese Einheit gegenwärtig zu haben, über sie als »jetzt« erlebnismäßig verfügen zu können. Man kann deshalb annehmen, daß ein zeitlich begrenzter Integrationsmechanismus Grundlage der subjektiven Gegenwart, unseres Jetztgefühls, ist. Mit der Integration zeitlich aufeinanderfolgender Ereignisse zu jeweils gegenwärtigen Gestalten haben wir wohl einen der wesentlichsten Mechanismen entdeckt, der für unser Bewußtsein vorgegeben ist. Mit diesem Integrationsmechanismus wird der zeitliche Rahmen definiert, in dem sich Bewußtsein manifestieren kann. Dieser zeitliche Rahmen kann nicht beliebig erweitert werden. Er ist nach oben hin begrenzt, weil die Kapazität der Integration nicht grenzenlos erweitert werden kann.

Mit diesen Überlegungen können wir dem »Jetzt« des Erlebens nun eine *neue* Bedeutung geben. Das Jetzt, die subjektive Gegenwart, ist nichts Eigenständiges. Das Jetzt des Erlebens ist nur ein Attribut des Bewußtseinsinhalts. Jeder Bewußtseinsinhalt ist notwendigerweise immer »jetzt«. Aber »jetzt« ist nicht der Inhalt des Bewußtseins – es sei denn, wir machen im Nachdenken das Jetzt selbst zum Inhalt. Aber dann ist das Nachdenken über das Jetzt selber jetzt; wir hätten es dann mit zwei »Jetzten« zu tun, die jeweils etwas anderes bedeuten.

Über die Erörterung von Gleichzeitigkeit und Ungleichzeitigkeit, von Identifikation und Aufeinanderfolge von Ereignissen sind wir zur Beschreibung der subjektiven Gegenwart, zum Jetzt, gelangt. Auf dieser Stufe unseres Zeiterlebens wird etwas wirksam, das uns bisher verborgen geblieben war. Das Neue bei diesem hierarchischen Übergang ist der kategorische Sprung vom *Passiven* zum *Aktiven*, das heißt vom passiven Ausgeliefertsein an die Zeit zur Möglichkeit der aktiven Gestaltung (in) der Zeit.

Wenn wir mit Sinnesreizen konfrontiert sind, deren Gleichzeitigkeit oder Ungleichzeitigkeit wir festzustellen beabsichtigen, dann sind wir – beispielsweise als Hörende – von den Mechanismen unserer Sinnesorgane und unseres Gehirns abhängig. Die Möglichkeit, etwas als ungleichzeitig zu registrieren, ist bedingt durch die Funktionsweise der Sinnesorgane und entzieht sich einer willentlichen Kontrolle oder einer aktiven »Mitsprache«. Desgleichen haben wir kein Mitspracherecht, keine Möglichkeit des aktiven Eingriffs, wenn Ereignisse zu identifizieren sind. Der dafür entwickelte Mechanismus kann nicht willentlich verändert werden. Auch das Erfassen von Ereignisfolgen bleibt ein passives Registrieren der gegebenen Aufeinanderfolge dieser Ereignisse. Entsprechend funktioniert auch die Produktion von Verhaltensketten automatisch. Wenn wir auf Reize reagieren, dann ist dies ebenso ein passives Registrieren, denn Reaktionen sind abhängig von Mechanismen, die uns keinen Spielraum lassen. Bestimmte Mindestzeiten beim Reagieren, beim Erkennen von Ereignissen oder beim Auflösen ungleichzeitiger Reize können nicht unterschritten oder willentlich beeinflußt werden. Automatische Prozesse in den Sinnesorganen und im Gehirn sorgen dafür, daß wir wie passive Empfänger – wie ein Radio oder Fernsehapparat – ohne Möglichkeit eines aktiven Eingriffs oder eine Kontrolle Ereignisse der Außenwelt registrieren.

Dieses Ausgeliefertsein an unsere »Bauweise« ändert sich prinzipiell, wenn wir zum »Jetzt« kommen. Auf der Ebene der subjektiven Gegenwart sind wir der Umwelt nicht mehr passiv ausgeliefert. Mit der Möglichkeit, Aufeinanderfolgendes zu Einheiten zu integrieren, ist die Möglichkeit eines aktiven Eingriffs, eine Gestaltung, geschaffen. *Was* nämlich zu einer Einheit integriert wird, ist nicht mehr nur bestimmt von den Reizen der Umwelt und deren Vor-Verarbeitung bis hin zur Ebene der Identifikation, sondern das *Was* wird ganz wesentlich von dem bestimmt, *der* mit dieser Umwelt konfrontiert ist. Was wir sehen oder hören, was wir be-greifen, ist Ergebnis eines *aktiven* Erkennens und nicht eines *passiven* Registrierens. Mit der Möglichkeit der aktiven Erkenntnis eröffnet sich jene Dimension, die wir als spezifisch menschlich erachten, die Möglichkeit zur Freiheit. *Was* wir jeweils in unserem Bewußtsein repräsentiert haben, wird uns also nicht durch den Informationsfluß aus der Umwelt aufgezwungen. Wahrnehmung ist, so könnte man sagen, die Bestätigung oder die Zurückweisung einer Hypothese über die Welt.

Das Jetzt mag – so wie es bisher beschrieben wurde – wie eine Insel in der Zeit erscheinen. Eine derartige Inselhaftigkeit entspricht aber sicher nicht der subjektiven Realität. Der subjektive Strom der Zeit ist nicht dadurch gekennzeichnet, daß einzelne Gegenwarts-Inseln ohne Verbindung zueinander im Ozean der Zeit liegen. (Dies gilt zumindest für den Gesunden; bei Geisteskranken oder unter Drogen- und Alkoholeinfluß kann die zeitliche Kontinuität tatsächlich gestört sein.) Unser normales Erleben zeichnet sich aber dadurch aus, daß die einzelnen Gegenwarts-Inseln miteinander verknüpft sind. Erst über diese Verknüpfung stellt sich der Eindruck von fließender Zeit ein. Die Verknüpfung aufeinanderfolgender »Gegenwarts-Fenster« erfolgt über den *Inhalt* des Bewußtseins. Was jetzt – und was jetzt gleich im Bewußtsein repräsentiert ist, das ist immer abhängig voneinander. Der jeweils folgende Bewußtseinsinhalt ist mit-determiniert vom vorhergehenden. Auf Grund dieser semantischen Verknüpfung der im Bewußtsein stehenden Inhalte fällt uns auch gar nicht auf, daß das jeweils einzelne Jetzt auf wenige Sekunden begrenzt ist. Entscheidend für uns sind die Inhalte des Bewußtseins, und so verliert sich die zeitliche Strukturierung des Bewußtseins, die nur den formalen Rahmen kennzeichnet, im Untergrund; denn die zeitliche Struktur des Bewußtseins ist selbst kein Inhalt des Bewußtseins.

Eine Grunderfahrung in unserem subjektiven Umgang mit der Zeit ist auch die, daß Zeit unterschiedlich schnell verfließen kann. Mit dem variablen Tempo der Zeit verbinden wir den Begriff der erlebten Dauer. Bei der Betrachtung der Hierarchie der subjektiven Zeit sind wir mit der Analyse von Dauer nun auf der obersten Stufe angelangt. Blicken wir noch einmal zurück: Auf der untersten Stufe trafen wir auf Mechanismen, mit deren Hilfe aus der Gleichzeitigkeit Ungleichzeitigkeit geschaffen wird. Damit auch eine Folge, eine zeitliche Ordnung erkennbar wird, muß ein neuer Mechanismus hinzukommen. Dieser Mechanismus ermöglicht die Identifikation eigenständiger Ereignisse. Es sind aber nicht die eigenständigen, voneinander isolierten Ereignisse, die unsere subjektive Realität kennzeichnen. Aufeinanderfolgende Ereignisse werden zu Gestalten zusammengefaßt. Hinzu kommt also ein Integrationsmechanismus, der in seinem Operationsmodus von Hypothesen abhängig arbeitet, das heißt, *was* jeweils zu Einheiten zusammengefaßt wird und als Bewußtseinsinhalt verfügbar wird, ist vom Subjekt abhängig. Damit sich der Eindruck eines Fließens der Zeit einstellt, muß eine semantische Verknüpfung der jeweiligen Inhalte des Bewußtseins angenommen werden. Die Kontinuität der Gedanken ist die Grundlage für das Fließen der Zeit.

Semantische Verknüpfungen sind nur möglich auf der

Grundlage eines funktionsfähigen Gedächtnisses. Damit der Eindruck einer vorübergehenden Zeit und unterschiedlicher Zeitspannen entstehen kann, muß aus dem Gedächtnis jeweils relevante Information bereitgestellt werden. Es zeigt sich nun, daß Gedächtnisfunktionen nicht nur die Voraussetzung sind für die mögliche Kontinuität des Erlebens, sondern auch dafür – und dies ist eher ein Nebeneffekt –, daß Zeitintervalle als unterschiedlich dauernd erlebt werden. Die Dauer bemißt sich nach dem Umfang des mentalen Inhalts, der durch das Bewußtsein gegangen ist. Wird viel erlebt, wird also viel im Bewußtsein abgebildet, dann wird auch viel im Gedächtnis gespeichert, was dazu führt, daß retrospektiv ein zeitliches Intervall als lang erlebt wird. Wird dagegen wenig erlebt, wird auch wenig gespeichert, und die überblickte Zeitstrecke erscheint als kurz. Der Reichtum oder die Armut unseres Erlebens bestimmen also die Dauer unseres erinnerten, zurückliegenden Lebens.

Damit quantitative Aussagen über die subjektiv vorübergegangene Zeit möglich sind, muß man einen Zeitmeß-Mechanismus im Gehirn annehmen. Hierüber ist bisher relativ wenig bekannt, und die folgenden Bemerkungen haben nur den Rang einer Spekulation. Es wurde darauf hingewiesen, daß für die Ereignisidentifikation etwa dreißig bis vierzig Tausendstel-Sekunden benötigt werden. Verschiedene experimentelle Hinweise legen nahe, daß dieser Identifikationsmechanismus an einen neuronalen Oszillator gekoppelt ist, dessen durchschnittliche Periode den genannten Intervallen entspricht. Das bedeutet, daß in jeder Sekunde maximal 25 bis 33 Ereignisse identifiziert werden können (diese Zahlen geben nur etwa die Größenordnung an). Weiterhin wurde festgestellt, daß der Integrationsmechanismus, der verantwortlich ist für die ins Bewußtsein kommenden Wahrnehmungsgestalten, zeitlich auf etwa drei Sekunden beschränkt ist. Innerhalb einer Gegenwartsspanne können also maximal 75 bis 100 Einzelereignisse zu einer Wahrnehmungsgestalt integriert werden – zumindest rein rechnerisch. Wir können davon ausgehen, daß jeder Mensch einen typischen Wert für die Dauer des Identifikations- und des Integrationsmechanismus besitzt. Der Identifikationsmechanismus ist eher eine physiologische Konstante. Für den Integrationsmechanismus wird man annehmen können, daß er einen relativ gleichbleibenden Durchschnittswert besitzt, bestimmt durch bisher angewandte Wahrnehmungsstrategien. Nach bisherigen Beobachtungen dürfte der Wert in der Tat nahe bei drei Sekunden liegen. Mit diesen beiden Mechanismen und der Verfügbarkeit eines Gedächtnisses ist es nun relativ leicht, das Phänomen von unterschiedlicher Dauer ohne Zuhilfenahmen äußerer Uhren verständlich zu machen; denn mit diesen Mechanismen hat man gleichsam eine »innere Uhr«.

Wenn sehr viel geschieht, viel durch das Bewußtsein läuft, dann können nach dem gegebenen Beispiel maximal 100 Ereignisse registriert und (theoretisch) gespeichert werden. Befindet man sich in einer langweiligen Situation, dann werden weniger Ereignisse registriert, beispielsweise nur noch drei in einer Sekunde, und es werden statt maximal 100 jetzt nur neun Ereignisse im Gedächtnis gespeichert. Wird das Gedächtnis später über die Dauer befragt, dann wird das Intervall mit den neun Ereignissen als sehr viel kürzer erscheinen als das Intervall mit den 100. Der Vergleich zwischen diesen beiden Intervallen ist möglich, weil die Integrationszeit selber jeweils gleich geblieben ist. Was aber jeweils integriert wurde, war quantitativ verschieden. Die zeitliche Struktur des Bewußtseins erlaubt also einen quantitativen Vergleich zwischen erlebnisarmen und erlebnisreichen Phasen.

Diese Überlegungen könnten erklären, daß auch Menschen ohne Uhren Langeweile empfinden können, denn die Zeit wird ja in uns selbst gemessen. Augustinus hat dies mit den Worten beschrieben: »In Dir, mein Geist, messe ich die Zeiten« – »In te, animus meus, tempora metior«.*

* Ein Teil dieses Aufsatzes beruht auf einer Bearbeitung von Ausschnitten des 2., 3., und 7. Kapitels meines Buches ›Grenzen des Bewußtseins. Über Wirklichkeit und Welterfahrung‹ (1985). Insofern experimentelle Untersuchungen des Autors zur Verdeutlichung von Sachverhalten herangezogen wurden, sind diese von der DFG gefördert worden. G. Weiler und E. Körschgen sei gedankt für die Erstellung des Typoskripts.

Literaturhinweise

In diesem Verzeichnis ist neben der im Text verwendeten auch weiterführende Literatur genannt.

Augustinus, Bekenntnisse (Confessiones). München 1955 (orig. 397/398).
P. Bieri (Hrsg.), Analytische Philosophie des Geistes. Königstein/Ts. 1981.
E. G. Boring, The physical dimensions of consciousness. New York 1933.
M. Churchland, Matter and consciousness. Cambridge 1984.
R. Efron, The duration of the present. In: Annals of the New York Academy of Sciences 138 (1967), S. 713–729.
P. Fraisse, The psychology of time. London 1964.
L. S. Hearnshaw, Temporal integration and behaviour. In: Bulletin of the British Psychological Society 30 (1956), S. 1–20.
M. Heidegger, Sein und Zeit. Tübingen 1963 (orig. 1927).
D. O. Hebb, Organization of behaviour. A neuropsychological theory. New York 1961.
I. J. Hirsh, C. E. Sherrick, Perceived order in different sense modalities. In: Journal of experimental psychology 26 (1961), S. 423 bis 432.
W. James, Psychology. New York 1961 (orig. 1892).
E. R. Kandel, J. H. Schwartz, Principles of neural science. London 1981.
I. Kant, Kritik der reinen Vernunft. Hamburg 1956 (orig. 1787, 2. Aufl.).
W. Köhler, Zur Theorie des Sukzessivvergleichs und der Zeitfehler. In: Psychologische Forschung 4 (1932), S. 115–175.
K. Lashley, The problem of serial order in behavior. In: L. A. Jeffress (Hrsg.), Cerebral mechanisms in behavior. New York 1951, S. 112 bis 136.
K. Lorenz, Die angeborenen Formen möglicher Erfahrung. In: Zeitschrift für Tierpsychologie 5 (1943), S. 235–409.
Th. Mann, Der Zauberberg. Frankfurt a. M. 1967 (orig. 1924).
R. Musil, Der Mann ohne Eigenschaften. Hamburg 1978. (orig. 1930 bis 1943).
I. Newton, Mathematical principles of natural philosophy. In: J. J. C. Smart (Hrsg.) Problems of space and time. New York 1964.
A. Peisl, A. Mohler (Hrsg.), Die Zeit. Schriften der Carl Friedrich von Siemens-Stiftung, Band 6. München 1983.
E. Pöppel, Excitability cycles in central intermittency. In: Psychologische Forschung 34 (1970), S. 1–9.
E. Pöppel, Time perception. In: Handbook of sensory physiology. Bd. VIII: Perception. Berlin 1978, S. 713–729.
E. Pöppel, Lust und Schmerz. Neuronale Grundlagen menschlichen Erlebens und Verhaltens. Berlin 1982.

E. Pöppel, Grenzen des Bewußtseins. Über Wirklichkeit und Welterfahrung. Stuttgart 1985.

I. Prigogine, Vom Sein zum Werden. Zeit und Komplexität in den Naturwissenschaften. München 1979.

H. Simon, The sciences of the artificial. Cambridge 1982.

L. W. Stern, Psychische Präsenszeit. In: Zeitschrift für Psychologie und Physiologie der Sinnesorgane 13 (1897), S. 325–349.

J. Szentágothai, M. A. Arbib, Conceptual models of neuronal organization. In: Neurosciences Research Program Bulletin 12 (1974), S. 307–510.

H.-L. Teuber, The brain and human behavior. In: Handbook of sensory physiology. Bd. VIII: Perception. Berlin 1978, S. 879–920.

F. Turner, E. Pöppel, The neuronal lyre. Poetic meter, the brain and time. In: Poetry (August 1983), S. 277–308.

J. Z. Young, Programs of the brain. New York 1978.

Unterwegs zu einer anthropologischen Linguistik

von Mario Wandruszka

Über den Menschen gibt uns die menschliche Sprache die beste Auskunft. Jede neue Wissenschaft vom Menschen, jede Anthropologie, verlangt daher gerade von unserer Sprache die tiefsten Aufschlüsse über unser Menschsein, unsere menschliche Erlebniswelt, die Welt um uns, die Welt in uns. Wie noch nie zuvor hat sich in unserer Zeit die Philosophie der Sprache zugewandt, sich fragend an sie gewandt. Noch nie gab es so viel philosophische Spekulation über die Sprache, so viel hartnäckige, halsbrecherische Sprachgrübelei, so viel literarisches Experimentieren mit der Sprache. Eine anthropologische Linguistik fragt nicht nur, *was* die Menschen in ihrem Sprechen, ihren Gesprächen, ihren Sprachen alles sagen und *wie* sie es in tausenderlei Gestalt ausdrücken. Sie fragt sich auch, was die Sprache über den Menschen selbst aussagt, welches Selbstzeugnis in der überwältigenden Fülle dieser Laut-Wort-Satz-Gestalten enthalten ist, die die Menschen überall auf dieser Erde aus sich heraus erzeugen. Dazu genügt es nicht, eine einzige Sprache, unsere eigene, unsere Muttersprache zu befragen. Was und wie Sprache ist, erschließt sich uns erst allmählich im Vergleich mehrerer, möglichst vieler Sprachen. In unserer Muttersprache haben wir ja gelernt, unsere Erlebnisse und Erfahrungen, unsere Empfindungen, Gefühle, Wünsche, Träume, Vorstellungen, Gedanken mit Worten zu identifizieren. In aller Naivität sind wir davon überzeugt, im Wort die Sache selbst zu haben.

In unserer Muttersprache ist zum Beispiel hier das Wort »Angst« und da das Wort »Furcht«. Wenn wir in diesem Bereich unserer Empfindungen und Gefühle zwei verschiedene Wörter haben, muß es sich offenbar um zwei verschiedene Dinge handeln. Aber worin unterscheiden sich dann diese beiden Dinge? Erst die Erfahrung mehrerer Sprachen löst uns aus der naiven Identifikation von Wort und Welt, erst der umsichtige Übersetzungsvergleich zwischen mehreren Sprachen verschafft uns die unerläßliche kritische Distanz zum Phänomen Menschensprache und zu ihrem Verhältnis zu unserer menschlichen Erlebniswelt.

Die *Angst* ist zweifellos ein menschliches Urerlebnis. Wir erleben sie in uns und beobachten sie an anderen, die schreckhaft aufgerissenen oder zugepreßten Augen, das wild schlagende, sich zusammenkrampfende Herz, den stockenden Atem, Gluthitze, Leichenblässe, Angstschweiß und Zähneklappern, die ausgetrocknete, zusammengeschnürte Kehle, den heiseren Schrei des Entsetzens, die zitternde Lähmung des ganzen Körpers, das beschämende Versagen der Schließmuskeln ... Wir sprechen von der Angst wie von einem Wesen, einem Dämon, einem Tier, wenn wir sagen, daß sie uns beschleicht, erfaßt, ergreift, packt, überfällt, überwältigt, würgt, lähmt, erdrückt, erstickt, schüttelt, treibt, jagt, hetzt ... Manche Namen der Angst weisen noch deutlich auf ihre körperlichen Erscheinungsformen zurück. Das Wort *Angst* kommt von der *Enge* her, der Beklemmung und Atemnot. Das findet sich auch in anderen Sprachen wieder. »Angst im Hebräischen lautet, als daß Enge ist«, schreibt Luther in der Auslegung des 118. Psalms, »wie ich achte, daß im Deutschen auch Angst daher komme, daß Enge sei, darin einem bange und wehe wird und gleich beklemmet, gedruckt und gepresset wird, wie wenn die Anfechtungen und Unglück tun, nach dem Sprichwort: ›es war mir die weite Welt zu eng.‹« Auch im Lateinischen ist *ango, anxi, angere* »beengen, die Kehle zusammenschnüren, das Herz beklemmen«, *angor* »Beklemmung, Angst«, *angustus* »eng, beengt«, *angustia* »Enge, Klemme, Bedrängnis«, *anxius* »ängstlich«, *anxietas* »Ängstlichkeit«. Das alles lebt in den romanischen Sprachen weiter, im Französischen als *angoisse, anxieux, anxiété,* und auch im Englischen als *anguish, anxious, anxiety.*

»Ich habe Angst«, sagen wir, und »Ich fürchte mich«. Angst ist das erste Wort, das uns ins Bewußtsein tritt. Unsere *Angst* ist im Englischen meist *fear,* im Französischen *la peur.* Aus unserem Angst *haben* wird im Englischen ein *Sein,* meist *to be afraid, scared, frightened.* Wir sagen »Ich habe Angst«. Aber wir sagen nicht »Ich habe Furcht« ... Was verspüren wir heute bei dem Wort Angst, was bei dem Wort Furcht?

Man hat unsere Zeit das »Zeitalter der Angst« genannt, unendlich viel wird darüber gesagt und geschrieben. Angst ist das Wort des spontanen Denkens, des impulsiven Sprechens. *Furcht* wird dagegen nur zu besonderen Anlässen gesagt, wird viel mehr geschrieben als gesagt, wenn es um Dinge geht, die die Menschheit *in Furcht und Schrecken* versetzen, um die Welt *zwischen Furcht und Hoffnung.* Für das, was wir in einer konkreten Situation am eigenen Leib verspüren, sagen wir nicht »Ich habe Furcht«. Dann sagen wir (oder denken bei uns im stillen) »Ich habe Angst« oder »ich fürchte mich« – in den verschiedensten soziokulturellen Registern: »Moisch i hett Angscht?« fragt in unseren oberdeutschen Mundarten der Bub trotzig, oder: »Glabst i fircht mi?«

Die Angst kann jämmerlich, erbärmlich, verächtlich sein, bei der Furcht ist es oft nicht weit zur Ehrfurcht, zur Gottesfurcht. »Die Furcht des Herrn ist der Weisheit Anfang« (111. Psalm).

Für Martin Heidegger war dagegen die Angst die »Grundbefindlichkeit der wesenhaften Daseinsverfassung des In-der-Welt-seins«, die Furcht nichts anderes als eine »uneigentliche und ihr selbst als solche verborgene Angst« (Sein und Zeit, S. 189, 266). »Angst ist grundverschieden von Furcht«, behauptete er, »Wir fürchten uns immer vor diesem oder jenem *bestimmten* Seienden, das uns in dieser oder jener *bestimmten* Hinsicht bedroht ... Die Angst offenbart das Nichts« (Was ist Metaphysik?, S. 16). Aber das ist eine willkürliche und gewaltsame Unterscheidung, die das Wort Angst für die Existenzphilosophie in Anspruch nimmt und mit unserer sprachlichen Wirklichkeit, mit unserem alltäglichen Gespräch wie mit der Sprache unserer Literatur, nichts zu tun hat. Wir haben Angst oder wir fürchten uns vor Bestimmtem wie vor Unbestimmtem, wir haben Angst, nicht Furcht, vor einem ganz bestimmten Seienden, dem Hund, dem Einbrecher, einem Unfall, einer ansteckenden Krankheit.

Denken und Sprache: Es ist das gute Recht jedes Denkers, sich seine eigenen Begriffe zu schaffen, wenn er sie uns als solche ankündigt und uns sagt, was er darunter verstanden wissen will. Er muß sich dabei vielleicht sehr weit von der Allgemeinsprache entfernen. Aber dann darf er nicht sagen: »Angst *ist* ..., Furcht *ist* ...«, sondern muß uns erklären: »Angst *nenne* ich ..., Furcht dagegen *nenne* ich ...«

Aber Heidegger behauptet ja viel mehr, er ruft immer wieder die Sprache als das tiefste Selbstzeugnis des Menschen an. »Die Sprache ist das Haus des Seins«, schrieb er in seinem Brief an Jean Beaufret über den Humanismus. »In ihrer Behausung wohnt der Mensch.«

Von Hegel bis Heidegger glaubte mancher deutsche Philosoph, aus der Sprache selbst, aus dem dunklen Urgrund der Wörter einen raunenden Tiefsinn zu vernehmen. Mit seinen etymologisierenden Spekulationen hoffte Martin Heidegger, in eine archaische Frühe des Denkens zurückzufinden: ent-fernen deutete er als nähern, sich ent-schließen als sich öffnen, etwas vermögen als etwas mögen, denken als danken; das Wesen west, das Nichts nichtet ... Da hat es keinen Sinn mehr, nach dem in der Sprache enthaltenen Selbstzeugnis des Menschen zu fragen.

Seit einem halben Jahrhundert erleben wir in regelmäßigen Abständen das Kuriosum, daß namhafte Philosophen, Theologen, Psychologen, Linguisten uns frei nach Heidegger belehren wollen, die Angst, die von einer bestimmten, konkreten, objektiven Bedrohung ausgelöst wird, sei »eigentlich« Furcht und müßte »richtig« als Furcht bezeichnet werden, – ohne daß man sich fragt, warum das dann nicht geschieht!

Die Angst vor einer konkreten, objektiven Bedrohung nannte Sigmund Freud Realangst, die ihn nicht weiter interessierte, im Unterschied zu den Ängsten, um deren Erhellung es ihm ging, der neurotischen Angst, der Angstneurose, der frei flottierenden Angst, der Schuldangst, Gewissensangst, Kastrationsangst, Trennungsangst, Urangst, den verschiedenen Phobien.

Existenzphilosophie und Psychoanalyse haben am meisten dazu beigetragen, das Wort Angst zu einem Schlüsselwort unserer Zeit zu machen und schließlich sogar zu einem literarischen Modewort. Das zieht sich wie ein roter Faden durch die deutsch geschriebene existentialistische und psychoanalytische Literatur der letzten Jahrzehnte und findet sich in den Übersetzungen in anderen Sprachen wieder: im Englischen als *anxiety* neben *fear*, im Französischen als *angoisse* neben *peur*, im Italienischen als *angoscia* neben *paura*.

Der anthropologische Befund, das in der Sprache enthaltene seelische Selbstzeugnis des Menschen, läßt uns die ganze Bedeutung der Angst schon in der Tatsache erkennen, daß wir in unseren Sprachen so viele Namen für sie haben. Im Deutschen haben wir Angst, eine heillose Angst, eine Heidenangst, wir sind in Angst, in tausend Ängsten, wir ängstigen uns ... Die alte Dativstruktur des Betroffenseins (mir ist kalt, heiß, übel, schlecht, schwindelig, langweilig) bietet weitere Angstvarianten: mir ist angst, himmelangst, sterbensangst, bange ... Dieses *bange* (aus *be-ange*) ist uns aus unserer Bildungserinnerung wohlbekannt (»Und fragst du noch, warum dein Herz sich bang in deinem Busen klemmt ...« sagt Goethes Faust, I,1). Bange sein, Bange haben ist aber auch umgangssprachlich in den niederdeutschen Sprachlandschaften heimisch. »Keine Bange! Bange machen gilt nicht!« ist auch im Süden bekannt, gilt aber als »norddeutsch«. Der Angsthase ist »'ne Bangbüx«. Bange ist erst durch Luther allgemeiner deutscher Sprachbesitz geworden, auch »angst und bange« (Jeremia 50, 43): »Wenn der König zu Babel ihr Gerücht hören wird, so werden ihm die Fäuste entsinken; ihm wird so angst und bange werden wie einer Frau in Kindsnöten.«

Von den erniedrigendsten Folgen der Angst hat der *Schiß* seinen Namen (ähnlich in unseren Nachbarsprachen). In jedem Sagen ist immer dreierlei: erstens das, worüber ich etwas sagen will (die Angst, die ich an jemandem bemerke); zweitens, wie ich es sagen will, was ich damit sagen will: ich wähle aus den vielen in meinem Unterbewußtsein bereitliegenden, in meinem Wernickeschen Sprachenspeicher in der oberen Schläfenwindung meiner linken Großhirnrinde eingeprägten Ausdrucksmöglichkeiten den Satz »Er hat Schiß«, weil mir seine Angst übertrieben zu sein scheint, ein wenig lächerlich, verächtlich, weil ich damit meine Spottlust befriedige, oder aber, wer weiß, weil ich angesichts der dunkel drohenden Gefahr meine eigene Angst, unsere gemeinsame Angst spöttisch herunterspielen möchte; drittens, zu wem ich es sage – wenn ich annehmen kann, daß der Kreis, zu dem ich rede, diese familiäre und saloppe Redeweise, diese besondere Sprache innerhalb der Sprache, richtig versteht; wenn ich weiß, daß auch die anderen gegebenenfalls so reden würden.

Viele unserer Wörter weisen auf andere Wörter zurück. Sie sind »bildungsdurchsichtig«: *ängstlich, ängstigen, beängstigend, verängstigt* weisen auf *Angst* zurück. Viele Bildungen verlieren im Sprechen, im Gespräch ihre Durchsichtigkeit: in *furchtsam* ist uns der Bezug auf *Furcht* bewußt, in *fürchterlich eingebildet,* in *furchtbar nett* ist er verschwunden.

Aber unsere Wörter weisen nicht nur in ihrer Bildung auf andere Wörter zurück. Sie haben nicht nur eine formale, sondern auch eine semantische Transparenz. *Schiß* weist auf Angst zurück. Wenn wir sagen, daß jemand »die Hosen gestrichen voll hat«, daß ihm »der Arsch mit Grundeis geht«, daß ihm »die Muffen gehen«, wenn wir in den verschiedenen Soziolekten unserer Muttersprache viele andere vulgäre, groteske Bilder dieser Art gebrauchen, wissen wir, daß das soviel heißt wie Angst haben.

Jede neue Metapher muß in der Vorstellung der Menschen, denen sie einfiel, zuerst ein deutliches, verständliches, überzeugendes Bild gewesen sein. Aber viele dieser Bilder verwischen sich im Gebrauch, sie werden teilweise oder ganz dunkel und unverständlich. Wenn wir *(einen) Bammel haben,* überlegen wir uns nicht, was da in oder an uns bammelt oder baumelt. Wenn wir *Manschetten haben,* ahnen wir nicht, woher dieser Ausdruck höchstwahrscheinlich kommt. Die Redensart entstand in der zweiten Hälfte des 18. Jahrhunderts in studentischen Kreisen, als die Mode der überfallenden Manschetten den Gebrauch des Degens behinderte. Wer Manschetten trug, konnte sich nicht schlagen, war ein modischer Zärtling. Diese ursprünglich »burschikose« Redensart, gegenstandslos geworden, sobald man diese modischen Spitzenmanschetten nicht mehr trug, wurde später in ihrer ganzen Sinnlosigkeit auch noch spielerisch abgewandelt zu *Gamaschen haben.* Manche Bilder bleiben noch ungefähr verständlich, wie das *Fracksausen* der Soldatensprache in beiden Weltkriegen, anderes, wie der *Spundus,* den man in manchen Gegenden hat (das Spundloch?), kann man nur vermuten.

Unsere Sprachen bestehen nicht aus Begriffen, auf die man sich berufen könnte, wenn man dekretiert: »Angst ist dies ...« und »Furcht ist jenes ...« Aus unseren Sprachen spricht kein logisches, sondern ein analogisches Denken, ein spielerisches, erfinderisches, schöpferisches Denken in Bildern, in verdunkelten, verballhornten, vergessenen Bildern. Im Deutschen geben uns *Angst haben* und *sich ängstigen, sich fürchten* und *Furcht empfinden,* dazu die vielerlei Ableitungen und Zusammensetzungen, viele andere zu Hilfe genommene Wörter und Wendungen, krasse, groteske, skurrile, realistische und surrealistische Metaphern, gibt uns dieses ganze vielgestaltige und vielschichtige, soziokulturell und soziostilistisch so differenzierte und komplexe Sprechen im Gespräch überhaupt erst eine Vorstellung von dem, was Angst haben für uns bedeutet. Und in jeder anderen Sprache, auch in den nächst verwandten und benachbarten Sprachen, zeigt uns jeder von uns systematisch durchgeführte Übersetzungsvergleich dafür wieder andere Formen, Strukturen, Programme im Gebrauch. Wie jeder Übersetzer nur zu gut weiß, bestehen dabei zwischen den einzelnen deutschen, englischen, französischen usw. Wörtern und Wendungen keineswegs »Eins-zu-eins-«-Entsprechungen: Dann wäre jedes Übersetzen eine höchst einfache, mühelos automatisierbare Angelegenheit, von einer elektronischen Translationsmaschine in Bruchteilen von Sekunden zu erledigen. Das trifft nicht einmal für das »Grundwort« zu, das »Codewort«, auf das man die ganze Fülle der deutschen Ausdrucksmöglichkeiten zuerst reduzieren müßte, auf den »Input« *Angst,* dem im Englischen viel häufiger der »Output« *fear* antworten müßte und viel seltener *anguish* oder *anxiety*, im Französischen bald *peur*, bald (aber wann?) *angoisse*, bald *anxiété*.

Ein zweites Beispiel: die Lust. Welche Empfindungen, Gefühle, Vorstellungen, Gedanken ruft das deutsche Wort *Lust* in uns hervor? Welchen anthropologischen Befund können wir ihm entnehmen? Welches menschliche Selbstzeugnis spricht aus unseren deutschen Bedeutungen und Verwendungen dieses Wortes, was fördert der Übersetzungsvergleich an Entsprechungen in anderen Sprachen zutage?

Biologen, Physiologen, Psychologen erkennen heute in Lust und Schmerz die beiden gegensätzlichen Urerfahrungen, die alles menschliche Leben zutiefst bewegen, seelisch bewerten – Gegensätze, die sich auszuschließen scheinen und sich doch miteinander verbinden und vermischen und gegenseitig bis zur rauschhaften Ekstase steigern können; die Lust, Schmerzen zuzufügen, zu erleiden, mitzuerleiden, auszukosten, sich an ihnen zu weiden, die sadomasochistische Lust am Schmerz. In der Tiefe des menschlichen Gehirns, im Hypothalamus, glauben die Hirnforscher das »Lust-Nervenzentrum« gefunden zu haben (Pöppel, 1982).

Erste Merkwürdigkeit: Befragen wir nun unsere deutsche Sprache, so stellen wir fest, daß wir dieses Wort *Lust* am häufigsten und alltäglichsten gebrauchen, wenn wir sagen, daß wir *auf etwas Lust haben*, und das ist dann ja noch gar nicht die Lustempfindung, das Lustgefühl, der Lustgenuß, sondern erst der Wunsch, das Verlangen, Begehren, Sehnen nach Lustgewinn, gewissermaßen das Gelüst nach Lust!

In Franz Kafkas Roman ›Amerika‹ (S. 62) sagt jemand: »Ich gehe jetzt ... Vielleicht bekommst du später Lust, zu mir zu kommen.« Der englische Übersetzer macht daraus: »Perhaps later on you'll feel like coming to see me«, der französische: »Peut-être auras-tu envie plus tard de venir chez moi.« So wenig wie beim Angst haben steht auch für das Lust haben im Englischen eine »Haben-« Entsprechung zur Verfügung, dafür aber ein überreiches Verbalinstrumentarium: *to long for, to like to, to feel inclined to, to feel like, to take to, to go in for something* ... Die Franzosen sagen *j'ai envie*, und das ist eines der erstaunlichsten Beispiele für die polysemische Verfügbarkeit unserer Sprachen. *L'envie* geht ja auf lateinisch *invidia* »Neid, Mißgunst, Scheelsucht« zurück und ist auch bis heute der Neid.

Das gleiche Wort ist aber auch das Gelüst, die Lust! *J'ai envie, je n'ai pas envie de le faire* heißt »Ich habe Lust, ich habe keine Lust, es zu tun«. Um sich zu veranschaulichen, was da vor sich gegangen ist, müßte man entsprechend auf deutsch sagen: »Ich habe Neid, ich habe keinen Neid, es zu tun«. Das ist noch nicht alles. *Une envie* kann das Gelüst einer Schwangeren sein, dann aber auch das Muttermal des Kindes, das man für die Folge eines solchen Gelüstes hielt. *L'envie de vomir* ist der Brechreiz, *l'envie de dormir* die Schlaflust, *l'envie de rire, l'envie de pleurer,* wenn man lachen, wenn man weinen möchte.

Andere Erlebnisse und Erfahrungen als die Lust *auf* etwas sind die Lust *an* etwas, die Lustempfindung, das Lustgefühl *bei* etwas, die Lust, die wir *aus* etwas gewinnen, die Lebenslust, Streitlust, Schaulust, Lachlust, Sinnenlust, Geschlechtslust, die Lust an der Angst in Jahrmarktschaukeln und Gespensterbahnen, die Lust am Schmerz. Auch die Engländer kennen das Wort *lust,* aber damit meinen sie heute fast nur die Fleischeslust, die geschlechtliche Wollust. Sie lächeln daher gern darüber, was für die Deutschen alles *Lust* ist, also nach englischem Wortverstand Fleischeslust – was sie nicht daran hindert, das eine oder andere deutsche Wort als Lehnwort zu gebrauchen: z.B. *wanderlust.* Sonst ist die deutsche Lust im Englischen bald *pleasure,* bald *delight* oder auch *voluptuousness,* im Französischen *le plaisir, le délice, la volupté,* alles Namen, die aus dem Lateinischen kommen: *placere, deliciae, voluptas.*

Ist es nicht sonderbar, daß selbst ein menschliches Urerlebnis wie die Lustempfindung, die Sinnenlust, von Sprache zu Sprache wieder anders instrumentalisiert wird? In jeder Sprache erscheinen andere Polysemien, werden verschiedene Bedeutungen und Verwendungen dem gleichen Wort anvertraut, heißt es »schön« oder »gut« für »lustvoll« in tausend Verwandlungen und andeutenden Vergleichen. Jede Sprache bietet wieder andere Polymorphien, das heißt verschiedene Wörter und Wendungen für die gleiche Empfindung, das gleiche Gefühl. Alle diese in unsere Sprachen so ungleich eingestreuten Polysemien und Polymorphien sind durch die Jahrhunderte in ungezählten Gesprächen von Sprachgemeinschaften entstanden, im spielerischen, erfinderischen, schöpferischen Gespräch, im schöpferischen Zufall – so wie sich in der deutschen Jugendsprache der siebziger Jahre auf *Lust* das Reimwort *Frust* ergab, aus dem gerade aufgekommenen lateinisch-anglo-amerikanischen Modewort *frustration.* Wollte man diese ganze Welt von Empfindungen und Gefühlen der »artifiziellen Intelligenz« eines elektronischen Translationsautomaten anvertrauen, müßte man sie zuerst auf beiden Seiten, für »Input« und »Output«, auf eine Begriffssprache reduzieren, auf ein Zeichenpaar »Plus – Minus« = »Lust – Unlust« ... und würde mit einer solchen Reduktion auf einen computerlinguistischen Code das Menschlichste aus der menschlichen Sprache ausmerzen.

Heute bemüht man sich in der Sprachwissenschaft verstärkt um die sogenannten sprachlichen Universalien, das heißt um diejenigen Eigenschaften und Merkmale, die mehr oder weniger in jeder auf dieser Erde gesprochenen Sprache zu finden sind: die allgemeinen Bildungsgesetze unserer menschlichen Lautsprachen, das Vorhandensein besonderer Rollenwörter für die beiden Personen des Gesprächs, für »Ich« und »Du«, besonderer Formen, um zu fragen, zu bejahen und zu verneinen, zu befehlen, zu bitten, zu grüßen. Überall gibt es Namen für den erlebten menschlichen Raum mit seinem Oben und Unten, Vorne und Hinten, Links und Rechts, die erlebte menschliche Zeit mit ihrer Vergangenheit, ihrer Gegenwart, ihrer Zukunft, mit dem Erlebnis von Tag und Nacht, Morgen und Abend, mit unseren Vorstellungen: »Gestern« und »Heute« und »Morgen« – wenn das alles von Sprache zu Sprache tausendfach verschieden gesagt wird, so entspricht es doch offenbar einer menschlichen Notwendigkeit, daß es irgendwie gesagt werden kann. Notwendig ist es für jede Sprachgemeinschaft, Wörter zu besitzen, um die uns Menschen gemeinsame Welt zu benennen, die Welt um uns, die Welt in uns: einen Namen für die Sonne, für den Mond, für die Sterne, für Feuer und Wasser, Hunger und Durst, Leben und Tod, Vater, Mutter, Kind, Kopf, Nase, Augen, Ohren, Mund, Zähne, Zunge ... Die Gesamtheit dieses universalen Wortschatzes ergibt einen ersten anthropologischen Befund, ein erstes umfassendes Selbstzeugnis des Menschen und seiner Welt.

Aber sehr bald stößt man dabei von Sprache zu Sprache auf höchst seltsame Unterschiede. Die Vorsilbe *Ge-* bot im Deutschen die Gelegenheit, die Brüder als *Gebrüder*, die Schwestern als *Geschwister* zusammenzufassen, und dieses letzte Wort dann in einem erweiterten Sinn zu gebrauchen, wenn man nicht nur die Brüder meinte, sondern Bruder und Schwester, Brüder und Schwestern zusammen. Vom Deutschen her gesehen erscheint es uns als eine unbegreifliche Lücke des Französischen, daß es da kein Wort für die Geschwister gibt und man sich mit *»frère(s) et soeur(s)«*, Bruder (Brüder) und Schwester (Schwestern) behelfen muß. Die Franzosen haben nur ein Wort für die Eltern und die Verwandten, *les parents,* die die Italiener als *i genitori* und *i parenti,* die Spanier als *los padres* und *los parientes* unterscheiden. Die Franzosen haben nur ein Wort für den Schwiegervater und den Stiefvater, *le beau-père,* die Italiener nur ein Wort für den Neffen und den Enkel, *il nipote.*

Der skandinavisch-angelsächsischen Sprachmischung verdankt das Englische, daß es zwei Namen für den Himmel besitzt, *the sky* für den natürlichen, *heaven* für den übernatürlichen. Wir kommen mit einem einzigen aus, *Himmel,* ebenso die Romanen mit dem lateinischen *caelum.* Für den Traum gibt es im Französischen zufällig zwei Wörter, *le rêve* und *le songe,* im Italienischen ein Wort, *il sogno,* im Spanischen ist *el sueño* sowohl der Traum als auch der Schlaf!

Es wäre absurd, aus diesen und ungezählten anderen Beispielen für jede einzelne Sprache einen besonderen anthropologischen Befund herauszulesen, ein eigentümliches Selbstzeugnis der Menschen, die diese Sprache so geschaffen haben oder die sie heute sprechen. Auch die Erlebniswelt, die Erfahrungswelt der Angst und der Lust war und ist ja doch im wesentlichen für die Deutschen keine andere als für Engländer, für Franzosen oder Spanier. Die unterschiedlichen Instrumente, die Techniken, mit denen wir diese Erlebniswelt sprachlich zu bewältigen versuchen, lassen sich nicht so ohne weiteres auf verschiedene Sehweisen zurückführen, und nur selten gelingt es uns, etwa die Angst als ein sprachliches Selbstzeugnis, als ein Schlüsselwort unserer Zeit überzeugend zu deuten.

Es gibt freilich Wörter, die wir in besonderer Weise mit dem Charakter, dem Temperament, der Mentalität, der Sensibilität eines Volkes identifizieren, Wörter, die man in ihrer Prägung und Verwendung als »typisch« für eine besondere Geistesart, Gesellschaft, Kultur empfindet – und daher auch schwer übersetzbar –, Schlüsselwörter, mit denen man glaubt, einen kollektiven Charakter aufschließen zu können. Seit Jahrhunderten bedienen sich die geistreichsten und tiefsinnigsten Interpretationen der europäischen Nationalcharaktere solcher Schlüsselwörter, für den Engländer *humour* und *spleen, common sense, fair play, self-control, understatement;* für den Franzosen *courtoisie* und *politesse, galanterie* und *coquetterie, esprit* und *goût, savoir-vivre, raffinement, nuance, verve;* für den Deutschen

Gemüt, Gemütlichkeit, Innigkeit, Gründlichkeit, Stimmung, Erlebnis. Aber auch da ist Vorsicht geboten. Es ist noch gar nicht so lange her, daß man in Frankreich die *Schadenfreude* zu einer »typisch deutschen Eigenschaft« erklärte, weil man in Deutschland ja schon den kleinen Kindern den boshaften Spruch beibringe: »Schadenfreude ist die reinste Freude«, während es im Französischen »nicht einmal ein Wort dafür« gebe (die französischen Übersetzer sagen dafür meist *mauvaise joie* oder *joie maligne*). Die Deutschen antworteten begreiflicherweise darauf, dann seien *Sadismus* und *Chauvinismus* »typisch französische Eigenschaften«, denn der Marquis de Sade und der napoleonische Grenadier Chauvin seien doch Franzosen gewesen. Seither hat man gelernt, sich vor solchen Kurzschlüssen zwischen einem Wortfund und einem Nationalcharakter zu hüten.

Aber damit stehen wir überhaupt vor der Gewissensfrage: Wie weit lassen sich aus den besonderen Prägungen einer einzelnen Sprache, aus den Eigentümlichkeiten ihrer Formen, Strukturen, Programme, glaubhafte anthropologische Befunde gewinnen, wie weit lassen sie sich als das Selbstzeugnis eines Volkes, einer Gesellschaft, einer Kultur deuten?

Wilhelm von Humboldt kommt in seiner Sprachphilosophie immer wieder auf diesen Gedanken zurück: Jede Sprache enthält eine eigene, eigentümliche Weltansicht, Weltauffassung, Weltanschauung. Die Verschiedenheit der Sprachen »ist nicht eine von Schällen und Zeichen, sondern eine Verschiedenheit der Weltansichten selbst. Hierin ist der Grund und der letzte Zweck aller Sprachuntersuchung enthalten« (›Über das vergleichende Sprachstudium in Beziehung auf die verschiedenen Epochen der Sprachentwicklung‹, 1820).

Der ungeheuren Schwierigkeit eines solchen Unternehmens war sich Humboldt von Anfang an bewußt. »Wenn schon die Schilderung des Charakters eines Individuums oder gar einer Nation in Verlegenheit setzt, so tut dies noch mehr die des Charakters einer Sprache. Wer sie jemals versucht hat, wird bald inne werden, daß, wenn er etwas Allgemeines zu sagen im Begriff ist, er unbestimmt wird, und wenn er ins Einzelne eingehen will, die festen Gestalten ihm entschlüpfen, so wie eine Wolke, welche den Gipfel eines Berges deckt, wohl von fern eine feste Gestalt zeigt, aber in Nebel zerfließt, so wie man in dieselbe hineintritt.« (›Latium und Hellas‹, 1806).

Auf Humboldts Spuren wurde hundert Jahre später für Leo

Weisgerber die Sprache zum geprägten und prägenden Weltbild, zur Welterschließung, Weltgestaltung, zum »Worten der Welt«. Er verkündete das allumfassende und allbestimmende Weltbild der Muttersprache, die weltgestaltende Kraft der deutschen Sprache. Und der Romanist Karl Vossler zog gegen den Positivismus und für den Idealismus in der Sprachwissenschaft zu Felde, sah in der Entwicklung des Vulgärlateins, dem Untergang des lateinischen Neutrums, der Umbildung des Verbalsystems das Wirken »neuer Denkformen«, in der Ausbreitung des sogenannten Teilungsartikels im Französischen (Brot = *du pain*; Fleisch = *de la viande*) im 13. Jahrhundert eine Manifestation des praktischen, messenden, rechnerischen Bürgergeistes dieser Zeit.

In Amerika machte schließlich Benjamin Lee Whorf die aufsehenerregende Entdeckung, daß die Hopi-Indianer in ihrer Sprache keine Formen und Strukturen besäßen, die den Raum- und Zeit-Koordinaten der europäischen Sprachen entsprechen, und die daher in anderen Raumerfahrungen und Zeitvorstellungen leben müßten als die Europäer.

Alle derartigen, sehr verschiedenartigen Versuche, eine menschliche Sprache mit einem bestimmten Weltbild, einer Kultur, einem Nationalcharakter, einer kollektiven »Wesensart«, einer bestimmten Gesellschaft in Verbindung zu bringen oder gar mit einem schlichten Gleichheitszeichen zu verbinden, haben bei den Sprachforschern, Sprachmeistern, Sprachliebhabern immer wieder begeisterte Zustimmung gefunden oder heftigen Widerspruch, Spott und Hohn ausgelöst. Alles Nachdenken über die Sprache, die Sprachphilosophie, Sprachtheorie aller Jahrhunderte sucht nach Wegen von den Lautgestalten einer Sprache zu dem ihnen innewohnenden Geist, ist unterwegs zu einer anthropologischen Linguistik. Keines dieser Unternehmen hat bisher zum Ziel geführt. Nach kurzer Zeit verbietet man sich, solche kühnen, »unwissenschaftlichen« Fragen überhaupt zu stellen, man begnügt sich grundsätzlich damit, wie zuletzt der Strukturalismus, die Sprache als ein immanentes System von Systemen und Systemchen zu zergliedern und zu beschreiben, getreu dem Schlußsatz in der Bibel des Strukturalismus, in Ferdinand de Saussures ›Cours de linguistique générale‹: »La linguistique a pour unique et véritable objet la langue envisagée en elle-même et pour elle-même« – die Sprachwissenschaft hat als einzigen wahrhaften Gegenstand die an sich und für sich betrachtete Sprache.

Aber auch die geistige Genügsamkeit des Strukturalismus konnte auf die Dauer nicht befriedigen. In den siebziger Jahren wurde sein wissenschaftliches Ansehen immer geringer. »Au-delà du structuralisme«, wir müssen über den Strukturalismus hinauskommen, lautete ein Losungswort des Internationalen Romanisten-Kongresses 1980 in Palma de Mallorca. Man nimmt die alten beunruhigenden Fragen in neuer Form wieder auf, als Psycholinguistik, als Soziolinguistik.

Die »idealistischen« Sprachforscher hatten zweifellos oft allzuschnell Sprache und Geist miteinander verbunden. Ihren Gegnern fiel es nicht schwer, darauf hinzuweisen, daß der berühmte Teilungsartikel, der längst nichts mehr teilte, sich im Französischen im Unterschied zu den übrigen romanischen Sprachen gerade in einer Zeit ausbreitete, in der das *-s* des Plurals verstummte, man also nur mehr durch den Artikel Singular und Plural unterscheiden konnte: *du vin – des vins, Wein – Weine.* Jedenfalls ist dieser Artikel seit dieser Zeit nichts anderes als eine grammatische Schablone, mit der nicht nur etwa eine unbestimmte Quantität, sondern auch eine bestimmte Qualität bezeichnet wird: »C'est du vin«, »Ce n'est pas de la bière« – Das ist Wein, das ist kein Bier.

Welche Welterfassungen, Weltanschauungen auch immer in einer Sprache ihren Niederschlag gefunden haben, sie haben sich durch die Jahrtausende mit ungezählten anderen Weltbildern verschiedenster Herkunft vermischt und verbraucht. In den Wörtern und Wendungen der heutigen deutschen Sprache weist noch unendlich viel auf griechisch-römische Weltbilder zurück, ebensoviel auf jüdisch-christliche, auf das lateinische und französische Mittelalter, auf Humanismus, Reformation und Gegenreformation, Pietismus und Aufklärung, Sturm und Drang, Klassik und Romantik. Alle diese heterogenen Elemente ergeben keineswegs ein ganzheitliches Weltbild der deutschen Sprache, ihre Weltbildhaftigkeit ist meist verwischt und verdunkelt und in ganz anderen Verwendungen aufgegangen. Die Häufigkeit, mit der wir heute *Gott sei Dank! Um Gottes willen! Leider Gottes! Na ja, in Gottes Namen! Weiß Gott! Ogottogott! Herrgottnochmal!* sagen, ergibt keinen brauchbaren anthropologischen Befund, kein aufschlußreiches Selbstzeugnis einer besonderen deutschen Frömmigkeit. Für »Hoffentlich!« sagen die Spanier »*¡Ojalá!*«, zum Beispiel: »*¡Ojalá venga pronto!* – Hoffentlich kommt er bald!, ohne dabei im geringsten auf den Gedanken zu kommen, Allah anzurufen.

Einige der auffallendsten instrumentalen Strukturen und Programme unserer Sprachen haben sich erst in geschichtlicher Zeit unterschiedlich herausgebildet, wie der englische Verbalaspekt (*he comes – he is coming; he wrote – he was writing*), in dem zweifellos zwei verschiedene Weisen des Erlebens in der Zeit sprachlichen Ausdruck finden. Im Deutschen gibt es dafür bekanntlich keine verbale Entsprechung, weshalb wir im Gebrauch dieser Formen oft unsicher sind, während in der südlichen Romania sich ein ähnliches Aspektinstrumentarium entfaltet hat, zum Beispiel im Italienischen;: *arriva – sta arrivando; scrisse – scriveva – stava scrivendo.* Erleben also die Engländer das Geschehen in der Zeit anders als die Deutschen, die Italiener anders als die Franzosen?

Fragen über Fragen. Die romanischen Sprachen besitzen in dem bunten Fächer ihrer quantifizierend-qualifizierenden Suffixe ein unvergleichliches Instrument, um alle Dinge dieser Welt zu vergrößern und zu verkleinern, zu vergröbern und zu verniedlichen, zu verschlechtern und zu verbessern, zu bewundern, zu verachten, zu verabscheuen zu beschimpfen, zu liebkosen und zu streicheln, so wie es in ›Platero y Yo‹ von Juan Ramón Jiménez das kleine spanische Mädchen tut, das den Esel Platero ruft: »¡Platero! ¡Platerón! ¡Platerillo! ¡Platerete! ¡Platerucho!« Oder wenn im Italienischen aus einem *povero* ein *poverino, poveretto, poverello, poveraccio* wird, aus einem *uomo* ein *ometto, omino, omiciattolo, omone, omaccio, omaccione.* Im Französischen ist dieses in der Südromania (in Europa und in Lateinamerika) so quicklebendige Programm in der Neuzeit immer mehr verkümmert, übriggeblieben ist nicht viel mehr als die Endung *-ette (la maison – la maisonnette).* Im Deutschen können wir nicht vergrößern, nur verkleinern und verniedlichen, dafür aber gleich mit zwei verschiedenen Endungen und ihren höchst lebendigen Varianten, *Kinderchen* und *Kinderlein,* in den nieder- und mitteldeutschen Mundarten als *-kin, -ken, -ke, -ske- -sche, -tje,* im Süden als *-li, -le, -el, -ele, -ei, -erle, -erl,* womit wir eine Fülle gemüthafter und gemütlicher Wertvorstellungen verbinden. Keine Darstellung süddeutscher Gemütlichkeit verzichtet darauf, dieses Affektivsuffix als ein besonders kennzeichnendes Selbstzeugnis zu benützen, so wie in dem bekannten schwäbischen Zwiegespräch zwischen dem Gast und der Kellnerin Friederike: »Rikele!« ... »Wasele?« ... »A Viertele!« ... Worauf ihm das Gewünschte mit einem freundlichen »Soodele« auf den Tisch gestellt wird.

Im Englischen ist ein solches quantifizierend-qualifizierendes Suffixprogramm unbekannt. Englische Übersetzer aus dem Italienischen, Spanischen, Portugiesischen, aber auch aus dem Deutschen, müssen sich irgendwie behelfen, mit anderen Mitteln ungefähr ähnliches zu sagen sich bemühen. Was fehlt da im »englischen Weltbild«? Worin unterscheidet sich in dieser Hinsicht der anthropologische Befund für das Deutsche, das Französische, das Spanische?

Seit zu Beginn der Neuzeit die europäischen Völker sich in Krieg und Frieden näher kennenlernen, lernen sie, die Eigenart, die Wesensart, den Charakter der Provinzen und der Nationen miteinander zu vergleichen und mit ihren unterschiedlichen Sprechweisen und Sprachen in Verbindung zu bringen. Im 16. Jahrhundert ist die Diskussion bereits im vollen Gang. Am Ende des Jahrhunderts schrieb der Pariser Advokat und patriotische Humanist Etienne Pasquier in seinen ›Recherches de la France‹ (VIII/1):

»Gewöhnlich stimmt unsere Sprache, sowohl die des Einzelnen als auch die der Allgemeinheit, mit unserer Geistesart überein. Denn wenn ihr den Einzelnen betrachtet, so werdet ihr schwerlich einen Mann mit jähem und heftigem Betragen finden, dessen Rede nicht ebenso wäre, und wenige traurige und träge Naturen, deren Sprache nicht ebenso trübe und schleppend. Desgleichen die Allgemeinheit. So seht ihr unter uns Franzosen den Normannen, der in seinen Geschäften sehr bedächtig ist, seine Rede ein wenig hinziehen, dagegen den Gaskogner, der mehr als jeder andere *escarbillat* ist« (für die Zeitgenossen ein typisch gaskognisches Wort, ein anthropologisches Schlüsselwort, es bedeutet etwa »lebhaft, feurig, heftig, rappelköpfig, dreist, schlagfertig, witzig« und nimmt die Gaskognerkadetten der ›Drei Musketiere‹ und des ›Cyrano de Bergerac‹ vorweg) »mit einer Geschwindigkeit sprechen, die den Leuten aus Anjou und Maine selten gegeben ist, die in ihren Geschäften viel weniger hitzig sind. Der hochfahrende Spanier schafft sich eine Sprache voll Großtuerei. Der fern vom Luxus lebende Deutsche spricht eine sehr rauhe Sprache. Und als die Italiener, die einstige Kraft des Römers verlierend, sich mehr für die Verzärtlichung als für die Männertugend erklärten, bildeten sie allmählich die männliche Römersprache zu einer weibischen und weichlichen Sprache um ...«

Darin ist bereits alles enthalten, die Identifikation des individuellen und des kollektiven Charakters der Menschen mit ihrer

Sprache, mit Melodie und Rhythmus ihrer Sprechweise, aber auch schon die Sprache als Zeugnis bestimmter Kulturepochen eines Volkes.

Man wiederholte damals immer wieder den Ausspruch Karls V., daß er mit seinen Damen italienisch spreche, mit den Herren seines Hofes französisch, zu seinem Pferd deutsch und zu Gott spanisch. In seinen berühmten ›Entretiens d'Ariste et d'Eugène‹ macht sich der Jesuitenpater Dominique Bouhours alle Urteile und Vorurteile seiner Zeit zu eigen. Er tadelt die »Rauheit aller nordischen Sprachen, in denen die meisten Wörter beim Aussprechen den Rachen und beim Anhören die Ohren zerreißen. Alle diese Konsonantenhäufungen sind scheußlich auszusprechen und geben einen Ton, der einem Angst einjagt.« Das Französische kenne weder die starken Aspirationen noch die gutturalen Laute dieser Sprachen. Überhaupt meint der gute Jesuitenpater: »Die Chinesen und fast alle Asiaten singen, die Deutschen röcheln, die Spanier deklamieren, die Italiener seufzen, die Engländer zischen. Richtig besehen sprechen nur die Franzosen.«

Der Charakter einer Sprache wird durch den Charakter des betreffenden Volkes bestimmt. »Die Sprache folgt gewöhnlich der geistigen Anlage, und jede Nation hat sich stets ihrem Genius entsprechend ausgedrückt. Die Griechen, die ein verfeinertes und wollüstiges Volk waren, hatten eine feine und wohllautende Sprache. Die Römer, die nur nach Ruhm strebten und die nur zum Herrschen geboren schienen, hatten eine vornehme und erhabene Sprache, was einen Kirchenvater zu der Bemerkung veranlaßte, die lateinische Sprache sei eine stolze und herrscherliche, die eher befiehlt als überredet. Die Sprache der Spanier läßt die gravitätische Würde und den Stolz erkennen, der die ganze Nation auszeichnet. Die Deutschen haben eine rohe und ungeschlachte Sprache, die Italiener eine weiche und weibische, entsprechend dem Temperament und den Sitten ihres Landes. So haben notwendigerweise die Franzosen, die ihrer Natur nach ungestüm, voll Lebhaftigkeit und Feuer sind, eine knappe und lebhafte Sprache, in der es kein Dahinschmachten gibt. Daher haben unsere Vorfahren, die kürzer angebunden waren als die Römer, fast alle Wörter, die sie der lateinischen Sprache entnahmen, verkürzt.«

Nun, seither führen die Deutschen nicht mehr in rauhen Wäldern ein ungeschlachtes Dasein, die Italiener genießen es nicht mehr an lieblichen Gestaden voll heiterer Sinnlichkeit, die Spanier haben die großartige Würde des Weltherrschers abgelegt. Die historische Distanz zu diesen oft wiederholten europäischen Clichés macht uns deutlich, daß es da gar nicht um alle diese Sprachen schlechthin geht, sondern um ein *bestimmtes* Griechisch und Latein, um ein Deutsch, Italienisch, Spanisch, Französisch in einer besonderen soziokulturellen Situation und in einer besonderen Kulturepoche.

Jedenfalls wurde damals das französische Stichwort gegeben: »le génie de la langue«. Jede Sprache hat ihren besonderen Genius, erklärte Voltaire. »Das Lateinische eignet sich zum Beispiel besser dazu, in Stein gehauen zu werden, als die modernen Sprachen mit ihren Hilfszeitwörtern, die eine Inschrift länger und schwächlicher machen. Das Griechische, mit seiner klangvollen Verbindung von Vokalen und Konsonanten, ist der Musik günstiger als das Deutsche und das Niederländische. Das Italienische, mit seinen viel häufiger wiederholten Vokalen, dient vielleicht noch besser einer weichlich schmachtenden Musik. Das Französische, wegen der natürlichen Ordnung aller seiner Konstruktionen aber auch wegen seiner eigenen Tonführung, ist geeigneter als jede andere Sprache für die Konversation«. (Dictionnaire philosophique, Langues) »Von allen Sprachen drückt die französische mit der größten Leichtigkeit, Klarheit und Feinheit alle Gegenstände der Konversation der guten Gesellschaft aus und trägt dadurch in ganz Europa zu einer der größten Annehmlichkeiten des Lebens bei«. (Siècle de Louis XIV, 32)

Die Abhängigkeit von außersprachlichen Bedingungen ist hier mit den Händen zu greifen. Auch die Tatsache, daß das Italienische als die »schönste« Sprache galt, erklärt sich weitgehend aus seiner europäischen Bedeutung als Sprache der Musik: nicht »die italienische Sprache« insgesamt, sondern die italienische Sprache Metastasios und Mozarts. Es dauerte lange Zeit, bis Franzosen auch die Schönheit der deutschen Sprache entdeckten – im deutschen Lied, »le lied allemand«.

Der »Genius« einer Sprache, so könnte man also sagen, das sind diejenigen Eigenschaften ihrer Lautwortsatzgestaltung, die sich unter besonderen geschichtlichen und gesellschaftlichen Bedingungen besonders entfalten, die (um mit Leo Spitzer zu sprechen) zu einem nationalen Stil werden. Umgekehrt kann ein solcher Nationalstil wiederum die Sprache weiter ausgestalten: Rückkopplung oder Selbstverstärkung, jedenfalls so, daß es unmöglich ist, zu sagen, was zuerst war, die Henne oder das Ei.

Keine Sprache enthält ein in sich geschlossenes und schlüssiges Weltbild, ein zwingendes Selbstzeugnis der Menschen, die sie einmal geschaffen haben oder die sie heute sprechen und dadurch unablässig umgestalten, schon weil alle unsere Sprachen Mischsprachen sind. Es genügt, nochmals daran zu erinnern, daß die deutsche Sprache durch das Lateinische, tausend Jahre durch das Griechisch-Latein der Kirchen, Klöster, Universitäten, Kanzleien, Amtsstuben hindurch zu einer europäischen Kultursprache geworden ist, und sich zu vergegenwärtigen, was sie alles dem Französischen und dem Englischen entnommen hat und entnimmt. Jede Sprache bietet dem Versuch einer umfassenden Charakterisierung ganz verschiedene Aspekte an, je nachdem, ob man ihre Lautgestalten, ihre Wortgestalten, ihre Satzgestalten, ihre phonetischen, lexikalischen, grammatischen Formen, Strukturen, Programme betrachtet. Daher ist es bisher immer nur gelungen, hier und da und dort einzelne phonetische, lexikalische, grammatische Merkmale zur Charakterisierung menschlicher Sprachgemeinschaften zu verwenden, als Selbstzeugnis zu bewerten.

Was den besonderen »Genius« jeder einzelnen Sprache ausmacht, erkennt man im Gespräch zwischen ihnen in der Übersetzung. Da erkennt man auf Schritt und Tritt, wieviel spielerischer, erfinderischer, schöpferischer Zufall in jeder von ihnen ist, wieviel geschichtliche Beiläufigkeit von Land zu Land, Stadt zu Stadt, Dorf zu Dorf. In der Übersetzung erkennt man, daß man nicht in jeder Sprache alles gleich gut sagen kann, jede hat ihre Schwächen und ihre Stärken, ihre merkwürdigen Lücken und ihre glücklichen Funde, Mangel und Überfluß, ungenügende und überreiche Wahlmöglichkeiten.

Wenn zwei Sprachen dasselbe sagen, so ist es nicht dasselbe. Was, wieviel kann man übersetzen? Alle semantischen Universalien müssen als solche übersetzbar sein, in welcher Form auch immer: »Meine Geschwister« = »Mon frère (mes frères) et ma soeur (mes soeurs)«. Viele Dinge lassen sich nicht von Sprache zu Sprache ebenso genau, treffend, knapp, prägnant sagen. Unsere Sprachen sind aber Gebilde aus Explikation und Implikation, aus ausdrücklich Gesagtem und stillschweigend Mitverstandenem, die Dosierung ist oft von Sprache zu Sprache verschieden, ohne daß man behaupten könnte, das Nichtgesagte würde dabei nicht mitgedacht. Viele Dinge lassen sich nur umschreiben oder umständlich beschreiben und erklären.

Die Übersetzung ist der große Prüfstein unserer Sprachen.

Viele europäische Linguisten bemühen sich seit langem, ihre »indogermanischen Scheuklappen« abzulegen und wenigstens einen Blick auf ganz anders geartete Sprachen der Menschheit zu werfen, auf das Ungarische, das Türkische, das Chinesische, das Japanische. Was kann da alles ganz anders sein, und wieviel davon läßt sich übersetzen? Das Übersetzbare weist auf die Universalien, das Unübersetzbare auf die sprachliche Individualität. Noch fehlt es an umfassenden kritischen Analysen der Übersetzungen etwa zwischen Deutsch und Chinesisch in beiden Richtungen und in allen Bereichen der Alltagssprache, der Dichtung, der Wissenschaft und Technik.

Nur die Übersetzung kann uns Auskunft geben über das Bild des Menschen in allen menschlichen Sprachen und über die Verschiedenheit der Bilder in jeder einzelnen von ihnen.

Was ist dann »typisch deutsch« an der Sprache der Deutschen, »typisch französisch« an der der Franzosen, »typisch chinesisch« an der der Chinesen?

Literaturhinweise

H. Bergenholtz, Das Wortfeld »Angst«. Stuttgart 1980.
G. Bossong, Questions de linguistique chinoise. In: Lingua 1979.
G. Brettschneider, Ch. Lehmann, Wege der Universalienforschung. In: Festschr. Hansjakob Seiler. Tübingen 1980.
H. H. Christmann, Beiträge zur Geschichte der These vom Weltbild der Sprache. Mainz 1967.
ders., Idealistische Neuphilologie und moderne Sprachwissenschaft. München 1974.
ders., Bemerkungen zum »génie de la langue«. In: Lebendige Romania. Festschr. H. W. Klein. Göppingen 1976.
ders., Neue Beiträge zur Geschichte der These vom Weltbild der Sprache. In: Logos Semantikos. Festschr. E. Coseriu I. Berlin 1981.
H. Gipper, Bausteine zur Sprachinhaltsforschung. Düsseldorf 1963.
H. Gipper, H. Schwarz, Bibliographisches Handbuch zur Sprachinhaltsforschung. Opladen 1962ff.
E. Pöppel, Lust und Schmerz. Berlin 1982.
M. Wandruszka, Angst und Mut. Stuttgart 1950, 1981.
ders., Der Geist der französischen Sprache. Hamburg, 2. Aufl. 1967.
ders., Sprachen – vergleichbar und unvergleichlich. München 1969.
ders., Wörter und Wortfelder. Tübingen 1970.
ders., Interlinguistik. Umrisse einer neuen Sprachwissenschaft. München 1971.
ders., Die Mehrsprachigkeit des Menschen. München 1979 (dtv 1981).
ders., Das Leben der Sprachen. Stuttgart 1984.

Was weiß die Medizin vom Menschen?
von Thure von Uexküll

1. Die Medizin disqualifiziert sich als anthropologische Wissenschaft

Die Medizin muß, um arbeiten zu können, ein Menschenbild haben, anders ausgedrückt: ein Modell, das beschreibt, was der Arzt unter einem gesunden und einem kranken Menschen zu verstehen hat, und von dem er Anweisungen ableiten kann, wie sich Krankheiten behandeln oder verhüten lassen. Dieses Menschenbild muß die Medizin ständig auf die Probe stellen und, wenn es sich nicht bewährt, verändern. Medizin ist demnach eine empirische Wissenschaft vom Menschen, und der Zwang zur empirischen Bewährung sollte ihrem Menschenbild eigentlich besonderes Gewicht verleihen.

Dem steht aber eine merkwürdige Tatsache im Wege: Die Medizin besitzt nicht ein, sondern zwei Menschenbilder, und diese ergänzen sich nicht, sondern schließen sich gegenseitig aus. Das ist der Grund, warum die Medizin unter den anthropologischen Wissenschaften eine nur untergeordnete Rolle spielt. Sie hat sich als anthropologische Wissenschaft selbst disqualifiziert. Daran wird sich auch nichts ändern, solange wir eine Medizin für Körper ohne Seelen als mächtige Institution mit hochspezialisierten Organkliniken und daneben eine Medizin für Seelen ohne Körper haben, deren Patienten in Sanatorien oder Neurosekrankenhäusern behandelt werden.

Die Bemühungen, die in den letzten fünfzig Jahren unternommen wurden, diesen Zustand eines »real existierenden Dualismus« in unserem Gesundheitssystem zu überwinden und zu einem einheitlichen Menschenbild zu kommen, werden unter dem Namen »Psychosomatische Medizin« zusammengefaßt. Dabei geht man von der Vorstellung aus, die psychosomatische Medizin versuche die Kluft zwischen Seele und Körper zu überbrücken. Aber das ist eine problematische Deutung; denn mit ihr setzt man die Kluft und den leib-seelischen Dualismus bereits voraus.

Weiner (1984) hat die Frage gestellt, warum keiner der zahlreichen Autoren, die sich mit der Geschichte der Psychosomatischen Medizin befaßt haben, nach den historischen, geistesgeschichtlichen und kulturellen Kräften gefragt habe, welche die

Entwicklung einer Medizin für »lebende Kranke« verhindert hätten. »Warum«, schreibt er, »wurde eine Medizin für geschädigte Organe, Gewebe und Zellen oder für Erreger, welche diese Schäden verursachen – aber nicht eine umfassende, selbstevidente Medizin kranker Menschen die offizielle Form der Medizin in der westlichen Welt?«

Er nimmt Descartes gegen den Vorwurf in Schutz, der Urheber unseres medizinischen Dualismus zu sein, weil er mit seiner Metaphysik einer *res extensa* und einer *res cogitans* eine unüberbrückbare Kluft zwischen einem körperlichen und einem geistigen Sein aufgerissen habe. Descartes habe ganz andere Vorstellungen gehabt, solange es um medizinische Probleme ging, und Weiner zitiert als Beweis einen Satz aus der 6. Meditation: »Die Natur lehrt mich durch die Erfahrung von Schmerz, Hunger, Durst usw. ..., daß ich in meinem Körper nicht wie ein Lenker in einem Schiff wohne, sondern daß ich innig mit ihm vereint, sozusagen mit ihm vermischt bin, so daß ich mit ihm zusammen eine Einheit zu bilden scheine.«

Nach Weiner ist der Dualismus von Ärzten verschuldet, die von Galen über Morgagni und Virchow bis heute die Erklärung für Krankheitssymptome in anatomischen Strukturen von Leichen suchten, nicht aber in veränderten Lebensfunktionen. Die eigentliche Kluft liege daher gar nicht zwischen Seele und Körper, sondern zwischen Ärzten auf der einen Seite, die kranke Menschen und deren Lebensfunktionen untersuchen und behandeln, und Medizinern auf der anderen, die Leichen auf den Tischen der Pathologie sezieren und die dort erhobenen Befunde auf Lebende übertragen. Pathologen, sagt er, könnten Strukturveränderungen an toten Organen, Geweben und Zellen, aber nicht deren Funktionen beschreiben. William Harvey hätte es schwer gehabt, den Blutkreislauf an einer Leiche zu demonstrieren.

2. Die Geschichte des Dualismus der Medizin

Die Geschichte der Medizin lehrt, daß die Gewichte zwischen den einander bekämpfenden Lehren zu verschiedenen Zeiten verschieden verteilt waren und daß sich eine wirkliche Polarisierung erst relativ spät ereignet hat. Die Anhänger der Strukturlehre konnten seit dem 17. Jahrhundert ihre Position ausbauen. Damals war es der Physik gelungen, eine in sich geschlossene Lehre der mechanischen Kräfte zu entwickeln und den Begriff der Kausalität von den ihm noch anhaftenden metaphysischen Vorstellungen zu befreien (Tsouyopulos, 1979).

Im Gefolge dieser Entwicklung entstand das Paradigma der Maschine als Erklärungsmodell für Lebensvorgänge, das vorher den sogenannten Iatromechanikern nur relativ vage vorgeschwebt hatte. Das Erklärungsmodell der Maschine hat für Ärzte besondere Anziehungskraft, denn mit seiner Hilfe lassen sich klare und einfache Deutungs- und Handlungsanweisungen entwickeln: Krankheit kann als Betriebsstörung infolge eines Maschinenschadens gedeutet werden, den man lokalisieren und beseitigen oder, wenn das nicht möglich ist, wenigstens, so gut es geht, reparieren kann.

Diese Lehre hat zudem den Vorteil, immer modern zu sein; denn sobald die Technik eine neue, noch kompliziertere und noch leistungsfähigere Maschine erfindet, kann die Medizin ihr Bild des Maschinenmenschen entsprechend verfeinern, ohne das Grundprinzip preisgeben zu müssen. Die gestörte Struktur, die der Pathologe in den Organen Verstorbener findet, gilt immer als Ursache der Krankheit, an welcher der Patient verstorben ist. Es stört den Glauben an dieses Prinzip auch kaum, daß der Pathologe bei der Sektion Verstorbener in vielen Fällen keine Strukturveränderungen findet, die deren Tod erklären.

Der Glaube an dieses Menschenbild fand sich durch den Bau automatischer Maschinen von neuem bestätigt. Die Vision Lamettries vom Maschinenmenschen wandelte sich zur Vision eines Roboters, den ein künstliches Gehirn zur Produktion einer künstlichen Intelligenz befähigt, die der »natürlichen Intelligenz« des heutigen Menschen weit überlegen sein werde. Damit beginnen die Grenzen zwischen Wissenschaft und Science Fiction bedenklich zu verschwimmen.

Demgegenüber machten Ärzte, die von dem Bild des Maschinenmenschen nicht geblendet waren, schon immer darauf aufmerksam, daß Maschinen keine Gefühle haben, daß sie weder Hoffnungen noch Verzweiflungen empfinden und keine Schmerzen fühlen können. Sie warnten vor der gefährlichen Einseitigkeit und Verkürzung der Probleme des Kranken, wenn man die Bedeutung des emotionalen Erlebens für Gesundheit und Krankheit ignoriert. Diese Warnungen bekamen durch die Entdeckungen Freuds über die Bedeutung seelischer Konflikte für die Entstehung und den Verlauf neurotischer Erkrankungen besonderes Gewicht. Seine Methode, mit Kranken zu sprechen, erweiterte das diagnostische und therapeutische Repertoire der Medizin. Aber Freud scheute sich, seine Einsichten, die er an psychisch Kranken gewonnen hatte, auch für organische Leiden nutzbar zu machen.

Diese Zurückhaltung verhinderte lange Zeit, daß man die revolutionäre Konsequenz erkannte, die seine Entdeckung für das Menschenbild der Medizin bedeutet. Statt der Einsicht zum Durchbruch zu verhelfen, daß das Bild des *l'homme machine* als allgemeines Gesundheits- und Krankheitsmodell versagt, daß ein neues Bild von der menschlichen Seele auch ein neues Bild vom menschlichen Körper erzwingt, richteten sich die Ärzte in zwei Lagern ein und begannen die Pfründe unter sich aufzuteilen. Daß es auf der einen Seite Kranke gebe, deren Körper nur an technischen Betriebsstörungen leiden und auf der anderen Seite Patienten mit seelischen Krankheiten ohne körperliche Beteiligung, diese Fiktion wurde zum offiziellen Dogma auch unserer Gesundheitspolitik. So erfreut sich das ehrwürdige Programm der Ärzte, Krankheit auf technische Betriebsstörungen zu reduzieren, nach wie vor der überwältigenden Unterstützung der öffentlichen Hand.

Der Frankfurter Kliniker Franz Vollhard hatte schon 1930 das Programm dieser Medizin eindeutig formuliert: »Es gehe darum«, sagte er, »die Methode der exakten naturwissenschaftlichen und biologischen Forschung ... zu einer rationalen Therapie zu führen, deren Kriterium und höchste Leistung es sei, daß sie ohne Rücksicht auf den individuellen Kranken, seine Persönlichkeit, seine seelische Verfassung, seine Konstitution mit seiner Krankheit fertig wird. Was der französische Frauenarzt Dubois Anfang des 19. Jahrhunderts noch beklagt habe: Daß zwischen der Medizin und Tierheilkunde nur noch ein Unterschied bezüglich der Kundschaft bestünde, das treffe inzwischen für eine ganze Reihe von Krankheiten tatsächlich zu ... Das Ziel der Forschung könne nur sein, die Zahl dieser rationell angreifbaren Kranheitszustände zu vergrößern.«

Aber die Hoffnung, die Vollhard in das Maschinenmodell setzte, ging nicht in Erfüllung. Zwar gelang es der Medizin, bei einigen akuten, vor allem infektiösen Krankheiten mit diesem Modell noch beachtliche Erfolge zu erzielen. Aber die Zunahme der chronischen Leiden und vor allem der Krankheiten infolge selbstverschuldeten Verhaltens, wie Alkohol- und Drogenabhängigkeit, Übergewicht, Bewegungsmangel, Straßenverkehrsunfälle und anderes mehr, machten diese Erfolge bald mehr als wett. Das Ungenügen eines Menschenbildes, aus dem die persönlichen Faktoren ausgeklammert sind, wurde immer offensichtlicher.

3. Die Forderung nach Einführung des Subjekts in die Medizin

Schon 1931 hatte der Berliner Kliniker Gustav von Bergmann als Antwort auf die Vollhardsche Proklamation erklärt: »Die Beziehung der Erlebnisinhalte zur Krankheit, nicht nur zur Psychoneurose, sondern selbst bis in die organischen Strukturen zu leugnen, heißt die Natur mit Scheuklappen sehen, die nicht mehr zu ertragen sind.«

Er sah, daß am Anfang der Krankheit nicht die lädierte Struktur steht, die der Pathologe postmortal in den Körpern von Leichen findet, sondern die gestörte Funktion, die früher oder später zu einem Strukturschaden führen kann, aber nicht muß. An zahlreichen klinischen Beispielen und aufgrund eindrucksvoller Tierversuche entwarf er eine »funktionelle Pathologie«, eine Pathologie der Funktionen, welche die einseitige Pathologie der Strukturen ablösen sollte.

Seine These, daß Krankheit mit einer Funktionsstörung beginnen würde, wurde von Victor von Weizsäcker aufgegriffen. Er führte das Problem mit folgender Frage einen Schritt weiter: Wenn am Anfang der Krankheit die Funktionsstörung steht, was steht dann am Anfang dieser Störung? Er gab die Antwort: Die Person des Kranken mit ihren psychischen und sozialen Konflikten. Als Konsequenz dieser These forderte er »die Einführung des Menschen als Subjekt in die Medizin«. Er hatte schon früh erkannt, daß die Entdeckungen der Psychoanalyse dazu führen mußten, das einseitig von der Pathologie geprägte Menschenbild durch ein neues zu ersetzen, in dem die mechanistischen Vorstellungen vom menschlichen Körper neu interpretiert werden müßten. Schon 1925 schrieb er: »Wenn sich die Entdeckungen der Psychoanalyse in Forschung, Wissenschaft und Lehre mit dem naturwissenschaftlichen Bestande in einer organischen und sinnvollen Weise zusammenschließen« sollen, sei »eine medizinische Anthropologie, eine allgemeine Lehre vom Menschen als Grundwissenschaft der Heilkunde« vonnöten.

Nur, die Frage, wie dieser »organische und sinnvolle Zusammenschluß« aussehen sollte, blieb unbeantwortet. Und deshalb fand auch die Einführung des Menschen als Subjekt in die Medizin bis heute nicht statt. Solange man an einem mechanistischen Körperbild festhält, bleibt man in dualistischen Vorstellungen von zwei einander ausschließenden Seinsweisen gefangen. Ein seelisches Subjekt läßt sich durch keinen Kunstgriff auf die Maschine montieren. Entweder beginnt man mit einer Interpretation der körperlichen Vorgänge nach einem neuen Modell – oder das Menschenbild der Medizin bleibt zwiespältig, in sich widerspruchsvoll und unverbindlich, wie Spötter gesagt haben: das Bild von einem Gespenst in einer Maschine.

4. Menschenbild und Verantwortung

Hier wollen wir einen Augenblick innehalten und nach dem vorläufigen Ertrag unseres Versuches fragen, eine Geschichte des Menschenbildes in der Medizin zu entwerfen. Dieser Versuch zeigt uns, daß ein Menschenbild für die Medizin eine Orientierungsfunktion hat. Es gibt Auskunft über die Verfahren, nach denen Ärzte mit Kranken umgehen, und über die Ziele, die sie dabei verfolgen.

Ich glaube, daß diese Feststellung nicht nur für die Medizin gilt, sondern daß wir ganz allgemein sagen können, daß das Bild, welches der einzelne vom Menschen hat, sein Verhalten zu sich selbst und zu seinen Mitmenschen bestimmt. Ausgesprochen oder verborgen sind die verschiedensten Menschenbilder am Werk, welche unser Tun und Lassen bestimmen (Portmann, 1969). Damit ist auch die politische und moralische Bedeutung angesprochen, die ein Menschenbild für das Zusammenleben von Menschen hat.

Das wird in der Medizin nur besonders deutlich, weil die Ziele, die sie erreichen will, und die Verfahren, die dafür eingesetzt werden, der Gesundheit und dem Leben eines Menschen gelten, der sich einem Arzt im Vertrauen auf zwei Dinge – im wahrsten Sinne des Wortes – ausliefert:

1. Im Vertrauen auf die Fähigkeit des Arztes, die Probleme des Kranken so zu verstehen, als ob es seine eigenen wären, das heißt, daß er sich in die Lage des Kranken versetzen kann, und
2. im Vertrauen auf die Fähigkeit des Arztes, durch sein medizinisches Wissen und Können zu helfen.

Die Bedeutung von Punkt 1 wird heute so deutlich wie nie zuvor; denn mit den Möglichkeiten, durch medizinisches Wissen und Können zu helfen, haben sich auch die Gefahren dieser Hilfen potenziert. Der Kölner Internist Diehl (1984) schildert, wie die gespenstischen Zukunftsvisionen, die Aldous Huxley 1936 in seinem Roman ›Brave new world‹ dargestellt hat, durch die heutige Wirklichkeit längst überboten sind. Er schreibt: »Embryotransfer, Genklonierung mit Reproduktion identischer Lebewesen beliebiger Zahl, Produktion von Embryonen für »organverbrauchende Experimente«, bei denen Föten regelrecht ›geschlachtet‹ werden, um einzelne Organe nach Belieben zu gewinnen, Samen-, Ei- und Embryobanken, Herstellung von Menschen- und Tier-Hybriden, künstliche Geschlechtswahl und Vermarktung von Samen- und Eizellen sowie von Embryonen, sind nicht utopische Horrorbilder, sondern Realitäten unseres Lebens geworden ... Noch an keiner Stelle medizinisch-wissenschaftlicher Forschung ist der einzelne Wissenschaftler und der beteiligte Arzt in seiner ethischen Verantwortung so unmittelbar gefordert worden.«

»Drohendes Unheil«, sagt er dann, »können wir in fünf Jahren nicht als ›ungewollten Schaden‹ apostrophieren, den wir hätten verhindern können. Unsere Aufgabe ist es, unsere ethischen Normen zu überprüfen angesichts dieser naturwissenschaftlichen Entwicklung, die einigen betroffenen Menschen nützt, aber unabsehbaren Schaden für die gesamte Menschheit bringen kann«.

Aber solange es nicht gelingt, den Menschen als Subjekt in die Medizin einzuführen, bleibt der Appell zur Prüfung unserer ethischen Normen kaum mehr als eine rhetorische Stilübung. Das Fehlen eines verpflichtenden Menschenbildes in der Medizin, an dem der Arzt seine Entscheidungen zwischen technisch möglichen und ethisch verantwortbaren Maßnahmen orientieren kann, führt nicht nur in der Forschung sondern auch in der täglichen Berufspraxis immer wieder zu bedrückenden Situationen. Das gilt in besonderem Maße für die Intensivstationen. Seit es möglich geworden ist, Funktionen lebenswichtiger Organe wie Herz, Lunge oder Nieren durch elektronisch gesteuerte Apparate zu ersetzen, ist die Grenze zwischen Leben und Tod verschiebbar geworden – verschiebbar durch Ärzte, welche die Entscheidung treffen müssen, diese Apparate einzusetzen oder, wenn sie eingesetzt sind, wieder abzustellen. Damit hört der Tod auf, persönliches Schicksal des Sterbenden zu sein, und wird zu einem ärztlich vorenthaltenen oder zugelassenen Betriebsunfall.

Nur »wenn bei einem lebensbedrohlich Erkrankten ... begründete Hoffnung auf eine volle Wiederherstellung funktionsfähigen Lebens besteht, ist diese Situation medizinisch und ethisch konfliktfrei«, stellt Diehl fest und fügt hinzu, daß vom Arzt in allen anderen Fällen ethische Entscheidungen gefordert werden.

Diese ethischen Entscheidungen sind nie eine abstrakte Angelegenheit, die man in juristisch oder logisch begründeten Regeln einfangen kann. Sie betreffen das Zentrum des ärztlichen Auftrags, nämlich das Vertrauen des Kranken in die Fähigkeit des Arztes, die persönlichen Probleme des Kranken als Subjekt, und das heißt als Individuum zu verstehen, und die Bereitschaft, sich mit ihnen zu identifizieren. Das gilt auch für den unheilbar Kranken, dem der Arzt keine Therapie anbieten kann, die das Leben lebenswert verlängert (Diehl); denn gerade dann braucht der Kranke den Arzt als Vertrauensperson und Ratgeber.

Aber welchen Rat soll ein Arzt geben, der kein anderes Menschenbild kennt als das einer Medizin, von der Paul Martini schon vor dreißig Jahren sagte: »Wer eine kontinuierliche Reihe vom Atom bis zum Menschen annimmt, wird, indem er im Experiment vom Leblosen zum Lebendigen schließlich bis zum Menschen fortschreitet, keine unübersteigbaren Schranken, weil keine grundsätzlichen Unterschiede, finden können.« Für den Arzt, der sich an einem solchen Menschenbild orientiert, bleiben Begriffe wie Seele, Bewußtsein, Schicksal und Sinn leere Worthülsen.

Ethische Entscheidungen sind Konsequenzen des Menschenbildes, das der einzelne bewußt oder unbewußt von sich und von seinen Mitmenschen hat. Deshalb ist die Frage bedeutsam, welches Menschenbild die Psychosomatische Medizin entwikkelt. Ich will versuchen, in groben Umrissen das Menschenbild zu skizzieren, das sich dort abzuzeichnen beginnt.

5. Das Menschenbild der Psychosomatischen Medizin

a. der Körper als lebendes System

In den letzten dreißig Jahren sind in verschiedenen Wissenschaften Voraussetzungen geschaffen worden, die uns die Möglichkeit geben, körperliche Vorgänge nach einem neuen Modell zu interpretieren, einem Modell, das letztlich auf die Einführung des Subjektbegriffes in die Biologie hinausläuft. Damit wird ein wesentliches Hindernis für die von Victor von Weizsäcker geforderte Einführung des Menschen als Subjekt in die Medizin beseitigt.

Einen entscheidenden Ansatz verdankt die Biologie dem Entwurf einer allgemeinen Systemtheorie (Bertalanffy, 1968), die neuerdings auf so verschiedenen Wissensgebieten wie dem der modernen Thermodynamik (Vielteilchen-Statistik, Prigogine, 1978, 1982) und der Familientherapie (Minouchin, 1974, Stierlin, 1970, Selvini Palazzoli, 1978, u.a.) eine Erweiterung oder Konkretisierung erfahren hat.

Der entscheidende Punkt ist die Tatsache, daß die Systemtheorie mit der Vorstellung einer kontinuierlichen Reihe vom Atom bis zum Menschen gebrochen hat. Nach ihr ist der Glaube an die Rückführbarkeit aller Erscheinungen auf physikalische Gesetze in dieser Form nicht mehr aufrechtzuerhalten.

Die Systemtheorie hat das Konzept einer hierarchischen Ordnung entwickelt, in der einfachere Systeme (z.B. Zellen) als Elemente in komplexere Systeme (z.B. Gewebe oder Organe) und diese wieder in noch komplexere Systeme (z.B. Organismen) integriert sind. So kann man bis hinauf zu sozialen Systemen eine Hierarchie entwerfen, in der sich verschiedene Integrationsebenen oder -stufen unterscheiden lassen.

Mit den Begriffen »Integration« und »Ebene« oder »Stufe« hat die Systemtheorie eine Tatsache in unser Gesichtsfeld gerückt, die man bisher nicht zur Kenntnis genommen hatte: die Tatsache, daß ein Ganzes mehr ist als die Summe seiner Teile. Anders formuliert heißt das, daß mit der Bildung eines Systems Eigenschaften auftreten, die auf der Stufe der Teile oder Subsysteme noch nicht existieren. Das hat man als »Emergenz« bezeichnet (Popper, 1977, Medawar, 1977).

Mit dem Übergang von einfacheren zu komplexeren Systemen, vor allem von der Ebene anorganischer Stoffe zu der biologischer Systeme, dann wieder mit dem Übergang von biologischen zu psychischen und schließlich von diesen zu sozialen Systemen treten sprunghaft (»emergent«) neue Phänomene auf. Sie haben uns gezwungen, jedesmal eine neue Disziplin mit eigener Sprache zu entwickeln, um die neuen Phänomene adäquat beschreiben zu können. So sind neben Physik und Chemie die Biologie, die Psychologie und die Soziologie entstanden, von denen jede eine eigene Sprache entwickelt hat, die sich nicht auf die einer einfacheren Integrationsstufe reduzieren läßt.

Für unser Problem ist entscheidend, daß mit dem Übergang von der Stufe des Anorganischen zu der des Biologischen plötzlich Systeme auftreten, die Zentren eigener Aktivität sind (Portmann, 1969). Solche primär aktiven Systeme (Bertalanffy, 1968) beantworten physikalische und chemische Einwirkungen nicht mechanisch, das heißt als Ursachen, sondern als Reize, und das heißt als Faktoren, welche die Aktivität des Systems nur in Abhängigkeit von dessen jeweiligem Zustand modifizieren können. Statt dieser umständlichen Umschreibung des Sachverhalts kann man kurz sagen, daß lebende Systeme alle Einwirkungen in Zeichen verwandeln, die sie nach einem eigenen Kode beantworten.

Die Feststellung, daß mit dem Auftreten biologischer Systeme emergent Zeichenprozesse auftauchen, erlaubt uns zu verstehen, warum wir gezwungen sind, auf jeder Stufe der hierarchischen Ordnung eine neue wissenschaftliche Disziplin zu entwickeln, wenn wir annehmen, daß auf jeder dieser Stufen Zeichenprozesse existieren, die für diese Stufe spezifisch sind, um die Verbindung zwischen den dort angesiedelten Systemen aufrechtzuerhalten. So vermitteln nach unseren heutigen Kenntnissen Zeichen des genetischen Kodes den Austausch von Informationen zwischen Zellelementen (Jacob, 1977). Auf der Ebene des Organismus wird die Informationsübertragung zwischen Geweben und Organen von Hormonen, Immunprozessen und Nervenaktionsströmen übernommen. Auf der nächsthöheren Ebene vermitteln psychische Zeichen, von denen ich noch sprechen werde, die Informationsübertragung zwischen dem Organismus und Vorgängen seiner Umgebung.

Das Problem, wie man sich die Verbindung zwischen den verschiedenen Stufen eines hierarchisch gegliederten Systems vorstellen soll, hatte man früher überhaupt nicht gesehen. Für den reduktionistischen Glauben, daß sich die Sprachen aller Wissenschaften auf die der Physik reduzieren lassen, existierte es gar nicht. Jetzt aber stehen wir vor der Frage wie »Aufwärts- und Abwärts-Effekte« (Medawar, 1977, Popper, 1977) zustande kommen, wenn auf jeder Stufe andere Zeichensysteme gelten. Wie können zum Beispiel Vorgänge, die sich in Zellen abspielen, »Aufwärts-Effekte« in Organen, in dem Erleben und Verhalten eines Menschen und schließlich in seiner Familie haben, wenn auf jeder Stufe andere Zeichenprozesse ablaufen? Und wie können umgekehrt Vorgänge im System einer Familie »Abwärts-Effekte« in Organen und Zellen eines Familienmitgliedes nach sich ziehen?

Die Antwort ist, daß an den Grenzen zwischen den verschiedenen Ebenen einer Systemhierarchie, nach jeweils genau festgelegten Bedingungen, Übersetzungen von einem Zeichensystem in ein anderes stattfinden. Diese Feststellung ist für die Frage entscheidend, wie körperliche und seelische Vorgänge beschrieben und miteinander in Verbindung gebracht werden können; denn unter systemtheoretischem Aspekt ist das Leib-Seele-Problem nur eines der vielen Probleme, wie Übersetzungen zwischen verschiedenen Stufen einer Systemhierarchie zustande kommen.

Halten wir also fest, daß die Systemtheorie ein anderes Interpretationsmodell für den Körper anbietet als das der Maschine. Das Modell des lebenden Systems deutet die komplexen Funktionen von Zellen, Geweben und Organen als Antworten auf Zeichen, die von jedem System kodiert werden. Die Neuinterpretation des »naturwissenschaftlichen Bestandes« der Medizin unter diesem Aspekt ist zwar noch weitgehend eine Zukunftsaufgabe, aber diese Zukunft hat schon begonnen, wenn wir hören, daß Zellen Rezeptoren haben, daß es Mediatoren und Überträgerstoffe gibt und daß Krankheiten auf Übersetzungsfehlern beruhen können.

b. Freuds Triebmodell als psychosomatisches Konzept

Die Revision des mechanistischen Körperbildes durch das Konzept einer Hierarchie primär aktiver Systeme ermöglicht den Brückenschlag zu dem Bild für seelische Vorgänge, das die Psychoanalyse in die Medizin eingebracht hat. Freud selbst war allerdings noch der Meinung, sein Bild des psychischen Apparats werde sich einmal ohne Bruch in das mechanistische Körperbild einfügen. Er hat aber schon in seinem frühen Entwurf einer Psychologie (1895) und später mit seinem Triebkonzept ein psychosomatisches Modell (Th. v. Uexküll, 1984) entworfen, das sich überraschend genau in das Konzept einer Systemtheorie einfügt, wie ich es eben dargestellt habe. 1895 schrieb er, das psychische System sei den Erregungsquantitäten des Körpers schutzlos ausgeliefert und darin liege die Triebfeder der psychischen Prozesse. »Was wir von den endogenen Reizen wissen«, heißt es dann, »läßt sich in der Annahme ausdrücken, daß sie interzellulärer Natur sind, kontinuierlich entstehen und nur periodisch zu psychischen Reizen werden.«

Damit ist eine Grenze zwischen einem körperlichen und einem seelischen Bereich konzipiert, die einer Sprachbarriere ähnelt. Im körperlichen Bereich können die Phänomene, die auf die Organe einwirken, als interzelluläre Chemismen in der Sprache der Chemie beschrieben werden. Im psychischen Bereich ist dagegen eine andere Sprache erforderlich, um die Phänomene adäquat zu beschreiben. Es ist eine der Leistungen Freuds, diese Sprache geschaffen zu haben.

Wichtige Begriffe dieser neuen Sprache (1915) beschreiben das Phänomen, das er »Trieb« nennt, in einer Form, die man als

Regelkreis mit negativer Rückkoppelung bezeichnen kann. Darin wird die Triebquelle in einem interzellulären Chemismus, zum Beispiel in Sexualstoffen, gesehen, die bei entsprechender Konzentration – somatopsychisch – in einen Antrieb, den Trieb-Drang übersetzt werden. Dieser sucht sich in der Umgebung ein Trieb-Objekt, zum Beispiel einen Sexualpartner, mit dessen Hilfe ein entsprechendes Verhalten (das Trieb-Ziel) die interzelluläre Trieb-Quelle – psychosomatisch – wieder zur Ruhe bringen kann. Es finden also Übersetzungen statt, einmal von chemischen Einwirkungen in biologische Zeichen für Zellen und Organe, dann von diesen in psychische Zeichen, die ein Objekt in der Umgebung denotieren – und dann wieder von den psychischen Zeichen des zur Triebabfuhr führenden Verhaltens in die biologischen Zeichen der chemischen Reize für bestimmte Körperzellen.

Damit ist eine hierarchische Ordnung beschrieben, in welcher der Körper als Subsystem mit Ausschnitten aus dessen Umgebung, die als Triebobjekte ausgewählt werden, ein komplexes Suprasystem bildet, in dem körperliche und seelische Funktionen ineinandergreifen.

Solche Suprasysteme hat der Biologe Jakob von Uexküll (1905, 1920) schon Anfang des Jahrhunderts bei Tieren beschrieben. Er hat dafür ein Modell entwickelt, das Systeme beschreibt, die aus Tierorganismus – als primär aktivem Subsystem – und einer subjektiven Umwelt bestehen, welche das Tier mit Hilfe seiner Sinnesorgane aus Objekten seiner Umgebung aufbaut, die für seine (Trieb-)Bedürfnisse eine Bedeutung haben. Aus diesem Grund ist die subjektive Umwelt, die das Tier wie eine feste Hülle umgibt, für den außenstehenden Beobachter unsichtbar.

Auf die emergente Natur des Phänomens der subjektiven, für den außenstehenden Beobachter unsichtbaren Hülle, in welcher das Subjekt seine Welt erlebt, haben Jakob von Uexküll (1940) und unter einem anderen Gesichtspunkt Gregory Bateson (1982) aufmerksam gemacht: Jakob von Uexküll stellt fest, daß Pflanzen, die noch keine Fernsinne und noch keine Fortbewegungsorgane besitzen, noch keine Umwelt haben. Sie leben, wie er es ausdrückt, in einer »Wohnhülle«, die von den Zeichen, welche die Rezeptoren ihrer oberflächlichen Zellschicht empfangen, gebildet wird. Erst auf der »animalischen« Stufe treten Lebewesen auf, die Umwelten bilden, wobei Bateson betont, daß diese Fähigkeit durch das lateinische Wort *anima* für Seele die Neuartigkeit dieses Phänomens und damit auch eine neue Stufe in der hierarchischen Ordnung der Natur bezeichnet.

»Seele« und »Körper« lassen sich unter diesem Aspekt als Begriffe für Phänomene definieren, die zwei verschiedenen Systemebenen angehören. Auf beiden treten Zeichen auf, aber die Zeichen gehören jeweils verschiedenartigen Zeichensystemen an. Dies Konzept eignet sich als Basis für ein neues Menschenbild, nach dem, was ich hier nur andeuten kann, jeder Mensch von einer individuellen Wirklichkeit umgeben ist, die seinen Körper als eine für den außenstehenden Beobachter unsichtbare Hülle wie eine zweite Haut umgibt. Diese zweite Haut baut jeder von uns nach Programmen, die er im Laufe seines Lebens erworben hat, auf. In ihr erlebt er seine Welt als sein persönliches, einmaliges Eigentum und Schicksal. (Th v. Uexküll u. Wesiack, 1979).

In der Entwicklungsgeschichte der menschlichen Psyche wird der Unterschied zwischen unserer individuellen Wirklichkeit und den Umwelten der Tiere deutlich. Während Objekte tierischer Umwelten an das Subjekt gebunden bleiben – Tiere haben zu ihren Objekten keine Distanz, und ihre Objekte besitzen keine Konstanz –, differenziert sich die individuelle Wirklichkeit des Menschen in eine Innenwelt der Vorstellung mit einer Ich-Instanz und eine Außenwelt mit konstanten Objekten und Gegenständen (Uexküll, 1984).

Der Arzt, der sich an einem solchen Menschenbild orientiert, weiß, daß es in der Biographie eines jeden Menschen kritische Situationen gibt, die in seiner individuellen Wirklichkeit Narben hinterlassen und die seine Art, die Umgebung zu erleben und körperlich darauf zu reagieren, beeinflussen. Er weiß, daß er und der Kranke in verschiedenen Wirklichkeiten leben, in denen die gleichen Gegenstände und Vorgänge sehr verschiedene Bedeutungen haben können.

Auf diesem Hintergrund wird deutlich, warum es für den Kranken so wichtig ist, daß der Arzt die individuelle Wirklichkeit seines Patienten versteht und sich mit ihren Problemen identifizieren kann. Diese Fähigkeit, die man als »Empathie« bezeichnet, ist die Voraussetzung dafür, daß zwischen dem Kranken und dem Arzt eine gemeinsame Wirklichkeit entstehen kann, in der Kommunikation und ein Vertrauensverhältnis möglich werden. Das bisher Gesagte zwingt zu der Feststellung, daß und warum die gegenwärtige Medizin ihre Verpflichtung, eine Wissenschaft vom Menschen und das heißt Humanmedizin zu sein, nicht einlösen kann, und was sie tun müßte, um sie einzulösen. Diese Feststellung berührt nicht einzelne Schwierigkeiten, sondern Grundlagen unserer modernen Medizin. Von einem weiteren Grundlagenproblem will ich sprechen, indem ich an einem Krankheitsfall eine theoretische Überlegung durchführe, deren Ergebnisse in einem zweiten Schritt auf konkrete Fragen der Medizin anwendbar sind.

6. Medizin und Naturwissenschaft

Man macht der modernen Medizin den Vorwurf, sie sei zu sehr Naturwissenschaft. Deshalb habe sie den Menschen aus den Augen verloren. Ich will demgegenüber die These aufstellen, sie sei zu wenig Naturwissenschaft und der beklagte Mangel sei gerade eine Folge dieses Defizits. Meine Begründung für diese Behauptung sieht folgendermaßen aus: Als die Medizin vor etwa hundert Jahren beschloß, Naturwissenschaft zu werden, hat sie nicht nur deren Methoden, sondern auch deren Voraussetzungen übernommen. Sie hat dann die naturwissenschaftlichen Methoden mit großem Erfolg genutzt, aber versäumt, der Tatsache Rechnung zu tragen, daß die Naturwissenschaft im 20. Jahrhundert ihre Voraussetzungen radikal geändert hat. In dieser Hinsicht ist die gegenwärtige Medizin noch eine Naturwissenschaft des 19. Jahrhunderts geblieben.

Meine These lautet nun: Wenn sie ihr Versprechen einlösen und eine Wissenschaft vom Menschen werden will, muß sie diesen Rückstand aufholen. Damit ist folgendes gemeint: Bis zum Ende des 19. Jahrhunderts glaubte man, Naturwissenschaft habe die Aufgabe, eine objektive Realität zu enthüllen, wie sie unabhängig von den Meinungen und Vorstellungen der menschlichen Beobachter existiert. Inzwischen hat aber die Physik diesen Glauben einer Kritik unterzogen und festgestellt, daß er sich in dieser Form nicht aufrechterhalten läßt. Sie hat den menschlichen Beobachter als unentrinnbaren Naturfaktor entdeckt. Einstein hat das anschaulich formuliert: »Physikalische Konzepte«, schreibt er 1938, »sind freie Schöpfungen des menschlichen Geistes, und, wenn es auch so aussehen mag, nicht eindeutig von der äußeren Welt determiniert. In unserem Bemühen die Realität zu verstehen gleichen wir in gewisser Weise einem Menschen, der den Mechanismus einer verschlossenen Uhr verstehen will. Er sieht das Zifferblatt und die Bewegungen der Zeiger, er hört ihr Ticken, aber er hat keine Möglichkeit, ihr Gehäuse zu öffnen. Wenn er scharfsinnig ist, kann er sich das Bild eines Mechanismus ausdenken, der imstande ist, all das zu erklären, was er beobachten kann. Aber er darf niemals sicher sein, daß sein Bild das einzige ist, das seine Beobachtungen zu erklären vermag. Er wird nie in die Lage kommen, sein Bild mit dem wirklichen Mechanismus zu vergleichen. Ja, er kann sich nicht einmal ausdenken, was für einen Sinn ein solcher Vergleich haben könnte.«

Die Naturwissenschaft kann also keine von der menschlichen Beobachtung unabhängige Natur aufdecken. Sie kann uns nur Bilder zeigen, die scharfsinnige Beobachter von einer Natur entworfen haben, die sie nie selbst zu Gesicht bekommen; und da in diesen Bildern immer die Fragestellung, die Zielsetzung und die Methode der Beobachter enthalten ist, gibt es im Grunde ebensoviele Bilder der Natur, wie es Naturbeobachter gibt. Diese können sich höchstens über ihre Fragestellung, ihre Zielsetzung und Methode einigen. Dann bekommen sie ein intersubjektiv übereinstimmendes Bild, das sie gemeinsam für ihre Zielsetzung verbessern können. Das ist die Aufgabe der Institution, die wir Naturwissenschaft nennen.

Damit hat die Physik nicht nur eine wichtige Aussage über die Natur, sondern auch eine ebenso wichtige Aussage über die Natur des Menschen gemacht. Von ihr muß die Medizin ausgehen, wenn sie eine Wissenschaft vom Menschen werden und sich begründet Humanmedizin nennen will.

7. Eine Krankengeschichte

Um zu zeigen, was dieser Wandel in den Voraussetzungen der Naturwissenschaft für die Medizin bedeutet, will ich eine Krankengeschichte auf dem Hintergrund der Einsteinschen Metapher von der verschlossenen Uhr betrachten. Die Krankengeschichte ist einem Ausbildungskurs für Ärzte und Pflegepersonal für den Umgang mit Schwerkranken von Koch und Schmeling (1982) entnommen. Ich wähle sie aus, weil es sich um eine alltägliche Krankengeschichte handelt, die sich mit gewissen Variationen Woche für Woche, Monat für Monat und Jahr für Jahr bei zahllosen Kranken in zahllosen Krankenhäusern wiederholt.

»Herr A. ist 47 Jahre alt, von Beruf Tischlermeister, verheiratet, zwei Kinder. Er wird von seinem Hausarzt aufgrund eines Blutbefundes ins Krankenhaus eingewiesen, obwohl er sich nicht besonders krank fühlt, sondern nur sehr müde ist. Er ist sehr verunsichert, wegen eines Blutbefundes gleich ins Krankenhaus zu sollen, zur Abklärung und zur Therapie, wie es heißt.

Kurz nach seiner Ankunft (im Krankenzimmer) wird ihm ein Urinröhrchen gebracht (›Sie müssen jetzt mal Wasser lassen‹). Eine andere Schwester bringt ein Fieberthermometer (›Bitte nach dem Essen messen und auf den Nachttisch legen.‹), und ein junger Mann, der sich nicht vorstellt, nimmt ihm Blut ab (›Wir brauchen für einige Routineuntersuchungen gleich etwas Blut von Ihnen.‹)

Nach zwei Stunden (dies kam ihm ewig vor) kommt endlich der Arzt und untersucht ihn. Er muß sich ausgezogen aufs Bett legen und zahlreiche Fragen beantworten. Er hat manchmal das Gefühl, nicht schnell und sicher genug ... antworten zu können. Der Arzt schneidet ihm oft das Wort ab, unterbricht ihn oder benutzt Worte, die er nicht ganz versteht. Als die Untersuchung zu Ende ist, fragt er den Arzt, wie es denn nun weitergehen soll. Dieser antwortet: ›Das hängt jetzt von den Untersuchungsbefunden ab.‹

Bei der Visite am (nächsten) Vormittag versucht er erneut, den Arzt nach dem weiteren Ablauf zu fragen, da er sich Sorgen über seine Werkstatt macht. Er erhält nur den kurzen Hinweis, daß dies, wie ihm ja gestern schon mitgeteilt worden sei, von den weiteren Untersuchungen abhänge. Welche Untersuchungen das seien, wird nicht gesagt, und er will auch nicht weiter fragen, weil er ohnehin schon das Gefühl hat, den Arzt bei der Visite aufzuhalten.

Acht Wochen später liegt Herr A. immer noch auf der gleichen internistischen Station. Körperlich geht es ihm sehr schlecht. Er fühlt sich so schwach, daß er das Bett kaum ohne Unterstützung verlassen kann ... Häufig hat er Fieber und schwitzt sehr stark. Jeden Tag erhält er stundenlang Infusionen. Häufig wird ihm danach übel. Er hat aufgehört, die Tabletten, die er täglich einnehmen muß, oder die ständigen Blutkontrollen zu zählen.

Man hat ihm mitgeteilt, daß er eine Blutkrankheit habe und daß man diese mit Infusionen und Medikamenten schon wieder in den Griff bekommen werde. Unter dem Wort Blutkrankheit kann er sich nichts vorstellen.

Schließlich faßt er sich ein Herz und fragt bei der Visite nach dem Ernst der Krankheit. Er ist zunächst sehr froh, als man ihm sagt, die Krankheit sei ernst, aber man könne sie behandeln. Da sich aber sein Zustand weiter verschlechtert, ist er gegenüber den Behandlungsmöglichkeiten mißtrauisch geworden und hat mehrmals nach dem Ernst der Krankheit gefragt. Es wird ihm geantwortet, er müsse mehr Geduld haben, die Krankheit sei ernst und er könne nicht erwarten, daß man sie sofort heilen könne. Andere Patienten müßten ja auch Geduld haben. Daraufhin hat er es aufgegeben, die Ärzte auf seine Krankheit anzusprechen. Bemühungen, nähere Informationen von den Schwestern zu erhalten, enden meist damit, daß diese ihn an die Ärzte verweisen. Am Schluß hat er das Gefühl, das Personal durch seine Fragen ungeduldig gemacht zu haben.

So versucht er nur, gegenüber Ärzten und Schwestern ›gefaßt‹ und ruhig zu wirken. Er spürt auch deutlich, daß man sehr um ihn bemüht ist. Die Ärzte kontrollieren ständig bestimmte Werte und diskutieren während der Visite lange darüber (ohne daß er versteht, worüber sie sprechen).

Einen Trost stellen die täglichen Besuche seiner Frau dar. (Aber) ihre Gespräche vermeiden das Thema ›Krankheit‹. Zu Beginn hat er einmal das Gefühl gehabt, sie wisse mehr als er über seine Krankheit. Auf Befragen hat sie allerdings dasselbe gesagt wie die Ärzte: Es sei keine leichte Krankheit, aber man würde sie schon wieder in den Griff bekommen.

Als er ihr ein paarmal gesagt hat, wie schlecht es ihm geht, bemerkt er sehr viel Traurigkeit bei ihr, so daß er jetzt Angst hat, von sich aus über seine Krankheit zu sprechen. Sie unterhalten sich häufig über die Kinder, über die Werkstatt, die jetzt ein Geselle führt. Wenn seine Kinder kommen, versuchen diese ihn aufzumuntern; wenn sie gehen, bleibt er um so trauriger zurück. Er fühlt sich mit seiner Krankheit sehr allein gelassen.«

8. Krankheit als verschlossene Realität

Betrachten wir diese Krankengeschichte auf dem Hintergrund des Einsteinschen Gleichnisses von der verschlossenen Uhr, so fallen drei eindrucksvolle Parallelen auf: sie betreffen die Krankheit, den Kranken und die Ärzte.

Die Krankheit gleicht für die Ärzte und für den Patienten einer Uhr, von der sie nur das Zifferblatt und die Bewegungen der Zeiger sehen, deren Ticken hören, deren Inneres ihnen aber verschlossen ist. Für die Ärzte ist das Zifferblatt die äußere Erscheinung des Kranken, die Bewegungen der Zeiger sind die Symptome, die sie ständig kontrollieren, und das Ticken sind die Klagen, die der Kranke vorbringt. Für den Kranken ist das Zifferblatt sein Aussehen, wenn er in den Spiegel schaut. Die

Bewegungen der Zeiger und das Ticken sind seine Beschwerden, das Fieber, die Schwäche und die Schmerzen. Beide, Ärzte und Patient, versuchen sich das Bild eines Mechanismus auszudenken, der imstande ist, all das zu erklären, was sie beobachten können.

Ganz ähnlich hat es Foucault (1973) formuliert. Auch nach ihm ist die Krankheit eine unserer direkten Beobachtung verschlossene Realität, eine Uhr, von der wir nur das Zifferblatt und die Bewegungen der Zeiger wahrnehmen. »Das Symptom«, schreibt er, »ist die Form, in der sich die Krankheit präsentiert: daher seine wichtige Rolle. Von allem Sichtbaren ist es dem Wesentlichen am nächsten; es ist die erste Umschreibung der unzugänglichen Natur der Krankheit. Husten, Fieber, Seitenschmerz und Atembeschwerden machen nicht selber die Brustfellentzündung aus – diese ist nämlich den Sinnen niemals zugänglich, sondern ›entdeckt sich nur der Verstandestätigkeit‹.«

Die Bilder, welche die Medizin für die Abläufe von Krankheiten entworfen hat, die ihrer direkten Beobachtung verschlossen sind, nennen wir Diagnosen. Sie sind Produkte der Verstandestätigkeit scharfsinniger Ärzte, die sich – wie alle Wissenschaftler – auf die Fragestellung, Zielsetzung und Methodik ihrer Beobachtungen, und, was nicht minder wichtig ist, auf eine gemeinsame Sprache geeinigt haben, in der sie ihre Beobachtungen beschreiben. Daher geben Diagnosen intersubjektiv übereinstimmende Bilder, über die sich Ärzte untereinander verständigen können. Diagnosen begründen so eine gemeinsame Wirklichkeit der Medizin, an der sich die individuellen Beobachtungen des einzelnen Arztes orientieren können. Diagnosen sind Mittel, mit deren Hilfe der Arzt eine undurchsichtige Wirklichkeit strukturieren kann.

Kranke erwarten von ihrem Arzt Hilfe bei der Deutung ihrer für sie unheimlich und undurchsichtig gewordenen individuellen Wirklichkeit. Sie wünschen sich vom Arzt, wie Balint (1957) betont, vor allem anderen eine Diagnose, welche die Vorstellungen bestätigt oder korrigiert, die sie sich selbst von ihrer Krankheit machen; denn auch Kranke stellen Diagnosen, welche die unzugängliche Realität ihrer Krankheit deuten. So betont Raspe (1984): »Alle Untersuchungen belegen, daß wir kaum einen Kranken antreffen werden, der sich nicht schon bestimmte Vorstellungen darüber gebildet hat, woher seine Krankheit kommt und wie sie sich weiter entwickeln und auf sein Leben auswirken wird ... Diese Vorstellungen sind unterschiedlich weitläufig, bestimmt und in sich geschlossen.«

Diagnosen sind daher nicht nur Deutungen für die den Ärzten unzugängliche Realität der Krankheit, sondern auch Schlüssel, die ihnen die individuelle Wirklichkeit eines Kranken erschließen können. Wenn der Arzt die Diagnose kennt, mit der ein Kranker seine Krankheit deutet, kann er die individuelle Wirklichkeit, in welcher der Kranke lebt und die sein Erleben und sein Handeln bestimmt, ein Stück weit rekonstruieren. Deshalb ist es wichtig, daß Ärzte sich nach den subjektiven Vorstellungen erkundigen, die sich ihre Patienten über ihre Krankheiten gebildet haben.

Aber wie die Diagnose aussieht, die der Patient in unserer Krankengeschichte für seine Krankheit stellt, erfahren wir nicht. Niemand fragt ihn danach. Wir können nur aus seinen Reaktionen vermuten, daß er zwischen verschiedenen und verschieden unheimlichen Diagnosen schwankt und daß die individuelle Wirklichkeit, die sie für ihn entwerfen, ebenso schwankend, undurchsichtig, ohne feste Konturen und zunehmend unheimlich ist. Nur eines wird deutlich: daß er in dieser Wirklichkeit sehr einsam ist. Er kann mit niemandem über seine Krankheit sprechen. Man hat ihn mit der Sache, die ihn am meisten angeht, aus den gemeinsamen Wirklichkeiten, welche die Sprache zwischen Menschen begründet, ausgeschlossen. Nur Dinge, die in seiner Situation von peripherem Interesse sind – die Werkstatt, Abenteuer der Kinder – lassen von Zeit zu Zeit die gemeinsame Wirklichkeit eines Gesprächs mit seiner Frau aufkommen.

So erweist sich die Sprache – oder genauer: das Gespräch – als ein Mittel, mit dem Menschen um eine gemeinsame Sache als Kern eine gemeinsame Wirklichkeit aufbauen können. Wir erfahren auch, warum das so wichtig ist: Das Gespräch ist ein Spiegel, in dem der einzelne seine Identität und seine Wirklichkeit von einem Gegenüber korrigiert oder bestätigt sieht. Beraubt man ihn dieses Spiegels, kann er, in seiner individuellen Wirklichkeit allein gelassen, die Orientierung verlieren.

Wir lernen aus der Krankengeschichte aber auch, daß es für Ärzte, für Schwestern und für Angehörige nicht leicht ist, in einem Gespräch über den Ernst der Krankheit für einen Schwerkranken die Spiegelfunktion zu übernehmen und durchzuhalten. Analysen von Gesprächen zwischen Ärzten und Patienten während der Krankenhausvisiten haben deutlich gemacht, welche Schwierigkeiten auf beiden Seiten zu überwinden sind (Köhle u. Raspe 1982, Siegrist 1978, u.a.).

Die Krankengeschichte berichtet also nicht nur von der unzugänglichen Natur der Krankheit, sondern auch über individuelle Wirklichkeiten, die für außenstehende Beobachter verschlossene Uhren bleiben. Auf diese Weise führt die Krankengeschichte das Einsteinsche Gleichnis einen Schritt weiter: Sie zeigt, wie die unzugängliche objektive Realität die Menschen zwingt, subjektive Realitäten aufzubauen, die nun ihrerseits für andere Menschen wieder zu verschlossenen Uhren werden können.

9. Medizin und die individuelle Wirklichkeit des Kranken

Mit der Entdeckung der individuellen Wirklichkeit des Kranken könnte die Medizin, wie Viktor von Weizsäcker (1956) formuliert hat, den Menschen als Subjekt in die Heilkunde einführen. Das wäre sicher ein wichtiger Schritt. Aber dadurch allein wird Medizin noch keine Wissenschaft vom Menschen; denn die Fähigkeit, sich in die Welt eines anderen hineinzuversetzen und mitzuerleben, was er dort empfindet, ist keine spezifisch ärztliche Fähigkeit – darin werden Ärzte häufig von Menschen übertroffen, die dem Kranken näherstehen.

Erst die wissenschaftliche Auseinandersetzung mit der Frage, was die individuelle Wirklichkeit eines Menschen für seine Gesundheit und Krankheit bedeutet, macht Medizin zur Humanmedizin und zu einer Wissenschaft vom Menschen.

Die Krankengeschichte zeigt uns, wie krankhafte Veränderungen von Blutzellen im Körper des Kranken seine individuelle Wirklichkeit und darüber hinaus die soziale Wirklichkeit seiner Familie und seiner beruflichen Welt verändern. Das ist eine geläufige, oft schmerzliche, aber letztlich triviale Erfahrung. Wissenschaftlich können wir von »somatopsychischen« oder »Aufwärts-Effekten« in einem hierarchisch geordnetem System sprechen. Die Krankengeschichte zeigt aber auch, wie sich die individuelle Wirklichkeit eines Menschen verdüstern kann, den man von der Teilnahme an einer für ihn relevanten sozialen Wirklichkeit ausschließt. Hier setzt die spezifische Fragestellung einer Medizin ein, die uns ein Wissen über den Menschen vermittelt, das nicht trivial und dessen Konsequenz von großer Tragweite ist.

Diese Frage lautet: Welche »psychosomatischen« Auswirkungen oder »Abwärts-Effekte« haben Veränderungen der individuellen Wirklichkeit eines Menschen auf die Organe, Gewebe und Zellen seines Körpers? In der Krankengeschichte des Tischlermeisters A. hat niemand diese Frage gestellt.

Wir wissen aber aufgrund einer überwältigend großen Zahl von Untersuchungen, daß Schicksalsschläge, welche die individuelle Wirklichkeit eines Menschen verdüstern, mit einer Schwächung seiner Widerstandskräfte und einer erhöhten Anfälligkeit für Krankheiten einhergehen. Wir wissen, daß Herzinfarkt, hoher Blutdruck, Magengeschwüre, Drüsenleiden und andere körperliche Krankheiten mit dem Tod naher Angehöriger, dem Scheitern von Lebensplänen, Arbeitslosigkeit, dem Verlust sozialer Geborgenheit und anderen psychosozialen Belastungen zu tun haben können. Wir wissen auch, daß frühere Erfahrungen in der Lebensgeschichte einen entscheidenden Einfluß auf die Stabilität und Belastbarkeit der individuellen Wirklichkeit eines Menschen haben.

Erst damit wird Medizin zu einer Wissenschaft vom Menschen, und zwar nicht nur in einem allgemeinen Sinn vom Menschen als einem leib-seelischen Wesen, das auf eine soziale Wirklichkeit angewiesen ist, sondern konkret: eine Wissenschaft von dem Menschen, dessen individuelle Gesundheit und Krankheit in Frage stehen. Erst damit wird Medizin zu einer Humanmedizin, für die die Bezeichnung »human« nicht etwas Akzidentelles ist, das man mit einer Humanität verwechseln kann, von der man meint, sie sei eine zwar wünschenswerte Beigabe, aber letztlich doch eine Art Luxus, auf den man zur Not auch verzichten könne, ohne die Effektivität der Medizin zu mindern.

Solange man in der Medizin die psychosomatischen Auswirkungen der Wirklichkeit, die Menschen erleben, auf die Organe ihres Körpers ignoriert, ist die Frage nach Humanität im Gesundheitswesen falsch gestellt und kann nur zu falschen Antworten führen. Dann gibt es medizinisch keinen vernünftigen Grund, warum Ärzte und Schwestern sich um die Auswirkungen kranker Organe auf die Wirklichkeit eines Kranken kümmern sollten. Man hat die Frage dann auf ein ökonomisches Problem reduziert, für das die Menge an Humanität, die man Kranken in der Praxis der Ärzte oder im Krankenhaus bieten kann, nur eine Frage des Pflegesatzes ist.

Wenn die Medizin jedoch die Frage nach den Auswirkungen der individuellen Wirklichkeit eines Kranken auf seinen Körper ebenso ernstnimmt wie die Frage nach der Auswirkung physikalischer, chemischer oder bakterieller Prozesse, löst sie ihr Versprechen ein, Humanmedizin, und das heißt eine Wissenschaft von dem kranken Menschen zu sein, der bei ihr Rat und Hilfe sucht.

Literaturhinweise

M. Balint, Der Arzt, sein Patient und die Krankheit. Stuttgart 1957.

G. Bateson, Geist und Natur, eine notwendige Einheit. Frankfurt a. M. 1982.

G. v. Bergmann, Eröffnungsrede zum Internistenkongress 1931. In: H. G. Lasch, B. Schlegel (Hrsg.), Hundert Jahre Deutsche Gesellschaft für Innere Medizin. München 1982.

L. v. Bertalanffy, General system theory. New York 1968.

Bundesminister für Arbeit und Sozialordnung, Forschungsbericht zur Humanität im Gesundheitswesen. Bonn 1983.

V. u. A. Diehl, Medizin zwischen Heil und Unheil. Antrittsvorlesung Köln 1984.

A. Einstein and L. Infeld, The evolution of physics. New York 1938.

M. Foucault, Die Geburt der Klinik. Eine Archäologie des ärztlichen Blicks. München 1973.

S. Freud, Entwurf einer Psychologie (1895). In: Aus den Anfängen der Psychoanalyse. London 1950.

ders., Triebe und Triebschicksale (1915). Ges. Werke, Bd. 10.

F. Jacob, The linguistic model in biology. In: D. Armstrong, C. Schoneveld (Hrsg.): Roman Jakobson, Echos of his scholarship. Lisse 1977.

U. Koch, Ch. Schmeling, Umgang mit Schwer- und Todkranken. München 1982.

K. Köhle, H. H. Raspe, Das Gespräch während der Visite. München 1982.

P. Martini, Eröffnungsrede zum Internistenkongress 1948. In: Hundert Jahre Deutsche Gesellschaft für Innere Medizin. München 1982.

P. B. u. J. S. Medawar, The life science. New York 1977.

S. Minuchin, Families and family therapy. Cambridge, Mass. 1974.

K. R. Popper, Kritik des Materialismus. In: K. R. Popper, J. C. Eccles, Das Ich und sein Gehirn. München 1977.

A. Portmann, Biologische Fragmente einer Lehre vom Menschen. Basel, Stuttgart 1969.

J. Prigogine, Time, structure and fluctuation. In: Science 201 (1978), S. 4358.

ders., Vom Sein zum Werden. München 1982.

H. H. Raspe, Chronische Polyarthritis. In: Th. v. Uexküll (Hrsg.), Lehrbuch der Psychosomatischen Medizin. München, 3. Aufl. 1986.

M. Selvini Palazzoli, L. Boscolo, G. Cecchin, G. Prata, Paradoxon und Gegenparadoxon. Stuttgart 1978.
J. Siegrist, Arbeit und Interaktion im Krankenhaus. Stuttgart 1978.
H. Stierlin, zitiert nach D. Ohlmeier, Psychoanalytische Entwicklungspsychologie. Freiburg i. Br. 1973.
N. Tsouyopulos, Schelling und seine Bedeutung für eine Philosophie der Natur und der Geschichte. Stuttgart 1979.
J. v. Uexküll, Leitfaden in das Studium der experimentellen Biologie der Wassertiere. Wiesbaden 1905.
ders., Theoretische Biologie. 1. Aufl. Berlin 1920; 2. Aufl. Berlin 1928.
ders., Bedeutungslehre. Leipzig 1940.
Th. v. Uexküll, Zeichen und Realität als anthroposemiotisches Problem. In: K. Oehler (Hrsg.), Zeichen und Realität. Tübingen 1984.
ders. u. W. Wesiack, Wissenschaftstheorie und Psychosomatik. In: Th. v. Uexküll (Hrsg.), Lehrbuch der Psychosomatischen Medizin. München 2. Aufl. 1981.
ders., Was heißt Psychosomatik? In: Schweizerische Medizinische Wochenschrift 114 (1984), S. 1806–1809.
F. Vollhard, Eröffnungsrede des Kongresses der Deutschen Gesellschaft für Innere Medizin 1930. In: Hundert Jahre Deutscher Gesellschaft für Innere Medizin. München 1982.
H. Weiner, Psychosomatic medicine and the mind-body-problem in psychiatry. 1984.
V. v. Weizsäcker in: Deutsche Zeitschrift für Nervenheilkunde 88 (1925), S. 264.
ders., Pathosophie. Göttingen 1956.

Teile dieses Aufsatzes sind im Kapitel 69 des ›Lehrbuchs der Psychosomatischen Medizin‹. Hrsg. v. Thure von Uexküll. 3. Aufl., München 1968, erschienen.

Die Ungleichheit der Intelligenz und das Ideal der Gleichheit
von Bernhard Hassenstein

Daß die Menschen, so wie sie heute leben, in ihrer Intelligenz ungleich sind, das kann und will im Ernst niemand bestreiten. Einige Berufe sind dafür bekannt, daß sie besonders hohe Intelligenz fordern: der Mathematiker, der technische Erfinder, der Detektiv oder Kriminalbeamte, der Steuerberater, der Wissenschaftler. Wer in diesen Berufen Erfolg haben will, muß intelligent sein. Aber die *Art* der Intelligenz, die in diesen Berufen gefordert ist, ist sehr verschieden. Eine ganz spezielle Form der Intelligenz erfordert das *Schachspiel.* Auch ein Großmeister dieses Sports garantiert keineswegs, daß er sich etwa als technischer Konstrukteur oder als Beamter der Steuerfahndung bewähren würde. Ein liebenswürdiges Symbol für das Nebeneinander von *Fähigkeiten* auf dem einen und *Mängeln* auf einem anderen geistigen Gebiet ist der zerstreute Professor. Ich saß unter den Zuhörern, als ein bedeutender Professor, Autor tiefgründiger naturwissenschaftlicher und philosophischer Bücher, einen Lappen, der zum Abwischen von Kreidestrichen an der Tafel vorgesehen war, in die Hand nahm, um damit auf einem projizierten *Lichtbild* einen fehlerhaften Strich auszulöschen. Einem anderen berühmten Wissenschaftler, Begründer einer neuen mathematischen Wissenschaftsrichtung, bescheinigte in meiner Gegenwart seine Ehefrau ohne seinen Widerspruch, er sei nicht klug genug, das Geld der Familie zu verwalten, man wäre längst bankrott, wenn sie, die Ehefrau, nicht die Kasse führte.

Wer etwas tiefer blickt, findet bald zwei Gründe für die unterschiedliche Ausrichtung der Intelligenz verschiedener Menschen. Der eine ist trivial: unterschiedliche Ausbildung und Erfahrung. Mein Rundfunkempfänger versagt; auch mit größter Intelligenz ins Gewirr der Verdrahtung hineinschauend, finde ich ohne *Kenntnis* der Elektronik gar nichts, während ein 15jähriger Schüler, dessen Hobby das Rundfunkbasteln ist, nach 3 Minuten das defekte Bauteil entdeckt und es nach weiteren 3 Minuten ausgewechselt hat.

Der andere Grund für die Verschiedenheit der Intelligenz ist weniger offensichtlich: Hohe Intelligenzleistungen sind meist aus ganz unterschiedlichen Teilprozessen zusammengesetzt, und die unterschiedlichen Teilprozesse können einem Menschen verschieden gut liegen. Um ein Problem zu lösen, muß einem 1. das Wichtige auffallen, 2. das Einschlägige im Gedächtnis gespeichert sein, 3. das Anwendbare einfallen, und 4. muß man die zutreffenden Schlüsse ziehen. Mit anderen Worten: Gefordert sind so unterschiedliche Fähigkeiten wie Beobachtungsgabe, gutes Gedächtnis, Einfallsreichtum und präzises Denken. Das ist zwar immer noch nicht alles, aber die vier Eigenschaften »gut beobachten«, »gut behalten«, »gute Einfälle haben« und »folgerichtig denken« sind unter sich schon verschieden genug, um zu begreifen, daß unterschiedliche Kombinationen dieser Eigenschaften unterschiedliche Typen der Intelligenz hervorbringen. Beim Detektiv und dem Naturforscher ist neben den anderen Teilfähigkeiten die *Beobachtungsgabe* besonders gefordert, beim Steuerberater das gute Gedächtnis (z.B. für die anzuwendenden Paragraphen), beim Erfinder natürlich der Einfallsreichtum, beim Mathematiker das logische Folgern und beim Schachspieler die Vorstellungsgabe.

Vielfach hält man unter den Teilfähigkeiten der Intelligenz das *folgerichtige logische Denken* für besonders wichtig, ja für das Entscheidende und Wesentliche. Das aber ist eine Halbwahrheit. Zwei Beispiele aus dem Bereich der Naturwissenschaften sollen zeigen, daß sogar dort die anderen Teilbereiche ebenso wichtig, ja vielleicht noch bedeutsamer sind.

Für das erste Beispiel gehen wir mehr als 300 Jahre in die Vergangenheit zurück, und zwar ins Reich der Astronomie. *Heute* weiß es jedes Schulkind: Der Saturn, der zweitgrößte unserer Planeten nach dem Jupiter, hat einen ganz flachen, breiten Ring um sich, freischwebend und gegen die Sonnenbahnebene geneigt. Von Satelliten aus sind herrliche Aufnahmen davon auf die Erde übertragen worden. Vor 325 Jahren aber waren gerade erst die frühesten, noch unvollkommenen Fernrohre in die Sternwarten gelangt, und mit ihnen sahen die Astronomen den Saturn nur ungenau als ein verwaschenes elliptisches Scheibchen mit zwei dunkleren Stellen, nämlich dort, wo man zwischen dem Stern selbst und dem schrägliegenden Ring in den dunklen Weltenraum hindurchblickt. Das wußte man aber damals vor allem deshalb noch nicht, weil man sich die Planeten noch gar nicht als Kugeln vorstellte, sondern zweidimensional, als Scheiben, innen angeheftet an der vermeintlichen Himmelskugel. Die richtige Deutung gelang 1659 dem holländischen Astronomen Christian Huygens durch eine für damals ganz neuartige Idee. Als gelernter Physiker, der im dreidimensionalen Denken geschult war, wandte er dieses auch auf das verwaschene Saturnbildchen an, wie man es damals im Fernrohr sah. In seiner Vorstellung verwandelte sich daraufhin dieses elliptische Scheibchen mit den zwei dunklen Stellen in den kugelförmigen Stern mit dem freischwebenden, gegen die Ekliptik geneigten Ring, und damit war die wahre Gestalt des Saturn entdeckt. Kristallklar und durchsichtig war dieser Akt der Intelligenz auch deshalb, weil er in der Eroberung einer neuen Dimension, der dritten, räumlichen bestand.

Im kleinen kann man einen ähnlichen Schritt zur dritten Dimension in einem Ratespiel nachahmen: Geben Sie einem Erwachsenen oder einem einfallsreichen Kind sechs Streichhölzer mit dem Auftrag, daraus vier Dreiecke zu produzieren. Selbst bei hoher Intelligenz des Gefragten kann man oft ein langes, fruchtloses Herumprobieren beobachten, bis es ihm einfällt, eine kleine Pyramide zu bauen, genauer: einen Tetraeder und damit also die dritte Dimension einzubeziehen. Dabei kann man gut beobachten: Zur Lösung dieses Problems braucht man nicht nur scharfe Logik, sondern es muß einem das Richtige *einfallen.*

Als zweiter Wissenschaftler soll Albert Einstein zu Wort kommen. Würde man eine Umfrage durchführen, wer der intelligenteste Mensch dieses Jahrhunderts war, würden auf Albert Einstein die meisten Stimmen fallen. Wie arbeitete Albert Einsteins Intelligenz? Wir haben das Glück, diese Frage recht genau beantworten zu können; denn Einstein wurde in den zwanziger Jahren von einem der bedeutendsten Psychologen seiner Zeit, von Max Wertheimer, darüber befragt, wie er zu seinen epochemachenden Einsichten gelangt sei. Das Ergebnis dieser Befragung hörte sich allerdings ganz anders an, als man vermuten würde – keine »kristallene Klarheit« wie bei Huygens. Wertheimer berichtete – zum Teil mit Einsteins eigenen Worten: Der Denkprozeß, der schließlich in die Relativitätstheorie mündete, »begann auf eine Weise, die nicht sehr klar war und daher schwer zu beschreiben ist – in einem gewissen Zustand der Verwirrung«. Von einer späteren Phase heißt es: »Einstein ... fühlte irgendwo eine Lücke, ohne daß er imstande war, sie zu erklären, ja sie auch nur zu benennen ... Während dieser Zeit war er oft niedergeschlagen, manchmal verzweifelt, aber von den stärksten Impulsen angetrieben.« Ein eigenes Zitat Einsteins über seinen wissenschaftlichen Denkprozeß lautet: »Diese Gedanken kamen nicht in irgendeiner sprachlichen Formulierung ... Ein Gedanke kommt, und ich kann hinterher versuchen, ihn in Worten auszudrücken ... Während all dieser Jahre hatte ich ein Richtungsgefühl, das Gefühl, auf etwas Bestimmtes zuzugehen ... Natürlich ist hinter einer solchen Gerichtetheit immer etwas Logisches; aber ich habe es in einer Art von Überblick, gewissermaßen sichtbar vor Augen ... Es war ... klar unterscheidbar von ... den späteren Überlegungen über die rationale Form der Lösung.«

Solche *intellektuellen Suchprozesse* haben, solange ihre problemlösende Phase währt, vielfach noch keine klar festlegbare mathematische, logische oder sprachliche Form. Sie ähneln eher dem Spiel der Phantasie. Sie werden allerdings erst dadurch zum sozial bedeutsamen Ereignis, daß sie abschließend zu mathematisch, logisch oder sprachlich formulierten Ergebnissen oder aber auch, und zwar gegebenenfalls ohne solche Formulierung, zu *problemgerechtem Handeln* führen.

Wer sich beim Lösen eigener Probleme beobachtet, sei es in seiner Berufsarbeit oder im sonstigen täglichen Leben, der wird beim Lesen dieser Aussagen der Naturwissenschaftler den Eindruck gewinnen: In meinem eigenen Nachdenken oder Planen geschieht eigentlich genau das gleiche. Ist ein Problem zu lösen, so stellt mir meine Vorstellung eine Denkmöglichkeit nach der anderen vor mein geistiges Auge. Man muß sich etwas einfallen lassen; die Phantasie ist angesprochen, desgleichen der Reichtum der Kenntnisse und der Schatz der Erfahrung, aus dem das Material für die Phantasie zu schöpfen ist. Erst im zweiten Akt ist dann das präzise logische Denken gefordert, um aus den von der produktiven Phantasie gelieferten Entwürfen nach strengen Maßstäben das Geeignete auszuwählen. Schon das Kind handelt nach solchen Strategien, und Max Planck hat uns in einem seiner berühmten Vorträge vor Augen geführt: Das Erkunden des kleinen Kindes und das Forschen des Wissenschaftlers sind wesensgleich und nur dem Grade nach verschieden.

Außer den besprochenen Spielarten der Intelligenz gibt es noch Unterscheidungen nach anderen Gesichtspunkten: sprachliche, theoretische und praktische Intelligenz. Sprachlich intelligent zu sein, heißt, sich präzise, anschaulich und verständlich ausdrücken zu können, über einen reichen aktiven Wortschatz zu verfügen und besonders häufig das richtige Wort zu finden. Theoretische Intelligenz kann mehr in mathematischer und logischer Richtung liegen oder einer besonderen räumlichen oder funktionellen Vorstellungskraft entsprechen. Besonders wichtig aber ist heutzutage das Wissen um die *praktische* Intelligenz.

Ergebnisse des Nachdenkens können nämlich unmittelbar in problemgerechtes Handeln einmünden, ohne daß sie zuvor oder zugleich in Worten oder mathematischen Formeln ausgedrückt worden wären, ja ein Mensch kann verwickelte Probleme praktisch lösen, ohne überhaupt in der Lage zu sein, sein Tun mit Worten zu beschreiben. Hier sei an das Schulmädchen erinnert, das schon eine Meisterin des Kreuzstiches ist, aber bei der Aufgabe versagt, einen Aufsatz darüber zu schreiben. In unserem Bildungswesen kommt man, scheint es, immer noch nicht davon los, die sprachliche und theoretische Intelligenz höher als die praktische zu werten, obgleich hinsichtlich des Beitrags in der Arbeitswelt kein Grund hierfür ersichtlich ist. Auch die *soziale* Intelligenz ist als besondere Intelligenzform von ebenso hohem Gemeinschaftswert. Sie besteht – ähnlich wie die *pädagogische* Intelligenz – in der herausragenden Fähigkeit, sich in andere Menschen hineinzudenken und danach zu handeln.

Ungleichheit der Intelligenz heißt also zuallererst Vielfalt der Intelligenzarten. Man meint damit aber auch unterschiedlich gute Intelligenz. Damit kommt zur Feststellung der Unterschiedlichkeit etwas Neues, sehr Problematisches hinzu: eine Wertung. Schon die Umgangssprache tut das und unterscheidet zwischen klug und dumm. Die psychologische Wissenschaft hat Intelligenztests entwickelt, mit deren Hilfe man den sogenannten Intelligenzquotienten eines Menschen, den IQ, bestimmt.

Es gibt höchst unterschiedliche Testarten. Der Intelligenz-Struktur-Test von *Amtauer* prüft im Rahmen der Intelligenz verschiedene Fähigkeitsrichtungen wie Sprachverständnis, Gedächtnis, räumliches Vorstellungsvermögen und mathematische Fähigkeiten. Er läßt daher erkennen, wo bei einem Menschen höhere und wo geringere Fähigkeiten liegen. Andere Tests messen schlechthin »den IQ« eines Menschen und verfolgen dabei zwei Ziele. Sie sollen möglichst unabhängig von dem, was ein Mensch schon gelernt hat und weiß, seine *Fähigkeit* zur Intelligenzleistung, also seine *Begabung* erfassen; und das Ergebnis soll im Idealfall *unabhängig vom kulturellen und soziokulturellen Hintergrund* des Prüflings sein. Um dies anschaulich auszudrücken: Die Intelligenztests sind so angelegt, daß sie möglichst auch bei einem des Lesens, Schreibens und Rechnens unkundigen Steinzeitmenschen die dort nicht zum Ausdruck kommende Hochbegabung eines Einstein aufgefunden hätten.

Schon diese Ausrichtung von Intelligenztests legt die Vermutung nahe, daß sie nur einen Anteil der anfangs aufgezählten Teilbereiche der Intelligenz erfassen. Insbesondere der wichtige Aspekt der produktiven Phantasie, des Einfallsreichtums, also die eher künstlerische Komponente der Intelligenz, kommt in vielen Intelligenztests zu kurz. Dazu trägt eine kaum entbehrliche Eigenschaft von Intelligenztests bei, ihre zeitliche Begrenzung. Schon um Intelligenztests praktisch durchführbar zu machen, ist für jeden Testteil eine bestimmte Anzahl von Minuten vorgegeben, und jeder, der einmal einen IQ-Test ablegen mußte, wird sich erinnern, wie präzise jeweils das Kommando, jetzt den Bleistift aus der Hand zu legen, befolgt werden mußte. In einem definierten zeitlichen Rahmen kann sich etwaiger Einfallsreichtum aber nur schwer ausprägen; denn wie jeder weiß, läßt sich die richtige Idee, ein schwieriges Problem zu lösen, im täglichen Leben vielfach nicht auf Befehl herbeiführen.

Von zwei zur Lösung der gestellten Aufgaben genau gleich fähigen Prüflingen, die aber verschieden schnell zum Ergebnis kommen, gewinnt der schnellere im IQ-Test mehr Punkte und gilt daraufhin als der intelligentere.

Aus diesen und vielen anderen Gründen geben Intelligenztests nur über einen Teil dessen Auskunft, was sich im Leben als geringere, hohe oder höchste Intelligenz auswirkt. Die »Test-Intelligenz« entspricht nur zum Teil der tatsächlichen Intelligenz, wie ich sie zu Beginn charakterisiert habe. Hier den Spieß umzudrehen und zu definieren: Intelligenz sei, was der Intelligenztest *mißt,* heißt alle diejenigen Anteile der Intelligenz einfach zu ignorieren, die von den heutigen Intelligenztests nicht erfaßt werden oder überhaupt in keinem praktisch durchführbaren Test zum Ausdruck kommen können.

Die Begrenztheit der Aussagen der Intelligenztests zeigt sich auch darin: Der Schulerfolg eines Kindes hängt – statistisch gesehen – wohl zur Hälfte vom Intelligenztestergebnis ab, zur anderen Hälfte aber von Faktoren, die sich im Intelligenztest nicht ausdrücken. Da der Schulerfolg seinerseits mit dem späteren Lebenserfolg auch nur locker zusammenhängt, können wir sogar sagen: Weniger als die Hälfte des späteren Lebenserfolgs erwächst aus der Test-Intelligenz.

Intelligenzquotienten und Schulnoten haben nun aber trotz

ihrer begrenzten Aussagekraft eine Eigenschaft, die für viele Menschen faszinierend ist: Sie sind *Zahlen* wie die Punktzahl eines Zehnkämpfers, und sie lassen die Menschen in Rangstufen ordnen wie jedes Jahr nach den Spielergebnissen die Vereine der Fußball-Bundesliga. Jede Rangstufenskala zwischen Menschen drückt deren Ungleichheit aus. Solche Ungleichheit ist im sportlichen Wettkampf noch zu ertragen, denn jeder weiß, wieviele Zufälle dort jede Leistung oder Entscheidung mitbedingen. Eine in Punktwerten ausgedrückte Ungleichheit zwischen Einzelmenschen bekommt aber einen völlig anderen Charakter, wenn sie, wie der Intelligenzquotient, den wissenschaftlichen Anspruch erhebt, einen von Fleiß und Bemühungen unabhängigen *Persönlichkeitswert* in Zahlen zu fassen oder, wie die Schulzeugnisse, nach Zehntelnoten *Sozialchancen zuzuteilen.* Hier bekommen Ungleichheiten, die den Menschen zugewiesen werden, plötzlich existentiellen Charakter. Sie beeinträchtigen das Selbstwertgefühl, sie stellen Schicksalsweichen, sie können zur Resignation oder zur Rebellion führen. Solche Rangstufenskalen treten in Widerspruch zum Ideal der Gleichheit zwischen den Menschen.

Besonders auffällig tritt das Bewerten nach Rangstufen ins Bewußtsein, wenn sogar die *Schulformen* ausdrücklich mit Schulnoten verknüpft werden: bis zur Durchschnittsnote 3,5 Zugang zur Hauptschule, bis 2,5 zur Realschule, besser als 2,5 zum Gymnasium. Da wiederum die Schulabschlüsse über den Zugang zu bestimmten Berufen entscheiden und da die Vertreter mancher Berufe die Schwellen so hoch wie möglich gelegt haben, tritt plötzlich ein zwingender Zusammenhang von der Höhe der Intelligenz über die Schulnoten zum Freiheitsspielraum der Berufswahl zutage. Dies wiederum steht mit dem Geld in Beziehung: Je höherrangig die besuchte Schule, desto höher ist im statistischen Mittel später auch der Monatsverdienst in klingender Münze. Unterschiedliche Ränge in der Intelligenz und in der Schule stehen also im Widerspruch zum Ideal der Gleichheit. Zwar gibt es genug einzelne Ausnahmen von diesen Durchschnittswerten. Aber man versucht ja ständig, die Beurteilung der Kinder zu perfektionieren, vor allem um sie notfalls auch vor einem Verwaltungsgericht verteidigen zu können – und das führt unaufhaltsam zur weiteren Zementierung der Rangskalen.

Die Französische Revolution mit ihren Forderungen nach Freiheit, Gleichheit und Brüderlichkeit richtete sich zwar – soweit es die Gleichheit betraf – primär gegen die Ungleichheit in solchen Privilegien, die sich von der Geburt aus adeligem oder nichtadeligem Stande herleiteten. Wenn sich nun aber von anderen Persönlichkeitseigenschaften wie der Intelligenz, die der einzelne an sich selbst nicht ändern kann, Rangprivilegien von höchster Bedeutsamkeit ableiten, so ist es verständlich, daß sich im Menschen dagegen etwas wehrt. Ja, er kann sich dadurch in seiner Menschenwürde verletzt fühlen! Als vor Jahren in den USA festgestellt wurde, daß Schwarze in Intelligenztests im Durchschnitt schlechter abschnitten als Weiße und daß man dies als biologische Rasseneigenschaft und nicht als Ergebnis der sozial bedingten schlechteren Bildungsbedingungen auffaßte, erhob sich ein Sturm der Entrüstung nicht nur bei der dunkelhäutigen Bevölkerung. Auch hier wehrten sich die Menschen wie die ersten Kämpfer der Französischen Revolution gegen das Postulat einer geburtsbedingten Ungleichheit.

Die Wissenschaft vom Menschen, die Anthropologie, ist gehalten, Sachaussagen ebenso wichtig zu nehmen wie aus der Humanität entwickelte Postulate. Beim Thema ›Die Ungleichheit der Intelligenz und das Ideal der Gleichheit‹ steht sie vor einem Widerspruch, muß aber auch nach Wegen zu seiner Überwindung suchen.

Auf der einen Seite ist es einfach nicht abzuleugnen, daß die Intelligenz unter den Menschen unterschiedlich ist. Wenn jemand diese Kenntnis und deren Berücksichtigung im Schul- und Bildungswesen unterdrücken wollte, so verschwände gerade heute für ihn die Hoffnung, dies zu erreichen, in weite Ferne; denn für die Hochbegabungen unter den Kindern, für deren Förderung man sich im Osten schon längst in besonderen Einrichtungen einsetzt, beginnt man sich jetzt auch zunehmend wieder im Westen zu interessieren.

Auf der anderen Seite gehört es unbedingt zur Humanität in der Gegenwart, und es ist in vielen Verfassungen niedergelegt: Das Recht zum Leben und zur Entfaltung der Persönlichkeit kommt allen Individuen im gleichen Maße zu, unabhängig von Religion, Hautfarbe und sonstigen Eigenschaften, also auch unabhängig vom Intelligenzgrad. Da unterschiedlicher Intelligenzgrad für bestimmte Bereiche der Ungleichheit der Chancen ursächlich ist, entsteht verständlicherweise der Wunsch, diese Unterschiede zu beseitigen, entsprechende Methoden zu entwickeln und sie durchzusetzen. Diesen Impulsen entsprang vor Jahren in den USA das mit hunderten von Millionen Dollar finanzierte Head-Start-Programm. Mit seiner Hilfe sollten die Bildungsunterschiede bereits im Kindergartenalter für alle Bevölkerungsschichten auf das gleiche Niveau angehoben werden. Diesem Programm verdanken die deutschen Fernsehzuschauer unter anderem die Sendereihe ›Sesamstraße‹. Es hat sich aber gezeigt, daß sich vielleicht die Intelligenzunterschiede in der Bevölkerung ein wenig vermindert haben. Von einem Ausgleich aber kann keine Rede sein – hierfür besteht nicht die geringste Aussicht. Ja, wir müssen nunmehr, ob wir wollen oder nicht, definitiv damit rechnen: Es gibt unter den Menschen Intelligenzunterschiede, die sich auf absehbare Zeit nicht ausgleichen lassen und ihren Einfluß auf die Chancen der Einzelmenschen in Ost und West behalten werden. Mit diesem Bewußtsein müssen wir leben. Wie aber kann man den Widerspruch zwischen der tatsächlichen Ungleichheit und dem Ideal der Gleichheit so verarbeiten, daß er der Wissenschaft *und* der Menschenwürde gerecht wird?

Ein erster Schritt zur Lösung dieses Problems liegt in der Einsicht: Jedes Rangstufendenken führt – zumindest bei den unter dem Durchschnitt Liegenden, und das ist die Hälfte von allen – um so eher zum Verlust ihrer Selbstachtung und damit ihres wichtigsten Lebensimpulses, je mehr es um den Kern der Persönlichkeit geht. Diese Eigenschaft haben Rangordnungen stets an sich, sie ist von ihnen nicht wegzudenken. Stellen wir uns vor, wir säßen in einem Saal mit hundert Mitmenschen, und wir alle würden nach der Ausbildung irgendeiner bestimmten Eigenschaft bewertet – nach Musikalität oder Kopfrechnen, nach sprachlichem Ausdruck oder handwerklicher Geschicklichkeit, nach Reitenkönnen oder schauspielerischer Fähigkeit: Stets würde eine Rangordnung herauskommen, zwar jedesmal eine andere, aber immer müßte sich die eine Hälfte der Teilnehmer als zugehörig zur schlechteren Hälfte, als unterdurchschnittlich eingestuft erfahren. Jeder zweite müßte sich also, wenn ihm das Ganze nicht ohnehin gleichgültig ist, als weniger geachtet, als weniger wertvoll vorkommen. Eine extreme Ungleichheit wäre zur Herrschaft gelangt, ganz gleich, *welche* Eigenschaft nun getestet wurde.

Bleiben wir bei diesem Gedankenversuch: Gibt es eine Alternative zu dem Verfahren, alle Beteiligten auf *eine und dieselbe* Fähigkeit zu testen? Diese Frage ist zu bejahen: Man könnte bei jeder der hundert Personen danach suchen, welche unter *deren* Fähigkeiten am besten entfaltet ist. Vielleicht ist es eine handwerkliche, künstlerische, intellektuelle, soziale oder sportliche Fähigkeit. Es ist kaum abzusehen, was hierbei alles zutage kommen würde. Jedenfalls werden die meisten Teilnehmer irgend etwas zu bieten haben, worin sie den meisten oder allen anderen überlegen wären, worin sie also Wertschätzung von seiten der anderen erfahren und daraus auch eine Bejahung ihrer selbst schöpfen könnten. Dieses Verfahren besteht auch in einer Leistungsbeurteilung. Es führt aber zu keiner Rangordnung, sondern im Idealfall zur Achtung und Förderung eines jeden durch alle anderen. Keiner wird entwertet oder entmutigt. So gut wie jeder hat mindestens in *einer* Rangordnung einen hohen Rang, und nach diesem hohen Rang wird gefragt. Die Bewertung erfaßt bei jeder Person deren Bestes.

Das eben beschriebene Gedankenspiel mit der zwiefachen Bewertungsart der hundert Personen läßt sich nun leicht in den Bereich der Intelligenz übertragen. Wer das zahlenmäßige Bewerten der Intelligenz in den Mittelpunkt rückt, sei es mit Hilfe von Intelligenztests oder mit Schulnoten, der ordnet Menschen nach Rangstufen. Diese Betrachtungsweise engt erstens die Vielfalt der Intelligenz auf das Meßbare ein. Sie lenkt zweitens die Aufmerksamkeit unweigerlich auch auf die Position derjenigen Menschen, denen wegen geringeren Intelligenzranges bestimmte Lebenserfolge verwehrt bleiben; denn jedes Rangstufenwerten ordnet ja die Menschen zwangsläufig je zur Hälfte in Überdurchschnittliche und Unterdurchschnittliche und womöglich auch in Privilegierte und Unterprivilegierte, wenn man etwa Berufszugänge an Zeugnisnoten koppelt. Die Ungleichheit der Intelligenz zwischen den Menschen bekommt durch das Rangstufendenken den Charakter eines Gebrechens der Menschheit. Man kann es darum nachfühlen, wenn wertbewußte Menschen sich durch das Ideal der Gleichheit dazu aufgerufen fühlen, gegen die durch Intelligenzunterschiede bedingte Ungleichheit anzukämpfen.

Aus dieser Sichtweise kann man sich lösen, und man kann die Ungleichheit der Intelligenz bejahen, wenn man statt der ohnehin eingeschränkten *Meßbarkeit* die *Vielfalt* der Intelligenzleistungen ins Zentrum der Beachtung rückt. Das ist keine neuartige oder utopische Forderung. Es gehört seit jeher zum Berufsethos beispielsweise des Grundschullehrers, daß er bei jedem, aber auch jedem Kind seiner Klasse mindestens eine Eigenschaft sucht und entwickelt, die von den anderen als etwas Besonderes anerkannt wird und deren es sich in kindlichem Stolz freuen kann.

Aus gutem Grund habe ich daher an den Anfang dieser Erörterung die so vielfältigen, funktionell voneinander unabhängigen Teilprozesse der Intelligenzleistungen gestellt – Beobachtungsgabe, Gedächtnis, produktive Phantasie, Einfallsreichtum, logisches Folgern – und an die so grundverschiedenen Intelligenzrichtungen erinnert, die wir als theoretische, sprachliche, praktische, als soziale und pädagogische Begabung unterscheiden. Noch viel größer wird diese Vielfalt, wenn wir an verschiedene *Kombinationen* dieser Begabungsrichtungen unter den einzelnen Menschen denken.

In dieser Sicht ist die Ungleichheit der Intelligenz unter den Menschen kein Gebrechen, sondern eine Vielfalt und ein Reichtum. Sie bietet die Chance, in jedem Menschen solche Begabungen zu erkennen und anzuerkennen, die ihn besonders auszeichnen, ohne ihn dadurch anderen im Rang über- oder unterzuordnen. Dieser Weg eröffnet die Möglichkeit zur gleichen Achtung für alle Menschen hinsichtlich ihrer persönlichen, unverwechselbaren Intelligenzstruktur: Ein *Neben*einander anstelle eines *Über-* und *Unter*einander von Rangstufen. Dann wird kaum jemand mehr auf die Idee kommen, das Ideal der Gleichheit fordere es, eine solche Vielfalt gleichbewerteter Erscheinungen aufzuheben. Gelingt es also, die Gesamtwirklichkeit der Intelligenz ins Auge zu fassen, so steht ihre vieldimensionale Vielfalt mit dem Ideal der Gleichheit *im Einklang*.*

* Den Hinweis auf das in diesem Beitrag behandelte Thema verdankt der Autor dem an der Harvard University, Cambridge, Mass. tätigen Biologen Prof. Dr. Ernst Mayr.

Zur Rationalität der Emotionen
von Klaus R. Scherer

Seit der Mensch die Fähigkeit hat, über die Ursachen des eigenen Verhaltens nachzudenken, gibt es Denkmodelle über die Natur des Menschen. Im Laufe der Geistesgeschichte haben immer wieder zwei solcher Modelle eine herausragende Rolle gespielt: zum einen die Vorstellung vom Menschen als Vernunftwesen, dessen Verhalten durch die Ratio bestimmt wird, zum anderen die eher pessimistische Sichtweise des Menschen als Sklave seiner Leidenschaften und Affekte. Der Streit darüber, ob das menschliche Verhalten in erster Linie von der Ratio gesteuert wird, durch die sich der Mensch von den Tieren unterscheidet, oder doch eher durch die Passio, also die Leidenschaften, Begierden und Emotionen, nicht wesentlich verschieden von den Tieren, dauert seit Jahrhunderten, wenn nicht Jahrtausenden an.

Wie auch in anderen Grundfragen der menschlichen Existenz schlägt das Pendel im Laufe der Zeit immer wieder von einem Extrem zum anderen aus, und wir finden in der Geschichte der Philosophie, später auch in der Geschichte der Anthropologie und der Psychologie viele Beispiele für solche periodischen Schwankungen in der Bevorzugung eines dieser beiden Modelle der menschlichen Natur. Am Ende des letzten Jahrhunderts und noch weit bis in unser Jahrhundert hinein waren eher der Passio verpflichtete Modelle populär, wie verschiedene Trieb- oder Instinktlehren des menschlichen Verhaltens (die entsprechenden Vorstellungen von Freud und Lorenz werden noch heute diskutiert). Die kognitive Revolution, die sich in den sechziger Jahren durchgesetzt hatte, versucht jedoch den Menschen wieder als gleichsam reines Vernunftwesen zu verstehen, manchmal sogar als eine Art kognitive Maschine, die Entscheidungen auf der Grundlage logischer Ableitung und Schlußfolgerung trifft und bei der die Emotionen nur als bedauerliche Pannen im regelhaften Ablauf der logischen Prozesse gesehen werden. Aber auch diese Phase eines rein rationalistischen Menschenbildes scheint ihren Höhepunkt schon wieder überschritten zu haben. Die Emotionen und Affekte spielen in den letzten Jahren eine immer wichtigere Rolle auch in den Wissenschaften vom Menschen.

Man könnte das stete Hin- und Herschwanken des Menschenbildes zwischen den Extremen der Ratio und der Passio für einen müßigen Streit zwischen praxisfernen Wissenschaftlern und Philosophen halten – oder auch nur als zwei theoretische Extreme –, wenn sich nicht vielfach nachweisen ließe, daß die in einer bestimmten Zeitepoche vorherrschenden Menschenbilder bis weit in den politischen und gesellschaftlichen Raum hinein Einfluß haben. Man denke etwa an das von einer Vernunfteuphorie geprägte Zeitalter der Aufklärung oder an die Vorstellung des von Instinkten geleiteten Massenmenschen als Begründung für moderne Massendiktaturen, wie etwa im Nationalsozialismus. Der Einfluß des jeweils herrschenden Menschenbildes läßt sich aber auch in vielen Einzelbereichen des gesellschaftlichen Lebens, etwa in der Erziehung oder der Rechtsprechung und nicht zuletzt in den Humanwissenschaften selbst, nachweisen.

Warum, so läßt sich fragen, haben beide Extrempositionen – »Vernunftwesen« oder »Sklave der Leidenschaft« – immer wieder eine so überraschend starke Anziehungskraft auf Denker und Forscher der vergangenen Jahrhunderte bis in die Neuzeit gehabt? Denn dem unvoreingenommenen Beobachter menschlichen Verhaltens scheint es doch, daß sowohl kognitiv gesteuerte Informationsverarbeitung und vernunftgemäßes Handeln als auch affektiv bestimmte Motivationen und impulsive Emotionen das menschliche Verhalten bestimmen und charakterisieren. Ein Grund für die Ausschließlichkeit beider Menschenbilder scheint darin zu bestehen, daß seit Jahrhunderten angenommen wurde, die Ratio schließe die Passio aus und umgekehrt. Ausdrücklich oder stillschweigend vorausgesetzt findet man immer wieder die Annahme, rationales Handeln müsse notwendigerweise bar jeglicher Emotion sein, während emotionales Verhalten, oft als Synonym für impulsives Handeln gebraucht, ebenso notwendigerweise als irrational anzusehen sei. Ich möchte jedoch ganz im Gegensatz hierzu aufgrund eines phylogenetisch vergleichenden Ansatzes zu zeigen versuchen, daß auch Emotionen und emotionales Handeln nicht notwendigerweise irrational sind, sondern in gewisser Hinsicht als rational verstanden werden können.

Wenden wir uns zuerst dem Begriff der Rationalität zu. Generationen von Philosophen, von Sozial- und Verhaltenswissenschaftlern haben sich um eindeutige Definition des Begriffs bemüht. Eine kritische Sichtung der Literatur ist hier nicht möglich. Es lassen sich jedoch grob drei Definitionsrichtungen unterscheiden: 1. rational im Sinne von zweckmäßig, 2. rational im Sinne von verstandesmäßig und schließlich 3. rational im Sinne von vernünftig. Fragen wir also nach der Rationalität der Emotionen unter dem Blickwinkel dieser drei Definitionen.

Zunächst ein Blick auf Rationalität im Sinne von Zweckmäßigkeit. Bereits Aristoteles verstand Rationalität als die Fähigkeit des Menschen, zu erkennen, welche Mittel verfügbar sind, um ein bestimmtes Ziel zu erreichen, welche dieser Mittel und Wege die angemessensten oder wirkungsvollsten sind und wie diese im konkreten Verhalten und Handeln einzusetzen sind. Eine optimale Mittel-Ziel-Relation ist in der Folgezeit häufig als Grundlage für Rationalität postuliert worden, besonders nachdrücklich – zum Beispiel in unserem Jahrhundert – von Max Weber, der als Soziologe die Zweckrationalität der Entscheidungen geradezu als das Hauptmerkmal moderner Gesellschaftsformen ansah. Im Mittelpunkt des Konzepts der Zweckrationalität steht also die Wahl der geeignetsten Mittel für ein gegebenes Ziel. Dabei wird vorausgesetzt, daß die Wahl der Mittel in einer bewußten, verstandesmäßigen Weise erfolgt, das heißt, daß wir uns ganz bewußt überlegen, mit welchen Mitteln wir ein bestimmtes Ziel am besten erreichen können.

Nun scheint aber die bewußte kognitive Entscheidung für ein bestimmtes Mittel kein notwendiges Element eines zweckrationalen oder auch funktionalen, zielbezogenen Verhaltens zu sein. So finden wir im Rahmen der biologischen Adaptation bei vielen Tierarten Verhaltensweisen, die offensichtlich funktional sind und mithin als zweckrational bezeichnet werden können, ohne daß sie auf kognitive Prozesse oder bewußte Wahl zurückgehen. Stimmt man der Annahme zu, daß zweckrationales Verhalten nicht notwendig bewußt und kognitiv gesteuert sein muß, so ist als nächstes zu fragen, ob dann nicht auch die Emotionen funktional und adaptiv sein können. Viele Emotionstheoretiker haben dies verneint. Emotionen oder Affekte werden häufig als Unterbrechungen, Störungen, als dysfunktional oder desorganisierend für das Verhalten beschrieben. Dies mag für bestimmte Formen extremer Erregung tatsächlich gelten, kann aber nicht für alle Emotionen verallgemeinert werden. So kann Ärger durchaus hilfreich sein, Umwelthindernisse zu überwinden. Ein gewisses Maß an Angst vermag unter Umständen die Leistung zu steigern, und Freude und Interesse können für viele Arbeiten in hohem Maße organisierend wirken.

Besonders deutlich wird die adaptive Rolle der Emotionen, wenn wir uns die phylogenetische Entwicklung dieses Verhaltensmechanismus anschauen. Emotionen dienen dem Organismus in erster Linie zur Anpassung des Verhaltens an Umweltereignisse. In dieser Hinsicht sind Emotionen sehr viel flexibler als die Verhaltensmechanismen, die sie im Rahmen der stammesgeschichtlichen Entwicklung bei Tieren und insbesondere beim Menschen abgelöst haben, nämlich die Reflexe. Der Reflex, das wissen wir aufgrund eigener Erfahrungen mit dem Patellarsehnenreflex (dem Hochschnellen des Unterschenkels, wenn der Arzt die richtige Stelle unterhalb der Kniescheibe mit dem Gummihämmerchen trifft), ist ein extrem einfacher Reaktionsmechanismus. Eine sehr spezifische Verhaltensreaktion wird durch einen ihr entsprechenden sehr spezifischen Reiz ausgelöst.

Nun kann man sich natürlich einen Organismus vorstellen, der für alle für ihn wichtigen Umweltereignisse eine entsprechende reflexhafte Verhaltensreaktion bereithält. Sehr einfache Organismen, wie etwa die Amöben, verfügen tatsächlich vorwiegend über solche Reflexe zur Verhaltenssteuerung. Bei der steigenden und am Ende ungeheueren Komplexität der Verhaltensanpassung bei höheren Tieren und schließlich beim Menschen – nicht nur aufgrund der verschiedenartigen Umweltgegebenheiten, sondern auch wegen der vielfältigen sozialen Beziehungen – wäre jedoch eine Verhaltenssteuerung nur durch Reflexe unmöglich. Ein Reflex erlaubt keinerlei Flexibilität. Ist eine reflexhafte Verhaltensreaktion einmal ausgelöst, so muß sie bis zum Ende ablaufen. Aber in komplexen Umwelten oder in der Interaktion zwischen Artgenossen kann sich eine erste Einschätzung eines Ereignisses sehr schnell als falsch erweisen, und eine bereits reflexhaft in Gang gesetzte Verhaltensreaktion wäre dann höchst unpraktisch, ja gefährlich. Außerdem gibt es bei hochentwickelten Tieren und insbesondere beim Menschen eine große Zahl verschiedener Verhaltensalternativen als Antwort auf bestimmte Umweltsituationen, die verschiedene Vor- oder Nachteile haben können. Bei einem Reflex kann jedoch immer nur eine ganz spezifische und zwar genetisch vorprogrammierte Verhaltensreaktion einsetzen. So ist gerade die Vielzahl der Verhaltensalternativen als Reaktion auf Umweltveränderungen eine Folge der stammesgeschichtlichen Höherentwicklung vieler Tierarten bis zum Menschen.

Nun könnte man meinen, daß beim Menschen im Laufe der

Stammesgeschichte die Reflexsteuerung ersetzt wurde durch bewußtes, verstandesmäßiges Abwägen verschiedener Verhaltensalternativen, ihrer Vor- und Nachteile, sowie durch eine Prüfung der möglichen Folgen verschiedener Reaktionen und die Auswahl der optimalen Reaktionskombinationen. So sehen es in der Tat manche philosophischen Theorien des rationalen Handelns, aber auch entsprechende Theorien in den Wirtschaftswissenschaften. Diese gleichsam optimale Rationalität setzt jedoch vieles voraus, was es in Wirklichkeit nur begrenzt gibt. So etwa die Fähigkeit des Menschen, in einer bestimmten Situation die Rangordnung seiner Ziele eindeutig angeben zu können und alle möglichen Verhaltensalternativen sowie ihre Folgen zu kennen und einzuschätzen. Wir wissen, daß diese Bedingungen vollständig fast nie gegeben sind. Was Bewußtheit und Prioritäten unserer Ziele angeht, so hat nicht erst Freud darauf hingewiesen, daß es eine Vielzahl unbewußter Motivationen gibt, deren Existenz dem Einzelnen nicht nur unbekannt sind, sondern die dieser auch vehement abstreiten würde, wollte man sie ihm zur Kenntnis bringen. Was die Kenntnis der möglichen Verhaltensalternativen und deren Folgen angeht, so verfügen wir wohl nie über alle Informationen, die zu einem optimalen logisch-rationalen Kalkül erforderlich wären. Man könnte aber einwenden, daß es ja möglich ist, sich solche fehlenden Informationen zu beschaffen und somit doch noch zu einer optimal-rationalen Handlungsentscheidung zu kommen. Doch dabei unterschätzt man allzu leicht die »Kosten« einer solchen Informationsbeschaffung und des dann möglicherweise sehr aufwendigen logischen Kalküls.

Einer der wichtigsten Kostenfaktoren ist dabei wohl der erforderliche Zeitaufwand – und Zeit ist das, was sich ein zur Reaktion auf ein Umweltereignis gezwungener Mensch oft am allerwenigsten leisten kann, vor allem, wenn es sich um Notsituationen handelt, in denen rasches Handeln gefordert ist. Wenn auf dem sonntäglichen Spazierweg plötzlich ein Bär vor mir auftaucht, wäre ein logisches Kalkül über die relative Bedeutung der Ziele »Überleben«, »Genießen der Natur«, »Vermeiden, die Kleider zu zerreißen« oder »Interesse an Verhaltensstudien bei Bären« wohl fehl am Platze, ebensowenig wie zeitraubende Überlegungen über verschiedene Möglichkeiten der Abwehr oder der Folgen unterschiedlicher Kampfstrategien. Einen Menschen, der sich angesichts des Bären den Luxus eines solchen logisch-rationalen Kalküls erlaubt, würden wir sicher als unvernünftig, sein Handeln als irrational bezeichnen. Rationales Handeln im strengen Sinne erfordert also Zeit. Ist diese Zeit nicht vorhanden, dann ist das logische Kalkül im Sinne der Zweckrationalität unzweckmäßig und somit im Sinne dieser Rationalitätsdefinition irrational.

In solchen Fällen zeigt sich die Rationalität der Emotionen. Auch die emotionale Erregung als Folge einer Gefahrensituation vermeidet eine starre, reflexhafte Verhaltensreaktion. Denn es wird ja nie unmittelbar eine Verhaltensreaktion ausgelöst, sondern, wie etwa bei der Begegnung mit dem Bären, zunächst die Emotion Furcht. Zwar ist die Fluchttendenz als Verhaltensreaktion im Rahmen der Emotion Furcht bereits angelegt und vorbereitet, doch wird das eigentliche Fluchtverhalten erst nach einer gewissen »Pufferzeit« ausgelöst. In dieser »Pufferzeit« kann sich vielleicht herausstellen, daß man die Gefahr überschätzt hat: Der Bär ist in Wirklichkeit ein zotteliger Hund, der uns freudig die Hand lecken will. Oder es könnten andere Verhaltensalternativen als die in der Furcht angelegte Fluchttendenz aktiviert werden, etwa Aggression (wenn man eine Waffe zur Hand hat), was angesichts der Schnelligkeit eines Bärenangriffs die beste Verteidigung sein könnte. Ähnlich wie beim logisch-rationalen Kalkül sind also auch hier Neueinschätzungen der Situation sowie die Prüfung von Handlungsalternativen möglich. Der Unterschied besteht nun darin, daß bei den Emotionen bereits auf die jeweilige Situation zugeschnittene Verhaltenstendenzen angelegt sind, die im Notfall außerordentlich rasch ausgelöst werden können. Wichtig ist dabei, daß bei vielen Emotionen sofort eine physiologische Reaktion einsetzt, die die Aufgabe hat, den Organismus für die entsprechende Verhaltensreaktion vorzubereiten und die erforderlichen Energien bereitzustellen. Alles dies hat zum Ziel, den Zeitverlust möglichst klein zu halten und dennoch durch Entkoppelung von Reiz und Reaktion eine »Pufferzeit« für Reiz- und Reaktionsbewertung vorzugeben.

Bedenkt man demnach die Kosten des rein kognitiven Kalküls, so muß zumindest in Notsituationen emotionales Handeln als eindeutig rational im Sinne der Zweckrationalität angesehen werden. Der stammesgeschichtlich immer weiter verfeinerte Emotionsmechanismus stellt eine Verhaltensform dar, die angesichts der speziellen Reaktionsbedingungen eine außerordentlich flexible Handlungssteuerung ermöglicht.

Doch wenden wir uns einer weiteren Definition von Rationalität zu: rational im Sinne von verstandesmäßig. In der klassischen Philosophie wurde vielfach unterschieden zwischen »Ratio« im Sinne zielgerichteten praktischen Handelns und einer »vernünftigen Weltsicht« (siehe unten), unabhängig von der menschlichen Intelligenz und dem *intellectus* oder dem Verstand als der Grundlage für Schlußfolgerungen, Theorienbildung, Spekulationen und anderen verstandesmäßigen, kognitiven Prozessen, wie sie vorwiegend im Großhirn des Menschen ablaufen. Man könnte also fordern, daß rationales Handeln nicht nur funktional und zielgerichtet im Sinne von zweckrational sein muß, sondern darüber hinaus durch den Verstand, durch intellektuelle, kognitive Prozesse statt durch »dumpfe Triebe« gesteuert wird. Bei solchen Forderungen wird allerdings oft stillschweigend vorausgesetzt, daß Emotionen solche verstandesmäßigen, kognitiven oder intellektuellen Prozesse ausschließen. Eben das ist jedoch ganz und gar nicht der Fall. Denn, wie wir schon gesehen haben, ist ja eine der wichtigsten Voraussetzungen für das Zustandekommen von Emotionen die Bewertung von Umweltsituationen in bezug auf wichtige Ziele des menschlichen Organismus.

Natürlich können solche Bewertungsprozesse auch unterhalb der Verstandesebene, also subkortikal, etwa im limbischen System (einer phylogenetisch alten Hirnstruktur, die vorwiegend für die homeostatische Regulation der Körperfunktionen verantwortlich ist) ablaufen. So etwa bei der Emotion Ekel, bei der beispielsweise unangenehme Gerüche die bekannte Ekelreaktion auch ohne kognitive Verarbeitung dieser Reize hervorrufen. Viele Emotionen werden jedoch beim Menschen offensichtlich durch relativ komplexe kognitive Bewertungsprozesse hervorgerufen. Unterschiedliche Emotionen wie Ärger, Furcht, Freude, Traurigkeit, Scham, Triumph sind offensichtlich die Ergebnisse von häufig auf hohen Verarbeitungsebenen ablaufenden Bewertungsprozessen – so Überraschung als Folge nicht eingetroffener Erwartungen, Ärger als Folge von ungerechter Behandlung oder Bewunderung nach dem Nachvollziehen eines besonders eleganten Schachzuges. Die Bewertungs- und Inferenzprozesse, die die jeweiligen emotionalen Zustände hervorrufen, sind in ihrer Form wohl kaum von nicht-emotionalen verstandesmäßigen Prozessen, oft »kalte« Kognitionen genannt, zu unterscheiden. Heiß, also emotional, oder kalt, also nicht-emotional, sind mithin nur die Folgen verstandesmäßiger Prozesse, nicht deren spezifische Form. So wäre es auch eine unzulässige Vereinfachung der neueren hirnphysiologischen Befunde zur Spezialisierung der Hemisphären, wenn man behaupten wollte, die linke Hemisphäre diene vorwiegend der Kognition, die rechte vorwiegend der Emotion. Zwar scheint aufgrund des Forschungsstandes erwiesen, daß sich bei den meisten Menschen in den ersten Lebensjahren eine »Arbeitsteilung« zwischen den Hemisphären herausbildet, bei der die linke Hemisphäre eher für die analytische, zergliedernde Informationsverarbeitung, die rechte eher für eine mehr ganzheitliche, gestalthafte Verarbeitung spezialisiert ist, doch müssen wir davon ausgehen, daß bei den meisten komplexeren Kognitions- und Emotionsprozessen beide Hemisphären eng zusammenarbeiten.

Am Zustandekommen von Emotionen ist also der Verstand sehr wohl beteiligt. Man kann sogar postulieren, wie es etwa der amerikanische Psychologe Hebb getan hat, daß die Emotionalität einer Tierart in direktem Zusammenhang mit ihrer Fähigkeit zu komplexer kognitiver Informationsverarbeitung oder anders gesagt, zu verstandesmäßiger Leistung, steht. Hebb beschreibt anhand vieler Beispiele über emotionales Verhalten bei verschiedenen Tierarten und beim Menschen, wie die immer höher entwickelten kognitiven Fähigkeiten ein immer reicheres Repertoire von emotionalen Reaktionen, und damit auch entsprechenden Handlungsalternativen, mit sich bringen. Auch wenn man den Begriff rational auf verstandesmäßige, kognitive Prozesse beschränken will, kann man Emotionen nicht als a priori irrational oder »nicht-rational« bezeichnen.

Hier gilt es jedoch, einen schwerwiegenden Einwand zu erörtern. Sind es nicht oft gerade unsere Emotionen, die unsere intellektuelle Leistungsfähigkeit in bestimmten Situationen erheblich beeinträchtigen? So kann etwa extreme Angst vor einer Prüfung dazu führen, daß der Prüfling in seiner Denkfähigkeit stark eingeschränkt wird. Auch zu große Freude oder tiefe Traurigkeit können unsere verstandesmäßigen Leistungen offensichtlich beeinträchtigen. Andererseits können dies auch viele andere Zustände des Organismus, die nicht unmittelbar mit den Emotionen zusammenhängen, so etwa Müdigkeit, Hunger oder andere physiologische Zustände aufgrund von Krankheiten oder Drogeneinfluß. Aber bei manchen Emotionen, etwa bei starker Furcht, ist eine solche Einschränkung der kognitiven Fähigkeiten vielleicht gar nicht dysfunktional – wenn wir, wie oben dargestellt, davon ausgehen, daß in extremen Notsituationen die schnellste, biologisch vorprogrammierte Verhaltenstendenz, etwa die Flucht, auch die beste Reaktion ist.

Oft sind es auch gar nicht die kognitiven Verarbeitungsmechanismen, die vom emotionalen Zustand beeinflußt werden, sondern die jeweiligen Vorannahmen, Bewertungskriterien oder auch Zielvorstellungen. So kann ich auch bei Verwendung außerordentlich verstandesmäßiger Entscheidungsalgorithmen zu falschen Ergebnissen kommen, wenn ich wegen emotionaler Faktoren, etwa sehr starker Wunschvorstellungen, oder aufgrund unrealistischer Vorannahmen zu falschen Schlußfolgerungen gelange. Andererseits legen beispielsweise eine Reihe neuerer Forschungsergebnisse über die Weltsicht und das Selbstbild von zur Depression neigenden Personen die Vermutung nahe, daß sie aufgrund ihrer durch die negative Emotion bestimmten pessimistischen Grundannahmen zu eher realistischeren Einschätzungen kommen als nicht depressive Personen. Das hat die entsprechenden Forscher zu der Aussage veranlaßt, daß depressive Menschen vielleicht trauriger, aber auch »weiser« sind. In keinem Fall sind Emotionen notwendigerweise unvereinbar mit dem Verstand, also kognitiven Verarbeitungsprozessen.

Doch kommen wir zurück zur Vernunft. Die dritte Rationalitätsdefinition, die in diesem Beitrag behandelt werden soll, bezieht sich auf Rationalität als vernunftgemäßes Handeln. In der Tat hören wir häufig, daß jemand irrational handelt, wenn man sein Tun als »unvernünftig« einschätzt. Die Bezeichnung »unvernünftig« wird meist für Verhalten gebraucht, dessen *Ursachen* unverständlich, unerklärlich oder uneinsichtig sind. Man kann nun aber leicht zeigen, daß die Kriterien für diese Art von Vernunft fast ausschließlich auf sozialem Konsens beruhen. Das heißt, nicht der Handelnde selbst, sondern seine soziale Umwelt bestimmt, ob die Gründe oder die Art seines Verhaltens als vernünftig, also angemessen, nachvollziehbar, verstehbar, kurz von der sozialen Umwelt akzeptierbar gelten kann. Viele Philosophen, darunter auch Kant, haben dargestellt, daß der Begriff der Vernunft nur im Sinne eines solchen intersubjektiven Konsenses in bezug auf bestimmte Verhaltensnormen gebraucht werden kann.

Nun können Emotionen im Sinne dieser Definition von »rational« selbstverständlich tatsächlich irrational sein. Wenn jemand ohne erkennbaren Anlaß in tiefe Traurigkeit und Depression verfällt oder sich bei nichtigen Anlässen in hysterische Wut steigert, wird man in der sozialen Umwelt sicherlich konstatieren, daß diese Emotionsausbrüche unvernünftig, also irrational sind. In aller Regel führen solche unvernünftigen, unangemessenen Emotionen dann auch zur Überweisung des Patienten an den Nervenarzt oder zur Einlieferung in ein psychiatrisches Krankenhaus. Es handelt sich dabei um schwere Emotionsstörungen. Auch hier gilt: Nicht die Emotionen per se sind unvernünftig oder irrational, sondern bestimmte emotionale Reaktionen auf bestimmte Anlässe. Offensichtlich haben wir ein sehr feines Gespür dafür, welche emotionale Reaktion bei welchem Anlaß angemessen ist. Im Sinne der oben besprochenen Bewertungsprozesse, die zu unterschiedlichen Emotionszuständen führen, kann man davon ausgehen, daß Emotionen dann als vernünftig gelten, wenn die Bewertung einer Situation etwa als wirklich gefährlich oder die bei der Bewertung eingesetzten Kriterien, zum Beispiel die Gefährdung eines Ziels oder die eigene Handlungskapazität »richtig«, also von der sozialen Umwelt nachvollziehbar, eingeschätzt werden. Entscheidend ist hierbei die vom Einzelnen als maßgeblich angesehene soziale Umwelt. So wird von Sektenmitgliedern oder sehr stark von einer Ideologie geprägten Menschen oft nur die Meinung der Gleichgesinnten in bezug auf die Angemessenheit oder Einsichtigkeit bestimmter emotionaler Reaktionen und Handlungen akzeptiert, zum Beispiel extreme Wut über bestimmte politische Entscheidungen als Rechtfertigung für Terrorakte. Emotionen und Handlungen, die von der »öffentlichen Meinung« als unvernünftig und irrational angesehen werden, können also in Anbetracht der oft völlig anderen Vorannahmen und Bewertungskriterien einer Außenseitergruppe den Handelnden im Rahmen des inneren Konsenses der Gruppe als völlig rational erscheinen lassen.

Auch im Sinne von »vernünftig« können Emotionen und emotionales Handeln also durchaus als rational bezeichnet werden. Ja, unter bestimmten Voraussetzungen kann sogar das Ausbleiben von emotionalen Reaktionen in bestimmten Situationen als irrational gelten. So beschreibt Aristoteles in der ›Nikomachischen Ethik‹, wie man in bestimmten Situationen in ganz bestimmter Weise ärgerlich werden muß, um als vernünftiger und sozial adäquat handelnder Mensch behandelt zu werden. Dies zeigt nicht nur wiederum die soziale Bedingtheit von Vernunft, sondern auch die wichtige Rolle der Emotionen als adaptive soziale Regulierungsmechanismen.

Fassen wir zusammen: Entgegen der weitverbreiteten Ansicht, daß Ratio die Passio ausschließt, daß also Emotionen mit Rationalität unvereinbar sind, kann man zeigen, daß Emotionen und emotionales Handeln durchaus als rational gelten können. Dies gilt für die wichtigsten drei Definitionen von Rationalität: Emotionen können funktional und zweckrational sein, sie hängen von kognitiven, verstandesmäßigen Leistungen ab und können letztere auch positiv beeinflussen. Und Emotionen werden schließlich häufig als rational im Sinne von vernünftig, vor allem im sozialen Kontext, angesehen. Natürlich können Emotionen auch irrational sein im Sinne aller drei Definitionsvorschläge. Doch dann handelt es sich meist um Emotions*störungen*. Wie wir gesehen haben, sind Verstand und Vernunft einerseits und Emotionen und Affekt andererseits keine Gegensätze. Sie bedingen und ergänzen einander.

Wir brauchen ein Menschenbild, das dieser Doppelnatur der Ursachen menschlichen Verhaltens Rechnung trägt.

Literaturhinweise

U. Anacker, Vernunft. In: H. Krings, H. M. Baumgartner, C. Wild (Hrsg.), Handbuch philosophischer Grundbegriffe. München 1974, S. 1589–1612.

L. Alloy, L. Abrahamson, Judgment of contingency in depressed and non-depressed students: sadder but wiser? In: Journal of experimental psychology: General 108 (1979), S. 441–485.

Aristoteles, Nikomachische Ethik. Aristoteles, Werke, Bd. 6. Darmstadt 1960.

C. Darwin, The expression of the emotions in man and animals. Dt.: Der Ausdruck der Gemüthsbewegung bei dem Menschen und den Tieren. Stuttgart 1872.

N. Elias, Über den Prozeß der Zivilisation. 2 Bde. Frankfurt a. M. 1978.

J. Elster, Ulysses and the sirens. Cambridge 1984.

E. Gellhorn, The emotions and the ergotropic and trophotropic systems. In: Psychologische Forschung 34 (1970), S. 48–94.

D. O. Hebb, The organization of behavior. New York 1949.

C. Izard, Die Emotionen des Menschen. Weinheim 1981 (orig. 1977).

R. S. Lazarus, J. R. Averill, E. M. Opton, Towards a cognitive theory of emotion. In: M. B. Arnold (Hrsg.), Feelings and emotions. New York 1970, S. 207–232.

G. Mandler, Mind and body. Psychology of emotion and stress. New York 1984.

R. Plutchik, Emotion. A psychoevolutionary synthesis. New York 1980.
A. Rorty (Hrsg.), Explaining the emotions. Berkeley 1980.
K. R. Scherer, P. Ekman (Hrsg.), Approaches to emotion. Hillsdale, N. J. 1984.
K. R. Scherer, H. G. Wallbott, A. B. Summerfield (Hrsg.), Experiencing emotion. A crosscultural study. Cambridge 1986.
K. R. Scherer, On the nature and function of emotion. A component process approach. In: K. R. Scherer, P. Ekman (Hrsg.), Approaches to emotion. Hillsdale, N. J. 1984, S. 293–317.
K. R. Scherer, (Hrsg.), Rationality and the emotions. Report on a colloquium. In: Social science information 24 (1985), S. 323–406 (Beiträge von Levy, Scherer, Emde, Rorty, Ainslie und Elster).
M. Weber, Wirtschaft und Gesellschaft. 2 Bde. Köln 1964.

Triebe und Triebschicksale
von Margarete Mitscherlich-Nielsen

Was versteht der Psychoanalytiker unter Trieben, was unter Triebschicksalen? Freud definierte »Trieb« in seiner im April 1915 abgeschlossenen Arbeit ›Triebe und Triebschicksale‹ als einen »Grenzbegriff zwischen Seelischem und Somatischem, als psychischen Repräsentanten der aus dem Körperinnern stammenden, in die Seele gelangenden Reize«. In seiner Arbeit ›Die Verdrängung‹, die er zur gleichen Zeit fertigstellte, beschrieb er die psychische Triebrepräsentanz als Vorstellung oder Vorstellungsgruppe, die mit einem bestimmten Betrag von psychischer Energie, auch Libido genannt, besetzt ist. Trieb bleibt für ihn ein Grenzbegriff zwischen dem Somatischen und dem Seelischen. Nach 1920 in ›Jenseits des Lustprinzips‹ (S. 244) bezeichnet er die Triebe als »das wichtigste wie das dunkelste Element der psychologischen Forschung«. Freud unterscheidet zwischen Trieb und Reiz: Reiz kommt von außen, Trieb von innen. Dem äußeren Reiz kann man sich durch Flucht entziehen, den Triebbedürfnissen, die er auch als endogene Reize bezeichnet, nicht. In der Zeit von 1897 bis 1911 stand die Entdeckung des Ödipuskomplexes und mit ihm die Bedeutung der von Triebkräften gespeisten Phantasie für den psychischen Konflikt im Mittelpunkt des psychoanalytischen Interesses. Dadurch wurde in dieser Phase seiner Theorie dem Einfluß äußerer Traumen, äußerer Ereignisse und Reize auf die kindliche Psyche weniger Beachtung geschenkt, als das vor der Zentrierung seines Interesses auf die Bedeutung des Ödipuskomplexes der Fall war.

In seiner Triebtheorie nahm Freud zu diesem Zeitpunkt an, daß die sexuellen Triebe und die Selbsterhaltungstriebe, auch Ich-Triebe genannt, miteinander im Konflikt liegen. Die den Selbsterhaltungsbedürfnissen des Ichs dienenden Ich-Triebe waren die verdrängende, die Sexualtriebe die verdrängte Kraft, die, nach Bewußtsein und Befriedigung strebend, sich gegen die Ich-Triebe durchzusetzen versuchten. Dieser Kampf zwischen Ich und Sexualität wurde als Konflikt zwischen den bewußten und unbewußten seelischen Kräften angesehen, da das Ich zu diesem Zeitpunkt von Freud noch als bewußte seelische Instanz definiert wurde.

Das war der Stand der psychoanalytischen Theorie, bevor Freud die unbewußten Anteile des Ichs entdeckte und formulierte. Mit seiner Einführung des Narzißmus-Konzepts (1914) verwischten sich die Gegensätze zwischen Sexual- und Ich-Trieben. Freud erkannte, daß beide Triebe aus einer gemeinsamen Quelle stammten. Den Unterschied zwischen beiden sah er jetzt in der Wahl der Objekte, das heißt, die Libido konnte sich entweder einem äußeren Objekt oder auch dem eigenen Ich zuwenden. Gleichzeitig hielt Freud daran fest, daß es auch nicht-libidinöse Ich-Triebe gäbe, die er »Interesse« nannte. Nach 1914 änderte sich für ihn zunehmend Gewicht und Bedeutung der Aggression. Sie war bisher im Zusammenhang mit dem Sadismus als Teil des Sexualtriebes angesehen worden, wurde jetzt aber den nicht-libidinösen Trieben – als Bemächtigungstrieb – zugeordnet.

Da Freud bei sich, seinen Patienten und Zeitgenossen mit dem Problem der Ambivalenz, also des gleichzeitigen Vorhandenseins von Liebe und Haß in der Beziehung zu einer Person wie zum eigenen Selbst oder Ich konfrontiert wurde, erkannte er, welche zentrale Bedeutung die Aggression im Leben der Menschen hat. Seit 1920 in ›Jenseits des Lustprinzips‹ sah er in dem Kampf zwischen sexuellen und aggressiven Trieben die Quelle aller menschlichen Konflikte. Der Begriff der »Ich-Triebe« wurde mehr oder weniger aufgegeben. Selbsterhaltungstrieb und Sexualtrieb wurden zu Teilen des Lebenstriebes. Aggression wurde nicht mehr den Ich-Trieben, sondern den Todestrieben zugeordnet. Die umfassenden Einheiten Lebens- und Todestriebe wurden in dieser Phase seiner Triebtheorie als gegnerische Kräfte angesehen, die das Leben des Menschen bestimmen.

Sexualität war für Freud jedoch kein einheitlicher Trieb, der nicht mehr zerlegbar war. Für ihn stellte sich Sexualität dar als aus einer Anzahl von Partialtrieben, zusammengesetzt, wie zum Beispiel die Gegensätze Exhibitionismus – Schaulust, Sadismus – Masochismus. Partialtriebe suchen, ehe sie in der genitalen Phase zusammengefaßt werden, unabhängig voneinander Befriedigung. Die in der kindlichen Entwicklung sich ablösenden oder auch ineinander übergehenden oralen, analen und phallischen Partialtriebe verknüpfen sich mit den erogenen Zonen, nach denen sie benannt wurden und von denen eine lustvolle Erregung ausgeht.

Ich wende mich wieder der Entwicklung der Triebtheorie zu,

wie Freud sie in seiner Arbeit ›Triebe und Triebschicksale‹ (1915) dargestellt hat. Dort beschreibt er, wie »Liebe« im Laufe der kindlichen Entwicklung vom Ausdruck einer Lustbeziehung des Ichs zu den Objekten sich schließlich an die Sexualobjekte fixiert. Haß ist demgegenüber weniger mit Sexualität als mit den Ich-Trieben verknüpft. Die Unlust-Reaktion scheint ihm bei der Entstehung von Haß die einzig entscheidende zu sein. »Das Ich haßt, verabscheut, verfolgt mit Zerstörungsabsichten alle Objekte, die ihm zur Quelle von Unlustempfindungen werden, gleichgültig, ob sie ihm eine Versagung sexueller Befriedigung oder der Befriedigung von Erhaltungsbedürfnissen bedeuten. Ja, man kann behaupten, daß die richtigen Vorbilder für die Haß-Relation nicht aus dem Sexualleben, sondern aus dem Ringen des Ichs um seine Erhaltung und Behauptung stammen.« (GW X, S. 230) »Der Haß ist als Relationsobjekt älter als die Liebe, er entspringt der uranfänglichen Ablehnung der reizspendenden Außenwelt von seiten des narzißtischen Ichs. Als Äußerung der durch Objekte hervorgerufenen Unlust-Reaktion bleibt er immer in inniger Beziehung zu den Trieben der Icherhaltung, so daß Ich-Triebe und Sexualtriebe leicht in einen Gegensatz geraten können, der den von hassen und lieben wiederholt.« (GW X, S. 231) Analytiker nach Freud haben zur Präferenz von Liebe und Haß andere Ansichten entwickelt. Ich komme später darauf zurück.

Mit der Einführung der Dualität von Lebens- und Todestrieben (1920) wurde auch das Lustprinzip als alleinherrschende Tendenz im Seelenleben entthront. Mit der Erfahrung, daß Erlebnisse wiederholbar werden, aus denen sich keine Lust gewinnen läßt und die auch in der Vergangenheit niemals Triebbefriedigung verschafft haben konnten, änderte sich Freuds Theorie. Er erkannte, daß es einen Wiederholungszwang gab, der sich über das Lustprinzip hinwegsetzte und dem er wie dem Lustprinzip Triebcharakter zusprach. »Auf welche Weise hängt aber das Triebhafte mit dem Zwang zur Wiederholung zusammen?«, fragte Freud in ›Jenseits des Lustprinzips‹ (GW XIII, S. 38) »Hier muß sich uns die Idee aufdrängen«, fährt er fort, »daß wir einem allgemeinen ... Charakter der Triebe, vielleicht allen organischen Lebens überhaupt, auf die Spur gekommen sind. Ein Trieb wäre also ein dem belebten Organischen innewohnender Drang zur Wiederherstellung eines früheren Zustandes ...« In derselben Arbeit verglich Freud die Polarität von Liebe und Haß mit der von Lebens- und Todestrieben und beschäftigte sich mit der Wirkung des Todestriebes innerhalb des Organismus. In späteren Schriften (wie ›Das Unbehagen in der Kultur‹) richtete er seine Aufmerksamkeit auch auf die Art und Weise, wie die Todestriebe nach außen gewendet und dort als destruktive oder aggressive Strebungen manifest werden. Todes- und Lebenstriebe treten nur selten »rein« auf, sondern meist in Legierungen oder Mischungen.

Dieses Thema wurde in seinem Essay ›Das Ich und das Es‹ weiter verfolgt. Dort heißt es, daß das Konzept der Triebmischung eine unabweisbare Annahme darstelle. »In der sadistischen Komponente des Sexualtriebes hätten wir ein klassisches Beispiel einer zweckdienlichen Triebmischung vor uns, im selbständig gewordenen Sadismus als Perversion das Vorbild einer, allerdings nicht bis zum äußersten getriebenen Entmischung.« (GW XIV, S. 270)

Nach der Formulierung der Todestriebtheorie in ›Jenseits des Lustprinzips‹ (1920) führte Freud 1923 in ›Das Ich und das Es‹ seine psychoanalytischen Strukturkonzepte ein, das heißt, die Psyche wurde in verschiedene Instanzen eingeteilt: Ich, Es, Über-Ich.

In das Über-Ich – so Freud – wird jener Anteil der kindlichen Aggressivität mit aufgenommen, den das Kind – aufgrund seiner Liebe zu ihnen – nicht gegen die Eltern wenden kann, denen sie ursprünglich gelten, da sie seinen Triebwünschen Versagungen auferlegen. Die verinnerlichten Eltern, deren Verbote und Gebote, werden zum Bestandteil des Über-Ichs. Die Strenge des Über-Ichs entspricht aber nicht nur der Strenge der Eltern, sondern – wie Freud es schon betonte – auch dem Betrag, der gegen die Eltern gerichteten Aggressivität des Kindes, der nach innen gerichtet wird und nun in dessen Über-Ich eingeht. Mit den Identifikationen und Introjektionen bei der Über-Ich-Bildung geht eine Triebentmischung einher, so daß die dadurch freigesetzten innerseelischen destruktiven Strebungen die Strenge des Über-Ichs erhöhen. Identifikation bedeutet immer eine zumindest partielle Aufgabe des Objektes, das heißt, da die an das Objekt gebundene Liebe in den Hintergrund tritt, wachsen bei diesem Vorgang Aggression und Narzißmus. Bei der Frau scheinen Identifikationen, die zur Verinnerlichung führen, weniger radikal mit der Objektliebe zu brechen als beim Mann. Das ist nach Freud eine Ursache für ihr »schwaches« Über-Ich, bedeutet aber natürlich auch, daß Aggressionen eine geringere Rolle bei der weiblichen Über-Ich-Bildung spielen.

Denn Art und Inhalt des Über-Ichs sind vom Umgang eines Menschen mit seinen Trieben und triebbesetzten Objekten abhängig, sind die Folge eines Triebschicksals. Strenge, Schwäche, Rigidität, Elastizität, Einseitigkeit, Vielfältigkeit der Über-Ich-Instanz hängen davon ab, wie mit den Trieben, insbesondere den aggressiven, im Laufe der individuellen Entwicklung umgegangen wird, wie mitmenschliche Beziehungen verinnerlicht, Phantasien verarbeitet, Schuldgefühle projiziert, introjiziert oder ertragen werden können und vieles mehr. Was immer der Psychoanalytiker behandelt und zu verstehen versucht, gehört in den Bereich der Triebschicksale. Abwehrmechanismen aller Art werden gegen angsterregende oder verbotene aggressive oder libidinöse Triebe aufgebaut und bestimmen Symptome oder Strukturen der Persönlichkeit.

Eine Regression der Libido, auch ein Abwehrmechanismus und damit ein Triebschicksal, kann zur Freisetzung des vorher gebundenen, gegen das Objekt gewendeten Destruktionstriebes führen. Dies geschieht zum Beispiel in der Zwangsneurose. Das Ich muß sich hier gegen die verinnerlichten analsadistischen Impulse zur Wehr setzen. Auch in der Melancholie, in der das Ich sich mit dem verlorenen Objekt identifiziert und die Libido auf die Stufe des Narzißmus regrediert, werden alle nun im Über-Ich enthaltenen destruktiven Impulse, die ursprünglich dem verlorenen Objekt galten, gegen das eigene Ich gewendet. Daher die in der melancholischen Regression oft zu beobachtende Neigung zum Selbstmord. »Wenn eine Triebstrebung der Verdrängung unterliegt, so werden ihre libidinösen Anteile in Symptome, ihre aggressiven Komponenten in Schuldgefühle umgesetzt«, so Freud in ›Das Unbehagen in der Kultur‹ (S. 499). Die Selbstquälerei und Selbstbeschuldigungen des Masochisten oder Melancholikers stellen deswegen auch eine Befriedigung von sadistischen Neigungen und Haßtendenzen dar. Die Krankheit dient der Vermeidung offener Feindseligkeiten gegen das Liebesobjekt. »Die Todesangst der Melancholie läßt nur die eine Erklärung zu, daß das Ich sich aufgibt, weil es sich vom Über-Ich gehaßt und verfolgt anstatt geliebt fühlt ... Leben ist also für das Ich gleichbedeutend mit Geliebtwerden, vom Über-Ich geliebt werden, das auch hier als Vertreter des Es auftritt«. (›Das Ich und das Es‹, S. 288).

Hinter den Selbstvorwürfen sind freilich die Anklagen nur unvollständig verborgen, weswegen Depressionen auch leicht in Aggressionen und Schuldverschiebungen umschlagen können. Jedes Triebschicksal hat seinen bestimmten Abwehrcharakter, der aber einem Wechsel unterworfen sein kann: Verdrängung, Wendung gegen die eigene Person, Verwandlung ins Gegenteil, Identifikation, Projektion, Introjektion usw. In ›Hemmung, Symptom und Angst‹ (1926) stellt Freud die Hypothese auf, daß »der seelische Apparat vor der scharfen Sonderung von Ich und Es, vor der Ausbildung eines Über-Ichs, andere Methoden der Abwehr übt, als nach der Erreichung dieser Organisationsstufen«. Solange Objekte – seien es Mitmenschen, sei es das eigene Selbst – nicht als Ganzes wahrgenommen werden können, solange nur Teilobjekte gesehen und erlebt werden, ist das psychische Leben einer Spaltung unterworfen. Eigene seelische Anteile werden externalisiert, fremde Anteile als eigene erlebt. Projektion und Introjektion sind die vorherrschende Abwehrmethode.

Es ist das persönliche Schicksal eines jeden Menschen, wie er seine Triebe befriedigt, beziehungsweise wie er sie abwehrt. Bei den sexuellen Trieben handelt es sich nicht nur um die Abwehr und den Umgang mit dem genitalen Triebanteil, vielmehr auch um die Zulassung der prägenitalen Partialtriebe oder deren Abwehr. Die Instanzen seines Ichs und Über-Ichs bestimmen weitgehend die Triebschicksale eines Menschen und die Art der durch Abwehr oder Befriedigung entstehenden Symptome und Charakterbildungen. Gleichzeitig muß die Über-Ich-Bildung selber als Triebschicksal aufgefaßt werden, vor allem als Schicksal von Aggressionen.

Wenn Scham, Schuld, Ekel noch nicht zum festen Bestandteil eines Ichs und Über-Ichs geworden sind, können Partialtriebe zugelassen und befriedigt werden. In den Perversionen zum Beispiel wehren sich die unterdrückten Triebe prägenitaler Art erfolgreich gegen das Schicksal, das ihnen das Ich aufzuerlegen versucht.

Gleichzeitig sind die Partialtriebe in ihrer größeren Primitivität eng mit einer Neigung zu ungehemmten Aggressionen verbunden. Nicht selten findet bei ihrer Aktivierung eine weitgehende Entmischung der sonst in der Genitalität miteinander verbundenen Todes- und Lebenstriebe statt. Primitivität ist hier nicht im umgangssprachlichen Sinn einer moralischen Bewertung gemeint, sondern im Sinne der frühen entwicklungspsychologischen Bedeutung. Das Vorherrschen relativ ungebrochener Aggressivität ist auch bei Perversionen in ihrem Zusammenhang mit Partialtrieben zu beobachten. Das macht diese

Symptome oft so gefährlich, sowohl im Umgang mit anderen wie auch mit der eigenen Person. Perversionen wie Fetischismus, sadomasochistische Praktiken als Bedingung für sexuelle Erregung, Transvestitismus kommen bei Männern viel häufiger vor als bei Frauen.

Als Beispiel einer Form von Triebschicksal möchte ich deswegen auf ein mir typisch scheinendes Problem mancher, vor allem männlicher Perverser eingehen. So sehr diese Menschen im Stadium der Erregung ihr Teilobjekt, also ihren Fetisch oder die sexuelle Erregung selber idealisieren, so heftig wird nach Erregungsabfuhr das Objekt wie das eigene Selbst total entwertet. Nicht immer, aber oft wird aus dem »Gold« des erregten Augenblicks mit seinen idealisierten Teilobjekten nach Abfuhr der Triebregung in kürzester Zeit der letzte »Dreck«. Dann herrscht nur noch das Bedürfnis vor, sich selber so schnell wie möglich »wegzuschaffen«. Überwältigender Haß, Selbsthaß und suizidale Impulse treten als Folge solcher perversen Aktionen auf.

Ich möchte darauf hinweisen, daß die häufig vorgenommene Gleichsetzung von Homosexualität und Perversion in der Psychoanalyse problematisiert wird, da es sich bei Homosexuellen keineswegs vorwiegend um Beziehungen zu Teilobjekten handeln muß. Aber auch Perverse sind nicht gleich Perverse. Wie beim normalen Durchschnittsneurotiker gibt es auch bei ihnen schwerere und leichtere Formen der Regression auf Partialtriebe, deren untergründige Bedürfnisse und Appelle es zu verstehen gilt.

Der englische Psychoanalytiker Masud R. Khan machte bei seinen Patienten die Erfahrung, daß das Agieren von Perversionen eine wichtige psychische Entlastungsfunktion haben kann und den Psychoanalytiker auf sonst unbekannt bleibende therapeutische Möglichkeiten hinweist. In solchen Fällen versucht der Perverse mit seinen Handlungen, ihm selber unbewußt, Wünsche und Phantasien zu realisieren und frühe befriedigende Körpererlebnisse in der kindlichen Interaktion mit der Mutter zu reaktivieren. Mit der psychoanalytischen Durcharbeitung und Bewußtmachung der Hintergründe solcher perverser Aktivitäten können seelische Fixierungen aufgelöst werden, die vorher zu einer rigiden Abwehrstruktur des Ichs geführt hatten und oft mit Impotenz oder auch der Unfähigkeit verbunden waren, genitale Beziehungen überhaupt aufzunehmen. Es ist offenbar von großer Bedeutung für die Behandlung von Perversionen, daß diese Patienten lernen, sich aus dem Circulus vitiosus einer Idealisierung der Sexualität und sexuellen Objekte einerseits und deren totaler Entwertung andererseits zu befreien. Auf die perversen Aktionen mit Scham, Schuld, Ekel, Selbsthaß, Haß oder auch Idealisierung zu reagieren, blockiert die Möglichkeit, deren unbewußte Bedeutung zu erkennen wie beispielsweise die untergründige Sehnsucht mancher Perverser, frühe Körpererlebnisse mit der Mutter zu verstehen und zu wiederholen.

Die Mutter, deren Pflege und hautnaher Kontakt – so der amerikanische Psychoanalytiker Lichtenstein – prägen dem Säugling nicht eine Identität, sondern ein Identitätsschema ein. Die Triebe bilden sich auf dem Boden solcher Prägungen, die mit der frühen körperlichen Beziehung von Mutter und Kind einsetzen. Diese nicht der Fortpflanzung dienende Sexualität erweckt das Kind zum individuellen Leben, zur Bildung seiner eigenen Identität. Das Identitätsschema läßt viele Variationen zu. Seine Möglichkeiten vielfältig zu nutzen und ausbauen zu können, macht weitgehend das Gefühl eines erfüllten Lebens aus.

Ich möchte noch einmal auf das Triebschicksal der Gewissensbildung oder des Über-Ichs zurückkommen. Bei der Über-Ich-Bildung spielt die Aggression die vorherrschende Rolle. Nach Freud stellt das Über-Ich eine Verinnerlichung der »väterlichen Autorität« dar, die nur der Mann aufgrund seiner Kastrationsangst voll ausführt. Er hemmt mit dieser Verinnerlichung väterlicher Verbote seine tödlichen Rivalitätsaggressionen dem Vater gegenüber, indem er sie gegen das eigene Ich wendet. Das heißt, er leidet unter Schuldgefühlen und dem unbewußten Bedürfnis, sich selber zu bestrafen. Um diesem Leidensdruck zu entgehen, sucht er Sündenböcke, mit deren Hilfe er die eigenen abgewehrten angsterregenden Aggressionen wieder nach außen verschieben und projizieren kann. Denn verhinderte Aggression – so Freud – bedeute eine schwere Schädigung des Menschen, aktiviere den gegen das eigene Ich gerichteten Todestrieb. Nicht zu Unrecht weist Erich Fromm diese Auffassung Freuds zurück, indem er feststellt, daß die Art, wie Freud die Wirkung des Aggressions- und Todestriebes sah, der Logik des hydraulischen Modells folge, das Freud ursprünglich auf den Sexualtrieb anwendete. Das psychohydraulische Modell von sich summierenden triebenergetischen Kräften, die unaufhaltsam nach Spannungslösung drängen, trifft für die Sexualität von Männern in gewissem Umfange zu. Bei Frauen, die nach wie vor in großer Zahl frigide sind, läßt sich ein solches, Entstehung und Funktion ihrer Sexualität klärendes Modell nur schwerlich anwenden. Die für seine Gesundheit als notwendig angesehene physische Entlastung des sexuellen Triebes galt und gilt offenbar nur für den Mann. Ähnlich scheinen auch Teile der Freudschen Aggressionstheorie vorwiegend auf Männer abgestimmt zu sein. Triebentlastung aggressiver Art wird nur für den Mann als unabdingbar für sein seelisches und körperliches Wohlergehen angesehen, während für die Frau aggressive Triebunterdrückung oder die Wendung der Aggression nach innen, der weibliche Masochismus, als normales weibliches Triebschicksal betrachtet wird.

In seinem Essay ›Das Unbehagen in der Kultur‹ beschreibt Freud vor allem die psychoanalytische Auffassung der männlichen Aggressions- und Über-Ich-Entwicklung in ihrem Zusammenhang mit gesellschaftlichen Tendenzen. Was die Frau mit ihrem Aggressionstrieb macht, bleibt dort weitgehend unerwähnt; denn das mit Aggression und Kastrationsangst so eng verbundene Über-Ich des Mannes bildet sich – so Freud – bei Frauen nur unvollständig aus. Entsprechend scheint sie allerdings – folgt man dieser Theorie – auch weniger als der Mann der Neigung zu verfallen, Gefühle, die sie in sich selbst verabscheut oder die ihr Angst bereiten, auf andere projizieren zu müssen, um diese Opfer ihrer irrationalen Aggressionen dann ohne Schuldgefühle verfolgen zu können.

Die beim Mädchen mehr aus Angst vor Liebesverlust denn aus Kastrationsangst verinnerlichten Gebote der Eltern können allerdings zur Bildung eines Über-Ichs führen, das mehr auf die Erhaltung der Liebe seiner Mitmenschen als auf die gesetzestreue Einhaltung von Ver- und Geboten bezogen ist. Die weibliche »Moral« vermag dann nicht selten liebevoller, beweglicher und humaner zu sein als die rigide, gefühlsvermeidende der männlichen Welt. Weil Frauen aber oft allzu abhängig von der Liebe ihrer Mitmenschen sind und deswegen ihre Aggressionen unterdrücken, lassen sie sich leicht manipulieren, vor allem, indem man ihnen durch Liebesentzug Angst und Schuldgefühle macht. Diese typisch weibliche Entwicklung hat auch etwas mit der frühen Beziehung zur Mutter zu tun. Dabei läßt sich nicht übersehen, daß Triebschicksale von Anbeginn des Lebens bei beiden Geschlechtern durch nahestehende Menschen und deren Beziehung zum Kinde bestimmt werden. Durch das Verhalten der wichtigen ersten Objekte – das ist in unserer Kultur meistens die Mutter – wird die sexuelle und die aggressive Triebentwicklung weitgehend bestimmt, wie es schon Lichtenstein, Loewald und andere Psychoanalytiker erkannt haben. Dennoch gibt es innerhalb der Psychoanalyse nach wie vor Auseinandersetzungen darüber, ob und wieweit die Triebentwicklung bereits in ihren ersten Anfängen als abhängig von Objektbeziehungen anzusehen ist oder ob am Lebensanfang ein primärer Narzißmus vorherrscht. Mit anderen Worten: Nimmt das Kind von Anbeginn des Lebens seine nächsten Beziehungspersonen wahr und besteht schon in dieser Phase eine Beziehung, welcher Art auch immer, zwischen Mutter und Kind, die auf die Triebentwicklung Einfluß nimmt, oder bleibt das Kind in den ersten Monaten narzißtisch auf sich selbst bezogen und seinen aggressiven Triebvorgängen unbeschützt ausgesetzt?

Ich erinnere mich noch lebhaft an die fünfziger Jahre, in denen in London eine kontroverse Auseinandersetzung zwischen den englischen Psychoanalytikern Willi Hoffer und Michael Balint stattfand. Hoffer vertrat die Ansicht, der auch Freud zuneigte, daß der primäre Narzißmus am Anfang des Lebens eines jeden Kindes dessen Seelenleben beherrsche. Balint trat für die primäre Liebe ein. Damit meinte er, daß von Geburt an das kleine Kind eine primitive Beziehung zu seinen nächsten Mitmenschen aufnehmen und auf seine Weise auf deren Verhalten reagieren würde. Seither hat die sogenannte psychoanalytische Objektbeziehungstheorie, zu deren Befürwortern vor allem Balint, Winnicott, Fairbairn und Loewald gehören, an Einfluß gewonnen. Die meisten dieser Analytiker lehnen aber die dualistische Triebtheorie Freuds deswegen nicht ab, wie es bei manchen sogenannten »Selbsttheoretikern« mittlerweile der Fall ist. Ihnen liegt vor allem daran, den Einfluß der Objektbeziehungen auf die Triebentwicklung stärker geltend zu machen.

Seit Freud, für den der Ödipuskomplex noch im Mittelpunkt der psychoanalytischen Theorie stand, haben sich die Psychoanalytiker zunehmend mit den frühen präödipalen Phasen der kindlichen Entwicklung befaßt. Wenn es vorher die Vater-Sohn-Beziehung war, die als besonders schicksalsträchtig angesehen wurde, so war es jetzt die Beziehung zur Mutter, die in den Mittelpunkt des Interesses trat und das Triebschicksal weitgehend bestimmte.

Vor kurzem zogen Psychoanalytiker wie Alice Miller im deutschsprachigen Bereich und Jeff Masson in den USA die öffentliche Aufmerksamkeit auf sich, weil sie die dualistische Triebtheorie Freuds und damit die Bedeutung des ödipalen Konfliktes emphatisch ablehnten. Freud habe, so heißt es bei ihnen, gegen besseres Wissen, aus Angst vor gesellschaftlicher Ablehnung, die Verführungstheorie als Auslösung neurotischer Erkrankungen zugunsten der Etablierung phasenspezifischer ödipaler Triebregungen und ihnen entsprechender Phantasien und Konflikte aufgegeben. Mit dieser Behauptung wurde praktisch die Psychoanalyse als solche in Frage gestellt, in der das Phantasieleben eine zentrale Rolle spielt, das heißt, eigene konflikterzeugende inzestuöse Triebwünsche werden verdrängt oder auf die Eltern projiziert. Das bedeutet aber, die Verführung durch die Eltern wird phantasiert. Wenn diese inzestuösen Wünsche verdrängt werden, können unbewußte Schuldgefühle und Strafbedürfnisse entstehen, die zu neurotischen Symptomen führen.

Um keine Mißverständnisse aufkommen zu lassen: jeder Psychoanalytiker weiß selbstverständlich, daß inzestuöse Verführungen und elterliche Mißhandlungen von Kindern zahlreich vorkommen und die Ursache schwerer seelischer und körperlicher Erkrankungen sein können. Jedoch hat das mit der ubiquitären Existenz ödipaler Phantasien wenig zu tun und stellt deren Vorkommen unabhängig von aktueller Verführung nicht in Frage. Daß die mitmenschlichen Objektbeziehungen von Anbeginn des Lebens für die Triebentwicklung eine prägende Rolle spielen, wird nicht bezweifelt. So haben natürlich auch die von Eltern oder anderen Personen zugefügten Traumata, wie beispielsweise die frühkindliche Verführung, ihre schwerwiegenden Folgen. Was aber wann als Trauma, also als krankmachende seelische Verletzung zu gelten hat, ist von Individuum zu Individuum verschieden. Es ist ein Thema, das in zahlreichen psychoanalytischen Veröffentlichungen behandelt wird.

Auch Phantasien können, so zeigen es die psychoanalytischen Erfahrungen, traumatische Wirkung ausüben. Die Traumatheorie ist bis heute ein unabgeschlossenes Thema in der Psychoanalyse. Nach vielfältigen Erfahrungen, die zu differenzierten Hypothesen führten, blieb bis heute offen, wann und welche kindlichen Verletzungen zu irreparablen Störungen führen oder ohne schwerwiegende Folgen bleiben.

Zu glauben, der Mensch sei von Natur aus gut, sexuelle und destruktive Triebe könnten ihn nur dann überwältigen, wenn er Opfer einer schlechten Gesellschaft würde, ist Ideologie. So einfach ist das leider nicht, auch wenn ein einfühlender, verständnisvoller Umgang mit dem Kind von nicht zu unterschätzender Bedeutung ist. Kindesmißhandlungen, Kriege, Konzentrationslager, Aufrüstungsmentalität, Zerstörungen unvorstellbarer Art sind eng verbunden mit dem Schicksal der menschlichen destruktiven Triebe. Die verrückte und böse Gesellschaft, ihre falschen Werte und Tugenden führen zu einer solchen Fehlentwicklung. Aber wer ist diese Gesellschaft, wer macht sie so selbstverborgen, so destruktiv und selbstdestruktiv?

Der Kreislauf, die wechselseitige Beeinflussung von Menschen, ihrer Staaten und Gesellschaften bleibt in solchen Postulaten unberücksichtigt. Der Mechanismus von Projektionen und Verschiebungen eigener aggressiver Bedürfnisse auf andere Individuen und Völker als eine der Ursachen für Kriege und Rüstungsmentalität wird übersehen. Auch die Beziehungen von Männern und Frauen sind geprägt von der unterschiedlichen Art, wie Individuen und Gesellschaft Sexualität und Aggression auf die Geschlechter verteilen, was schwerwiegende kulturelle Rückwirkungen hat. Die Humanität einer Gesellschaft hängt nicht nur davon ab, wie diese Kinder und Schwachen behandelt, sondern ebenso sehr davon, wie in ihr die Beziehung der Geschlechter zueinander gestaltet wird. Frauen sind sicherlich nicht weniger sexuell oder aggressiv als Männer, sie äußern aber ihre Triebbedürfnisse gemäß ihrer Erziehung, Sozialisation und Unterdrückung, der Art der ihnen oft aufgezwungenen Objektbeziehungen und deren Verinnerlichung anders als Männer.

Triebschicksale sind von individuellen Entwicklungen so gut wie von geschlechtsspezifischen und gesellschaftlichen Erfahrungen, Erlebnissen und Erziehungsformen weitgehend abhängig. Die Verführungstheorie Alice Millers als bestimmendes Moment und ähnliche einseitige Vorstellungen von der psychoneurotischen Entwicklung des Menschen sind meines Erachtens Erkenntnisrückschritte, Folge einer Verdrängung von bereits Gewußtem, haben aber dennoch viele Anhänger gefunden, da ihre Vereinfachung komplizierter Vorgänge nur allzu oft bereitwillig aufgenommen wird, vor allem dann, wenn das neue Denkmodell erlaubt, eine eindeutige und einseitige Schuldverteilung vorzunehmen. Die Eltern, insbesondere die Mutter, oder auch die Gesellschaft sind an allem schuld. Die Wechselwirkung zwischen Individuum und Gesellschaft, zwischen Eltern und Kind, zwischen äußerer und innerer Realität, zwischen tatsächlichem und phantasiertem Trauma, zwischen Wunsch und Wirklichkeit, sowie die dadurch erzeugten Konflikte und deren Verdrängung wird nicht mehr wahrgenommen. Das differenzierte Problembewußtsein der Psychoanalyse wurde im »Psychoboom« bereits weitgehend vergessen, so wie vieles, was sie an fruchtbaren Erkenntnissen über die Entstehung persönlichen und gesellschaftlichen Unglücks beigetragen hat.

Anthropologie des religiösen Opfers
Die Sakralisierung der Gewalt
von Walter Burkert

Widerwille und Widerstand gegen Gewalt und Aggression artikulieren sich heute weit deutlicher als in früheren Generationen. Soweit noch ein moralischer Konsens in der Öffentlichkeit besteht, geht er in diese Richtung. Dies dominiert in den offiziellen Medien und erreicht besonders die Beweglichen und Aufgeschlossenen, die Intellektuellen, die Jungen. Konservative sehen eher neue Probleme, wird doch nicht nur das Militär, sondern auch Polizei, Strafvollzug, Erziehung zunehmend in Frage gestellt. Auch mag man sich sorgen, ob etwa zur Kompensation eine geheime Lust an Gewalt und Aggression in die Subkultur ausweicht, z. B. den Videomarkt. Wird die Welt grau in grau, wenn mit der Aggression auch der Triumph verlorengeht? Bedarf es zum mindesten der Aggression gegen die Aggression in Demonstrationen und »Märschen«, um den Alltag bunter zu machen? Trotzdem scheint sich ein Einstellungswandel von säkularem Ausmaß anzubahnen. Es wandelt sich damit auch der Blick auf die eigene Kultur, auf Tradition und Geschichte. Mit welcher Selbstverständlichkeit hat man noch vor wenigen Jahrzehnten, noch in meiner Schulzeit Geschichte als Kriegsgeschichte betrieben! Jetzt hat sich längst der Überdruß an Kriegen und Triumphen breitgemacht; die Siege werden problematisiert: wir haben den Blick für die Opfer und protestieren in ihrem Namen.

Merkwürdig ragt dabei mit dem Begriff »Opfer« ein Stück alter religiöser Tradition noch in unsere Gegenwart. Wir sprechen von den Opfern einer Katastrophe, eines Verbrechens, eines Kriegs; englisch entspricht *victim*, französisch *victime*, von lateinisch *victima* »Opfertier«. Die Aufforderung freilich zum aktiven »Opfer«, die doch noch vor wenigen Jahrzehnten möglich war, der Wille zum »Opfer«, die Freiwilligkeit des Opfers bis zur Selbstaufopferung, dies ist kaum noch anzubringen. Allenfalls wieder in der Subkultur, in Sekten, in Selbstmordkommandos von Terroristen, oder in der fremden Kultur des militanten Islam rührt uns etwas von der irrationalen Macht des Opfers an.

Von Haus aus ist das »Opfer« ein religiöser Akt – das deutsche Wort kommt von lateinisch *operari*, »handeln«. Man bringt dem Gott an seinem Altar ein Opfer dar; dies bedeutet, zumindest in der intensivsten Form, daß man ein Opfer schlachtet. Hier wird, neben dem Theologen und Religionswissenschaftler, der Altertumswissenschaftler zuständig oder vielmehr beunruhigt und herausgefordert. Es gibt eine sehr alte christliche Opfertheologie, wonach nur das vollkommene Opfer des Gottessohnes, sein Tod am Kreuz die Menschheit mit Gott versöhnen konnte; in der Redeweise vom »Lamm Gottes« ist dabei das uralte Bild vom Opfertier bewahrt[1]. Von der Praxis der Tieropfer künden, neben Israel, auch in der Welt der klassischen Antike allenthalben die Altäre, die zu jedem Heiligtum gehören: kein griechischer Tempel ohne Altar, an dem das Blut der geopferten Schafe und Rinder ausgegossen wurde. Um den Weltfrieden zu feiern, errichtet Kaiser Augustus einen Altar, *Ara Pacis Augustae;* man kennt die erlesenen Marmorreliefs, Höhepunkt augusteischer Kunst: sie stellen den Kaiser im Opferzug dar, sie bilden den festlichen Rahmen für reales, ja banales Schlachten und Blutvergießen. Warum und wozu? Wieso eigentlich muß man Tiere schlachten, damit Friede sei?

Schon gebildete Menschen der Antike haben so gefragt, ja nicht wenige haben bestritten, daß Götter so etwas verlangen können; aber sie setzten sich nicht durch. Stärker war der Brauch, die »Sitte der Väter«, ein irrationaler Zwang: dies muß so sein. Man läßt dem Willen der Götter gern den Willen des Opfers entsprechen: freiwillig geht es dem Tod entgegen. Durch den Erfolg des Buches ›Kassandra‹ von Christa Wolf ist vielen wohl die Situation Kassandras vor dem Löwentor von Mykene gegenwärtig, in Erwartung des eigenen gewaltsamen Todes. Diese Situation ist von Aischylos in seinem Drama ›Agamemnon‹ entworfen, und da heißt es von Kassandra: »Gleich einer vom Gott getriebenen Kuh schreitest du guten Mutes zum Altar[2].« Das Bild des Opferzugs, mit dem geschmückten, ruhig schreitenden Tier im Zentrum ist uns von der antiken Kunst her wohl vertraut. Der Gott selbst ist es, der das Opfer »treibt«. Bei Aischylos wird der Mord an einem Menschen mit Opfer-Metaphorik beschrieben; heißt dies, daß das Opfer seinerseits Vollzug eines Mordes ist? Man kennt die Geschichte von Abraham und Isaak, Inbild des Opfers: Ohne Begründung verlangt Gott ein Menschenopfer, das Opfer des eigenen Sohns. Als Ablösung tritt im letzten Augenblick der Widder ein, das von Natur ganz unbeteiligte Tier. Das Verbrennen von Widdern ist das realiter im Tempelhof von Jerusalem vollzogene Opfer. Die mythische Erzählung läßt hinter dem Tieropfer ein Menschenopfer aufragen. Die Ausgrabungen auf dem »Tophet« von Karthago und Mozia haben erschreckend gezeigt, wie bei den Phöniziern Tieropfer immer wieder mit Menschenopfer abgewechselt haben[3]. Gewiß, das Christentum hat dies überwunden. Und doch hat gerade das Christentum das Meßopfer geschaffen, hat mit dem Kreuz das Bild einer Menschentötung von exemplarischer Grausamkeit ins Zentrum gestellt, und christliche Kunst hat im Mittelalter eine unbehagliche Vorliebe für grausame Martyrien-Darstellungen entwickelt, durchaus auf dem Hintergrund der Opfer-Theologie, der Nachfolge Christi in den Tod. Das Opfer bleibt, was es war, das Heilige schlechthin, lateinisch *sacrificium,* heiliges Tun, griechisch *hiereúein.*

Hier liegt ein Paradox vor, das ebenso fundamental wie allgemein ist – nur aus methodischen Gründen beschränken wir uns im wesentlichen auf das jüdisch-christliche und das griechische Material. Insofern bekanntlich Religion mit der Formung menschlicher Gesellschaft aufs engste verbunden ist, handelt es sich zugleich um ein Paradox menschlicher Gesellschaft. Freilich ist es bezeichnend, daß eigentlich erst in unserer Zeit dieses Paradox deutlich sichtbar geworden ist und zu weiter ausgreifenden Diskussionen Anlaß gegeben hat. Im Jahre 1972 erschienen gleichzeitig zwei Bücher, die eine prinzipielle Auseinandersetzung damit in Angriff nehmen, René Girard, ›La violence et le sacré‹ (Die Gewalt und das Heilige) – weitere Studien, die in die gleiche Richtung zielen, sind gefolgt[4] –, und mein Buch ›Homo Necans‹, (Der Mensch, der tötet). Im Titel von Girards Buch ist das Paradoxon besonders prägnant zusammengefaßt. Wie ist es zu verstehen, daß Blutvergießen und Töten in einem zentralen Akt der Religionen und der damit verwachsenen gesellschaftlichen Institutionen seinen festen Platz hat?

René Girard gibt die Antwort, indem er die Frage umkehrt: Wie ist überhaupt Friede in menschlichen Gruppen möglich, die doch stets den zerstörenden Kräften von Interessenkonflikten und Eifersucht ausgesetzt sind? Girard führt dabei den Begriff des *désir mimétique* als einer psychologischen Grundkraft ein, »Verlangen«, das durch »Nachahmung« des Partners sich orientiert und steigert. In der intensiven Interaktion menschlicher Gruppen, zumal wenn noch der Druck einer äußeren Krise – Krankheit, Hunger – dazukommt, muß sich dieses *désir mi-*

métique emporschaukeln bis zu einem kritischen Punkt; dann setzt ein merkwürdiger, gefährlicher Mechanismus ein: ein »Opfer«, *victime*, wird designiert, ein »Sündenbock«, *victime émissaire*, und damit löst sich das Gegeneinander aller gegen alle unversehens in Einmütigkeit: das »Opfer« erscheint als »schuldig« und muß vernichtet werden; durch den »Lynchmord« an dem angeblich schuldigen Opfer entsteht Einigkeit, ist der Friede hergestellt. Nach Girards Theorie setzt alle menschliche Gesellschaft, insofern sie ein friedliches Zusammenleben ermöglicht, diesen Mechanismus voraus: kathartische Gewalt verhindert unreine Gewalt. Allerdings wird dies aus dem Bewußtsein verdrängt, wie auch der Titel von Girards nächstem Buch andeutet: ›Des choses cachées depuis la fondation du monde‹. Doch in Opferritualen, in denen ein Tier als Ersatz eintritt, wird jene Urszene in harmloserer Form weiter durchgespielt. Auch die Dichter dringen zurück bis in jene Tiefe des Ursprungs: die Kunst enthüllt, was der Mythos verbirgt. Ein Beispiel Girards ist das Drama ›König Oedipus‹ von Sophokles: für die von der Pest bedrängte Stadt wird der König zum »Sündenbock« gemacht, er erscheint mit grausigster Schuld beladen, die doch eigentlich nicht seine Schuld ist und die er doch zu tragen hat.

Man erkennt als Hintergrund der Theorie den Begriff der Katharsis, der reinigenden Entladung, wie ihn zuerst Jacob Bernays aus Aristoteles-Texten gewonnen hat[5], Nietzsche und Freud weiter ausgebildet haben. Explizit nimmt Girard auch auf Freuds ›Totem und Tabu‹ Bezug, dazu auf die Aggressionstheorie von Konrad Lorenz: gemeinsam ausgespielte Aggression schafft das »Band« der Einigkeit. René Girard ist von Haus aus Literaturkritiker, doch dringt er durch die Literatur hindurch auf reales Geschehen und seine psychologisch-gesellschaftlichen Bedingungen. Es ist eine gewisse Verengung, wenn im folgenden nur die formalisierte, wiederholbare Realität behandelt wird, das ritualisierte Opfer; ihm gilt auch das erste Kapitel von ›La violence et le sacré‹. Opfer ist demnach Kanalisation und Ableitung von Aggression, die sonst die Gesellschaft zerstören müßte: »c'est la communauté entière que le sacrifice protège de sa propre violence« (22); umgekehrt: »c'est la violence qui constitue le coeur véritable et l'âme secrète du sacré« (52); »tout rituel religieux sort de la victime émissaire, et les grandes institutions humaines ... sortent du rite« (425).

Mit seiner Theorie gewinnt Girard ein hermeneutisches Modell, das sich in der Interpretation von Literatur und Mythologie bewähren kann. Als Beispiel die biblische Erzählung von Kain und Abel[6]: Kain ist ein Ackersmann, und er bringt Gott Gaben von den Früchten des Feldes; Abel ist ein Schafhirt, und er schlachtet ein Schaf »von den Erstgeburten« seiner Herde für Jahwe. Gott aber sieht auf das Opfer Abels, auf das Opfer Kains sieht er nicht. Kain ergrimmt, und dies führt zum Brudermord. Jahwes Wahl des ihm genehmen Opfers ist im Text nicht motiviert; der These griechischer Reformer, wonach unblutige Opfer die eigentlich reinen und frommen sein müßten, läuft Jahwes Entscheidung schnurstracks zuwider: er will das blutige Opfer. Übersetzt in Girards Theorie, heißt dies: die Gesellschaft braucht die Ableitung der Aggression, und dies eben leistet das blutige Opfer; die Früchte des Feldes zu schenken, genügt da nicht. Konsequenterweise begeht denn auch Kain die weit ärgere blutige Tat, die seine Sonderexistenz begründet: er lebt fortan als Nomade fern vom Ackerbau, doch unverletzlich dank dem Kains-Zeichen. Dazwischen steht, wie ein versprengter Rest einer anderen Fassung, daß Kain eine Stadt erbaute, die erste Stadt des Menschengeschlechts. Damit hat man den Mythos von Romulus und Remus verglichen[7]: auch die Stadt Rom nimmt ihren Anfang mit einem Brudermord. Die Gesellschaft ist gegründet auf ein »fundierendes Verbrechen«, *la violence fondatrice.*

Mit Romulus und Rom sind wir wieder zu Themen geführt, die die klassische Altertumswissenschaft direkt betreffen. Mein Buch ›Homo Necans‹, das griechischen Opferritualen gilt, enthält Überlegungen und Interpretationen ganz ähnlicher Art und führt für Kain und Abel auf die gleiche Deutung. Den gemeinsamen Hintergrund bildet die Aggressionstheorie von Konrad Lorenz und durch sie hindurch Anregungen Freuds aus ›Totem und Tabu‹ und der späteren Lehre vom »Todestrieb«. Während jedoch in Girards Modell der spontane Sündenbock-Mechanismus auf Grund des *désir mimétique* eigentlich nur eine Bedingung der Möglichkeit ist, die keine historische Konkretisierung oder gar Verifikation verlangt, sieht sich der Philologe und Historiker veranlaßt, entschieden die historische Entwicklung der menschlichen Kultur in Rechnung zu stellen; dies macht die Theorie konkreter, partiell verifizierbar, freilich auch verwundbarer, weil falsifizierbar im einzelnen.

Die griechische Religion führt beim Phänomen des Opfers ein weiteres Paradox vor Augen, das in anderen Kulturen durchaus vorhanden, doch weniger augenfällig ist: daß das Tieropfer aufs Essen zielt. »Für die Götter« werden auf den Altären die Knochen des Opfertiers, von Fett bedeckt, verbrannt, auch die Gallenblase, den Rest aber, das ganze gute Fleisch nimmt die fromme Gemeinde zu sich im festlichen Mahl. Opfern heißt einen Festbraten zur Verfügung stellen. Götterfeste sind die wichtigsten Gelegenheiten, überhaupt Fleisch zu essen. Es gibt archaische Gruppen, wo Fleisch überhaupt nur im Rahmen des Opfers gegessen wird. So steht es expressis verbis im Buch Leviticus des Alten Testaments: Wer ein Tier schlachtet ohne Opferzeremoniell, dem soll es als Blutschuld angerechnet werden[8]. Im Tempelkult von Jerusalem freilich ist das Holokaust, das vollständige Verbrennen von Schafen zum wichtigsten Akt geworden. Für die Griechen blieb das Opfermahl zentral, obgleich es schon sehr früh aus kritischer Distanz betrachtet wird: der Mythos von Prometheus, der in Hesiods Theogonie gestaltet ist, nennt das Opfermahl nicht weniger als einen Betrug an den Göttern. Als listiger Menschenfreund hat Prometheus Knochen und Fleisch in dieser Weise verteilt, daß den Göttern Knochen und Fettdampf bleiben[9]. So profitieren in Wahrheit die Menschen von ihrem Opfer, ihrem »Heiligen Handeln«. Wie konnte so etwas als religiöses Ritual zustande kommen?

Die Antwort gab Karl Meuli in einer großen Studie über ›Griechische Opferbräuche‹ 1946[10]. Sie liegt wieder in einer Umkehrung der Fragestellung: nicht warum die Menschen Fleisch essen, ist das Problem, sondern warum das Fleischessen ein heiliger Akt, »heiliges Wirken« schlechthin ist. Karl Meuli hat zunächst den griechischen Befund aus seiner Vereinzelung gelöst: zwar nicht Knochenverbrennung, wohl aber »Bestattung« von Knochen, Deponierung von Knochen, insbesondere Schenkelknochen und Schädeln geschlachteter Tiere an heiliger Stätte finden sich besonders bei sibirischen Jägern und Nomaden, und dies läßt sich bis ins Paläolithicum zurückverfolgen. Ein Jägerbrauch also liegt vor, der sich sowohl im Nomadentum als auch, leicht verwandelt, in der Bauern- und Stadtkultur gehalten hat. Es geht dabei darum, gleichsam den Wesenskern des getöteten Tieres zu bewahren bzw. zurückzugeben an eine Lebensmacht, die über das Jagdwild verfügt. Daß der Mensch die Tiere ausrotten könnte und damit die eigene Lebensgrundlage zerstört, ist eine ganz konkrete Angst schon der »primitiven« Jäger. Vielerlei Mythen, auch in der Edda, auch in Alpenländer-Sagen, schildern, wie aus den Knochen ein Tier oder auch ein Mensch wieder entstehen kann[11]; es darf nur ja kein Knochen gebrochen werden. Oft ist, in sibirischen Kulten wie in Alpenländer-Sagen, von einem Herrn oder einer Herrin des Jagdwilds die Rede[12]. Die Idee der Restitution, der Rückgabe an einen Herrn oder eine Herrin des Lebens findet man in den Opferritualen in verschiedener Gestalt immer wieder ausgedrückt. Laut Homer werden mit den Knochen auch kleine Teile von »allen Gliedern« des Opfertiers mitverbrannt, so daß der Intention nach doch die »Gesamtheit« des geschlachteten Wesens den Göttern gegeben wird; ebenso werden bei den Römern den »ausgeschnittenen« Innereien, die den Göttern zukommen, *exta,* Teile von allen übrigen Gliedern beigegeben – der Terminus hierfür ist *magmentum*[13]. Die Aufmerksamkeit kann sich aber auch besonders auf die Reproduktionsorgane des Opfertiers richten: der Großen Göttin in Kleinasien werden die Hoden der Opfertiere umgehängt – dies die Erklärung für die vielberufenen »vielen Brüste« der Artemis von Ephesos[14]. Aus der gleichen Vorstellung, mit einem verständlichen anatomischen Irrtum, dürfte herzuleiten sein, daß nach den Opfergesetzen Israels gerade die Nieren für Jahwe verbrannt werden. In dem weiten von Karl Meuli gezogenen Rahmen, der bis ins Paläolithicum zurückreicht, ergibt sich also die Sinndeutung der paradoxen Knochenverbrennung, der prometheischen Opferteilung: es geht um die Restitution des Lebensgrundes, den Bestand des Lebens über Schlachten und Töten hinweg. Hierzu hat Meuli in eindrucksvoller Weise Jägerbräuche vor allem aus Sibirien zusammengetragen, in denen ausgedrückt wird, wie das Töten der Tiere als etwas Bedenkliches, als Befleckung, ja wie eine Schuld erscheint, die entsühnt oder aber umgangen und abgewälzt werden muß: es gibt eine »Unschuldskomödie«, in der das Opfer beklagt wird und die Verantwortung anderen, Fremden, aufgebürdet wird[15]; entsprechendes gibt es in einem vielbesprochenen Opferritual aus Athen, genannt *Buphonia,* »Ochsenmord«[16]. In alledem drückt sich, laut Meuli, schon beim sogenannten Primitiven eine grundsätzliche »Ehrfurcht vor dem Leben« aus. Sie hat um Schlachten und Fleischverteilen jene Rituale der Vorsicht, des Schuldgefühls, der Restitution erwachsen lassen, die in den Opferritualen vorliegen. Der Jäger muß töten, um zu leben, und er spielt dieses Paradox in seinen Bräuchen aus. So wird das Opfer-Paradox historisch einsehbar: man hat nicht zu fragen, wie je denn Töten und Essen ins Götterfest hineingeraten sind; dies war seit je da, doch daß man im notwendigen Töten sich beugt vor der Macht des Lebens, ist Religion.

Eindrucksvoll ist, wie Meuli so das scheinbar Abstruse menschlich verstehbar gemacht hat; dies gibt seiner Interpretation die anthropologische Tiefe. Es geht nicht um Primitives, sondern um Fundamentales. Zugleich ist Meulis Studie ein Exempel, wie konsequentes Fragen über die Grenzen der Einzeldisziplin hinausführen muß: Meuli war klassischer Philologe, doch von der griechischen Literatur, dem Hesiod-Text, führt das Opferproblem zur allgemeinen Religionswissenschaft und damit von Hellas nach Sibirien und in andere Reiche »wilden Denkens«, vom Altertum bis weit in die Prähistorie zurück. Gewonnen wird eine anthropologische Perspektive, die notwendig interdisziplinär ist.

In ›Homo Necans‹ ist Meulis Ansatz noch nach zwei Richtungen erweitert: zum einen wurde die Diskussion aufgegriffen, die in Prähistorie und Anthropologie über die Rolle der Jagd bei der Menschwerdung in Gang gekommen war, die (hunting hypothesis); zum anderen wurde das Jagen und Töten mit der Aggressionstheorie von Konrad Lorenz verbunden, vor allem mit dem Modell, wie aus gemeinsamer Aggression Gemeinschaft entsteht. Dies bedeutete, auch die Verhaltenswissenschaft, die Ethologie, mit der historischen Religionswissenschaft in Kontakt zu bringen, wobei ein wesentlicher verbindender Begriff der des »Rituals« und der »Ritualisierung« ist.

›The Hunting Hypothesis‹ ist der Titel eines Buchs von Robert Ardrey, 1976. Die Thesen wurden von ihm und anderen schon früher entwickelt; auch der Bestseller von Desmond Morris mit dem burschikosen Titel ›Der nackte Affe‹ liegt ganz auf dieser Linie[17]. Die Primaten sind von Haus aus Früchteesser. Sie haben sich entwickelt als intelligente Baumkletterer, mit der Greifhand und dem genauen räumlichen Sehen. Der Mensch hingegen hat die Bäume wieder verlassen und die Erde erobert, als Jäger. Schon im frühen Paläolithicum ist der Mensch erfolgreicher Großwildjäger; dokumentiert ist dies z. B. bereits in den Funden von Chou Kou Tien, vom sogenannten Peking-Menschen[18]. Vorausgesetzt ist dabei ein charakteristischer Komplex an physischer Ausstattung und an Verhaltensweisen, die den Menschen von seinen nächsten Verwandten deutlich abheben und damit zum Menschen machen: aufrechter Gang und Waffengebrauch, so daß schnelles Laufen auf zwei

Beinen möglich ist und die Hände frei bleiben; Zusammenarbeit in Gruppen mit einem entsprechenden Zeichensystem; Feuergebrauch, insofern die erste effektive Waffe der im Feuer gehärtete Holzspeer war; Differenzierung der Geschlechter, insofern die Männer auf die Jagd gehen und Frauen und Kinder im Schutz des Herdfeuers zurücklassen[19] – dies ist nicht unveränderliche Natur, doch wer dagegen angeht, hat es mit einer Tradition von 100000 Generationen aufzunehmen. Dies bedeutete vor allem, daß Nahrung ausgetauscht und gemeinsam verzehrt wurde: die Männer bringen die Jagdbeute, die Frauen sammeln eßbare Früchte und Kräuter. Das Fleisch, die hochwertige Proteinnahrung, wird dabei in autoritärer Weise verteilt[20]. Beides, die Geschlechterdifferenzierung in Relation zur Nahrungsbeschaffung und die Fleischverteilung, hat weder bei Primaten – mit einer gleich zu nennenden Ausnahme – noch etwa bei Raubtieren ein Analogon. Dies ist spezifisch menschlich, für menschliche Gesellschaft aber absolut fundamental. Der Soziologe Marcel Mauss hat 1923 eine berühmte Studie über die »Gabe«, ›Le don‹, veröffentlicht[21]. Der universale Akt des »Gebens« auf Grundlage der Reziprozität ist zurückführbar auf die Grundsituation der Fleischverteilung nach der Jagd. Noch im Griechischen bezeichnet *géras* die Ehre und zugleich konkret das Fleischstück, und das allgemeinere Wort *moîra*, das die Weltordnung überhaupt bezeichnet, heißt gleichfalls von Hause aus Fleisch-»Portion«[22]. Kurzum: die *hunting hypothesis* führt auf ein Grundmuster des Funktionierens menschlicher Gesellschaft in Kooperation und gegenseitigem Austausch, mit der Sequenz erjagen – töten – verteilen; zwischen dem »Nehmen« und dem »Geben« steht das Schlachten. Es ist dann ohne weiteres zu sehen, wie dies im Tieropfer nachgespielt wird: Man bringt das Tier, man schlachtet, man verteilt; in symbolischer Reduktion: »nahm er das Brot, brach's und gab es seinen Jüngern«. Damit aber steht von Anfang an Blutvergießen und Töten im Zentrum der Grundordnung menschlicher Gesellschaft, die auf Kooperation und Reziprozität beruht.

Wenn man in dieser Weise vergleichsweise rezente Vergangenheit und die Hominisierung des Menschen zusammensieht, darf man freilich nicht aus dem Bewußtsein verlieren, welch enorme Zeiträume man damit überspannt. Die Trennung von Menschen- und Schimpansenstamm dürfte mehr als 5 Millionen Jahre zurückliegen. Die *missing links* sind in letzter Zeit immer zahlreicher, aber auch immer verwirrender geworden. Die wesentlichen evolutionären Schritte erscheinen nicht mehr koordiniert, sondern durch lange Zeiträume getrennt zu sein: aufrechter Gang schon sehr früh – zum Transport von Nahrungsmitteln? –, Werkzeugherstellung erst weit später, später auch die Zunahme des Gehirnvolumens[23]. In welcher Phase die Jagd entscheidend wichtig wurde, ist umstritten. Man hat vor der Überschätzung der Jagd auch grundsätzlich gewarnt. In rezenten Jägervölkern, die der Beobachtung zugänglich sind, liefert de facto die Jagd immer nur einen Bruchteil der verzehrten Nahrung[24]. Dem wiederum ist entgegenzuhalten, daß offenbar überall die Jagd ein ganz spezielles Prestige genießt, das weit über ihre reale Bedeutung hinausreicht; sie ist und bleibt fast überall Männersache; und für fast alle Menschen ist der Fleischgeschmack etwas Besonderes, das wahre Zentrum eines guten Essens. Dies ist der Paläolithiker in uns. Die Regression zum Vegetarier ist möglich, bedarf aber eines gewissen seelischen Aufwandes. Jagd und Fleischessen hat die Menschheit geprägt. Wichtig ist dabei, daß eine Vorstufe des Menschlichen, nämlich eben Jagd und Fleischverteilung, sich bereits bei Schimpansen beobachten ließ: sie jagen gelegentlich erfolgreich kleinere Tiere und essen sie mit Genuß[25]. Solche Jagd wird fast ausschließlich von männlichen Schimpansen ausgeführt, und der erfolgreiche Jäger pflegt dann, umlagert von bettelnden Gruppenmitgliedern, nach Laune Fleischstücke zu verteilen. Es ist dies die einzige Gelegenheit, bei der Schimpansen Nahrung verteilen – von der Spezialbeziehung Mutter-Kind abgesehen –: nach der Banane greift jeder für sich. Inwieweit das Schimpansenverhalten als vor-menschlich oder gar als dehumanisiert zu beurteilen ist, mag dahinstehen. Es deutet jedenfalls ebenso auf das Alter des Schemas wie auf die Sonderstellung von Jagd und Fleischverteilung im sozialen Kosmos. Wir finden dies reflektiert noch in der Sonderstellung des Opfermahls in antiken Kulturen. Auch die Tatsache, daß jede rechte Opferstätte, jedes alte Heiligtum einen Baum haben muß, kann man vor diesem Hintergrund sehen.

Wenn man mit solcher Kontinuität in der Organisation des Verhaltens über Tausende von Generationen hinweg rechnet, wird der Begriff des Rituals wichtig, der eine Brücke von der Verhaltensforschung zur Religion schlägt. Kritiker sagen, es handle sich hier um eine Äquivokation; ich bin nicht dieser Meinung[26]. Ritual ist standardisiertes Verhalten in kommunikativer Funktion, wobei die pragmatische Grundlage zurücktreten oder ganz verschwinden kann; dafür wird eine »Botschaft« vermittelt, ein »symbolischer« Gehalt. So ist »Bringen« und »Geben« in mannigfacher Weise ritualisiert worden, als Ausdruck von Königsmacht und Unterordnung – ich denke an die Reliefs von Persepolis – wie als religiöses Gaben-Opfer. Es gibt auch gerade in Hochkulturen die zeremonielle Jagd, wieder als Ausdruck von Königs- und Adelsherrschaft, es gibt praktisch überall das zeremonielle Essen als Ausdruck von Gemeinschaft, es gibt aber auch das demonstrative Töten, Ausdruck von höchstem Ernst und höchster Macht; all dies findet sich im Bereich der Opferrituale. Die Ethologie hat Tierrituale studiert, die angeboren und somit genetisch fixiert sind, wobei durch den Vergleich verschiedener Spezies die Evolution vom Pragmatischen zum Symbolischen dokumentiert werden kann. Menschliches Verhalten ist weithin erlernt; dies gilt auch für Rituale. Neben imitativem und bewußt veranstaltetem Lernen gibt es freilich auch frühkindliche Prägung, die nicht rückgängig zu machen ist, und angeborene Elemente spielen gewiß eine tragende, wenn auch schwer nachweisbare Rolle. Jedenfalls ist mit einer kontinuierlichen, nie abgerissenen Tradition im Fortbestand menschlicher Gesellschaft zu rechnen, Tradition des Erlebens und des rituellen Handelns in stetiger Korrelation, vor und neben der Sprache, die dann die wichtigste Form geistig prägender Tradition geworden ist. Wer die Sprache nicht lernt, wird als Idiot behandelt; aber auch »rituelle Idioten« haben in geschlossenen Gesellschaften keine Chance. Rituelles Verhalten ist somit in der Evolution der Kultur geradezu als Auslesefaktor mit in Rechnung zu stellen.

Die Entwicklung von der Jagd zu Jagdritualen, von Jägerritualen zu Opferritualen in der Prähistorie muß weithin Spekulation bleiben; auf Dokumentation ist nicht zu hoffen. Die frühesten scheinbaren Zeugnisse für religiöse Knochen-Deposita, die Meuli heranzog, die »Bären-Bestattungen« des Altpaläolithicums, sind als Befund innerhalb der Prähistorie neuerdings wieder sehr umstritten[27]. Aus dem Jungpaläolithicum dürfte einiges Wesentliche faßbar bleiben. Auch die Sprache war damals gewiß schon entwickelt, während unsicher ist, inwieweit der Neanderthaler sprechen konnte[28]. Als stärkster Einwand gegen die Jagd-Opfer-Theorie wird der entscheidende Kulturwandel aufgeführt, den der Übergang zu Ackerbau und Viehzucht bedeutet hat, die »Neolithische Revolution«: Opfertiere sind praktisch stets domestizierte Tiere. Besagt dies nicht, daß

Tieropfer eben – frühestens – eine neolithische »Erfindung« sind? Der Übergang zur Stadtkultur, die »urbane Revolution«, stellt dann eine weitere Kulturschwelle dar, die abermals wesentliche Änderungen der Tradition mit sich brachte. Entgegen solchen Einwänden bleiben Meulis Beobachtungen über Entsprechungen im Verhalten, im Ritual von Jägern und Viehzüchtern bestehen: nicht nur der Umgang mit Tieren überhaupt, das Schlachten und Essen, sondern eben Formen der vorbereitenden »Reinheit«, der Entschuldigung, der »Unschuldskomödie«, der angeblichen Freiwilligkeit des Opfertiers, der Restitution und Rückgabe an die Gottheit: dies gibt es hier wie dort, dies spricht für Kontinuität über die Kulturschwellen hinweg. In der Tat ragen Jagdzeremonien in die neolithische Kultur und in die Stadtkultur hinein. Besonders aussagekräftig sind die Wandmalereien aus den »Heiligtümern« der neolithischen Stadt Çatal Hüyük in Anatolien, ca. 6000 v. Chr.[29]; sie zeigen Männer, als Leoparden kostümiert, bei der Stier- und Hirschjagd: der Mensch wird zum Raubtier, um zu jagen; dann die Restitution: die Stierhörner werden in den »Heiligtümern« aufgestellt, unter dem plastischen Bild einer gebärenden Göttin. Im griechischen Ritual kommt es vor, daß ein Haustier erst »freigelassen« wird, um geopfert zu werden[30]; es wird vom Hausgenossen erst wieder zum »wilden« Tier. Umgekehrt gibt es sibirische Jäger, die ein Bärenjunges einfangen und aufziehen, um den Bären dann in einer großen Opferzeremonie zu töten und zu verspeisen[31]. Überspitzt gesagt: die ideale Jagd wird zum Opfer, das ideale Opfer zur Jagd. Der historische und wesenhafte Zusammenhang von der Jagd zum Opfer steht meines Erachtens außer Frage.

In Frage steht nur, wie weit man auf diesem Weg an das Phänomen des Heiligen herankommt, das das Opfer als *sacrificium* konstituiert. Hier muß zum Ritual doch wohl der sprachliche Ausdruck treten, dazu aber auch eine bestimmte Erlebensqualität; um psychologische Rekonstruktionen oder Konstruktionen kommt man hier kaum herum. Karl Meuli insistierte auf dem Ausdruck von Bedenken und Schuldgefühlen beim Jagen und Schlachten, der »Unschuldskomödie«, der »Ehrfurcht vor dem Leben«; ähnliche Gedanken hat Adolf Ellegard Jensen ausgesprochen[32]. Dem evolutionistisch Denkenden bleibt freilich das Zustandekommen dieser Einsicht oder Ergriffenheit ein Problem. In ›Homo Necans‹ ist die Aggressionslehre von Konrad Lorenz herangezogen, Aggression mit

Erregung, Angst und Triumph, woraus eine besondere persönliche Bindung entstehen kann; dies suchte ich auf das Modell der urtümlichen Jägergruppe zu übertragen: im gemeinsamen Jagen und Töten konstituiert sich die solidarische Gemeinschaft, beim Jäger wie dann später in den durch Opferriten verbundenen, verschworenen Gruppen von Clans, Bünden, ja Städten und Staaten. Die Aggression wird ausgespielt, im Durchgang durch den Schrecken des Blutvergießens bildet sich Bereitschaft zu Wiedergutmachung und Anerkennung einer Ordnung. Nun ist aber die Lorenzsche Aggressionslehre von vielen Seiten heftig kritisiert worden, die These vom angeborenen Aggressionstrieb zumindest hat sich nicht gehalten[33], die Verbindung von Aggression und Jägerverhalten ist eine gewagte Hypothese. Allerdings geht es gerade in der Perspektive der rituellen Tradition nicht darum, daß bestimmte, womöglich angeborene Formen des Erlebens und Reagierens die Riten hervorbringen, also etwa eine besondere Disposition zu Schuldgefühlen und Ehrfurcht die Formen von Restitution und Ehrung, sondern daß die rituelle Tradition besondere Reaktionen vorschreibt, die sich bewähren; sie werden eingeübt, ja erzwungen, indem der »rituelle Idiot« ausfällt. Es wird dem entgegengehalten, daß die Zuschreibung von Schuldgefühlen an einen Neolithiker oder gar Paläolithiker höchst unwahrscheinlich sei. Die Buschmänner, heißt es, Musterbeispiel einer sehr primitiven Jägerkultur, zeigen keinerlei Mitgefühl mit ihrer Beute und freuen sich nur des Fleisches. Demgegenüber möchte ich festhalten, daß jene Riten der Sorge, ja der Schuld und der Wiedergutmachung nicht nur in Sibirien bezeugt sind, sondern auch in Afrika und Südamerika, also doch eine recht allgemeine menschliche Möglichkeit zum Ausdruck bringen[34]. Repräsentieren die Buschmänner in besonders ungünstiger Umwelt eine Reduktion in der Richtung, die in Turnbulls berühmten Buch ›The Mountain People beschrieben ist‹[35]? Allen psychologischen Deutungen freilich bleibt das Problem, daß Phänomene psychologisch vieldeutig sind, daß das Eigentliche verborgen sein kann und darum dem wissenschaftlichen Beweis nicht zugänglich ist – ein Problem jeder »Tiefen«-Psychologie. Selbstsicherheit und schlechtes Gewissen, Triumph und Angst können sich in merkwürdigen Verbindungen gegenseitig bedingen oder ineinander umschlagen. Der Deuter wird, bewußt oder unbewußt, je auch die eigene Psyche mit ins Spiel bringen. Fürs antike Tieropfer scheint mir deutlich, daß es um ein Töten geht und damit um eine Bestätigung des Lebens aus dem Tod – dies auch in der schlichten Form des Essens. Den emotionellen Höhepunkt markiert der unartikulierte Schrei der Frauen, die *ololygé,* wenn das Beil niederfällt. Tötungsschock und nachfolgende Ordnung gerade auch in der festlichen Mahlzeit, dies ist analog zu den Begriffen von *mysterium tremendum, fascinans* und *augustum,* mit denen Rudolf Otto ›Das Heilige‹ umschrieben hat[36]. Den ethologischen Hintergrund beleuchtet die von Konrad Lorenz angeführte Erklärung der »heiligen Schauer«, die wir den Rücken entlanglaufen fühlen in Situationen der Furcht und Ehrfurcht, auch der aggressiven Begeisterung, beim Aufbruch zu Demonstration und Kampf: es sind dies die Relikte jenes Nervensytems, das beim Primaten die Rückenmähne sich sträuben läßt zum Imponiergehabe: Umrißvergrößerung als Drohgebärde[37]. Auch das Erleben des Heiligen entfaltet sich auf der von der biologischen Evolution gelegten Grundlage im Sinnfeld von Aggression und Angst. Damit ist natürlich nicht Religion schlechthin erklärt; da kommen noch ganz andere Phänomene wie Ekstase, Vision, Magie, Mantik, Meditation, auch Musik und Tanz als entscheidende Faktoren mit ins Spiel. Dies liegt außerhalb der jetzt verfolgten Linie der Opferrituale, so gewiß diese mit all jenen Phänomenen in Verbindung treten können.

Es bleibt die Herausforderung durch das konkurrierende Modell von René Girard. Der Sündenbock-Mechanismus, wie ihn Girard beschreibt, ist andersartig als das Jagd-Opfer-Modell, trotz der parallelen Anwendung von Konrad Lorenz' Aggressionstheorie. Sein Vorteil ist, daß es die menschlich-gesellschaftlichen Funktionen unmittelbar, ohne den Umweg übers Tier, beschreiben kann, während von der Jagd her wiederum die tatsächliche Rolle von Tier und Essen im Opfer direkt erklärt wird. Nun geht es aber nicht um ein Entweder-Oder. Der Neigung unseres linearen Denkens, monokausale Theorien aufzustellen, stehen gerade die biologischen Beobachtungen von der ungeheuren Komplexität aller Lebensvorgänge entgegen. Von den tatsächlich bezeugten Ritualen ausgehend muß man auch René Girards Modell noch weiter differenzieren. Girard sieht in der Austreibung des König Ödipus bei Sophokles und in der Zerreißung von König Pentheus durch die Mänaden in Euripides' Bakchen den gleichen Mechanismus am Werk, obgleich doch zwischen dem Verjagen und dem Erjagen, dem Austreiben des Befleckten und dem Einfangen der Beute ein deutlicher Gegensatz besteht. Der eigentliche »Sündenbock« im Buch Leviticus 16 wird nicht eingefangen und getötet, sondern weggeführt in die Wüste und einer fremden Macht überlassen. Es lassen sich weitere Fälle eines derartigen Wegführens, Aufgebens, Überlassens an feindliche Mächte zusammenstellen; als Hintergrund kann man auf die Situation der von Raubtieren umlagerten Herde verweisen[38]: ein Mitglied, vielleicht ein Außenseiter, ein junges oder altes, krankes Tier wird zum »Opfer« werden. Gerade in dieser Sicht ist der »Sündenbock« Ausgestoßener und Retter zugleich. Dies ist freilich nur ein bildhafter Hintergrund, der aber verständlich, erlebbar, vielleicht sogar genetisch festgeschrieben ist: wie beliebt ist das Erzählmotiv von dem von Wölfen verfolgten Schlitten; einer muß »zum Opfer fallen«. Hier also haben wir einen Opferbegriff, der vom Jagd-Modell nicht abgedeckt wird, sondern eher seine Umkehrung darstellt: der »opfernde« Mensch als der Gejagte, nicht als Jäger. Es gibt Mythen von der Begründung des Opfers, die eine solche Situation ausmalen. Nach einem indischen Mythos hat Prajapati, das erste Wesen, das Feuer hervorgebracht, Agni. Agni ist ein Fresser, der nun mit offenem Maul auf Prajapati zukommt und ihn in Panik versetzt; zum Glück kann Prajapati aus seinen Händen Butter und Milch hervorbringen, die Opfermaterie, die man für Agni ins Feuer gießt[39]. Grausamer ist es im aztekischen Mythos: da brennt das verzehrende Feuer, in das ein Mensch als Opfer sich stürzen muß, »freiwillig«; der ersterwählte schreckt zurück, der zweite springt ohne Zaudern: er wird zur Sonne, der andere nur zum Mond[40] – der Kosmos ist durchs Opfer geschaffen, Feuer und Opfer sind immer wieder im Ritual präsent. In babylonischen Beschwörungstexten, die vor allem im Krankheitsfall anzuwenden sind, wird das Opfertier immer ausdrücklich als »Ersatz« *puḫu*, für den Kranken bezeichnet: die Dämonen werden aufgefordert, sich an ihm zu sättigen und den Kranken frei zu lassen[41]; wieder also das Bild der Raubtiere, die durchs »Opfer« abzulenken sind. Auch im Griechischen gibt es die Vorstellung vom Ersatz- oder Ablösungsopfer durchaus. Die Dichtung malt gerade hier Menschenopfer aus, vor allem im Krieg oder gegen eine Seuche. »Leben um Leben«, *vitam pro vita, animam pro anima* heißt es in Opferinschriften aus dem römischen Nordafrika für »Saturnus«[42], hinter dem wohl ein phönizischer Moloch steht. Auch an die christliche Opfer-Theologie ist nochmals zu erinnern: das freiwillige, stellvertretende Sterben, damit die anderen leben.

Hier also liegt ein Komplex von Opferritualen vor, den die Jagd-Opfer-Theorie nicht erklärt. Übrigens hat Meuli in seiner fundamentalen Arbeit einen solchen Anspruch auch nicht erhoben, er schränkt sein Modell ausdrücklich auf das »olympische Speiseopfer« ein. Man kann die Unterschiede der beiden Modelle als Antithesen herausarbeiten: Hier Aggression – dort Angst; hier der Triumph des Tötenden – dort die Erleichterung dessen, der einen anderen an seiner statt sterben läßt; hier Gewinnen und Essen – dort Preisgeben an drohende Mächte; hier der Jäger – dort der Gejagte.

Eben damit zeigt sich, daß diese Antithesen aufeinander bezogen sind. Insofern ist die positivistische Feststellung, daß in der Praxis der Kulturen meist je verschiedene Opferklassen nebeneinanderstehen, kaum das letzte Wort. Im Alten Orient gibt es Opfermahlzeiten für die Götter und blutige Ersatzopfer für die Dämonen, im Griechischen kennt man düstere »Abwendungs«-Opfer, *apotrópaia*[43], neben den glänzenden Götterfesten; inwieweit die Totenopfer eine eigene Kategorie darstellen, ist eine weitere Frage. Komplizierte Kategorisierungen bietet das Alte Testament. Es gilt, diese Differenzierungen nicht zu verwischen und doch das komplexe Ineinander zu sehen, das insgesamt das religiöse Opfer konstituiert.

In historischer Perspektive könnte man argumentieren, daß Ersatzopfer qua Tieropfer erst möglich wurden, als man über Haustiere verfügen konnte, also nach der »neolithischen Revolution« mit der folgenden Domestikation. Heißt dies, daß sie jünger sind als der Jagd-Komplex der sakralisierten Fleischmahlzeit? Kaum: in Form von Menschenopfern können Ersatzopfer weit älter sein; auch finden sich bei offenbar recht »primitiven« Ethnien wie Australiern Formen der blutigen Selbstverwundung, um den Zorn höherer Wesen zu beschwichtigen[44], die man als äquivalent nehmen könnte. Als partielles »Selbstopfer« in Situationen der Angst erscheint das weitverbreitete Haaropfer, eine Entstellung, die nicht wehtut und vorübergeht; härter ist das gleichfalls vielfältig bezeugte Fingeropfer – es erscheint auch im griechischen Mythos: Orestes habe sich den eigenen Daumen abgebissen, um so die ihn verfolgenden Erinnyen loszuwerden[45]. Zudem gibt es Preisgabe-Opfer von Eigentum, die seit je möglich waren, Versenkung von Wertgegenständen, was weit in die Prähistorie zurückreicht, Versenkung von erlegten Jagdtieren vielleicht schon im Jungpaläolithicum. Entsprechendes wirkt bis in die Gegenwart: Ein Kollege hat mir erzählt, er habe im Kongo erlebt, wie ein Potentat im Seesturm Dollarscheine in die aufgewühlten Wogen warf, als zeitgemäßes Ersatzopfer. Es gibt geradezu ein biologisches Modell für solches Verhalten: Spinnenbeine, Eidechsenschwänze brechen im Notfall ab, um Verfolger irrezuführen und ein Entkommen zu ermöglichen.

Angst und Aggression sind offenbar in den Mechanismen von Verhalten und Erleben aufs engste gekoppelt. Der Geängstigte, Gejagte hilft sich, indem er ein Teil preisgibt, die Katastrophe damit gleichsam in die eigene Hand nimmt und limitiert, ja indem er selbst in aggressiver Weise tätig wird, als Schlächter »sein Opfer bringt« und so den Verfolgern zuvorkommt: Der Gejagte wird zum Jäger, Todesangst wird überwunden durch Tötungsmacht. De facto findet man, mit der Institution von Priestertum, statt des Rollentausches recht deutlich das Zusammenspiel der Rollen: Der Opferherr, vermögend und doch voll Zukunftsangst, stellt aus seinem Besitz zur Verfügung, was den Priestern, die Schlachten und Fleischverteilung übernehmen, direkt oder indirekt zur Nahrung dient. So ist es *eine* Situation, in der Verfolgungsangst und Jagd, Preisgabe und Zugriff sich treffen.

Religion hat mit Angst zu tun, auch wenn die seit der Antike[46] beliebte Herleitung der Religion aus der Angst sicher zu kurz greift. Zur Hominisierung gehörte evidentermaßen eine Vervielfältigung der Ängste, durch soziale Abhängigkeit und insbesondere durch das spezifisch menschliche Wissen um die Zukunft, das allein Planung möglich macht, aber auch die potentiellen Gefährdungen vervielfachend zum Bewußtsein bringt. So wurden symbolische Handlungen, Rituale zur Kontrolle und Ableitung der Gefahren entwickelt und verfestigt, die als Formen von Opfern in alten Religionen zentral sind. Von hier aus ist einsehbar, wieso Opferrituale qua Tötungsrituale »Heiliges Wirken« sind, sowohl wenn man von Residuen der Tötungshemmung, vom Schock des Blutvergießens und der Gewinnung der Fleischmahlzeit ausgeht als auch wenn man Todesangst und den Schock des Überlebens im Untergang des anderen ins Auge faßt. Um Opferriten konkret und im Detail zu verstehen, muß man freilich auch die jeweilige gesellschaftliche Wirklichkeit sehen, das Ineinanderwirken von Individuen und Gruppen mit ihren Interessen und intelligenten Machinationen, von Alt und Jung, Männern und Frauen, Herrschenden und Beherrschten, Spezialisten und Laien, um zu sehen, wie da

Zwang zur Konformität, Erziehung, prägender Terror, aber auch Erlebnis von Erfolg und Beglückung sich verketten zu Formen kultureller Tradition, die erstaunlich stabil sein können. Es sind Traditionen höchsten Alters, von einer Generation der anderen aufgeprägt, die in den religiösen Ritualen zum Ausdruck kommen. Dies erklärt denn auch, daß Gesellschaft und Psyche, kulturelle Form und Erlebnisbereitschaft, so wohl aufeinander abgestimmt erscheinen, daß Religion Freude bereitet, daß von »religiösen Bedürfnissen« die Rede ist. Allerdings hat die menschliche Tradition nie die genetisch fixierte Stabilität eines Ameisenstaates erreicht; Regression ist ebenso möglich wie progressive Veränderung; auch vieltausendjähriges Kulturgut kann fast schlagartig ausgelöscht werden; wir brauchen uns nur umzusehen.

Doch sei dem Altertumswissenschaftler verstattet, statt aktueller Analyse lieber noch zwei Beispiele aus dem Bereich, für den er fachlich zuständig ist, anzuführen, um zu zeigen, wie die menschheitsgeschichtliche Perspektive, die entworfen wurde, auch einzelne philologisch faßbare Zeugnisse zu erhellen imstande ist. Zunächst zu den Mithras-Mysterien, die im Bereich der römischen Legionen vom 2. bis zum 4. Jahrhundert n. Chr. populär waren. Im Zentrum, in der Apsis der unterirdischen Kulträume steht das Bild des Stieropfers: Mithras, mit wehendem rotem Mantel, hat den zusammenbrechenden Stier an den Nüstern gepackt und stößt ihm das Schwert in die Seite; der Schwanz des Stieres verwandelt sich dabei in eine Getreideähre. Darauf bezieht sich offenbar die rätselhaft andeutende Inschrift aus dem Mithräum von Santa Prisca in Rom: »Und du hast uns gerettet ... durch das vergossene Blut«, *et nos servasti ... sanguine fuso* – in der Mitte fehlt ein Wort, das unleserlich ist[47]. Die Tat des Gottes Mithras besteht im Jagen, Einfangen, Schlachten des Stiers, gefolgt vom Mahl zusammen mit dem Sonnengott am Tisch, der mit der Stierhaut gedeckt ist. Realiter fanden in den Mithräen Fleischmahlzeiten statt. Wieso liegt darin »unsere Rettung«? »Rettung« für den Menschen der Vorzeit war der Übergang zur Jagd in einer sich ändernden Umwelt; »Rettung« war die Entdeckung des Getreides für das sich mehrende Menschengeschlecht; »Rettung« ganz konkret im Leben erwartet der Soldat von seinem Gott; »Rettung« auch über dieses Leben hinaus wird wohl dem Eingeweihten versprochen. Für alle Stufen der »Rettung«, *salvatio,* gibt es eine Grundfigur, das »Blutvergießen« von seiten des göttlichen Jägers.

Das andere Beispiel, gleichfalls aus dem Bereich der Spätantike: Bei der Weihe für die Große Göttermutter, dem *taurobolium*[48], kauert der Einzuweihende in einer balkenbedeckten Grube; darüber wird ein Stier geschlachtet, so daß an die fünfzig Liter heißes Blut sich über ihn ergießen. Dies garantiert »Rettung« zumindest für die nächsten zwanzig Jahre. Durch das Opfer, den intensiven, prima vista widerlichen Kontakt mit Blut und Tod festigt sich eine neue Existenz. Ich habe zufällig vor kurzer Zeit mir erzählen lassen, wie ein Jäger im weißen Südafrika, wohl in Burentradition, mit dem Blut des ersten von ihm erlegten Wildes über und über eingeschmiert wird, und wie bei der Wildschweinjagd in der Toskana der Jäger, der einen Eber schießt, ganz entsprechend blutüberströmt im Triumph nach Hause geleitet wird. Das antike *taurobolium* der Göttermutter stellt sich explizit in Jägertradition: schon das Wort heißt, genau genommen, Stierjagd, und man tötet den Stier mit einem Jagdspeer. »Rettung« also, neue Existenz durch Blutvergießen auch hier, das Ersatzopfer und jägerische Tat zugleich ist. Die rituelle Stierjagd in Verbindung mit der Großen Göttin läßt sich zurückverfolgen bis zu den schon erwähnten Darstellungen der Steinzeitstadt Çatal Hüyük in Anatolien[49]; dort fand sich auch eine Statuette der Göttin, die zwischen zwei Leoparden thront, entsprechend der klassischen Ikonographie der Kybele mit ihren zwei Löwen. In den Heiligtümern von Çatal Hüyük sieht man die gebärende Göttin über den dorthin verbrachten Hörnern der gejagten Wildstiere und den Gebeinen der dort beigesetzten Toten: Restitution und Kontinuität des Lebens in einer Symbolik, die aus der rituell verfestigten Praxis der Jäger stammt und in Ausläufern bis in die Gegenwart reicht.

Eine direkte Anwendung aus alledem auf die Gegenwart läßt sich nicht ziehen. Es hat nicht viel Sinn, in romantischer Rückschau den fortschreitenden Zerfall von altgeprägten Formen zu beklagen. Denkwürdig freilich erscheint in dem Jagd-Opfer-Komplex ein Sinn für Gleichgewicht und Reziprozität: ein Beutemachen, das nicht zur Ausbeutung der Natur wird, weil man im Triumph das Bedenkliche ahnt, Autorität, die eben im Verteilen sich bewährt. Man könnte wohl ein potentiell gefährliches Minus im optimistisch verflachten modernen Bewußtsein diagnostizieren, indem das Ernste und Erschreckende, Tötung und Tod, verdrängt wird, statt in kathartischem Durchgang heilige Ordnung zu begründen. Solch eine Formulierung freilich klingt erschreckend reaktionär, und noch erschreckender sind atavistische Versuche, etwas dergleichen restituieren zu wollen. Eher ist hinzuweisen auf die von so langer Tradition geprägte, bedenkliche Bereitschaft, in Situationen der Angst den anderen zu »opfern« oder aber Solidarität in der Aggression zu suchen. Unsere Aufgabe in der technisch erstarrenden Welt ist offenbar, entgegen menschheitsgeschichtlichen Traditionen neue Formen des Ernsten und Wesentlichen zu finden. Wenn wir freilich meinen, im humanen Fortschritt uns über die blutigen Riten der Vergangenheit leichthin erheben zu können, mag ein letztes Beispiel warnen. Ein amerikanischer Ethnologe berichtet von einem Kopfjäger-Stamm auf den Philippinen, den im Zweiten Weltkrieg auch die japanische Eroberung erreichte[50]. Sie, die kopfjagenden »Wilden«, seien entsetzt gewesen über die organisierte Kriegführung; daß ein Offizier durch seinen Befehl die eigenen Soldaten gegen Gewehr- oder Kanonenfeuer treiben kann, daß man einem solchen Befehl gehorchen, daß man einen solchen Befehl erteilen kann, daß man in dieser Weise den Freund opfert, dies ist für Kopfjäger unfaßlich. Die Fähigkeit zur Organisation von Befehl und Ausführung, der programmierte Mensch unter Ausschaltung eigener Lust und Laune, dies ist eine spezifisch menschliche, höchst ambivalente Errungenschaft der Hochkultur. Doch dies ist eine andere Geschichte.

Anmerkungen

Die Form des Vortrags, gehalten am 21. November 1983 vor der Carl Friedrich von Siemens-Stiftung in München, ist beibehalten; die Anmerkungen beschränken sich auf notwendige Nachweise. Der Verfasser hat Materialien und Interpretationen ausführlicher vorgelegt in: Homo Necans. Interpretationen altgriechischer Opferriten und Mythen. Berlin 1972 (engl. Übers.: Homo Necans. The Anthropology of ancient Greek sacrificial ritual and myth. Berkeley, Los Angeles 1983 (dies im folgenden HN); vgl. auch: Structure and history in Greek mythology and ritual. Berkeley, Los Angeles 1979 (im folgenden S & H).

1 Johannesevangelium 1, 29; 36; Paulus 1. Kor. 5, 7; Hebräerbrief 9–10.

2 Chr. Wolf, Kassandra. Darmstadt 1983. Aischylos, Ag. 1297; HN, S. 3f.

3 Karthago: L. E. Stager, The Oriental Institute Annual Report. Chicago 1978/9, S. 56–59; Motye-Mozia: A. Ciasca, Sul »tofet« di Mozia. In: Sicilia Archaeologica 14 (1971), S. 11–16.

4 R. Girard, La violence et le sacré. Paris 1972, engl. Übers.: Violence and the sacred. Baltimore 1977. Des choses cachées depuis la fondation du monde. Paris 1978. Le bouc émissaire. Paris 1982.

5 J. Bernays, Grundzüge der verlorenen Abhandlung des Aristoteles über die Wirkung der Tragödie. Breslau 1857. Nachdr. hrsg. u. eingel. v. K. Gründer. Hildesheim 1970.

6 Genesis 4; Girard (1972), S. 17.

7 N. Strosetzki, Kain und Romulus als Stadtgründer. In: Forschungen und Fortschritte 29 (1955), S. 184–188.

8 Leviticus 17, 3f.

9 Hesiod, Theogonie 535–557.

10 K. Meuli, Griechische Opferbräuche. In: Phyllobolia. Festschrift P. Von der Mühll. Basel 1946, S. 185–288 = K. Meuli, Gesammelte Schriften. Basel 1975, Bd. II, S. 907–1021.

11 L. Schmidt, Pelops und die Haselhexe. In: Laos 1 (1951), S. 67–78; Der Herr der Tiere in einigen Sagenlandschaften Europas und Eurasiens. In: Anthropos 47 (1952), S. 509–38, beides abgedruckt in L. Schmidt, Die Volkserzählung. Berlin 1963, S. 113–155.

12 I. Paulson, Schutzgeister des Wildes (der Jagdtiere und Fische) in Nordeurasien. Uppsala 1961; O. Zerries, Wild- und Buschgeister in Südamerika. Wiesbaden 1954; E. Hofstetter, Der Herr der Tiere im alten Indien. Wiesbaden 1980.

13 Meuli (vgl. Anm. 10), Gesammelte Schriften, Bd. II, S. 941, 990f.; K. Latte, Römische Religionsgeschichte. München 1960, S. 389.

14 G. Seiterle, Artemis. Die Große Göttin von Ephesos. In: Antike Welt 10,3 (1979), S. 3–16. Vgl. auch S & H, S. 202f.

15 Meuli, Gesammelte Schriften, Bd. II, S. 950–964.

16 Ebd., S. 1004–1006; HN, S. 135–143.

17 R. Ardrey, The hunting hypothesis. London 1976; D. Morris, The naked ape. New York 1967; dt. Übers.: Der nackte Affe. München, Zürich 1968. Vgl. auch S. L. Washburn, C. S. Lancaster, The evolution of hunting. In: R. B. Lee, I. DeVore, Man the hunter. Chicago 1968, S. 293–303.

18 Wu Rukang, Lin Shenglong, Der Pekingmensch. In: Spektrum der Wissenschaft 8 (1983), S. 102–111.

19 H. Watenabe, Hunting as an occupation of males. In: Lee-DeVore (vgl. Anm. 17), S. 74–77.

20 Vgl. G. Ll. Isaac, Food sharing and human evolution. In: Journal of anthropological research 34 (1978), S. 311–325 und in Y. Z. Young (Hrsg.), The emergence of man. London 1981, S. 177–181; G. J. Baudy, Hierarchie oder: Die Verteilung des Fleisches. In: B. Gladigow, H. G. Kippenberg (Hrsg.), Neue Ansätze in der Religionswissenschaft. München 1983, S. 131–174.

21 M. Mauss, Essai sur le don. In: Année Sociologique II 1 (1923/4); wieder abgedruckt in M. Mauss, Sociologie et anthropologie. Paris, 3. Aufl. 1966, S. 143–279.

22 Vgl. Hom. Hermeshymnus 128f.; Baudy (vgl. Anm. 20), S. 162–167.
23 Neuere Materialien und Diskussionen in Young (vgl. Anm. 20).
24 Durchschnittlich 35 Prozent, Lee in Lee-De Vore (vgl. Anm. 17), S. 30–48.
25 G. Teleki, The predatory behavior of wild chimpanzees. Levisburg 1973 und in R. S. O. Harding, G. Teleki (Hrsg.), Omnivorous primates. Gathering and hunting in human evolution. New York 1981, S. 303–343; P. J. Wilson, The promising primate. Man N. S. 10 (1975), S. 5–20.
26 HN, S. 22–29, S & H, S. 35–39, nach K. Lorenz, Das sogenannte Böse. Wien 1963, Kap. 5; vgl. R. A. Rappaport, Ritual, sanctity, and cybernetics. In: American Anthropologist 73 (1971), S. 59–76; E. G. d'Aquili, Ch. D. Laughlin, J. McManus, The spectrum of ritual. A biogenetic structural analysis. New York 1979; Widerspruch z.B. von E. O. Wilson, Sociobiology. The new synthesis. Cambridge, Mass. 1975, S. 560f.
27 Meuli, Gesammelte Schriften, Bd. II, S. 964–966; kritisch F. E. Koby, L'Anthropologie 55 (1951), S. 304–308; H. G. Bandi in: Helvetia antiqua. Festschrift E. Vogt. Zürich 1966, S. 1–8; vgl. J. Maringer, Die Opfer des paläolithischen Menschen. In: Anthropica. Gedenkschrift P. W. Schmidt. Wien 1968, S. 240–271; M. Eliade, Histoire des croyances et des idées religieuses. Bd. I. Paris 1976, S. 23–27, 393f.; A. Leroi-Gourhan, Les religions de la préhistoire: Paléolithique. 2. Aufl. Paris 1971, S. 30–36.
28 Ph. Liebermann, On the evolution of human language. In: Proceedings of the 7th International Congress of Phonetic Sciences. Leiden 1972, S. 258–272; Annals of the New York Academy of Sciences 280: Origins and evolution of language and speech (darin Liebermann, S. 660–672); G. S. Kruntz, Sapienization and speech. In: Current anthropology 21 (1980), S. 772–792 (mit Diskussion).
29 J. Mellaart, Çatal Hüyük. Stadt aus der Steinzeit. Bergisch-Gladbach 1967.
30 HN, S. 16.
31 J. M. Kitagawa, Ainu Bear Festival (Iyomante). In: History of religions 1 (1961), S. 95–151.
32 A. E. Jensen, Über das Töten als kulturgeschichtliche Erscheinung. Paideuma 4 (1950), S. 23–38; Mythos und Kult bei Naturvölkern. Wiesbaden 1951, S. 197–229.
33 Z.B. M. F. Ashley Montagu (Hrsg.), Man and aggression. New York, 2. Aufl. 1973; dt.: Mensch und Aggression. Basel 1974; A. Plack, Die Gesellschaft und das Böse. München, 4. Aufl. 1969; ders. (Hrsg.), Der Mythos vom Aggressionstrieb. München 1973; J. Rattner, Aggression und menschliche Natur. Freiburg i. Br. 1970.
34 Afrika: H. Baumann, Nyama, die Rachemacht. In: Paideuma 4 (1950), S. 191–230; Amazonas-Gebiet: D. Reichel-Dolmatoff, De-

sana. Le symbolisme unversel des Indiens Tukano de Vaupés. Paris 1973.
35 C. Turnbull, The mountain people. New York 1972.
36 R. Otto, Das Heilige. München 1917; danach G. Mensching, Wesen und Ursprung der Religion. Die großen nichtchristlichen Religionen. Stuttgart 1954, S. 11–22.
37 Lorenz (vgl. Anm. 26), S. 259–261.
38 S & H, S. 71.
39 W. D. O'Flaherty, Hindu myths. Harmondsworth 1975, S. 32f. (Śatapatha Brāhmana).
40 Bernardino de Sahagun, Historia general de las cosas de Nueva España, VII 2. Hrsg. v. C. M. de Burtamane. Mexiko 1829. Bd. II, S. 245–250.
41 E. Ebeling, Tod und Leben nach den Vorstellungen der Babylonier. Berlin 1931, Nr. 15/16; G. Furlani, Riti Babilonesi e Assiri. Udine 1940, S. 285–305: Miti babilonesi e assiri di sostituzione.
42 M. Leglay, Saturne Africain. Paris 1966.
43 Dazu Verf. in: Le sacrifice dans l'antiquité. In: Entretiens sur l'antiquité classique 27. Genf 1981, S. 116–124.
44 A. Vorbichler, Das Opfer auf den uns heute noch erreichbaren ältesten Stufen der Menschheitsgeschichte. Wien 1956, S. 38–40, 83–86, 97.
45 Paus. 8, 34, 2. Vgl. E. M. Loeb, The blood sacrifice complex. In: Memoirs of the Anthropological Association 30 (1923).
46 Stat. Theb. 3, 661; vgl. Kritias, Fragmente der Vorsokratiker 88 B 25, 29, Demokrit ib. 68 A 75; Lucrez 5, 1204–1240.
47 M. J. Vermaseren, C. C. van Essen, The excavations in the Mithraeum of the Church of Santa Prisca in Rome. Leiden 1965, S. 217–20; zur Lesung und Interpretation vgl. U. Bianchi (Hrsg.), Mysteria Mithrae. Leiden 1979, S. 103ff., 883ff.
48 Haupttext Prudentius, Peristephanon 10, 1006–1050; R. Duthoy, The Taurobolium. Leiden 1969.
49 Vgl. Anm. 29.
50 Mündliche Mitteilung von Renato Rosaldo, vgl. sein Buch: Ilongot headhunting, 1883–1974. Stanford 1980.

Die Angst und der Staat
Fragen und Thesen zur Geschichte menschlicher Affekte
von CHRISTIAN MEIER

Es gibt eine Geschichte auch der menschlichen Affekte. Die Geschichte der Angst hängt eng zusammen mit der der politischen Einheit, neuzeitlich gesagt also des Staates. Das ist, zugespitzt und etwas plakativ formuliert, meine These. Allgemeiner und genauer müßte es etwa heißen: Geschichte vollzieht sich nicht nur im Politischen, Sozialen, Wirtschaftlichen, Religiösen, in Mentalität und Erkenntnis, sondern auch im Anthropologischen. Und diese Dimension geht so wenig in den anderen auf wie jene ineinander. Man kann Geschichte heute kaum mehr schreiben, wenn man diese Dimension nicht gebührend berücksichtigt.

Diese These mag einleuchtend sein. Sie ist gleichwohl schwierig, und noch schwieriger sind die Konsequenzen, zu denen sie führt.

Gewiß kann kein Zweifel darüber sein, daß die Menschen in bestimmten Hinsichten sich allesamt gleich sind und in anderen verschieden. Schon Thukydides hat behauptet, ihre Natur sei stets und überall die gleiche. Er dachte an die Gleichheit verschiedener Antriebe, unter denen er – innerhalb des politischen Bereichs, der ihn interessierte – vor allem die Furcht und das Streben einerseits nach Ehre, andererseits nach Besitz fand. Mit Besitz und Ehre war zugleich Macht gesagt. Thukydides schildert dann aber auch die Athener als ganz verschieden von den Spartanern, die Menschen der Vorzeit erscheinen bei ihm recht anders als die seiner Gegenwart. Und er sagt schließlich, daß die Einzelnen und die Gemeinwesen im Frieden nicht so handeln wie im Krieg; der nämlich ist ein gewaltiger Zuchtmeister, der die Leidenschaften der Menge dem Augenblicke angleicht, das heißt je nach Lage den Launen gehorchen läßt ohne Rücksicht auf das, was in langer Zeit an Gesittung und Einsicht erwachsen ist. (Denn nicht erst Freud wußte, wie dünn die Decke der Zivilisation ist.)

Die Gleichheit der menschlichen Grundausstattung ist Gegenstand der Anthropologie, soweit sie gleichsam die Menschen als solche in den Blick nimmt. Sie kommt dabei aber sehr rasch dazu, daß eines der hervorstechenden Merkmale, wenn nicht das hervorstechendste des Menschen seine Bildsamkeit ist. »Der Mensch ist«, wie Arnold Gehlen sagte, »von Natur ein Kulturwesen.« Er ist für sein Überleben wesentlich auf Gesellschaft, auf Institutionen angewiesen, die er auf höchst verschiedene Weise bildet und die sich meist langsam, mitunter freilich auch sehr schnell wandeln können.

Gleichheit der menschlichen Natur und Verschiedenheit ihrer jeweiligen Ausprägung sind nur zwei Seiten einer und derselben Aussage. Zur immer gleichen Grundausstattung des Menschen gehört die Verschiedenheit, in der er sich ausprägen kann.

Die Erkenntnis der Bildsamkeit menschlicher Natur reicht aber noch weiter: »Dieses Wesen«, so formulierte es Robert Musil in den zwanziger Jahren, »ist ebenso leicht fähig der Menschenfresserei wie der Kritik der reinen Vernunft.« Und: »ich will behaupten, daß ein Menschenfresser, als Säugling in europäische Umgebung eingepflanzt, wahrscheinlich ein guter Europäer würde, und der zarte Rainer Maria Rilke ein guter Menschenfresser geworden wäre, wenn ihn ein uns ungünstiges Geschick als kleines Kind unter Südseeleute geworfen hätte.«

Musil wandte sich gegen die damals weitverbreitete Annahme, bestimmte Rassen oder Völker – etwa der ägyptische, der griechische oder der gotische Mensch – hätten aus ihrem je verschiedenen Wesen heraus ihre Kultur geschaffen. Danach wären die Griechen gleichsam vor ihrer Kultur dagewesen mit eben den Eigenschaften, die wir dann später, gleichsam »entwickelt«, bei ihnen finden. Die Plastizität wäre insoweit aufgehoben in verschiedenen Völkern mit ihren sich vererbenden Charakteristika. In Wirklichkeit aber machen nach Musil Kleider Leute, und solche Leute machen dann wieder solche Kleider. Was die Besonderheit der Menschen einer Epoche bestimmt, ist »die Gesamtheit der Rückwirkungen ..., welche der Mensch von dem erfährt, was er geschaffen hat«. Er »existiert nur in Formen, die ihm von außen geliefert werden. ›Er schleift sich an der Welt ab‹, ist ein viel zu mildes Bild; er preßt sich in ihre Hohlform, müßte es heißen.« Die Vorstellung, die Griechen hätten ihre Kultur geschaffen, kann also nur einen Sinn haben, wenn man sowohl »die Griechen« wie »ihre Kultur« in eine unendliche Vielzahl von Elementen zerlegt denkt, die vielfältig aufeinander wirkten.

Musil hat daher für den Menschen die Formel geprägt: »Kleine Amplitude des inneren Wesens selbst bei großer Amplitude der Äußerung.« Das heißt: nur wenige Determinanten liegen in ihm, der Rest ergibt sich aus dem, was die Umwelt aus ihm macht, was sie ihm nahelegt oder mindestens offenläßt oder wozu sie ihn herausfordert. Die Umwelt – das ist die Gesellschaft und damit die Geschichte. Man kann das kaum bezweifeln.

Wenn die Feststellung der Offenheit und Bildsamkeit des Menschen in die Anthropologie im engeren Sinne des Wortes gehört, so machen die Ausprägungen, zu denen er dabei jeweils gelangt, den Gegenstand von Ethnologie und Historie aus. Speziell die Historie steht zunehmend vor dem Problem, innerhalb ihres Interessengebiets, also den vergangenen Kulturen und besonders deren Veränderungsprozessen die anthropologische Dimension aufzudecken. Nicht so sehr das in ähnlichen Situationen sich Wiederholende, sondern gerade das verschieden sich Etablierende und langfristig sich Wandelnde. Historische Anthropologie sollte man die Richtung nennen, die sich mit den verschiedenen Ausprägungen des Menschseins und mit dessen Veränderung im Laufe der Zeit befaßt. Die Fragen, die sich ihr stellen, möchte ich hier umreißen, wobei mir das Verhältnis zwischen politischer Form und Angst seines extremen und zugleich aktuellen Charakters wegen streckenweise als Leitfaden dienen soll.

Man weiß, und kaum je konnten Generationen das so sehr an sich selbst, den eigenen Großeltern und Eltern, Kindern und Enkeln erleben wie im 20. Jahrhundert, wie sehr nicht nur Anschauungen und Wertschätzungen, sondern die Weisen zu sein, sich zu bewegen, miteinander umzugehen, die Weisen sich zu kleiden (weit über die jahrzehntelang gewohnten Variationen der Mode hinaus) und – besonders auffällig – wie sehr sogar die generationstypischen Physiognomien sich mit der Zeit verändern können. Wie sah früher, wie sieht heute ein Bankdirektor, ein Staatssekretär, ein General, ein Professor aus! Und wie war, wie ist er! Die Veränderungen des Menschseins reichen aber noch viel tiefer: bis in die Äußerungsmöglichkeiten und Formen, und das heißt in nennenswertem Ausmaß auch: bis in die Weise, Affekte zu haben und sie zu moderieren, zu binden, zu konzentrieren, zu unterdrücken, zu äußern oder ihnen freien Lauf zu lassen.

Je weiter die historische Forschung vorankommt, um so deutlicher wird, daß nahezu alles, was früher als natürlich erschien, durchaus Produkt gesellschaftlicher Umstände – genauer: des mehr oder weniger freien Handelns von Menschen unter bestimmten Umständen, zumal auch seiner die Strukturen formenden und verändernden Nebenwirkungen – ist; selbst die Mutterliebe und die Liebe selbst, von der Musil sagt, daß »bloß das Ergreifen des Weibchens« universell, aber »die ganze Komplikation, die wir Liebe nennen ..., vom sozialen convenu bestimmt« ist. »Selbst unsere Gefühle formen sich wie Flüssiges in Gefäßen, welche Generationen gebildet haben, und unsere Ungestalt wird von ihnen aufgefangen.« So gibt es eine Geschichte der »Liebe als Passion«, und so kann man sogar am Sterben, an seiner Auffassung, an den Formen, in denen es ins Leben eingebettet ist, in denen man es erlebt und erfährt, eine Geschichte beobachten.

Freilich können es nur bestimmte Grundzüge der Ausprägung von Menschen sein, die den Völkern, den Epochen oder Generationen eigen sind und sich mit ihnen wandeln. Denn kein Individuum wäre damit schon erklärt oder gar verstanden; jeder hat die Möglichkeit, seine eigene Weise, zu sein, seinen – früher hätte man gesagt: Charakter zu bilden. Und er tut dies in aller Regel auch, sonst hätte zum Beispiel nicht jeder sein ganz eigenes Gesicht, im buchstäblichen und im metaphorischen Sinne des Wortes. Gleichwohl hängt die Variationsbreite der Individualisierungen, hängen auch die Richtungen, in die sie üblicherweise gehen können, ihrerseits von den gesellschaftlichen Institutionen ab. Selbst das Aussteigertum ist ja von dort her bestimmt. Es gibt Grundbedingungen, die uns mehr oder weniger große Spielräume lassen und doch dazu bestimmen, Kinder einer bestimmten Gruppe und einer bestimmten Zeit zu sein, wie immer wir unser Leben formen. Sie waren im klassischen Athen ganz anders als im Florenz der Renaissance, in der Goethezeit anders als heute.

Wir haben also allen Grund, historische Anthropologie zu betreiben. Es sollten uns an fernen Zeiten und an Veränderungsprozessen nicht nur Politik, Wirtschaft, Religion, gesellschaftliche Struktur, Alltagsleben usw. interessieren, sondern auch die spezifische Weise, selbst zu sein. Dazu gehört, um nur eine willkürliche Auswahl zu treffen: die Weise, Identität hervorzubringen, sich unter anderen und in den Dimensionen der Zeit zu bewegen, zu fühlen, zu orientieren, zu lieben und sich zu freuen, Angst zu haben und zu sterben. Diese Dimension geht, um es zu wiederholen, in keiner anderen auf, wenngleich sie vieles von den anderen enthält und sich deren Verhältnis zum Teil in ihr spiegelt. Unterläßt man es, nach ihr zu fragen, so entgehen einem wichtigste Erkenntnisse, die einem auch beim Verständnis der anderen Dimensionen von Veränderungsprozessen wichtig werden können.

Wie aber läßt sich Genaueres über die jeweilige Geschichte des menschlichen Genus sagen? Gewiß gibt es auch dazu Quellen, können sogar viele unserer Quellen dazu etwas aussagen. Aber sie liefern uns bestenfalls indirekte Aufschlüsse über die jeweilige Ausprägung menschlicher Eigenart. Es ist sehr schwierig, sie zu deuten, weil sie oft Züge hervorheben, die innerhalb einer Zeit, aber nicht für sie – im Vergleich zu anderen Zeiten – wichtig und kennzeichnend sind. Zudem ist unser Wissen, sind unsere Kategorien noch längst nicht hinreichend, um die Besonderheiten der jeweiligen Bedingungen von Persönlichkeitsstruktur zu fassen. Vielfach verbieten es auch die Gattungsgesetze, daß ein Autor uns über bestimmte Dinge Auskunft erteilt. Wir finden etwa, daß Caesar verschiedentlich davon spricht, seine Soldaten hätten sich gefürchtet und erst durch sein Dazwischentreten wieder Mut gefaßt. In anderen Zeiten hören wir dagegen nichts von der Angst der Soldaten. Friedrich der Große schreibt in einem seiner Testamente nur, daß »Truppen, die vom Geist straffer Disziplin erfüllt sind, keinen Ungehorsam, keine Widerrede, keine Klagen kennen. Ja, inmitten der größten Gefahren hören sie auf das Kommando und bieten dem Tode Trotz, wenn ihre Chefs es ihnen befehlen. Sie gehen, wohin sie geführt werden, und verrichten Wunder, wenn das Beispiel tapferer Offiziere sie anfeuert.« Hatten sie wirklich weniger Angst als im alten Rom? Oder mußten sie, mußten auch ihre Offiziere und ihr König wenigstens unterstellen, daß sie sie nicht hatten? Pflegte man sich darüber schriftlich nicht zu äußern? Sträubte sich da die Feder? Dabei hat man doch ständig vielerlei Vorkehrungen dagegen getroffen, von der Ausgabe von Schnaps im Angesicht der Schlacht und dem Abspielen von Musik bis zur Aufstellung von Offizieren oder einer »Schlachtpolizei« hinter der Front. Und man war mindestens in der frühen Zeit immer davon überzeugt, daß die breite Menge feige sei. Übrigens erwähnt auch Clausewitz die Angst nicht einmal dort, wo er davon spricht, wie es einem geht, der erstmals in ein Gefecht kommt. Erst im vorigen Jahrhundert scheint die Angst der Soldaten in der Schlacht Eingang in das Militärschrifttum gefunden zu haben. In Deutschland blieb sie lange auf den »inneren Schweinehund« zurückgeschnitten und wurde gern mit Feigheit verwechselt. Spiegeln sich also in der

Unterschiedlichkeit dieser Zeugnisse und Interessen Unterschiede auch der Soldaten, der Armeen, der Völker?

Neben den Quellen bietet die Methode der Rückschlüsse einen Zugang zu unseren Fragen. Daß es stets Entsprechungen zwischen Gesellschaftsstruktur und Persönlichkeitsstruktur (in ihren Grundbedingungen genommen) gibt und daß sich dies auch auf die Affekte irgendwie ausgewirkt haben muß, leuchtet unmittelbar ein. Allein, wie kann man da Näheres auch nur mit Wahrscheinlichkeit ausmachen? Und gewinnt man dabei etwas, was nicht schon in politischen, soziologischen, religionsgeschichtlichen und ähnlichen Aussagen indirekt enthalten wäre? Und wenn ja, wäre es da nicht genug, jene zu behandeln und der Vielfalt und Freiheit der jeweiligen menschlichen Ausprägungen, die sie ermöglichen, weiter keine Ordnung aufzuerlegen?

Beobachtungen zum Zusammenhang zwischen Anthropologie und politisch-gesellschaftlicher Ordnung gibt es spätestens seit den Griechen. Platon meinte, in der Seele der Menschen finde sich dieselbe Konstellation verschiedener Kräfte wie in der Verfassung, der er angehöre. Wie etwa die Demokratie die Bürger im Turnus Beamte sein läßt, so lasse sich der Demokrat abwechselnd von verschiedenen Gelüsten beherrschen. Das scheint mir ein außerordentlich fruchtbarer Ansatz zu sein.

Zu entsprechenden, dabei empirisch dicht belegten Ergebnissen kam vor etwa einem halben Jahrhundert Norbert Elias in seinem Buch ›Über den Prozeß der Zivilisation‹. Er fand für die frühe Neuzeit einen Wandel der Tischsitten, der Einstellung zu den »natürlichen Bedürfnissen« des Schneuzens, Spuckens, Verhaltens im Schlafraum sowie von Selbsthilfe und Angriffslust. Die Menschen hörten auf, öffentlich ihre Geschäfte zu verrichten oder sich nackt zu zeigen, sie nahmen zunehmend Rücksicht aufeinander: die Peinlichkeitsschwellen wurden höher gelegt. Man zivilisierte sich.

Eben damit und mit vielem anderen wuchs allgemein die Selbstbeherrschung. Es wurden gleichsam seelische Instanzen aufgebaut, die eine gewisse Ablösung von der Macht der Triebe – und der sie potentiell in Bewegung setzenden unmittelbaren Anlässe – zu leisten vermochten. Der menschliche Binnenraum, so könnte man sagen, wurde weiter und größer, eben damit auch die Möglichkeit zur Selbstdistanzierung. Elias führt wohl zu Recht darauf zugleich die Fähigkeit zurück, eine ganze Reihe von neuen Erkenntnissen wahrzunehmen: etwa die Tatsache, daß die Erde sich um die Sonne dreht, die erst zum allgemeinen Wissen habe werden können, als man sich weitgehend von der Suggestion starker sinnlicher Eindrücke und vom eigenen naiven Sich-im-Mittelpunkt-Fühlen befreite. Im gleichen Sinne lag die Entstehung einer neuen Einstellung zur Zeit, das Aufkommen langfristiger Planungen und vieles andere.

Dieser Prozeß aber, in dem die Voraussetzungen der zunehmenden Rationalisierung des Lebens entstanden, war nach Elias verquickt mit der Monopolisierung der politischen Gewalt im neu sich bildenden Staat, mit dem Aufkommen der höfischen Gesellschaft und verschiedenen Veränderungen im Denken und Wirtschaften der Bourgeoisie. Wo öffentliche Sicherheit herrschte, waren die alten Formen der Selbsthilfe, des unmittelbaren Reagierens auf zahlreiche Gefahren (und folglich offenbar auch auf andere Anlässe) nicht mehr sinnvoll. In höfischer Gesellschaft und im Bürgertum war man vielmehr ständig aufeinander angewiesen, mußte man Rücksicht nehmen, sich zurückhalten, seine Handlungen langfristig anlegen. Das erforderte stärkere, ebenmäßigere Affektkontrollen und führte folglich zu anderen Persönlichkeitsstrukturen.

Elias beobachtet und beschreibt also einen Wandel in der anthropologischen Dimension, der – wie er sagt – eine andere Seite des gesellschaftlich-politischen sei. Denn Individuum und Gesellschaft existierten nicht getrennt voneinander, sondern seien nur verschiedene Aspekte der gleichen Menschen.

In diesen Veränderungen von Verhalten, Bewußtsein und Triebhaushalt vollzog sich eine Verschiebung zwischen Innen und Außen. Indem man sich vom unmittelbaren Wirken der Affekte relativ freimachte, wurden die gleichsam vertikalen Umschläge von Furcht zu Lust geringer, dafür vertiefte sich der horizontale Sprung, der quer durch den ganzen Menschen geht, die Spannung zwischen »Über-Ich« und »Unbewußtem« oder »Unterbewußtem«. Das bedeutet einen großen Schritt in der Geschichte der Angst: Die Angst vor äußerer Bedrohung tritt zurück, dafür verstärken sich innere Ängste. Man hat sich künftig genau an die Regeln des immer strenger werdenden Comments zu halten, den die Gesellschaft ausbildete, um ein feines, rücksichtsvolles Zusammenleben zu ermöglichen.

Parallel zu den Veränderungen in den Oberschichten läuft ein tief eingreifender Disziplinierungsprozeß auch für die unteren, den Kirche und politische Instanzen vorantreiben und der zu einer außerordentlich weitgehenden Überformung des gesamten Lebens, bis in Volksbräuche und Sexualität hinein führte, zu scharfer Überwachung und Ordnung, nicht zuletzt zur Intensivierung von Arbeit (und zur Einrichtung von sogenannten Zuchthäusern, in denen zu nützlicher Arbeit erzogen wurde, wer nicht gut tat). Damals begann man Bettler und Narren, die vorher mit Selbstverständlichkeit hingenommen worden waren, als Ärgernis zu empfinden.

Der Prozeß der Staatsbildung verlief weder gradlinig noch reibungslos, und er war sehr viel komplizierter, als er sich bei Elias darstellt. Er verquickte sich mit der Geschichte der Konfessionen. Vor allem scheint es, daß die Spannung zwischen Staat und Kirche, welche dann unterfangen und schließlich abgelöst wurde durch die zwischen Staat und Gesellschaft, für die Einzelnen wie für die Gesamtheit einen besonderen Entfaltungsraum eröffnete. Die dadurch gewonnenen »Spannweiten« zwischen den möglichen Positionen spiegelten sich gleichsam in den Individuen wider.

Eben diesen Positionen korrespondierten recht verschiedene Zeitmaße, in denen gedacht wurde (Zeit der Bauern, der Kaufleute, der Könige, der Philosophen, der Theologen). Wie man überhaupt den herkömmlichen Zeithorizont durchbrach, und schließlich die Erwartungen in völlig neuer Weise weit über die Erfahrungen hinaus zielten. Indem die Zeit zur Dimension nicht nur periodischen Wechsels, sondern umfassender Veränderung zu werden begann, wurde die Gegenwärtigkeit gleichsam dünner, man war in neuer Weise zwischen Vergangenheit und Zukunft ausgespannt und hatte sich darin einzurichten.

Der Spezialisierung, welche in dieser Welt üblich und durch eine neue Berufsauffassung legitimiert wurde, scheint mit der Zeit eine neue Schätzung individueller Ausprägung korrespondiert zu haben. Immer weniger konnten die Einzelnen umfassend sein, immer mehr waren sie unterschiedlich, da scheint es nahegelegen zu haben, daß die individuelle Besonderheit zum Ideal wurde. Jedenfalls spricht manches dafür, daß der Staat der Vater des auf jeweils höchst eigene Ausbildung ausgerichteten Individuums war. Lektüre und bürgerliche Öffentlichkeit (samt der Möglichkeit zu sehr verschiedenen Rückgriffen in die Geschichte), aber auch die Formen des Lebens und Bauens ließen zugleich einen »espace privé« entstehen, in dem der Einzelne einen weit größeren Abstand zur Gesellschaft und zum Staat gewann als zuvor und in dem er zahlreiche Verzichte in der Öffentlichkeit zu kompensieren vermochte. Verzichte, die sich schon daraus ergeben konnten, daß das Ganze des Staates so weit über die Einzelnen hinausragte. Dieses Ganze – und das der Welt, des Kosmos und der Zeit, das sich dahinter eröffnete – brachte völlig neue Maßstäbe mit sich, an denen gemessen man sich recht klein vorkommen konnte. So mußten die Individuen wohl, soweit ihr Horizont nicht beschränkt blieb, die Welt ihres Inneren entsprechend wappnen, ausweiten und möblieren. In diesen psychischen Binnenräumen konnte sie ihr Gewissen jetzt auch unmittelbarer oder besser: mehr mit sich allein antreffen, zumal in protestantischen Ländern. Sie hatten künftig viel mehr in sich auszubalancieren und mußten sich ihrer Subjektivität viel stärker bewußt werden. Auch das muß wesentlich zu ihrer Fähigkeit, sich selbst zu beherrschen, beigetragen haben, wenn es gutging – doch in einer relativ großen Zahl der Fälle muß das gelungen sein, sonst hätte jene Gesellschaft kaum funktioniert.

Wir wissen weiterhin, daß Staat und Denken dem Gemeinwesen künftig aus neuer Distanz gegenübertraten. So wurde es etwa, wie Albert Hirschman gezeigt hat, möglich, die bis dahin stets für so abträglich gehaltenen wirtschaftlichen Interessen der Bürger gutzuheißen, gar zu erkennen, daß »private Laster öffentliche Tugenden« sein können, weil sie den allgemeinen Wohlstand mehren. Wo die Antike größten Wert darauf gelegt hatte, daß alle die gleichen Grundtugenden besäßen und keiner ungebührlich seinen Eigennutz verfolgte, weil man fand, daß in der Tugend aller die Gemeinwesen beruhten, da erkennt jetzt der neuzeitliche Staat, daß er darauf nicht angewiesen ist, daß im Gegenteil die Untugend des Eigennutzes vieler ihm sehr gut dient. Kann es sein, daß ähnlich auch das Ich begann, seine verschiedenen Seiten künftig eher von oben zu sehen und ihnen die Freiheit zu lassen, sich reicher zu entfalten (ohne sich unbedingt von ihnen beherrschen zu lassen)? In diesem Zusammenhang scheint sich diejenige Form der Persönlichkeit ausgeprägt zu haben, die der ›West-östliche Diwan‹ zum »höchsten Glück der Erdenkinder« erklärt und die das gewiß nicht »zu jeder Zeit« und für »Volk und Knecht und Überwinder« gewesen ist. Vielleicht brachte auch das weitere Schritte in der Geschichte der Angst mit sich?

Dem Staat der Neuzeit war übrigens eine Periode vorangegangen, die in ungewöhnlichem Ausmaß von Ängsten erfüllt war. 1348 hatte die Schwarze Pest zu wüten begonnen, das Klima verschlechterte sich, Mißernten und Unruhen waren an der Tagesordnung. In der Kunst begannen die wichtigsten Gegenstände der Angst – Naturkatastrophen, Untiere, Grab, Hölle, Folter und Teufel – eine außerordentliche Rolle zu spielen. Jagd auf Hexen, Juden, Häretiker setzte ein. Und »die Menge all jener, die glauben, die Posaunen des Jüngsten Gerichts vernommen zu haben«, war nie so groß wie zwischen 1430 und 1530 (Stadelmann).

Inzwischen wird deutlich, daß gleichzeitig mit der Schwächung des Staates die Ängste stark zunehmen, diffuser werden, sich immer offener äußern und die Peinlichkeitsschwellen sich insgesamt wieder senken. Dafür, daß ein enger Zusammenhang zwischen den drei Veränderungen besteht, könnte die Tatsache sprechen, daß die Bundesrepublik in jeder von ihnen heute in Europa führend zu sein scheint. Doch wie immer es damit bestellt sein mag, wenn eine überkommene gesellschaftliche Struktur sich auflöst und das Verhältnis zwischen dem, was einer ist, seiner unmittelbar umgebenden Lebenswelt und den höheren Zusammenhängen, denen er zugehört, für sehr viele nicht mehr stimmt, dann wird die anthropologische Dimension der Geschichte jedenfalls besonders gut deutlich – und die Beschäftigung mit ihr besonders zwingend.

Ob freilich die bisher geäußerten, sehr groben (vor allem zeitlich wenig differenzierten) Vermutungen berechtigt sind, ergibt sich nicht schon daraus, daß sie vielleicht einigermaßen plausibel zu sein scheinen. Man müßte vielmehr ein viel besseres »Sachwissen« über solche Zusammenhänge sich erarbeiten, bevor man da auch nur mit Wahrscheinlichkeiten rechnen könnte. Und man müßte sich zunächst fragen, ob sich in anderen Zeiten ähnliche Zusammenhänge beobachten lassen. Eben das wird nicht einfach sein, da außerhalb der Neuzeit in aller Regel die Quellenlage schlechter ist. Und Untersuchungen dazu liegen, etwa für die Antike, ohnehin nicht vor.

Ich möchte trotzdem versuchen, die Beispiele aus der Neuzeit mit der entsprechenden Problematik der griechischen Geschichte zu konfrontieren, um wenigstens durch Fragen das Problem zu beleuchten.

Auch der griechischen Polisbildung scheint während des 7. und 6. Jahrhunderts v. Chr. eine Zeit vorausgegangen zu sein, in der Ängste und Schuldgefühle sich wohl relativ stark artikulierten. Deren Ausmaß ist nicht genauer abzuschätzen, aber in Literatur, bildender Kunst und Religionsgeschichte gibt es einige interessante Anzeichen dafür. Wir finden gleichzeitig eine Auflösung überkommener Bindungen, Unangemessenheit von Formen des Denkens und Handelns an die Aufgaben, denen man sich gegenübersieht, große materielle Not. Die Griechen jener Jahrzehnte waren weithin überfordert und ratlos. Ihre überkommene mentale und intellektuelle Ausstattung, aber auch ihre Fähigkeit, gemeinsam zu handeln, war in den neuen Verhältnissen unzulänglich geworden. Entsprechend unsicher mochten sie sich fühlen.

Die neue Ordnung, die sich schließlich durchsetzte, wurde nicht von Monarchen (und schon gar nicht von einer Kirche), sondern aus der Mitte der Gesellschaft heraus aufgebaut. Sie fand eine befriedigende Form vielfach erst in der sogenannten Isonomie, einer Vorstufe der Demokratie. Diese konnte aber aus verschiedenen Gründen nur in der direkten, regelmäßigen, aktiven Beteiligung einer großen Zahl von Bürgern beruhen. Sie bildete sich besonders stark im Athen des späten 6. Jahrhunderts aus und ging dort am Ende der sechziger Jahre des 5. Jahrhunderts in die Demokratie über. Von Athen soll hier vor allem die Rede sein.

Um derart politisch mitsprechen zu können, mußten die breiten Schichten nicht nur Wissen, Ansprüche und Institutionen entwickeln, sondern die Bereitschaft zu außerordentlich weitgehendem Engagement. Sie mußten sich wechselseitig als Bürger nehmen, geben, beanspruchen, mußten gleichsam ein relativ sehr dichtes Netz täglicher Interaktion zwischen sich ausspannen. Die Bürger-Eigenschaft mußte die zentrale Zugehörigkeit oberhalb des Hauses werden. Das bedeutete nicht weniger als einen Identitätswandel: Man bildete eine »Bürger-Identität« aus. Sie war um so kräftiger und bestimmender als sie die einzige wirklich nennenswerte Wir-Identität oberhalb von Haus und Nachbarschaft war (also nicht in der Konkurrenz verschiedener Zugehörigkeiten, etwa zu Berufsgruppen, Konfessionen, Parteien usw. stand). Außerdem beruhte sie auf direktem Zusammenleben und -wirken in relativ sehr kleinen Gemeinwesen.

Zu dieser Bürger-Identität muß einerseits, entfernt ähnlich wie in der Neuzeit, eine gewisse Affektkontrolle gehört haben. Wie sonst hätte ein so enges, intensives Miteinanderleben möglich werden sollen? Die gegenseitige Rücksichtnahme *(aidos)* steht unter den politischen Tugenden mit an erster Stelle. Aber es gab vor allem bezeichnende Unterschiede. Der bedeutendste liegt wohl darin, daß die frühen griechischen Monarchien keinen Staat ausbilden konnten, so daß die Bürgerschaft mit dem Gemeinwesen identisch wurde. Das besagte zugleich, daß die Bürger-Identität auf der Gleichheit der politischen Rechte beruhte und daß sie – und zwar gerade in den breiten Schichten – eine starke Solidarität hervorbrachte. Sie muß in Auffassungen, die alle teilten, und wohl auch in »Emotionen der Gemeinsamkeit« gewurzelt haben, welche sich ihrerseits offenbar langfristig herausbildeten. Der »Freundschaft« unter den Bürgern, die damit möglich wurde, korrespondierten andererseits höchst eigenartige Ausgrenzungen innerhalb der unmittelbaren Umgebung, ja in den Bürgern selbst. Die Freien grenzten sich gegen die Sklaven, die Bürger gegen die Nicht-Bürger, die Männer gegen die Frauen ab. Es wurde aber auch die öffentliche Sphäre gegen das Haus und somit die Politik gegen Wirtschaft und Arbeit abgegrenzt. Vorangegangen war dem schon die eigenartige Abgrenzung des Mythos vom Rituellen. Wo im Ritus strenge, unveränderliche, zum Teil gar altertümliche Regeln galten, wurde der Mythos relativ frei verfügbar für die poetische Phantasie und zeitigte die wundervollen Götter Homers. Damit zugleich schied sich das Rationale derart vom Irrationalen, daß es in einem bestimmten Bereich unangefochten herrschte. Dort bildete sich übrigens auch die Kunst in jener Weise aus, die sie so deutlich von der aller anderen Völker unterscheidet. Zusätzlich dazu erfuhr die Solidarität der breiten Schichten eine gewisse Bestärkung in der generationenlang erfahrenen Unterlegenheit jedes Einzelnen von ihnen gegenüber den Adligen. Da konnten sie nur etwas bedeuten, wenn sie zusammenwirkten. Das brachte zwar nicht unbedingt eine gegenseitige Ausgrenzung zwischen Hoch und Niedrig mit sich (obwohl es passieren konnte, daß ganze Teile der Bürgerschaft aus der Stadt verbannt wurden), aber es ermöglichte eine gewisse, nicht immer aktuelle, doch subkutan wirksame Gegensätzlichkeit zwischen Reich und Arm, welche der Politik zugrunde lag.

Diese erstaunlichen, bisher noch kaum gewürdigten Ausgrenzungen innerhalb kleiner, eng zusammenlebender Gesellschaften müssen, so ist doch wohl zu vermuten, in den Bürgern eine besondere Ausbildung jeweils der Eigenschaften mit sich gebracht haben, die den ausgezeichneten Status ausmachten, also des Männlichen, des Freien, des Bürgerlichen. Das ergab sich schon aus dem Druck zur Legitimation der eigenen Herausgehobenheit. Diese Ausbildung mußte sogar, so möchte ich vermuten, außerordentlich weitgehend und stark sein, weil es keine Monarchie gab, an die die herrschenden, die herausgehobenen Stände sich hätten anlehnen können. Sie mußte wohl auch zu einer besonderen Betonung des Stilistischen führen und damit zu Affektkontrollen eigener Art. Sie mußte bei der breiten Bürgerschaft deswegen besonders wichtig und schwierig sein, weil sich deren Angehörige durch Erziehung kaum und durch ihren gesellschaftlichen Stand schon gar nicht positiv gegen die anderen abheben konnten (was sich insbesondere im Verhältnis zwischen den Geschlechtern niedergeschlagen haben müßte; denn nie in der Weltgeschichte konnte doch wohl die Überlegenheit der »Herrschenden« für ihre Frauen so wenig plausibel sein wie in der attischen Demokratie, wo der kleine Mann in der Politik alles, und seine Frau nichts zu sagen hatte – obwohl er sich von ihr intellektuell, durch Erfahrung, Beziehungen, Weltgewandtheit kaum sonderlich unterschieden haben wird).

Zu der besonderen Ausprägung der Freiheit gehörte etwa die Bewahrung des alten, schon der griechischen Aristokratie besonders stark eignenden Autarkie-Ideals, freilich in bemerkenswerter Abwandlung. Zur Erfüllung und Legitimation des Bürger-Seins gehörte die Bürger-Identität mit dem so verpflichtenden politischen Engagement. Das bedeutete die Geringschätzung jeder Spezialisierung. Wohl vermochte man die Ergebnisse von Spezialisierung zu achten, etwa die kunstvollen Produkte der Bildhauer, und fachmännisches Können flößte allemal Respekt ein – aber das Spezialistentum widersprach zugleich dem Ideal des umfassenden Bürger-Seins insofern, als seine Ausbildung und Übung zu viele Energien vom Politischen abzog, so daß der, der sich ihm widmete (wie der Handwerker überhaupt), gemessen am maßgeblichen Bürger-Status nicht viel wert war. Man wollte vielmehr möglichst umfassend das sein, was alle waren. So sehr man also Phidias bewunderte, so wenig wollte man ihn zum Sohn haben.

Weil aber die Gruppe der Fähigkeiten, die man als Bürger (und Soldat) besitzen mußte, relativ begrenzt und in dieser Begrenzung zugleich physisch und geistig umfassend war, konnten relativ viele diesem Ideal relativ weitgehend nahe kommen. Folglich korrespondierte der Gleichheit der politischen Rechte und Pflichten eine weitgehende Gleichheit auch des bürgerlichen Könnens, eine Homogenität, wenigstens dem Anspruch nach. Vielleicht war es deswegen, daß sich das Individuelle in der Kunst so wenig ausprägte? Jedenfalls war die Erfüllung des gemeinsamen Ideals damals viel wichtiger als die Ausbildung besonderer Persönlichkeiten. Die Bürgerschaft war weitgehend gegenwärtig im Raum (auf dem Markt vor allem), aber auch in der Zeit, insofern sie sich nämlich ganz auf die Welt je gegenwärtigen Handelns konzentrierte, mit relativ geringem Hingegebensein an Vergangenheit und Zukunft sowie an die Prozesse, die diese durch die Gegenwart hindurch miteinander verbinden. Da gab es auch nicht viel Gleichzeitigkeit des Ungleichzeitigen. Und entsprechend war die – homogene – Bürgerschaft relativ stark gegenwärtig in den Bürgern selbst. Diese wollten in einer ganz anderen Weise ein Ganzes sein als die neuzeitliche Persönlichkeit. Sie waren je ein Ganzes auch in sich, insofern sie nämlich als Gleiche miteinander das Ganze ihrer Polis ausmachten, einer Polis, die nichts war als sie alle zusammen – während der neuzeitliche Staat uns weit eher in einzelne Funktionen verweist und in einer Weise vereinzelt seinem Ganzen gegenübertreten läßt, daß wir darauf angewiesen sind, uns in dieser Rolle besonders zu behaupten und unsere eigene Autonomie in ihr auszubilden.

So kennzeichnet es die Geschichte Europas seit dem späten Mittelalter, daß der Gehorsamsanspruch der politischen Macht und dann des Staates vielfältiger Legitimation bedarf – während die antike Theorie dieses Problem kaum kannte. Denn Antigone und Sokrates blieben Ausnahmen; sie gehörten in Situationen, die nicht so bald wiederkehrten und stellten insofern Endpunkte des Denkens dar, nicht Ausgangspunkte. Die Spannweiten des Denkens und Vorstellens waren vielmehr nur durch die Unterschiedlichkeit verschiedener Verfassungen, nicht durch diejenige verschiedener Moralinstanzen bestimmt. Man kannte nicht die Möglichkeit einer Anarchie und nicht jene positive Privatheit, die ein Staat gewährt, der am liebsten alles selber macht. Vielleicht hängt der Grad der sittlichen Autonomie der Persönlichkeit und der der Ausprägung ihrer Besonderheit zusammen?

Und wie wirkte sich die Männlichkeit in dieser sich ausgrenzenden Bürgerschaft aus? Schon im Epos ist der Unterschied zwischen den Geschlechtern deutlich. Öffentlichkeit und vor allem Kampf ist Sache der Männer, die Frauen gehören ins Haus (wenn auch wohl weniger entschieden als später). Andererseits ist weniges den männlichen Helden so eigen wie das Weinen. Ständig vergießen sie in der Ilias ungehemmt Tränen. Das gehört zu ihrer kämpferischen Überlegenheit. Erst Odysseus in seiner schwierigen Situation muß Selbstbeherrschung üben und die Tränen, die er weint, verbergen. Im 5. Jahrhundert dagegen hat kein Mann mehr zu weinen. Vielleicht machten die Männer damals, da sie nicht mehr in den alten Kategorien des Heroentums dachten, den Frauen das »Geschenk der Tränen«? So jedenfalls vermutet es Hélène Monsacré in ihrem jüngst erschienenen Buch ›Les larmes d'Achille‹. Außerdem finden wir im Epos die Angst so sehr die Helden befallen wie den Mut. Mut ist nicht ihre Eigenschaft, sie sind vielmehr auch dem Schrecken, dem Schaudern preisgegeben. Auch Furcht eignet ihnen nicht, sondern es ist primär das Furchteinjagende, das sie von außen ankommt. Modern würde man formulieren: Wie sie sich verhalten, kommt ganz auf das Geschehen an, das ihnen begegnet, und auf die Weise, auf die sie ihm zu begegnen »aufgelegt« sind. Ein Stück Realismus? Ein Stück Dichtung? Beides stünde nicht im Widerspruch, wenn jedenfalls die Dichtung realistischer sein könnte als die je in Bewährungszwängen stehenden Männer. Aber vielleicht äußert sich darin gleichwohl ein Zug jener frühen Zeit, in der die Dinge und die Antriebe den Menschen eher von außen ankamen als von innen, in der er nicht so weitgehend für sie aufzukommen hatte?

Der Prozeß der Polis-Bildung wäre dann auch ein Prozeß der Eindämmung der Angst, respektive ihrer Äußerung, ihrer Modifikation mithin. So könnte es zur Phalanx der Krieger-Bauern gehören, in der einer so sehr auf den anderen angewiesen war, daß man seiner Angst »Herr« zu werden hatte – obwohl dann zuweilen ganze Heere den Aufprall von Angreifern nicht abwarten, sondern sich davonmachen und dabei besonders verletzlich werden. Jedenfalls mußte den Armeen und den Kriegsflotten wesentlich mehr Disziplin abverlangt werden als den heroischen Einzelkämpfern. Es konnte in ihnen kaum geduldet werden, daß man sich so weitgehend dem eigenen Schmerz und Leid hingab.

Das hätte ziemlich genau der Selbstbeherrschung entsprochen, die dann in Isonomie und Demokratie auch das Leben innerhalb der Bürgerschaft erforderlich machte. Dabei verlagerten sich die Probleme, die der Einzelne mit den Affekten hatte: Perikles erklärt, in Athen (und allein in Athen) gelte ein Bürger, der sich an der Politik nicht beteilige, nicht als zurückhaltender und ruhiger, sondern als unnützer Bürger. Demokrit bezeugt aber auch für andere, weniger anspruchsvolle Städte, daß solch ein Bürger in üblen Ruf gerate, und er fügt hinzu, damit könne sich sehr wohl »Leiden«, also offenbar Krankheit verbinden. Bis ins Psychosomatische also scheinen sich die Konsequenzen des Bürger-Seins ausgestreckt zu haben. (Es zeigt sich zugleich, wie man die Äußerung des Perikles nicht gegen die Moderne gehalten lesen darf! Ein Beispiel für die Schwierigkeiten der Quellendeutung in diesem Zusammenhang).

Wir wissen einstweilen nicht, was dies alles für die damalige Weise, Mensch zu sein, bedeutet; bei Bürgern wie bei Nicht-Bürgern, bei Männern wie bei Frauen, bei Freien wie nicht zuletzt bei Sklaven. Und es ist uns dabei nicht nur der Mangel an Quellen hinderlich, sondern auch der an Kategorien. Sonst könnten doch wohl auch die Quellen mehr besagen – etwa im Vergleich zwischen den Helden der griechischen Tragödie und denen der späteren, neuzeitlichen –, und jedenfalls wären weit mehr Rückschlüsse möglich.

Wie sehr wird die Unterdrückung der Angst vom besonderen Verhältnis zwischen den Geschlechtern bedingt? Wieviel »eindimensionaler« wird die Person, wo sie gegenseitig sich abgrenzenden kleinen Gruppen angehört und wo eben diese Gruppen einander gegenüberstehen, und nicht die ganze Gesellschaft einer Staatsmacht? Was bedeutet es, wenn Disziplin und Selbstbeherrschung sich in einer Gruppe von Gleichberechtigten bilden – statt daß sie von einem Staat aus erzeugt werden? Sind sie dann strenger oder eher offener? Und welche Fähigkeiten setzen diese Bürgerschaften instand, ohne Polizei auszukommen? Und weiter: Was bedeutet unter antiken Verhältnissen, bei der weit geringeren Funktionalisierung des Einzelnen, bei der stärkeren, geschlosseneren Gegenwärtigkeit der Bürger in der Zeit der Bruch mit dem Herkommen? Wir beobachten zum Beispiel, daß in der Zeit des großen Umbruchs in Athen, bei Aischylos, Angst eine große Rolle spielte – und bei Sophokles und Euripides dann kaum mehr.

Und wie entstand überhaupt jene Kompetenz der Mittel- und Unterschichten, innerhalb der Bürger-Identität weitgehend solidarisch zu sein? Sie widersprach dem alten Autarkieideal oder, anders gesagt, sie verschob es, indem sie es zu einem Ideal nicht der Einzelnen, sondern aller zusammen machte. Wie aber wirkte sich dies auf die Grundbedingungen der Persönlichkeitsausbildung aus? Will man sich aufeinander verlassen, so baut man ja nicht nur aufeinander auf, sondern »verläßt sich« eben auch. Und das will von außen wie von innen kompensiert werden. Vielleicht eher untereinander, da ein Staat als Gegenüber fehlt?

Man gerät da, genau betrachtet, in einen kaum übersehbaren Zusammenhang: Dem so weitgetriebenen Autarkiestreben der Griechen korrespondierte, wie man jetzt erst allmählich lernt, eine bemerkenswerte Bindungsschwäche; Zugehörigkeit zu größeren Familienverbänden spielte kaum eine Rolle, Klientelen gab es so gut wie nicht. Und die Fähigkeit, Freundschaftsbünde zu schließen, hat sich erst sehr allmählich gebildet. Gehört in den gleichen Zusammenhang die eigenartige Disposition, aus der heraus die Griechen ein so eigenartiges Verhältnis zum Raum gewannen oder hatten? Denn sie hatten vielleicht nicht das Bedürfnis, jedenfalls nicht die Fähigkeit, Raum zu beherrschen, wollten sich vielmehr nur in ihm bewegen und für sich ihr Teil, in ihren isolierten Einheiten, herausschneiden. Dies alles mag ein Ganzes gebildet haben mit der Vorliebe für den Agon, in welchem jeder nur als Einzelner gewinnen kann – und der in der Frühzeit zu beobachtenden relativen Seltenheit der Kriege, in denen man eher zusammenwirkt, in Verteidigung oder Angriff, und in aller Regel der Weltgeschichte doch zum Zwecke gemeinsamer Eroberung, einer Eroberung nicht für Einzelne, sondern für alle, wenn auch vielleicht in unterschiedlichem Ausmaß. Äußern sich darin nun besondere Fähigkeiten oder besondere Unfähigkeiten? Und wie kann man sie fassen? Welche Form der Persönlichkeit entspricht ihnen?

Die starke Ausrichtung auf den Krieg hingegen gehört nur zu Sparta und zum demokratischen Athen. Dort entsprach ihr die Militarisierung der gesamten Bürgerschaft. Hier korrespondierte die Bereitschaft zu und der Drang nach immer neuen Eroberungen eben jener Überwindung des Autarkiestrebens der Einzelnen und jener auffälligen Fähigkeit zu Bürger-Freundschaft, welche etwas ganz Neues in der griechischen Geschichte, eine Politisierung und damit zugleich die Wende zur Demokratie begleitete.

Vermutlich hing das Selbstbewußtsein der attischen Demokratie weitgehend mit ihren großen äußeren Erfolgen zusammen, und es wäre von daher besonders nach den Unterschieden zwischen den Athenern und den von ihnen Beherrschten außerhalb Athens zu fragen. Vermutlich spielt im ganzen Komplex der hier berührten Fragen aber auch die außerordentliche, welthistorisch einmalige Kommensurabilität zwischen den Einzelnen und dem Geschehen in ihrer Welt zusammen, die es doch wohl bedingt hatte, daß man versuchen konnte, dieses ganze Geschehen intellektuell zu durchdringen, – in der Historie –

und auch geistig in seiner ganzen Kontingenz auszuhalten, wie es vorher noch nie geschehen war. Auch das ein sehr bemerkenswerter Zug, der sich irgendwie in das Denken und über das Denken in die Persönlichkeitsstruktur der Griechen eingetragen haben muß. Freilich wohl weniger als Selbstdistanzierung, sondern als Teil der starken Gegenwärtigkeit, die aber vielleicht auch die Angst modifiziert?

Schließlich eine letzte Frage: Wie kommt es, daß die Griechen eine wirklich emotionale Zugehörigkeit nur zu ihren kleinen Gemeinwesen ausbilden konnten, daß sie es also nicht fertigbrachten, sich derart in größeren Zusammenhängen »aufheben« zu lassen, wie dies zu den Menschen der Neuzeit gehört? Auch da müssen Probleme der inneren Balance eine Rolle gespielt haben, zugleich des Verhältnisses zwischen Mikro- und Makrowelt, der Frage, wofür man jeweils aufkommen kann usw. Sie werden aktuell, wenn sich die Frage einer menschheitlichen Solidarität und Identifikation stellt. Angst könnte sie befördern, könnte sie aber auch hemmen; könnte ihr Produkt sein und sich vielleicht einmal in ihr neuerdings hegen lassen.

Jedenfalls ergibt sich, daß sich von der Frage nach den Weisen, Mensch zu sein, Wesentliches an der griechischen wie an der neuzeitlichen Geschichte erschließt, daß hier Probleme liegen, die uns dringend sein müssen.

Mein Fazit ist:

1. Es sollte deutlich geworden sein, wie wichtig eine historische Anthropologie ist, zumal in einem Zeitalter so tiefgreifenden Umbruchs, in dem offensichtlich gerade auch wir selbst uns verändern; wir sollten dem nicht wehr-, jedenfalls nicht erkenntnislos gegenüberstehen.
2. Damit ist zugleich evident, daß wir die anthropologische Dimension der geschichtlichen Prozesse zu erforschen haben. Sie geht in den anderen nicht auf, so eng sie im Endergebnis mit ihnen zusammenhängt und unter bestimmten Gesichtswinkeln gar aufs gleiche hinauszulaufen scheint. Denn in der Geschichte geht es nicht nur um das Endergebnis.
3. Wir stehen hier erst am Anfang. Es fehlt noch an Kategorien und an Kenntnissen. Nicht zuletzt wäre ein allgemeines, epochenübergreifendes anthropologisches Sachwissen zu erarbeiten, was wir freilich erst können, wenn wir die verschiedensten Epochen miteinander vergleichen. Über die Interdependenz zwischen Angst, Affektkontrolle, Planung, Erkenntnis, Größe der politischen Einheit und anderem wird man nicht nur im

einzelnen, sondern vor allem auch im ganzen erst einigermaßen Gewißheit erlangen, wenn man anderswo andere, aber ähnlich spezifische Interdependenzen findet wie in der Neuzeit. Man wird nicht ohne die Ethnologie, aber auch nicht ohne die Sinologie und vielleicht auch nicht ohne die Ägyptologie auskommen.

4. Wir sollten Forschungen dieser Art energisch und möglichst angemessen vorantreiben.

Literaturhinweise

R. Musil, Der deutsche Mensch als Symptom. Das hilflose Europa. Beides in: Gesammelte Werke, Bd 2. Hamburg 1978.

A. Gehlen, Der Mensch. 10. Aufl., Frankfurt 1974.

A. Gehlen, Urmensch und Spätkultur. 2. Aufl., Frankfurt a. M. 1964.

P. Berger, Th. Luckmann, Die gesellschaftliche Konstruktion der Wirklichkeit. Frankfurt a. M. 1969.

N. Luhmann, Liebe als Passion. Frankfurt a. M. 1982.

Ph. Ariès, Geschichte der Kindheit. München 1978.

Ph.Ariès, Studien zur Geschichte des Todes im Abendland. München 1981.

Ph. Ariès, G. Duby (Hrsg.) Histoire de la vie privé. Paris 1985 ff.

Th. Nipperdey, Die anthropologische Dimension der Geschichtswissenschaft. In: Gesellschaft, Kultur, Theorie. Göttingen 1976.

J. Keegan, Die Schlacht. München 1981.

J. Delumeau, Angst im Abendland. 2 Bde, Hamburg 1985.

N. Elias, Über den Prozeß der Zivilisation. Bern, 2. Aufl. 1969.

R. Koselleck, Vergangene Zukunft. Frankfurt a. M. 1979.

A. O. Hirschman, Leidenschaften und Interessen. Frankfurt 1980.

Ch. Meier, Die Entstehung des Politischen bei den Griechen. Frankfurt a. M. 1980, 2. Aufl. 1983.

Ch. Meier, Politik und Anmut. Berlin 1985.

Ch. Meier, Arbeit, Politik, Identität. Neue Fragen im alten Athen? In: V. Schubert (Hrsg.), Der Mensch und seine Arbeit. St. Ottilien 1986.

H. Monsacré, Les larmes d'Achille. Paris 1984.

J. de Romilly, La crainte et l'angoisse dans le théatre d'Eschyle. Paris 1958.

D. Roussel, Tribu et cité. Etudes sur les groupes sociaux dans les cités grecques aux epoques archaique et classique. Paris 1976.

J. Burckhardt, Griechische Kulturgeschichte. 4 Bde, Basel 1956.

Wichtige Beobachtungen zur obsession gréco-romaine de la virilité und den ihr korrespondierenden Formen der Angst bei Paul Veyne, Critique d'une systématisation. Les lois de Platon et la réalité. In: Annales 37 (1982), S. 897.

Merkende Vernunft
Betrachtungen über Vernunft und Zufall beim Menschen
von Odo Marquard

Der Mensch ist zur Vernunft organisiert: aber was heißt da Vernunft? Es könnte – meine ich – einschlägig nützlich sein, zwischen ausschließender Vernunft und merkender Vernunft zu unterscheiden. Was ist merkende Vernunft? Darüber Näheres alsbald und einstweilen nur dieses: merkende Vernunft ist der Verzicht auf die Anstrengung, dumm zu bleiben. Und was ist ausschließende Vernunft? Auch das bedarf einiger Erläuterungen.

1. Ausschließende Vernunft und merkende Vernunft
In der von Griechenland herkommenden Tradition der Philosophie war die Vernunft – womöglich zunehmend radikal – ausschließende Vernunft. Sie schloß aus, und zwar vor allem dadurch, daß sie Wirkliches, das ihr nicht in den Kram paßte, veruneigentlichte, das heißt zum minder Wirklichen oder Nichtigen umstilisierte. Die Vernunft schloß aus: indem sie aufs Bleibende aus war, das Veränderliche; indem sie aufs Unendliche aus war, das Endliche; indem sie aufs Geistige aus war, das Sinnliche; indem sie aufs Geregelte aus war, das Ungeregelte; indem sie aufs Allgemeine aus war, das Vereinzelte; indem sie aufs Argumentative aus war, das Emotionale; indem sie aufs Unbezweifelbare aus war, das, »woran man zweifeln kann«; indem sie aufs Unbedingte aus war, das nur Faktische und Historische; und – dies ist hier besonders wichtig – indem sie aufs Absolute aus war, das Zufällige. Die Vernunft – womöglich zunehmend radikal – schloß aus und schließt aus; sie war und ist (wenn man meinem Benennungsvorschlag folgt) ausschließende Vernunft.

Darum auch ist seit geraumer Zeit der Versuch aktuell, die Vernunft ausdrücklich durch ihre Ausschließungen zu definieren und dadurch zu kritisieren. Was – für eine Philosophie, für eine Zeit, für eine Welt – das Vernünftige ist, wird genau dann klar, wenn man zeigen kann, was für sie das Unvernünftige ist: was sie nicht sein und haben will, das Verstoßene, Tabuierte, Verdrängte. In seiner vor fünfzehn Jahren im Collège de France gehaltenen Antrittsvorlesung über ›Die Ordnung des Diskurses‹ hat Michel Foucault in Bezug auf den Diskurs, den Logos, also das Reden der Menschen und seine rationale Zähmung »Ausschließungsprozeduren« – also Verbote, Verdrängungen, Ausgrenzungen des Wahnsinns, des Sexuellen, des Ungegenständlichen – als bestimmende Mechanismen der Ordnung des Diskurses zur Vernunft beschrieben: die Vernunft etabliert sich durch Ausschließungen. Das ist – wenn ich es richtig sehe – die spezifizierende, detailfreudigere Reprise jenes Programms, das über vierzig Jahre vor Foucault in seiner Freiburger Antrittsvorlesung ›Was ist Metaphysik?‹ Martin Heidegger entwickelt hat: die Vernunft – als wissenschaftlich-technische, das heißt als herkünftig metaphysische Vernunft – intendiert »das Seiende, und sonst nichts«; gerade dieses Sonstige aber, das sie ausschließt als das, was für sie »nichts« ist, muß man – meinte Heidegger – ins Spiel bringen und ausdrücklich machen, um jene Ausgrenzungsleistungen wirklich zu verstehen, durch die seit der griechischen Metaphysik die abendländische Vernunft sich konstituiert. Man begreift, welche Minderheit von Tatbeständen sie durch Zuspruch des »ist« als vernünftig privilegiert, erst dann, wenn man sieht, welchen Realitäten sie – sie vergessend und verdrängend – das »ist« vorenthält. Das sind – meinte Heidegger – die Endlichkeitsdimensionen der Zeit (vor allem, daß jedermanns Zukunft sein Tod ist und darum niemand seine Herkunft beliebig distanzieren kann). Sie werden übersehen, wo die Zeit nur als Staffellauf der Gegenwarten gilt und das Seiende nur als das in Reichweite, als grundsätzlich Gegenwärtiges. Das aber ist in der Metaphysik- und Wissenschaftstradition der Fall: die abendländische Vernunft ist im Reiche der Zeit der Staatsstreich der Gegenwart. Drum also auch hier, bei Heidegger: die Vernunft etabliert sich durch Ausschließungen. Beide Ansätze – der von Heidegger und der von Foucault – und manch anderer aktuelle Zugriff rechnen also mit folgendem Grundbefund: Die Vernunft – die der abendländischen Tradition, und zwar zunehmend radikal – schloß aus und schließt aus, die Vernunft war und ist ausschließende Vernunft.

Diese Grundannahme aber scheint mir ergänzungsbedürftig und überbietungsfähig. Zwar kann es nicht darum gehen, sie einfach fallenzulassen; dazu ist dieser Ansatz von den Ausschließungen her viel zu fruchtbar und noch viel zu wenig ausgeschöpft. Es ist aber, scheint mir, die Vermutung fällig und überfällig: die menschliche Vernunft – möglicherweise – verrät am meisten über sich selber gerade nicht dort, wo sie ausschließt, sondern dort, wo ihr dies nicht gelingt; also nicht dort, wo sie das, was ihr nicht in den Kram paßt, abwehrt und verdrängt, sondern dort, wo sie es einzubeziehen bereit und fähig ist; also nicht dort, wo sie Grenzen schließt und dadurch Wirklichkeit ausgrenzt, sondern dort, wo sie Grenzen öffnet und zusätzliche Wirklichkeit einläßt: wo sie – ähnlich wie Lachen und Weinen – im offiziell Nichtigen das Geltende sichtbar werden läßt. Ich meine also, die menschliche Vernunft etabliert sich nicht nur durch Ausschließungen, sondern auch dadurch, daß sie das Ausgeschlossene – seine Zugehörigkeit zur Wirklichkeit merkend – einbezieht und ins Spiel bringt. Und meine These ist darüber hinaus: Mehr als an der ausschließenden Vernunft wird das Vernünftige der Vernunft sichtbar an der merkenden Vernunft. Die Vernunft ist am menschlichsten und der Mensch ist am vernünftigsten durch merkende Vernunft.

2. Die Unvermeidlichkeit des Zufälligen

Von den Konkretisierungen dieser These interessiert hier – in meinen Betrachtungen über Vernunft und Zufall beim Menschen – insbesondere die folgende Konkretisierung. Traditionell scheint die Vernunft der Feind des Zufalls zu sein und hat – wie Hegel sagte – »keine andere Absicht, als das Zufällige zu entfernen«. Indes: zur menschlichen Wirklichkeit gehört das Zufällige. Des Menschen Wirklichkeit ist nicht das reine Produkt seiner Absichten – seiner absichtsvollen Handlungen – und schon gar nicht das reine Produkt seiner absoluten Absichten, jener, bei denen es den Menschen nicht freistehen soll, diese oder auch andere Absichten zu haben. Denn stets gehört das zur menschlichen Wirklichkeit, was nicht das reine Produkt seiner Absichten ist (weil ihm etwas dazwischenkommt) oder überhaupt nicht Produkt seiner Absichten ist (weil er es nicht gewählt hat). Weil das so ist, konnte Wilhelm Dilthey sagen: »Was der Mensch sei, sagt ihm nur seine Geschichte«. Ein häufig übersehener Bestandteil dieser These von Dilthey nämlich ist, meine ich, dieser: daß für die Menschen ihre Zufälle unvermeidlich bedeutsam sind, daß ihre Freiheit mit diesen Zufällen koexistieren muß, ja sogar von ihnen lebt, und daß ihre Vernunft diese Zufälle merken und anerkennen muß. Das folgt – im Blick auf Diltheys These – aus dem Begriff der Geschichte: denn (das wissen wir spätestens seit Hermann Lübbes einschlägigen Analysen) Geschichten sind nicht einfach absichtsvolle Handlungen, sondern Handlungs-Widerfahrnis-Gemische; anders gesagt: eine absichtsvolle Handlung wird genau dann zur Geschichte, wenn ihr etwas Unbeabsichtigtes – etwas ihr gegenüber Zufälliges – dazwischenkommt, passiert, widerfährt. Um ein Beispiel zu nennen: Wenn ich den Bus zu meiner Arbeitsstätte besteige und dort absichtsentsprechend ohne Zwischenfälle fahrplanmäßig ankomme, ist das nicht erzählenswert, gibt das noch keine Geschichte. Zur erzählenswerten Geschichte wird es erst dann, wenn etwa der Bus unterwegs liegenbleibt, doch glücklicherweise gerade ein freundlicher Mensch im Auto vorbeikommt, der mich mitnimmt, so daß ich – trotz jenes Zufalls und wegen dieses Zufalls – doch noch rechtzeitig im Institut ankomme, so daß ich nun dort dieses Handlungs-Widerfahrnis-Gemisch als Geschichte erzählen kann und in der Regel dann auch erzähle. Was ich hier Zufälle nenne, ist seinerseits durchaus determiniert: der Maschinenschaden des Busses und das Vorbeikommen des mitnehmenden Autofahrers haben ihrerseits Gründe; nur relativ auf die Handlung, der sie – unglücklicherweise und glücklicherweise – dazwischenkommen, sind es Zufälle: doch das ist schon Zufall genug. Denn wenn so Geschichten Handlungs-Widerfahrnis-Gemische, also Absichts-Zufalls-Legierungen sind und wenn – mit Dilthey – der Mensch nur durch seine Geschichte bestimmt und zugänglich ist, dann heißt dies wohl allgemein: Wir Menschen sind nicht nur unsere Handlungen, sondern stets auch unsere Zufälle. Diese Feststellung möchte ich hier zuspitzen zu folgender These: Wir Menschen sind stets mehr unsere Zufälle als unsere Wahl, und unsere Vernunft ist auf menschliche Weise vernünftig – sie ist nicht ausschließende, sondern merkende Vernunft – dann, wenn sie diesen menschlichen Wirklichkeitsbefund merkt und anerkennt.

Wir Menschen sind stets mehr unsere Zufälle als unsere Wahl; dadurch bleibt freilich unberührt: wir Menschen sind stets auch unsere Wahl. Der Mensch ist – so hat Helmuth Plessner das formuliert – unter den Lebewesen der Exzentriker, der sein Leben nicht nur lebt, sondern sich zugleich zu ihm verhält und es dadurch – in beträchtlichem Ausmaß – zum Felde seiner Wahl macht: er steuert sein Leben durch freie und vernünftige Wahl seiner Lebensorientierungen. Extrem hat das Jean-Paul Sartre geltend gemacht, indem er sagte: der Mensch »ist« »seine Wahl«. Ich meine nun, das ist zwar die Wahrheit über den Menschen, aber nur die halbe Wahrheit. Die andere Hälfte der Wahrheit über den Menschen sieht so aus: Das Wählen – und nun gar das absolute Wählen – hat bei den Menschen eine Grenze, nämlich ihren Tod, durch den unser Leben – wie lang es auch dauern mag – stets nur kurz ist: vita brevis. Zur Wahl gehört, daß der Mensch sich unter mehreren Zielmöglichkeiten ausdrücklich eine aussucht, nach der er sich orientiert; und zur absoluten Wahl gehört, daß diese Wahl so ausfällt, daß alle Menschen ihr zustimmen, das heißt – vernünftig erweislich – dieselbe Wahl getroffen hätten, und dies bei allen vom Menschen benötigten Lebensorientierungen. Aber das Wählen – und nun gar das absolute Wählen – braucht Zeit, es geht nicht schnell, sondern langsam. Darum haben wir – weil wir sterben müssen – niemals genug Lebenszeit, alle oder auch nur die meisten Lebensorientierungen, die wir brauchen, zu wählen und absolut zu wählen: unser Tod ist stets schneller als unsere absolute Wahl. Wir sind deshalb – weil wir zu schnell sterben, um alle oder auch nur die meisten Lebensorientierungen wählen zu können – auf Lebensorientierungen angewiesen, die wirken, obwohl wir sie nicht gewählt haben. Das sind – beim instinktarmen Wesen Mensch – vor allem die geschichtlich vorgegebenen Üblichkeiten: Gewohnheiten, institutionelle Routinen, Sitten und Bräuche, Traditionen. Aus ihnen müssen wir überwiegend leben, sie sind – zusätzlich zur Wahl, die wir sind – die Nichtwahl, die wir sind. Und so gilt: Wir Menschen sind stets mehr unsere Üblichkeiten als unsere Wahl.

3. Beliebigkeitszufälliges und Schicksalszufälliges

Diese Üblichkeiten haben – was ich bedauere – in der traditionellen Philosophie einen schlechten Ruf. Da Üblichkeiten nicht durch absolute Wahl zu absolut notwendigen Orientierungen geadelt sind, könnten sie auch anders sein: also sind sie zufällig. Was zufällig ist – so wird dann argumentiert –, ist beliebig; Beliebigkeit aber ist keine brauchbare Verfassung für Lebensorientierungen: Orientierungen, die man ständig beliebig umtauschen kann, sind keine. Dies letzte halte ich für zutreffend, folgere daraus aber nur: wenn das Zufällige ausschließlich das Beliebige wäre, wäre das in der Tat ruinös. Nur, daß das Zufällige ausschließlich das Beliebige sei, justament das stimmt nicht.

Der aus der christlichen Schöpfungstheologie kommende Endlichkeitsbegriff des Zufälligen (Kontingenten) meint zwar »das, was auch nicht sein könnte« beziehungsweise »das, was auch anders sein könnte«. Das aber ist, wenn man es nicht aus der Schöpferperspektive von Gott her, sondern – menschlicher aus der Lebensweltperspektive – vom Menschen her sieht, gerade doppelter Art. Entweder nämlich ist das Zufällige »das, was auch anders sein könnte« und durch uns änderbar ist (zum Beispiel kann man Wurst essen oder es lassen und statt dessen Käse essen, und diese Betrachtung könnte auch gar nicht stattfinden oder ganz anders ausfallen). Dieses Zufällige als »das, was auch anders sein könnte« und durch uns änderbar ist, ist eine beliebig wählbare und abwählbare Beliebigkeit: ich möchte es das Beliebigkeitszufällige nennen. Oder das Zufällige ist »das, was auch anders sein könnte« und gerade nicht durch uns änderbar ist (als negationsresistenter Schicksalsschlag: Glücksfall, Krankheit, geboren zu sein, und dergleichen); dieses Zufällige als »das, was auch anders sein könnte« und gerade nicht – oder nur wenig – durch uns änderbar ist, ist Schicksal: ich möchte es das Schicksalszufällige nennen. Es gibt also – das folgt aus dieser Unterscheidung – für die Menschen nicht nur eine Sorte des Zufälligen, sondern deren zwei: es gibt nicht nur das Beliebigkeitszufällige, sondern es gibt auch das Schicksalszufällige.

Es sind nun – meine ich – überwiegend Zufälle dieser zweiten Art (also Zufälle von der Art des Schicksalszufälligen), die, als natürliche und geschichtliche Gegebenheiten und Geschehnisse, welche uns zustoßen, unser Leben ausmachen. Das beginnt bei unserer Geburt: wir könnten auch nicht geboren sein, oder zu anderer Zeit, in anderer Weltgegend, in anderer Kultur- und Lebenslage. Aber wenn wir es einmal sind, können wir das alles nicht mehr annullieren: selbst um sich umzubringen, muß man zuerst einmal leben; und daß die Geburt ein Schicksalszufall ist, beleuchtet auch Alfred Polgars Kommentar zu Silen: »Das Beste ist es, nicht geboren zu sein: doch wem passiert das schon?« Das Schicksalszufällige ist auch nach unserer Geburt die weitere Wirklichkeit unseres Lebens, weil wir Menschen stets »in Geschichten verstrickt« sind, wie Wilhelm Schapp sagte; denn – ich hatte darauf schon hingewiesen – Handlungen werden dadurch zu Geschichten, daß ihnen etwas dazwischenkommt, passiert, widerfährt. Eine Geschichte ist eine Wahl, in die etwas Zufälliges – etwas Schicksalszufälliges – einbricht: darum kann man Geschichten nicht – im vorhinein – planen, sondern muß sie – im nachhinein – erzählen. Darum – also weil zu ihm das Schicksalszufällige wesentlich gehört – erzählen wir unser Leben als Lebensgeschichte, und können ihm nur dadurch beikommen; denn zu ihm gehört das Schicksalszufällige. Zufällig –

schicksalszufällig – ist es weiterhin auch, daß wir jenen Naturgesetzen unterliegen, denen wir unterliegen: wir könnten auch anderen Determinationen unterworfen sein, doch wir unterliegen nun einmal – zufällig – diesen. Gerade diesen Zufall können wir nicht ändern, er ist ein Schicksalszufall für den Menschen. Der Zufall, der uns am schicksalshaftesten und – falls man ihn nicht als den Trost betrachtet, nicht endlos weiterturnen zu müssen – am härtesten trifft, ist unser Tod: wir sind – aus Schicksalszufall – durch Geburt zum Tode verurteilt, das heißt zu jener Lebenskürze, die uns nicht die Zeit läßt, uns aus dem, was wir zufällig schon sind, in beliebigem Umfang davonzumachen. Gerade unsere Sterblichkeit zwingt uns, überwiegend unsere Vergangenheit zu bleiben, so daß es uns gerade nicht freisteht, sie – obwohl sie doch anders sein könnte, das heißt zufällig ist – zu haben oder gar nicht zu haben: unsere Vergangenheit, gerade sie, die Vorgeschichte unseres Lebens und jene Lebensgeschichte, die wir stets schon sind, ist ein Schicksalszufall. Es ist ja nicht so, daß wir sie erst sozusagen aussuchen müßten, sondern wir haben sie stets schon und können sie – und brauchen sie und die aus ihr herkommenden Orientierungen, die Üblichkeiten – überwiegend nicht loszuwerden: sie ist kein Beliebigkeitszufall, sondern ein Schicksalszufall. Und wer das Zufällige mit dem Beliebigen schlicht verwechselt, der übersieht eben gerade das, was – zusätzlich zu unserer Wahl – am nachhaltigsten unser Leben ist und ausmacht.

Das hat man freilich in der Philosophie in der Regel getan. Dort hat man, meine ich wenigstens, über dem Beliebigkeitszufälligen das Schicksalszufällige vergessen, um schnell mit dem Zufälligen fertigwerden zu können. Das gilt vor allem für unsere moderne Welt. In dieser modernen Welt – dem Zeitalter der Weltfremdheit, in dem man zunehmend nicht mehr erwachsen wird – dominiert die Jugendsicht des Zufälligen. Die Angst vor der Beliebigkeit ist eine optische Täuschung der Jugend, die nur andauert, weil gilt: »kein Mensch ist erwachsen« (André Malraux). Die Erfahrung des Überwiegens und der Lebensbedeutsamkeit jener Zufälle, die uns prägen, obwohl sie gerade nicht in unserem Belieben stehen (also nicht der Beliebigkeitszufälle, sondern der Schicksalszufälle), ist eine Alterserfahrung, die man schon früh im Leben machen kann, weil ebenso gilt: jeder – auch der jüngste – Mensch ist schon alt, das heißt so nah dem Tode, daß er jedenfalls nicht die Zeit hat, die Zufälligkeit der Zufälle, aus denen sein Leben besteht, in nennenswerter Weise zu löschen. Es ist diese Alterserfahrung der Dominanz des Schicksalszufälligen, die – gegenüber jeder Absolutsetzung der Wahl: des Sich-selber-Machens des Menschen – philosophisch betont werden muß. Denn wir kommen mehr als durch Wahl – also über Pläne – durch Zufälle (Schicksalszufälle) durchs Leben und zu uns selber; und das ist nicht – wie die Philosophie der absoluten Wahl uns weismachen will – ein Unglücksfall, denn der Zufall ist keine mißlungene Absolutheit, sondern – sterblichkeitsbedingt – unsere geschichtliche Normalität. Wir Menschen sind stets mehr unsere Zufälle – unsere Schicksalszufälle – als unsere Wahl. Ich sage nicht: wir sind nur unsere Zufälle. Ich sage einzig: wir sind nicht nur unsere Wahl, sondern auch unsere Zufälle, unsere Schicksalszufälle. Und ich füge nur noch außerdem hinzu: wir sind stets mehr unsere Zufälle – unsere Schicksalszufälle – als unsere Wahl; wir müssen immer mehr Schicksalszufälle leiden als wir Wählbares wählen können. Denn der Mensch ist endlich.

4. Das Zufällige und die Freiheit

Daraus folgt für die menschliche Vernunft: Wer den Menschen nur und ausschließlich durch seine Wahl bestimmt sieht, schließt Wirklichkeit aus, er favorisiert die ausschließende Vernunft; wer – im Blick auf die menschliche Endlichkeit – den Menschen auch und überwiegend durch seine Zufälle bestimmt sieht und dennoch nicht gegen die Vernunft sprechen will, der muß die für das sonst Ausgeschlossene offene, er muß die merkende Vernunft ins Spiel bringen. Denn beim Menschen gehört zur merkenden Vernunft auch, daß der Mensch das Zufällige vernünftig merken und leiden kann; die merkende Vernunft ist Freiheit auch zum Zufälligen. Damit ist zugleich angedeutet, daß die endliche – die menschliche – Freiheit positiv mit dem Zufälligen zu tun hat. Auch zur Freiheit des Menschen gehört, daß er das Zufällige merken und leiden kann. Die endliche Freiheit des Menschen ist nicht die absolute Wahl, für die es nichts Nichtgewähltes – nichts Schicksalszufälliges – gibt. Daß die menschliche Freiheit gleichwohl wirklich Freiheit ist oder sein kann, das folgt aus meiner abschließenden Überlegung, die einschlägig die Gewaltenteilung ins Spiel bringt.

Des Menschen Wirklichkeit ist – wenn das bisher Gesagte stimmt – überwiegend das Zufällige, und zwar das Schicksalszufällige. Zufällig ist das, was auch anders sein kann. Aber wenn es anders sein *kann,* dann – wenn auch zufälliger Weise –

ist es häufig auch anders. Die zufällige Wirklichkeit – zufällig – ist vielfach so und auch anders; sie umfaßt Verschiedenes, sie ist vielgestaltig, bunt. Diese Buntheit – gerade sie – ist die menschliche Freiheitschance, es ist diejenige Freiheitsmöglichkeit, die die Lehre von der Gewaltenteilung zur Geltung bringt. Denn die – klassisch von Montesquieu untersuchte – politische Freiheitswirkung der politischen Gewaltenteilung ist nur ein spezieller Fall der Freiheitswirkung der allgemeinen Buntheit der Wirklichkeit: daß die Zufälle, die den Menschen als Schicksale zufallen, nicht uniform und monolithisch sind, sondern – zufällig – einander durchkreuzen und einander dadurch im gewissen Maße neutralisieren. Es kommt darauf an, daß sie so aufeinanderprallen, daß alle dadurch so viel an Kraft einbüßen, daß der Einzelne – als lachender oder weinender Dritter – von ihnen freikommt. Es ist also wesentlich, daß stets nicht nur eine, sondern – pluralistisch konkurrierend, einander durchkreuzend und dadurch wechselseitig einander balancierend – eine Mehrzahl von Potenzen wirkt. Jede, sozusagen, sichert dem Menschen – indem sie ihn mitdeterminiert – einen Spielraum (Distanz) gegenüber den jeweils anderen und rettet ihn vor dem determinatorischen Alleinzugriff einer einzigen Potenz, gegenüber der er aus Eigenem machtlos wäre: teile und fliehe! Es ist also – als Freiheitswirkung – zuträglich für den Menschen, skeptisch viele (mehrere) Überzeugungen zu haben: nicht gar keine und nicht nur eine, sondern viele; und zuträglich für ihn, viele (mehrere) Traditionen und Geschichten zu haben und auch viele (mehrere) Seelen – ach! – in der eigenen Brust: nicht gar keine und nicht nur eine, sondern viele; und vielleicht ist es auch zuträglich für ihn, viele (mehrere) Götter und Orientierungspunkte zu haben: nicht gar keine und nicht nur einen, sondern mehrere oder sogar viele; es ist überhaupt zuträglich für den Menschen, viele (mehrere) Determinanten zu haben: nicht gar keine und nicht nur eine, sondern viele. Denn die Menschen sind nicht dadurch frei, daß sie Gott kopieren als quasi-allmächtige Chefs der Weltregie oder durch unbedingte Vermögen, sondern sie sind frei durch Freiheiten im Plural, die ihnen zufallen, indem die Determinanten, die determinierend auf sie einstürmen, durch Determinantengedrängel einander wechselseitig beim Determinieren behindern. Einzig dadurch, daß jede weitere Determinante den Determinationsdruck jeder anderen einschränkt, anhält, mildert, sind und haben Menschen ihre – bescheidene, durchaus endliche, begrenzte – je eigene (individuelle) Freiheit gegenüber dem Alleinzugriff einer jeden. Nicht die Nulldetermination – das Fehlen aller Determinanten – und nicht die Übermacht einer einzigen (gegebenenfalls besonders erhabenen) Determinante macht den Menschen frei, sondern die Überfülle an Determinanten tut es. Ich behaupte hier also – als Gewaltenteilungsthese in Bezug auf die Freiheit – die Freiheitsentwicklung der Überdetermination, mithin – wie ich schon sagte (und auf die Gefahr hin, daß dies zu bunt wird) – den Freiheitseffekt der allgemeinen Buntheit der natürlichen und geschichtlichen Menschenwirklichkeit. Der Umstand, daß das Zufällige, das den Menschen als Schicksal zustößt, nicht ein einziger – ungeteilter – Zufall ist, sondern aus Zufällen im Plural besteht: dieser – selber schicksalszufällige – Umstand macht es, daß – in der Form von Freiheiten im Plural – den Menschen ihr Zufall Freiheit zufällt.

5. Das Zufällige und die Vernunft

Das alles – meine ich – muß die ausschließende Vernunft als unvernünftig ausschließen; aber zugleich kann das alles – meine ich – die merkende Vernunft als vernünftig bemerken, indem sie akzeptiert, daß der Mensch mit Zufällen und von Zufällen leben muß. Beim endlichen Wesen Mensch sind Zufälle – Schicksalszufälle, Widerfahrnisse – das, an das die Wahl, die er ist, anknüpft und das die Handlungen, die er handelt, trägt. Ebendarum ist der Mensch ein geschichtliches Wesen, und Wilhelm Diltheys eingangs zitierter Satz trifft zu: »Was der Mensch sei, sagt ihm nur seine Geschichte.«

Der Mensch ist zur Vernunft organisiert, indem die menschliche Vernunft durch Zufälle getragen wird und so die Vernunft auch dieser Zufälle ist. Darum denke ich, es kommt entscheidend darauf an, zu betonen: Der Mensch ist nicht nur zur ausschließenden Vernunft organisiert, sondern vor allem auch zur merkenden Vernunft. Denn erst die merkende Vernunft macht den Menschen vernünftig und die Vernunft menschlich.

Über einige Voraussetzungen und Randbedingungen der Anthropologie
von Hans Rössner

»Wenn man die natürliche Verfassung der Dinge betrachtet, scheint der Mensch offensichtlich dazu bestimmt, das glücklichste der Geschöpfe zu sein; wenn man nach dem derzeitigen Zustand urteilt, erscheint die menschliche Art als die bedauernswerteste von allen.« Das läßt sich sowohl als Zitat aus einem ein paar Jahrhunderte alten Kontext lesen als auch als Äußerung einer larmoyanten Kultur- und Zivilisationskritik unserer Tage, oder auch als Zeugnis menschlichen Selbstverständnisses aus uralter abendländischer Überlieferung. Es scheint sich um einen sehr alten Topos, wenn nicht gar Gemeinplatz abendländischer Denktraditionen zu handeln, der unablösbar zum »Menschenbild« der westlichen Welt gehört, eine Denkfigur, die sich auch – alttestamentlich, biblisch-christlich wie griechisch-römisch eingefärbt – in drei Jahrtausenden immer wieder regeneriert und, wenn auch mit wechselnder Argumentation, selbst bestätigt hat – eine anthropologische Differenz als Mitgift des Menschen von Anbeginn, eine Veranlagung zur Deformation, ja Perversion, indem »wir es nicht ohne Mühe fertiggebracht haben, uns so unglücklich zu machen« (Rousseau). Am Beginn der Geschichte der Menschen stehen – beschränken wir uns auf die mythische Überlieferung des Abendlands – große Verhängnisse: die Vertreibung aus dem Paradies, der Bau des babylonischen Turms, der Raub des Feuers durch Prometheus, die großen germanischen Weltuntergangsvisionen. Verspieltes Glück, verfehlte Menschlichkeit, vergeudete Vernunft?

Rousseau, aus dessen Fragmenten zum ›Diskurs über die Ungleichheit‹ aus dem Jahre 1755 das Zitat stammt, wußte das natürlich. Er fährt im gleichen Zusammenhang fort: »Es spricht also eine sehr große Wahrscheinlichkeit dafür, daß die Mehrzahl seiner (des Menschen) Übel sein (eigenes) Werk sind, und man möchte fast sagen, daß er mehr getan hat, um seine Lage schlecht zu machen, als die Natur hat tun können, um sie gut zu machen[1].« Aber für Rousseau ist das gewiß mehr als überkommene Denkfigur. Es ist einmal eine Feststellung von hoher Aktualität: der anthropologische Befund seines Jahrhunderts; zum anderen sein philosophisch theoretischer Zugriff auf das Wesen des Menschen, also die *condition humaine,* von der der Diskurs handelt. Man kann den Denkansatz mit dem in der philosophischen Anthropologie nicht häufig, aber doch wiederholt gebrauchten, mehrdeutigen Begriff der *anthropologischen Differenz* bezeichnen[2], einem Theorem, »das sich an den in der Geschichte der Art realisierten und lebensgeschichtlich realisierbaren optimalen Möglichkeiten der menschlichen Natur orientiert und deren Verlust, Verschüttung, Verfehlung als Depravation, Entstellung oder Entfremdung des Menschen begreift«[3]. Knapp fünfzig Jahre später wird Johann Gottfried Herder – einer der großen Vordenker eines biologischen und evolutionären Naturverständnisses – das Theorem der anthropologischen Differenz auf seine Weise formulieren und interpretieren, indem er die unaufhebbare Zwiespältigkeit menschlichen Wesens als »mißbrauchte oder gefesselte Freiheit« versteht: »Die Waage des Guten und Bösen, des Falschen und Wahren hängt in ihm ...« (vgl. dazu S. 12). Ein Jahrhundert später gibt Nietzsche dieser Freiheit zum Falschen oder Wahren – also der anthropologischen Differenz auf hoher mentaler Ebene – eine Wendung, die das besagte Theorem gleichsam bis ins Absurde und Perverse treibt, wenn es beispielsweise in ›Jenseits von Gut und Böse‹ – welche Formel ja eben die »Differenz« widerruft oder zu widerlegen scheint – heißt: »Hinter aller Logik und ihrer anscheinenden Selbstherrlichkeit der Bewegung stehen Wertschätzungen, deutlicher gesprochen, psychologische Forderungen zur Erhaltung einer bestimmten Art von Leben. Die Falschheit eines Urteils ist uns noch kein Einwand gegen das Urteil ... Die Frage ist, wie weit es lebenfördernd, lebenerhaltend, arterhaltend, vielleicht gar artzüchtend ist; und wir sind grundsätzlich geneigt, zu behaupten, daß die falschesten Urteile ... uns die unentbehrlichsten sind.«

Und dies nach Nietzsches selbstquälerischer Absage an Geniekult und Übermensch, an den Kult der Künste und der Kultur, als zögernd skeptische Hinwendung zur Naturwissenschaft, der ein falscher, weil teleologischer Pragmatismus unterschoben wird – frühe Vorausschau auf den Mißbrauch der Anthropologie in unserm Jahrhundert! Aber auch ein Hinweis auf jenes permanente Risiko der Freiheit: daß wir immer auch auf Grund falscher Urteile und falscher »Wahrheiten« uns verhalten und handeln, ohne unsere Vernunftfähigkeit voll ins Spiel zu bringen. Man müsse, sagt Nietzsche an anderer Stelle, zur

Förderung der Gesundheit ein »Doppelhirn« haben, um mit dem »Grundwiderspruch« jener unlösbaren Antinomie zwischen Kultur und Zivilisation – Zivilisation und »Erhöhung des Menschen« – leben zu können, weil die Zivilisation nur zur »Tierzähmung des Menschen« führe. Und wiederum weit vorausschauend: »Es ist jedenfalls ein gefährliches Anzeichen, wenn den Menschen jener Schauder vor sich selbst überfällt ...«[4]

Das verweist unter anderem auch auf Scheler, der, ein Menschenalter später, das Theorem der Differenz aus neuer Blickrichtung formuliert, indem er »auf eine tückische Zweideutigkeit« des Begriffs »Mensch« aufmerksam macht: einmal der Mensch als »Spitze der Wirbel-Säugetier-Reihe (Linné)«, indem er »wie jede Spitze einer Sache noch zu der Sache gehört, deren Spitze sie ist«; aber das Wort »Mensch« meine auch und zugleich etwas total anderes – »und zwar bei allen Kulturvölkern« – als »Inbegriff von Dingen«, der dem Begriff des »Tieres überhaupt« scharf entgegengesetzt sei[5]. Hinweis also auf eine Sonderstellung, »die mit jeder anderen Sonderstellung einer lebendigen Spezies unvergleichbar ist« – Schelers anthropologische Grundfrage dazu: ob diese Sonderstellung überhaupt zu Recht bestehe.

Scheler stellte in seinem Vortrag von 1928 (vgl. S. 19f.) mit Befriedigung fest, daß über die philosophischen Fachkreise weit hinaus Biologen, Mediziner, Psychologen und Soziologen an einem neuen Bilde vom Wesensaufbau des Menschen arbeiteten. Aber dessenungeachtet habe »die Selbstproblematik des Menschen in der Gegenwart ein Maximum in aller uns bekannten Geschichte erreicht. In dem Augenblick, da der Mensch sich eingestanden hat, daß er weniger als je ein strenges Wissen habe von dem, was er sei, und *ihn keine Möglichkeit der Antwort auf diese Frage mehr schreckt* (Hervorhebung v. H. R.), scheint auch der neue Mut zur Wahrhaftigkeit in ihn eingekehrt zu sein, diese Wesensfrage ohne die bisher übliche ganz-, halb- und viertelbewußte Bindung an eine theologische, philosophische und naturwissenschaftliche Tradition in neuer Weise aufzuwerfen und – gleichzeitig auf der Grundlage der gewaltigen Schätze des Einzelwissens, welche die verschiedenen Wissenschaften vom Menschen erarbeitet haben – eine neue Form seines Selbstbewußtseins und seiner Selbstanschauung zu entwickeln.«

Nach allem, was bisher zur anthropologischen Differenz anzumerken war, muß freilich offenbleiben, ob das Versprechen auf den neuen Mut zur Wahrhaftigkeit bis heute schon eingelöst worden ist. Wir haben – im Gegenteil – hierzulande und weltweit eine Perversion des Menschlichen erlebt, die das Theorem der Differenz – und nicht nur das – auf erschreckende Weise bestätigt hat – mit jenem Schauder vor uns selbst, den Nietzsche vorausgesehen hatte.

Das gewiß mehrdeutige Theorem und Problem der anthropologischen Differenz ist in den letzten Jahrzehnten von sehr verschiedenen Ansätzen her theoretisch formuliert worden (vgl. dazu u. a. Kamper[6]), allerdings zumeist nur als Frage oder These. Dafür nur ein Beispiel: »Die ›Wissenschaft vom Menschen‹ als ›Kritik‹ zu entwerfen, wie Jürgen Habermas es in ›Erkenntnis und Interesse‹ tut, bleibt ... solange ein nur formaler Vorschlag, als noch keine Anthropologie vorliegt, aus deren naturwissenschaftlich abgesicherten Prämissen eine bestimmte Gesellschaftskritik abgeleitet werden könnte. Daß die Anthropologie bis heute den Status einer Naturwissenschaft nicht erreicht hat, daß darüber bezweifelt werden kann, ob die ›Wissenschaft vom Menschen‹ je Naturwissenschaft zu werden vermag – ein Zweifel, der durch die ›anthropofugale Bewegung‹ ... der Naturwissenschaften noch verstärkt wird –, erklärt die immerwährende Modernität des Streits um eine ›richtige‹ Anthropologie ...«[7]

Damit sind auch die Voraussetzungen für die Forschungs- und Denkansätze in den Beiträgen dieses Bandes – und auf dem Hintergrund recht vielfältiger »Differenzen« – bezeichnet. Freilich gibt es noch eine »Kehrseite der Medaille«, die sich nicht nur bei Herder schon angedeutet fand, die nun aber expressis verbis noch sichtbar gemacht werden sollte. In den erwähnten Mythologien wie hinter allen philosophischen und wissenschaftlichen »Differenzen« des Menschenbildes verbirgt und offenbart sich zugleich die große, auszeichnende Mitgift an den Menschen: das natürliche Geschenk seiner Freiheit, deren Grenzen und Bedingungen zu bestimmen freilich ihm, dem Beschenkten, überlassen bleibt. Man hat diesen »Umkehrschluß«, wie er sich aus den Mythen, aus geschichtlicher Erfahrung, aus der Selbsteinschätzung des Menschen bis hin zur zeitgenössischen Anthropologie ziehen läßt, nur allzu oft übersehen. Die »anthropologische Differenz« ist eine Folge der Freiheit des Menschen, und die Differenz entsteht aus dem Gebrauch, den wir von der Freiheit machen. Differenz ist immer auch das

Ergebnis einer Subtraktion: Am Ende bleibt ein unbewältigter Rest, groß oder klein, meistens zu groß. Und aus eben diesem Rest läßt sich – deutlicher als aus idealtypischen Menschenbildern, aber auch deutlicher als aus summarischen Schuldzuweisungen – entschlüsseln, wo die Wirkursachen für unser – vermeidbares – Unglück wie für das – erreichbare – geglückte Menschsein stecken. Danach zu fragen und zu suchen, bleibt zentrale Aufgabe einer pragmatischen Anthropologie.

Man sollte freilich die »anthropologische Differenz« als Topos und Theorem nicht überfordern. Und vielleicht wäre es hilfreich, den Begriff der »Komplementarität«, wie ihn Niels Bohr in die Physik eingeführt und dort gleichsam entfaltet hat, auch in die Anthropologie einzuführen. Bohr hat damit Situationen beschrieben, in denen es mehrere inkommensurable Methoden gibt, die, einander ausschließend, dennoch insgesamt zum Verständnis der Phänomene beitragen, also verschiedene Aspekte der Realitätsbeschreibung, wenn es etwa darum geht, ein Atom durch den Quantenzustand oder durch die Position seiner Bestandteile zu beschreiben. Quantenzustand und Ort sind einander komplementär und für eine vollständige Erkenntnis der atomaren Wirklichkeit notwendige Begriffe.

Ich folge hier Victor F. Weißkopf, einem der Senioren der heutigen Kernphysik, Mitarbeiter von Bohr und erster Generaldirektor von CERN in Genf[8]. Weißkopf betont, daß Bohr ähnliche Komplementaritäten in allen Bereichen der menschlichen Erkenntnis vermutet habe. Er gibt zwei einfache, aber sprechende Beispiele. So könne man eine Beethoven-Sonate physikalisch durch Untersuchung der Luftschwingungen analysieren oder auch physiologisch und psychologisch durch eine Untersuchung der im Gehör des Hörers ablaufenden Prozesse. An das Wesentliche der Sonate führe aber eine andere Methode heran, nämlich, sich mit dem unmittelbaren Eindruck der Musik zu befassen.

Als zweites Beispiel erzählt Weißkopf eine Anekdote: »Felix Bloch und Werner Heisenberg diskutierten über Probleme der Physik, und Bloch berichtete Heisenberg über einige neue Ideen im Hinblick auf bestimmte mathematische Strukturen des Raumes, als Heisenberg, dessen Geist auf einen komplementären Erfassungsweg abgeschweift war, ausrief: ›Der Raum ist blau, und es fliegen Vögel in ihm!‹« Daß es sich bei beiden Beispielen um höchst bedeutsame Aussagen über menschliche

Wahrnehmung – also ein zentrales anthropologisches Thema – handelt, darauf sei nur eben hingewiesen.

Weißkopf bietet dann eine breite Palette auch humanwissenschaftlicher Fragen und Probleme, für die es sämtlich komplementäre Betrachtungsweisen gäbe, wobei die verschiedenen Ansätze einander ausschließen, um sich doch zugleich zu ergänzen, und »wir bedürfen aller, um die Bedeutung unserer Erfahrungen voll zu erfassen«. Daß sich uns dabei Einblicke in eine anthropologische Problematik eröffnen, macht Weißkopf selbst deutlich: Der menschliche Geist zeige – leider – einen gewissen Widerstand gegen die Anerkennung komplementärer Aspekte. Er neige eher zu eindeutigen, allgemein gültigen Antworten, die andere Betrachtungsweisen ausschließen. Der Philosoph und Physiker Marcus Fierz (Schweiz) habe das – situationsbezogen – prägnant zum Ausdruck gebracht: »Die wissenschaftlichen Einsichten unserer Zeit werfen ein derart grelles Licht auf bestimmte Aspekte der menschlichen Erfahrung, daß sie den Rest in um so größerem Dunkel lassen.«

Der etwas weitläufig geratene Exkurs mag einerseits das Theorem der anthropologischen Differenz, das zunächst doch wohl eine Zustandsbeschreibung, einen Ist-Befund meint, durch ein vielfältiges Erfahrungskonzept ergänzen, das unmittelbar auf Anwendung zielt und darüber hinaus zahlreiche anthropologische Dualismen und Antagonismen wenn auch nicht auflöst, so doch in ihrer inneren Kohärenz verständlicher macht. Weißkopf selbst verweist darauf, daß man auch über emotionale Eindrücke durchaus rational und über rationale Befunde und wissenschaftliche Probleme emotional sprechen könne. Es gehe dabei jeweils um eine andere Art von Diskurs. Isoliert bleiben sie angreifbar, aber wir brauchen solche Diskurse, »um die Bedeutung unserer Erfahrung voll zu erfassen« – und wohl auch die Erfahrung mit und über uns selbst.

Das aber dürfte, in seiner vollen anthropologischen Tragweite erfaßt, sich nicht nur als methodische Hilfe und erkenntniskritische Ergänzung erweisen, sondern auch eine bedeutsame Einsicht in unser Selbstverständnis und unsere Erfahrungsmöglichkeiten bieten, mit allem, was wir Wirklichkeit nennen, mit Umwelt und Welt. Von Rationalität und Emotionalität – ein Thema auch im Band – war eben schon die Rede. Die gängigen Dualismen Natur und Kultur, Evolution und Geschichte, das uralte Leib-Seele-, Körper-Geist-Problem, schließlich auch Sprache und Denken, Denken und Bewußtsein und manches mehr könnten – komplementär erfaßt – wenn auch nicht aufgelöst, so doch wesentlich einsichtiger werden, als das bisher erreicht worden ist, immer unter der Bohrschen Voraussetzung, daß es sich im Grunde um *ein* Phänomen handelt, für das es mehrere einzeln einander ausschließende, insgesamt aber sich ergänzende Realitätsbeschreibungen gibt. Das hat oder hätte weitreichende Folgen, so wenn Gregory Bateson etwa sagt, in der Naturgeschichte des lebenden Menschen könnten Erkenntnistheorie und Ontologie nicht voneinander getrennt werden: »Seine (gewöhnlich unbewußten) Überzeugungen, in was für einer Art Welt er lebt, bestimmen, wie er sie sieht und sich in ihr verhält, und seine Formen der Wahrnehmung und des Verhaltens bestimmen seine Überzeugungen von ihrer Natur. Der lebende Mensch ist daher in ein Netz von erkenntnistheoretischen und ontologischen Prämissen eingebunden, die – egal ob sie letzten Endes wahr oder falsch sind – sich für ihn teilweise selbst bestätigen[9].« Das ist gewiß auch ein Ausblick auf die anthropologischen Voraussetzungen aller menschlichen Geschichte. Davon wird später noch zu sprechen sein. Bateson berührt den Komplementaritätsgedanken, wenn er – beispielsweise – fordert, wir müßten, wenn wir den geistigen Aspekt irgendeines biologischen Ereignisses verstehen wollen, das Netzwerk von geschlossenen Schaltkreisen, in dem jenes biologische Ereignis bestimmt ist, berücksichtigen. Aber wenn wir das Verhalten eines Menschen zu erklären versuchen, »wird dieses ›System‹ in der Regel nicht dieselben Grenzen haben wie das ›Selbst‹« des Menschen. Und das heißt, »daß Geist nicht im System Gehirn plus Körper eingeschlossen ist, sondern daß Geist dem größeren System immanent ist – Mensch plus Umgebung[10].« Das hindert den großen Anthropologen nicht, auch auf Grund wissenschaftlicher Einsichten zuversichtlich anzunehmen, daß der Geist immanenter und nicht transzendenter Herkunft ist, »daß also das alte Problem zugunsten der Immanenz gelöst werden kann und daß diese Antwort sparsamer mit erklärenden Entitäten umgeht als irgendeine transzendente Antwort ...«[11]

Das alles verweist aber für das menschliche Selbstverständnis nicht auf einen strengen Monismus, es stellt ihn eher in Frage. Und von Dualismus oder gar Dichotomie ist nicht die Rede. Aber man sollte wohl darüber nachdenken, ob damit nicht triadische, wenn nicht pluralistische Vorstellungen ins Spiel kommen. Karl Popper hat mit Recht gefragt, ob unser Weltbild und

Selbstverständnis, monistisch oder dualistisch verstanden, nicht doch zu eng sei. Er beantwortet seine Frage mit seiner Drei-Welten-Theorie, die hier nicht genauer erörtert werden kann, deren Voraussetzung er aber oft selbst einfach beschrieben hat, etwa so: »... zum allermindesten sollte man noch ... die Erzeugnisse unseres Bewußtseins unterscheiden, die mit ... unserer physikalischen Umwelt in Wechselwirkung treten können. Diese Erzeugnisse sind oft ›bloße Materie‹, etwa ›bloße Werkzeuge‹, aber schon bei den Tieren manchmal vollendete Kunstwerke; und beim Menschen sind die Erzeugnisse des Bewußtseins oft sehr viel mehr als ›ein Stück Materie‹ – etwa ein mit Zeichen versehenes Stück Papier; denn dieses kann den Stand einer Diskussion wiedergeben, den Stand des Erkenntnisfortschritts, der (was manchmal schwerwiegende Folgen hat) das Begriffsvermögen der meisten oder sogar aller Menschen übersteigt, die an ihm mitgearbeitet haben.« Es genüge also nicht, fährt Popper fort, Dualist zu sein – »sondern Pluralist«[12]. Das bedeutet aber doch wohl, daß unser Weltverständnis komplementär zu unserem Selbstverständnis evolutionär, emergent und – wie schon seine physikalischen Grundlagen – *offen* sein sollte.

Die Erkenntnis, hat Popper auch gesagt, sei ohne Zweifel das größte Wunder des Universums, aber das *Problem* der Erkenntnis werde noch lange ungelöst bleiben. Das verweist auf jenen unendlichen Diskurs in verkürzter Folge: Denken – Erkennen – Bewußtsein – Selbstbewußtsein und das Ganze unter der Voraussetzung, daß der Mensch Sprache besitzt und sprechen kann. Aber: »Wenn Sie einen aufgeklärten Menschen danach fragen, ob er mehr aus rational-bewußten oder aus ihm unbewußten Motiven handelt, wird er ohne Zweifel sagen: selbstverständlich aus bewußten! Wir geben diese – wie ich meine, falsche – Antwort eben aus dem Grunde, weil wir über Qualität und Quantität unserer unbewußten Antriebe und Motive nichts (oder fast nichts) wissen. Das scheint mir für Hochkulturen ebenso zu gelten wie für alle anderen Kulturformen« (Christian Vogel in einem Brief an den Hrsg.). Auch dies eine tiefe Einsicht – Erkenntnis vom Wesen des Menschen, Selbsterkenntnis auf jeden Fall – und zugleich ein Hinweis auf ein doppeltes Dilemma. Woher wissen wir überhaupt etwas über unbewußte Antriebe? Nur über unser Bewußtsein – oder aus unserem Handeln und Verhalten? Und bedeutet das, daß wir nur bedingt frei sind? Und schließlich: Wissen wir über unser Bewußtsein wesentlich mehr als über das Unbewußte? Stehen auch Fachwissenschaftler wie Philosophen nicht immer wieder vor jenem Kurzschluß, der Erkennen mit Denken, Bewußtsein mit Erkennen und Selbstbewußtsein mit allen dreien zu erklären versucht, ohne daß wir wissen, was Denken »ist«, und nur hinreichend sagen können, was es für uns *bedeutet*? Das erinnert an jene Hilfsdefinition, die man als Schüler im Naturkunde-Unterricht vorgehalten bekam, wenn es mit dem Definieren in Physik oder Chemie beträchtlich haperte: »Bimsstein ist, wenn man keinen hat, nimmt man Schmirgel.«

Dennoch: Man hat seit langem bemerkt, daß Bewußtsein immer Bewußtsein *von etwas* ist. Aber wovon? Weizsäcker hat einmal an Konrad Lorenz' »schöne Metapher« von der ›Rückseite des Spiegels‹ erinnert, »wobei mit dem Wort Spiegel in symbolischer Repräsentation das gemeint ist, was wir sonst mit einem ebenso rein symbolischen Wort Bewußtsein nennen.« Und mit der nichtspiegelnden Rückseite des Spiegels sei jene materielle Basis gemeint, »ohne welche wir Bewußtsein nicht kennen.« Weizsäcker behauptet nun – aus der Sicht des Physikers –, daß wir auch die Rückseite des Spiegels nur im Spiegel kennen, daß also die Materie uns nur soweit bekannt ist, als wir von ihr wissen. Und eben dies sei keine leere Trivialität. Weizsäcker bezieht sich dabei unmittelbar auf das Monismus-Problem. Monismus stelle sich häufig als gleichbedeutend dar mit Materialismus, also mit der Meinung, man wisse schon, was Materie ist und könne darum erklären, was Bewußtsein ist. Aber der Monismus könne auch genau umgekehrt gelesen werden, »daß man sagt, man weiß schon, was Wissen ist, denn wie könnte man wissen, wenn man nicht wüßte, also nicht wüßte, daß man weiß?« Dann wäre also Wissen die vorauszusetzende Qualität und Materie dessen, wovon man etwas weiß. Also wäre der Monismus komplementär »eine primär vom Geist als Grundtatsache ausgehende Theorie«. Freilich bleibt dann aus dualistischer Sicht – und auch Kant sah es so – Bewußtsein nicht nur immer Bewußtsein von etwas, sondern es hat auch zur Folge, daß »das, wovon es Bewußtsein ist, eben nicht es selbst ist, so daß Bewußtsein ... sogar sich selbst nur als von sich selbst unterschieden wissen kann«. Das sei nun ein Gedanke, sagt Weizsäcker, der in die wirklichen Abgründe der Philosophie hineinführe[13]. Machen wir darum vor diesem Abgrund halt – ohne sicher zu sein, daß nicht auch die empirisch fragende und forschende Wissenschaft vom Menschen solche Abgründe gewahr wird. Aber es gehört wohl zu ihrer selbstauferlegten Disziplin, sich mit dem Erforschbaren zu bescheiden und das darüber hinaus noch Denkbare einer philosophischen Anthropologie zu überlassen.

Wenn eben von Geist und Materie die Rede war, dann waren im anthropologischen Zusammenhang und Verständnis zwei Grundbefindlichkeiten des Menschen gemeint: seine Leiblichkeit und seine zur Unterscheidung – zur Beschreibung und Argumentation – fähige Sprache. Den Leib betreffend finden sich – beispielsweise – bei Nietzsche bedenkenswerte anthropologische Aspekte. So wenn es etwa im Nachlaß heißt: »Ohne den Leitfaden des Leibes glaube ich an keine gute Forschung«, und: »Die ganze Ehrfurcht, die wir bisher in die Natur gelegt haben, müssen wir auch empfinden lernen bei der Betrachtung des Leibes.« Und indem er sich lebendige Einheit »nur als Organisation und Zusammenspiel«[14] vorstellen kann: »Wenn *ich* etwas von einer Einheit in mir habe, so liegt es gewiß nicht in dem bewußten Ich und dem Fühlen Wollen Denken, sondern wo anders: in der erhaltenden aneignenden ausscheidenden und überwachenden Klugheit meines ganzen Organismus, von dem mein bewußtes Ich nur ein Werkzeug ist ... Der Intellekt und die Sinne sind ein vor allem *vereinfachender* Apparat ... Das Studium des Leibes gibt einen Begriff von der unsäglichen Complikation.«[15]

Nietzsche knüpft damit, ob bewußt oder unbewußt, an eine große abendländische Tradition eines im weitesten Sinne leibhaften Selbstverständnisses an, das in der Moderne über lange Fristen vergessen und vergeudet scheint, um erst heute wieder – auch in neu-alten Leitbildern der Medizin – entdeckt zu werden, aber auch noch weit darüber hinaus, etwa in der Einsicht, daß der Mensch eben im *oikos* lebt – so hat es Schipperges formuliert –, »im Gehäuse leibhaftigen Lebens, einer Wohnordnung, Symbol auch der Weltordnung, die ihm Bedürfnisse zeigt und Befriedigung verspricht«[16]. Daß es dabei auch um Erlebnisqualitäten, um Erfahrungsgewinne, um Seinsweisen, um Selbstverständnis geht, dafür gibt es zahllose geschichtliche Überlieferungen, bis zurück in archaische Kulturen: »Man lese dies einmal in seinem Homer nach, wie hier Ekel, Angst, Müdigkeit, Wollust sich ereignen, sehr konkret, in der Magengrube, der Herzhöhle, dem Zwerchfell, um die Lenden, und wie lebendig sie über die Bühne leibhaftigen Geschehens gehen. Leib ist hier nirgends fixiert im Bewußtsein, daher wohl auch so transparent für die Anwesenheit des Numinosen, das gleichsam einfließt in das leibhaftige Gefäß. Um es modern – wenn auch völlig unhomerisch – zu formulieren: Das Morphologische und das Psychologische, sie sind bei solchem Erleben in keiner Weise getrennt ...«[17] Moderne Entfremdung und eine der folgenreichsten anthropologischen »Differenzen«, ohne komplementären Zusammenhalt: die auf ein Körpermodell reduzierte naturwissenschaftliche Medizin. Und verstehen wir nicht auch unsere Leibhaftigkeit im alltäglichen Tun und Verhalten nur noch »als physiologisch-chemischen Apparat mit anatomischer Struktur und biologischen Funktionen«?[18]

Daß auch unsere Sprachfähigkeit aus einem vertieften Verständnis unserer Leiblichkeit, nicht aber aus einem Körper-Geist-Dualismus zu verstehen ist, zeigt uns die sprachliche Überlieferung: das altgermanische Wort *lib* (engl. *life*) ist verwandt mit *bleiben* und *leben,* und in der älteren deutschen Sprache steht *Leib* auch für *Leben;* während *Körper* – von lateinisch *corpus, corporis* – erst im Mittelalter auftaucht, den menschlichen und tierischen Leib meint, aber bald auch jeden materiellen Gegenstand. Wir sprechen von Bahnkörpern, Feuerwerks- und Flugkörpern, sprechen auch von »Körperschaften« als den mit Rechten einer juristischen Person ausgestatteten Vereinigungen mehrerer Personen, während die noch ältere Leibeigenschaft ein Herrschaftsverhältnis meinte, dessen Verpflichtungen an der leibhaften Person haftete. Leiche und Leichnam – beide Wörter althochdeutscher Herkunft – meinen den toten Körper, in älterer Bedeutung überhaupt den Körper und Körpergestalt. Und wenn Luther dichtet »nehmen sie den Leib, Gut, Ehr, Kind und Weib«, dann meint er mit dem ersten Begriff das Leben, nicht nur den Körper – so weiß es die Sprachwissenschaft und dies gewiß auch in anthropologischer Hinsicht[19].

Ein anschauliches, aber auch simples Beispiel anthropologischer Auskünfte, wie sie uns die Sprache liefert – oder liefern könnte; Auskünfte, Überlieferungen früherer Einsichten des Menschen, die lange tradiert, freilich oft nur verwaschen und gebrauchssprachlich eingeschliffen, aus unserer Alltagssprache kaum noch oder überhaupt nicht mehr ins Bewußtsein treten. Erinnerung an etwas, das unserm Gedächtnis und damit unserm Bewußtsein, unserm Wissen entfallen ist; Verweis auch auf eine Schwierigkeit – unter vielen – bei der zwischenmenschlichen Verständigung durch Sprache: Die Wörter decken sich nur unzureichend mit dem, sie treffen meist nur ungenau das, was wir meinen – Möglichkeit der Verständigung, aber auch der Irritation, der Täuschung und Lüge in der zwischenmenschlichen Kommunikation. Das reicht tief hinab in den Bereich menschlicher Emotionen und Triebe und hoch hinauf in den kulturellen Überbau politischen Handelns und ethischen Verhaltens – und nicht zuletzt auch wissenschaftlichen Denkens und kritischen Argumentierens. Daß es dabei nicht nur um Sprache als ein geschlossenes System geregelter und fixierter Bedeutungen, sondern um ein offenes System des Sprechens geht, verdient im Hinblick auf die Anthropologie der Sprache einen besonderen Hinweis. Über lange Perioden hin hat die Sprachwissenschaft über der Analyse der Sprachstrukturen, Sprachsysteme und -kategorien die primäre Bedeutung fast vergessen: nämlich das Sprechen. Popper folgt seinem Lehrer Karl Bühler, wenn er neben der Ausdrucks-, Signal- und Beschreibungsfunktion der Sprache ihre argumentative Funktion unterstreicht – »das vielleicht wirksamste Instrument der biologischen Anpassung ..., das je im Verlauf der organischen Entwicklung aufgetreten ist«[20]. Hier wird man allerdings fragen müssen, ob nicht Sprache und Sprechen – als *conditio humana* und entscheidender Schritt zwischen Natur und Kultur – sich auf einer mentalen Ebene entfaltet und differenziert haben, die, biologischer Anpassung enthoben, für alle kulturellen Entwicklungen von fundamentaler Bedeutung ist bis hin zu ethisch-politischem Verhalten. Der Mensch verfüge – so hat Plessner einmal gesagt – über den Sinn für »Reziprozität der Perspektiven«, das heißt »im anderen ›sich‹ zu sehen, den Sinn für Spiegelbildlichkeit, kraft seiner zu sich aufgebrochenen Ichhaftigkeit«[21]. Es liegt nahe, in jener Reziprozität nicht nur wechselseitige Beziehungen, sondern vor allem Wechselwirkungen – Zeichen und Reaktionen zwischen Sender und Empfänger – zu sehen, wobei es sich – auf mentaler Ebene – ja nicht nur um Austausch von Informationen, sondern auch um Wahrheit und Falschheit, Gültigkeit und Ungültigkeit, Behauptung und Irrtum, Lüge und Täuschung handelt – oder, wie es Habermas formuliert hat: »Das Ethos der Gegenseitigkeit, das in fundamentalen Symmetrien möglicher Redesituationen gleichsam darin steckt«. Das sei »die einzige Wurzel der Ethik überhaupt, und zwar keineswegs eine biologische Wurzel ... Nicht in den biologischen Schwächen des Menschen, sondern in den kompensatorisch aufgebauten Systemen selbst ist jene tiefe Verletzbarkeit angelegt, die als Gegenhalt eine ethische Verhaltensregulierung nötig macht.«[22]

Damit wird der Blick auf die Sprachlichkeit des Menschen im Zusammenhang der biologischen Evolution keineswegs verstellt, im Gegenteil. Wir folgen einer zusammenfassenden Darstellung Manfred Eigens, die an Klarheit und Stringenz kaum zu übertreffen sein dürfte: »Unter allen Lebewesen hat nur der Mensch eine nach logischen Prinzipien aufgebaute Sprache entwickelt, mit deren Hilfe er die ihm von den Sinnesorganen übermittelten, jedoch sehr begrenzten subjektiven Erfahrungen und Gedanken weitergeben, austauschen und neu kombinieren kann. Wenn wir sagen, daß die Sprache und die dadurch vermittelte Erweiterung des subjektiven Erfahrungsbereiches das entscheidende Kriterium für die Entwicklung des Menschen war, so müssen wir uns gleichzeitig darüber im klaren sein, daß es sich hier nicht um eine einfache ›Ursache-Wirkung-Beziehung‹, sondern um einen vielstufigen Rückkoppelungsprozeß handelt ... Die ›Horizonterweiterung‹, die aus der sprachlichen Kommunikation hervorging ..., befreit den Menschen schließlich von den durch das Darwinsche Prinzip gesetzten Zwängen. Auf Grund einer sehr intensiven und multiplen ›geistigen‹ Wechselwirkung hat jeder Mensch teil am gesamten Erfahrungsschatz der kulturellen Entwicklung. Dieses Erbe kann er – parallel zu, jedoch völlig unabhängig von der genetischen Informationsübermittlung – von Generation zu Generation weiterreichen und dabei ständig vervollkommnen. Allerdings fehlt diesem ... Prozeß der Informationsspeicherung und Zugewinnung die einheitliche, *inhärente* Bewertung, die für die genetischen Lernprozesse so charakteristisch ist.«[23] Eben dieses Fehlen einer *inhärenten Bewertung* ist aber auch die höchst ambivalente Mitgift der Sprache an alle Kultur – und ein zentrales Merkzeichen der anthropologischen Differenz. Versteht man es zugleich komplementär, dann wird es sich freilich nicht nur als Unglück und Mangel, sondern als – wenn auch riskante – Voraussetzung menschlicher Freiheit erweisen – und damit auch als Entbindung menschlicher Geschichte aus den Fesseln und Regeln natürlicher Evolution. Das meint allerdings keinen unüberbrückbaren Einschnitt; denn es könnte sein – der Verdacht stammt von Nicolai Hartmann –, daß die Unüberbrückbarkeit nur für uns, unser Wissen und Bewußtsein besteht: Es kommt vielmehr »auf das Einsetzen neuer Gesetzlichkeit und kategorialer Formung (an), zwar in Abhängigkeit von der niederen, aber doch in aufweisbarer Eigenart und Selbständigkeit gegen sie«[24]. Die metaphorischen Möglichkeiten menschlicher Sprache – in unserm Zusammenhang der Hiatus (Nicolai Hartmann) oder die Fulguration (Konrad Lorenz) – kennzeichnen Lücken im Verstehen, die in der Realität der natürlichen Entwicklung keine Entsprechung haben müssen.

Wenn von der Geschichtlichkeit der Sprache – oder ihrer Diachronie – die Rede ist, mag das der alltäglichen Erfahrung, unserem gängigen Sprachbewußtsein eher trivial erscheinen. Behauptet man aber zugleich – und in gewissem Sinne komplementär – eine Sprachlichkeit der Geschichte, dann mag das zunächst nur als These erscheinen, die der Begründung und Beweise bedarf. Geschichte als sprachliche Überlieferung, das mag angehen: »weil sie zu einem sehr großen Teil schon in Worten artikuliert wurde, als sie Gegenwart war«[25]. Historie, so heißt es bei Golo Mann im gleichen Zusammenhang, sei die Wissenschaft von den Menschen im Plural (nach Marc Blochs, des französischen Sozialhistorikers *La science des hommes*): deren Motive, deren »Denken und Fühlen, Wollen, Scheinen-Wollen, Fürchten, Lieben, Genießen, Leiden, Glauben, Gieren sind nichts Eindeutiges, summieren sich zu nichts Eindeutigem ...« Dem anthropologischen Interesse des Historikers bietet sich das vergangene Leben unendlich reich, aber »der Begriff ist arm«. Das freilich trifft nicht nur den Historiker. Indem die Worte als Begriffe jeweils eine Sache auf den Punkt bringen wollen, reduzieren sie sie unausweichlich, aber nie – oder nur selten – auf eine vollkommen rationale Begrifflichkeit; ein Gedanke, der nicht nur für die Sprachlichkeit der Geschichte, sondern auch für das anthropologische Sprachverständnis im weitesten Sinne wichtig ist: »daß gerade die Sprache, die zum Menschlichsten des Menschen, seiner differentia specifica, gehört, ihrerseits Triebhaftes in sich enthält. Sprache gehört nicht schlechthin zum Kognitiven oder Rationalen (was immer das sei): sie enthält auch das – uns auch sonst bekannte – Tier im Menschen.«[26] Und aus komplementärer Sicht heißt es bei Marc Bloch: »Was würden wir nicht alles erfahren, wenn wir das wahre Gebet der kleinen Leute (in früheren Jahrhunderten) vernehmen könnten – ob ihr Gott nun der gestrige oder der heutige ist! Vorausgesetzt, es gelänge ihnen, den Sehnsüchten ihrer Herzen unverkürzt Ausdruck zu verleihen.«[27] Ein Hinweis auch auf die Mehrsprachigkeit jeder strukturierten Gesellschaft sowie die gegenseitigen Abhängigkeiten von Sprache, Kultur und Sozialstruktur. Und schließlich – als eines der Grundphänomene menschlicher Geschichte, damit aber auch menschlicher Existenz – Geschichte als sprachlich gespeichertes, kollektives Gedächtnis, indem die sprachlichen Quellen, wenn man die Geschichte »bei den Wörtern packt«, ja nicht nur bedeutsam sind durch das, was sie »wörtlich« aussagen, sondern was sie symbolisieren. Die Symbolfunktion der Sprache, für die eine biologisch fundierte Begründung wohl noch aussteht, die aber, auf eine einfache Formel gebracht, doch wohl zunächst meint, daß der Mensch fähig ist, »jedem möglichen Ding jede mögliche Bedeutung zu verleihen«[28]. Auch dies gehört zur anthropologischen Differenz: Der ungeheure historische Zuwachs an Bedeutungsträgern schließt Fehldeutungen, Mißverständnisse, Verführung und Korrumpierung nicht aus, er scheint sie eher zu befördern. Freilich kommt in der Geschichte der Menschen die Sprache in wohl allen ihren Funktionen ins Spiel – in wechselnden Mischungen und vielfältigen Wirkungen. Fragen wir danach, »was wir tun, wenn wir tätig sind«, dann mag zwar die »Tätigkeit« des Denkens – als »das höchste und vielleicht reinste Tätigsein« (Hannah Arendt) – aus dem Rahmen der Frage fallen, nicht aber die Sprache. Sprache und Sprechen sind – beispielsweise – vom politischen Handeln nicht zu trennen: »Und dies nicht nur, weil ja offenbar alles politische Handeln, sofern es sich nicht der Mittel der Gewalt bedient, sich durch Sprechen vollzieht, sondern auch in dem noch elementareren Sinne, daß nämlich das Finden des rechten Wortes im rechten Augenblick, ganz unabhängig von seinem Informations- oder Kommunikationsgehalt an andere Menschen, bereits Handeln ist.«[29]

Um noch einmal auf eine der eingangs erwähnten Grundfragen zurückzukommen: Es erscheine ihm nicht nur als unwahrscheinlich, hat Karl Popper gesagt, sondern als unmöglich, daß die pluralistische Welt, in der der Historiker lebt, auf irgendeinen Monismus »reduzierbar« sein sollte – »die Welt mit den einzelnen Menschen, die ihr individuelles Leben leben, ihre Probleme zu lösen versuchen, Kinder erzeugen und Ideen über sie, die hoffen und fürchten und sich und andere täuschen, aber immer Theorien haben und oft nicht nur das Glück, sondern auch die Wahrheit suchen ...«[30] Hier sollte auch an eine Äußerung in Jacob Burckhardts Vorlesungen ›Über das Studium der Geschichte‹ erinnert werden. Dort heißt es in der Einleitung: »Endlich mögen wir uns, auch was die Zukunft betrifft, unserer geringeren Kenntnis der Völkerbiologie von der physiologischen Seite bewußt sein.« Dies zunächst als überraschenden Aspekt eines der Herkunft und Intention nach geisteswissenschaftlichen Geschichtsverständnisses. Daß es hier um eine anthropologische Blickrichtung geht, wird dann noch deutlicher: »Unser Ausgangspunkt ist der vom einzigen bleibenden und für uns möglichen Zentrum, vom duldenden, strebenden und handelnden Menschen, wie er ist und immer war und sein wird; daher unsere Betrachtung gewissermaßen pathologisch sein wird.«[31] Das mag zunächst gegen Hegel und dessen »keckes Antizipieren eines Weltplans« gemeint sein, weist dann aber doch auf das Wissen »vom ganzen Menschen«, ohne das nach Burckhardts Verständnis Historie nicht wirklich vermittelt werden kann. Mit der »pathologischen« Betrachtung ist nicht eine generalisierende Diagnose, wohl eher die Geschichte jener in unzähligen Varianten ausgelebten anthropologischen Differenz gemeint – in den »beschleunigten Bewegungen des ganzen Weltprozesses.« Schon Novalis hatte notiert: »Historie ist auch angewandte Anthropologie.«

Kann der anthropologisch fragende Historiker Fragen an den biologischen Anthropologen weitergeben, sollte der sie aufgreifen – und vice versa? Hier scheinen sich doch Einsichten der Historiker mit denen der Biologen zu treffen, die auf vergleichbare, wenn nicht gar die gleichen Phänomene verweisen: auf genetische, kulturelle und geistige variable Prozesse der Selbstproduktion, die freilich, wie die Evolution lehrt, auch in »Sackgassen« geraten und – ähnlich den zahlreichen Schicksalen in der Evolution – geschichtlich verkümmern und schließlich absterben können, um dann nur noch in sprachlicher Überlieferung zu überdauern, wenn nicht rechtzeitig vorher – analog dem Zufall der Mutation in evolutiven Prozessen der Natur – der Zufall in der Geschichte neue Anpassungsmöglichkeiten in der realen Welt ergibt und damit auch den historischen Prozeß als Fortschritt in Gang hält.

Freilich zeigen sich gerade an solchem Vergleich auch die Grenzen der Analogien. Wer so direkt vergleicht, unterschätzt jene »Horizonterweiterung« und den »vielstufigen Rückkoppelungsprozeß«, auf den besonders Manfred Eigen hingewiesen hat (vgl. S. 269), indem er in der menschlichen Sprachfähigkeit jenen freiheitlichen Ausbruch aus den »Darwinschen Zwängen« sah. Das heißt aber auch, daß dem Menschen mit dieser Freiheit die Möglichkeit – und Notwendigkeit – der (eben schon erwähnten) *Symbolbildung* attestiert wird, ohne die wir weder mitmenschlich kommunizieren noch uns in der Innen- und Außenwelt zurechtfinden können[32]. Die Sprache als ein begrenztes System symbolischer Zeichen mit schier unzähligen Möglichkeiten der Kombination stiftet einerseits Ersatz für den Verlust an instinktgebundenen Reaktions- und Informationsmöglichkeiten. Sie konstituiert und garantiert andererseits jenes Maß biologisch fundierter, aber erst kulturell praktizierter und gestalteter Freiheit, dessen Größe wir auf paradoxe Weise ermessen können auch an jenen zivilisatorischen Perversionen, mit denen wir den Sinn unserer Freiheit leichtfertig und willkürlich travestieren und verspielen.

Das bisher Gesagte möchte als Hinweise auf einige »Rahmenbedingungen« einer sich pragmatisch verstehenden Anthropologie verstanden werden. Dabei sollte vor allem deutlich werden, daß das Konzept einer biologisch begründeten Anthropologie keineswegs naturwissenschaftliche Verengung oder gar Reduktion bedeutet, ganz im Gegenteil: Erst von den biologischen Grundlagen aus ist das weite Spektrum anthropologischer Fragen und Forschungsansätze, ist aber auch der »ganze Mensch« in seiner unergründlichen Komplexität ins Blickfeld zu rücken samt der Entwicklung und Entfaltung der Kulturen dank seiner Vernunftfähigkeit und geistigen Freiheit. Das beginnt bei der Sprachfähigkeit, umschließt die kulturellen Leistungen, Institutionen und Artefakte und endet bei den konkreten Erfahrungen aus der Geschichte. Kierkegaard hat gemeint, Leben könnten wir nur im Blick nach rückwärts verstehen, »aber wir müssen es nach vorwärts leben«. Das mag grundsätzlich richtig sein und richtig bleiben, nur bleibt dabei unerwähnt – und auf gefährliche Weise auch unbedacht –, daß wir das Leben, in das wir selbst eingebunden sind, nur in der jeweiligen Gegenwart, was immer wir subjektiv und objektiv darunter verstehen, erleben und erfahren können. Und sind es nicht höchst »gegenwärtige« Erfahrungen, die den Verdacht nahelegen, wir Menschen hätten den zu Beginn erwähnten Topos oder jenes Theorem der anthropologischen Differenz inzwischen überholt und gleichzeitig auf rabiateste Weise bestätigt, und das läuft auch auf die Bestätigung für Rousseaus Diktum hinaus: Wir hätten es nicht ohne Mühe erreicht, uns so unglücklich zu machen, wie wir trotz allem zur Schau gestellten Optimismus insgeheim sind. Dazu bedarf es gewiß keiner apokalyptischen Prophetien, sondern nur einer rigorosen Wahrhaftigkeit, zu der wir aus Gründen der Selbsterhaltung offenbar nur selten fähig sind, um einzusehen, daß bestimmte geschichtliche Entwicklungen der Menschheit nun tatsächlich pathologische Züge angenommen haben. Unser tief verunsichertes Verhältnis zu einer Wirklichkeit, die wir selbst geschaffen haben und um deren technologische Vervollkommnung wir uns täglich weiter mühen, verweist auf eine jener bestimmenden und regulierenden »Komplemente«, die das weitere Schicksal der Menschheit zu bestimmen drohen. Gregory Bateson hat das auf die einfache Formel gebracht: »Das Geschöpf, das gegen seine Umgebung siegt, zerstört sich selbst[33].« Bateson hat auch – ohne ideologische Voreingenommenheit – die vielfältigen gegenwärtigen Bedrohungen für das humane Überleben der Menschheit auf drei Grundtatsachen (wie er sagt) zurückgeführt: neben dem technologischen Fortschritt und dem Bevölkerungswachstum verweist er auf »bestimmte Irrtümer im Denken und in den Haltungen der abendländischen Kultur«, und das heißt: »Unsere ›Werte‹ sind falsch.«[34] Zwischen diesen grundlegenden Faktoren, so fährt Bateson fort, bestehe sicherlich eine Interaktion.

Die Ideen, die unsere Zivilisation gegenwärtig beherrschen, können, wie sie Bateson formuliert, zugleich als ständig wachsende Voraussetzungen, ja Ursachen der »anthropologischen Differenz« verstanden werden: »(a) Es geht um uns *gegen* die Umwelt. (b) Es geht um uns *gegen* andere Menschen. (c) Es kommt auf das Individuum (oder die individuelle Gesellschaft oder die individuelle Nation) an. (d) Wir *können* eine einseitige Kontrolle über die Umgebung ausüben und müssen nach dieser Kontrolle streben. (e) Wir leben innerhalb einer unendlich expandierenden »Grenze«. (f) Der ökonomische Determinismus ist *common sense.* (g) Die Technologie wird es für uns schon machen.«[35]

Greifen wir – in anthropologischer Hinsicht – nur einen Punkt heraus: die Technologie (wobei die Technik im üblichen Sprachgebrauch wohl mitgemeint ist) werde es schon machen – für uns. Die ironische »Wahrheit« dieses Satzes birgt eine merkwürdige Denkfigur. Wird hier nicht – analog zu ›die Wirtschaft‹, ›der Fortschritt‹, ›die Wissenschaft‹ und manchen anderen – eine Art Pseudo-Subjekt unterschoben? Entlasten wir uns, unsere Denk- und Vernunftfähigkeit, indem wir Produkte und Objekte unseres Tuns und Unterlassens, von uns initiierte und verursachte Prozesse ihrer vermeintlichen Eigengesetzlichkeit überlassen, indem wir ihnen großzügig nicht nur Vernünftigkeit zubilligen, sondern auch Eigenverantwortlichkeit substituieren? Sage niemand, daß seien nur semantische Spielereien! Aus anthropologischer Sicht dürfte es mehr und schwerwiegender sein: Im angeblich so rationalen Denkhaushalt des modernen Menschen hausen immer noch irrationale Denkgespenster – säkularisierte Überreste unseres uralten Glaubens an Mythen. In unserer angeblich durch und durch rationalisierten Zivilisation läßt sich auch eine mythologische Denkfigur noch rational verstehen, wie es in anderen Kulturen ja auch möglich ist, mystische Kontemplation zu rationalisieren. Das kommt auf die Blickrichtung, am Ende wohl auch auf Sinngebung und Zwecksetzung an, soweit wir unseren affektiv emotionalen Charakter unter vernünftigen Kontrollen bändigen können, und wann immer wir uns vor moralischer Verantwortung gegenüber der von uns selbst geschaffenen Wirklichkeit drücken wollen. Denn alle von uns in Gang gesetzten technologischen, technischen, wirtschaftlichen, wissenschaftlichen Prozesse lassen sich, wenn wir nur vernünftig wollen, von uns steuern, unterbrechen oder unterbinden, wenn dann auch Wirkungen und Folgen noch lange fortschwelen mögen. Freilich sind solche Eingriffe in aller Regel eben Wertentscheidungen, falsche oder richtige.

Sind, wie Gregory Bateson behauptet hat, *unsere Werte falsch?* Eine Frage, die in unserem anthropologischen Zusammenhang nur gestellt, niemals beantwortet werden kann. Nach schlüssigen Antworten zu suchen, überschreitet die Kompetenz einer wissenschaftlichen Anthropologie. Sie kann und soll nur Befunde und Erfahrungen bereitstellen, die die Gültigkeit unserer überkommenen Wertvorstellungen wie unserer moralischen Traditionen zu überprüfen, zunächst aber auch nur zu überdenken und zu erinnern veranlassen. Zum Hintergrund solcher vorletzter und letzter Fragen gehören aber wohl noch ein anderer »Wertzusammenhang« – und vielleicht auch eine »Wertkorrektur«, auf die noch hingewiesen werden soll, weil sie ein bedeutungsvolles kulturanthropologisches Phänomen darstellt. Das läßt sich kaum besser verdeutlichen, als es Max Weber getan hat, womit die bisher noch nicht genannten Sozialwissenschaften in den anthropologischen Diskurs eintreten. Weber hat zunächst darauf hingewiesen, daß für die Naturwissenschaften – zumindest für die sogenannten exakten – »Gesetze« um so wichtiger und wertvoller sind, je allgemeingültiger sie sind: »für die Erkenntnis der historischen Erscheinungen in ihrer konkreten Voraussetzung sind die allgemeinsten Gesetze, weil die inhaltsleersten, regelmäßig auch die wertlosesten«[36]. Was daraus an Folgerungen zu ziehen ist, hat erhebliche Bedeutung und verweist zugleich auf ein inhärentes Problem aller Anthropologie.

Zunächst Webers Begründung: »... je umfassender die Geltung eines Gattungsbegriffes – sein Umfang – ist, desto mehr führt er uns von der Fülle der Wirklichkeit ab, da er ja, um das Gemeinsame möglichst vieler Erscheinungen zu enthalten, möglichst abstrakt, also inhaltsarm sein muß.« Daraus folgert Weber weiter, »daß keine Erkenntnis von Kulturvorgängen anders denkbar ist, als auf der Grundlage der *Bedeutung*, welche die stets individuell geartete Wirklichkeit des Lebens in bestimmten *einzelnen* Beziehungen für uns hat. In *welchem* Sinn und in *welchen* Beziehungen dies der Fall ist, enthüllt uns aber kein Gesetz, denn das entscheidet sich nach den *Wertideen*, unter denen wir die »Kultur« jeweils im einzelnen Falle betrachten.« Kultur sei dann »ein vom Standpunkt des *Menschen* aus mit Sinn und Bedeutung bedachter endlicher Ausschnitt aus der sinnlosen Unendlichkeit des Weltgeschehens«[37].

Genau dies zielt auf einen zentralen Punkt unseres anthropologischen Welt- und Selbstverständnisses – oder zumindest auf deren bisherige Traditionen. Zunächst wird man hinzufügen dürfen, daß Wertideen und die korrespondierenden Begriffe keineswegs nur Ergebnisse rationalen Denkens sind, ihre Wurzeln reichen bis in emotionale Tiefen, aus denen jene »Gemütsbedürfnisse« kommen, die im geistigen Haushalt teils sublimierend, zum Teil aber auch subversiv wirken können, da sie unserem Bewußtsein weitgehend verborgen oder doch eigentümlich »verschlüsselt«, und das heißt auch: ohne rationale Kontrolle bleiben. Hinzukommt – anthropologisch betrachtet –, daß offenbar alle Wertideen und Wertbegriffe zugleich selektiv und einschränkend wirken. Auch Max Weber hat das betont: »Der Begriff der Kultur ist ein Wertbegriff. Die empirische Wirklichkeit ist für uns ›Kultur‹, weil und sofern wir sie mit Wertideen in Beziehung setzen ... Ein winziger Teil der jeweils betrachteten individuellen Wirklichkeit wird von unserm durch jene Wertideen bedingten Interesse gefärbt ...«[38]

C. P. Snows These von den zwei Kulturen geistert noch als Klischee durch die moderne Zivilisations- und Kulturkritik; sie ist bisher kaum hinreichend anthropologisch diskutiert worden. Das liegt offensichtlich an der immer noch unüberbrückbar erscheinenden »Differenz« zwischen dem Menschenbild der biologischen Naturwissenschaften und der geisteswissenschaftlich bestimmten Humanwissenschaften einschließlich der Geschichte. Hier stellt sich auch einer pragmatischen Anthropologie eine im wahrsten Sinne fundamentale Aufgabe: die Rechtfertigung der Natur im Menschen als der offenbar alleinigen Grundlage für Vernunftfähigkeit und Kulturfähigkeit. »Wir modernen, religiös ›unmusikalischen‹ Menschen«, wie sich und uns Max Weber diskret bezeichnet hat, sollten gewahr werden, daß es gerade dabei auch um Wertideen und mögliche »Umwertungen« geht, was für Handeln und Verhalten nicht ohne Folgen bleiben würde. Hier könnten komplementäre Einsichten und entsprechende Denkformen – propädeutisch und heuristisch – hilfreich und bedeutsam werden. Das Leib-Seele-Problem mag ungelöst bleiben, es könnte aber als komplementär besser verstanden werden. Das könnte auch für das Denk-Syndrom Gehirn – Erkennen – Bewußtsein gelten und selbst die abendländische Denktradition der strengen Gegensätzlichkeit von Geist und Materie perspektivisch und allmählich auch sachlich relativieren. Bateson wagt die Behauptung, »die interessanteste – wenn auch noch unvollständige – wissenschaftliche Entdeckung des zwanzigsten Jahrhunderts ist vielleicht die Entdeckung der Natur des *Geistes*«[39]. Und das heißt am Ende, daß damit die wertbesetzten Vorstellungen und Bewußtseinsinhalte von unserer eigenen Außen- und Innenwelt, von Selbst und Umwelt, von Subjekt und Objekt – als Wertgefüge und Kulturbewußtsein – revidiert werden, ohne daß wir in einem materialistischen Monismus Zuflucht suchen. Das wäre und bliebe ein fataler Kurzschluß. Wenn es uns endlich gelänge, die evolutive Natur auch in uns als das, was sie ist, nämlich permanente »Schöpfung«, die Zerstörung einschließt und auch Bewußtsein und Erkennen, Fühlen und Wollen, Verhalten und Handeln umfaßt (auch ohne *theologisches* Sinnverständnis) zu begreifen, dann käme möglicherweise unser Selbst-, Umwelt- und Weltverständnis der Wirklichkeit um einen erheblichen Schritt näher, als das bisherigen Denktraditionen gelungen zu sein scheint. Eine interdisziplinäre Anthropologie könnte dazu entscheidende Denkanstöße geben.

Es läge nun nahe, die vorangegangenen Anmerkungen zu »Randbedingungen« der Anthropologie vielfältig an den Beiträgen im Band zu bestätigen oder sie auch mit Befunden, Denkansätzen und Forschungsrichtungen zu konfrontieren. Der interessierte Leser wird das unschwer selbst vermögen, wie er auch die vielerlei Querverbindungen zwischen den Themen der

Beiträge – Wechselwirkungen, Denkanstöße, Rückfragen und Rückkoppelungen – leicht entdecken kann. Und dies alles weist über die Grenzen und Lücken im Band, der nur Beispiele bieten konnte und wollte, weit hinaus – auch auf wissenschaftliche Felder, die in einzelnen Beiträgen nur beiläufig angesprochen worden sind; etwa auf Pädagogik, auf die Sozialwissenschaften, auf Ethnologie, auf ökologische Forschung. Auch zentrale Themen einer umfassenden Anthropologie konnten nur gestreift, nicht explizit behandelt werden: so etwa die für unser Menschsein konstitutive Frage des Todes, jener Endlichkeit individueller Existenz, wofür die Natur offenbar gute und zwingende Gründe hat, während Kultur und Zivilisation aber am Ende eher eine Sinnlosigkeit des Sterbens signalisieren, die nicht nur den alten Leo Tolstoj umgetrieben hat, weil der Mensch – wie es Max Weber formuliert hat – »von dem, was das Leben des Geistes stets neu gebiert, nur den winzigsten Teil, und immer nur etwas Vorläufiges, nichts Endgültiges«[40] erhascht – und das gilt nicht zuletzt auch für das anthropologische Wissen von und über sich selbst.

In den einleitenden Bemerkungen zum anthropologischen Defizit war auch von der institutionalen Entwicklung und Lage der wissenschaftlichen Anthropologie die Rede. Dazu ergeben sich aus den Beiträgen im Band einige bedenkens- und fördernswerte Folgerungen, die nur noch stichwortartig zusammengefaßt seien:

1. *Eine* umfassende und integrierte Wissenschaft vom Menschen ist nicht in Sicht. Voraussichtlich wird sie auch nie zu erreichen sein. Dafür ist die moderne anthropologische Forschung zu vielfältig, zu differenziert und zu zerstreut. Weizsäkkers Diktum mag deshalb seine Gültigkeit behalten: »Fragen wir überhaupt nach einer umfassenden Anthropologie, so philosophieren wir bereits.«

2. Darum bleibt eine fachübergreifende Zusammenarbeit in längst erprobten Formen der Projektarbeit nicht nur möglich, sie wird nur noch dringender. Wie weit man so gewonnene anthropologische Forschungssegmente zu komplexeren Einheiten wird zusammensetzen können, ist unter anderem auch von theoretischen Grundlagen und konkret begrenzten Themenstellungen abhängig. Die Fachstruktur und der Fächerkanon der Universitäten dürfte solche Zusammenarbeit zunächst eher hemmen als fördern. Darum bleiben die wissenschaftlichen Stif-

tungen und etwa die Max-Planck-Gesellschaft aufgerufen, anthropologische Forschung in fachübergreifenden Projekten zu fördern oder überhaupt erst zu ermöglichen.

3. Weniger für den Anthropologen als für den interessierten und betroffenen Laien erscheint eine Zeitschrift erwünscht, die es im deutschen Sprachgebrauch nicht gibt: ein publizistisches Organ, in dem anthropologisches Forschen und Wissen aus erster Hand begreifbar und identifizierbar für besseres Selbstverständnis des heutigen Menschen dargeboten werden könnte. Ein Vehikel für die heute viel diskutierte »Bringschuld« der Wissenschaft – und in diesem Fall aller an anthropologischer Forschung beteiligten Disziplinen, so disparat sie auch auf einen *ersten* Blick erscheinen mögen. Die Zeitschrift sollte den notwendigen *zweiten* Blick – auf Zusammenhang und Bedeutung für den heutigen Menschen und seine Umwelt und Innenwelt – ermöglichen. Wunsch und Anregung, die eines ernsthaften Nachdenkens für wert erachtet werden sollten.

Dabei ginge es nicht nur darum, unsere Verstörungen und Ratlosigkeiten, unser mangelndes Wissen von uns selbst und unsere gleichzeitige Selbstüberheblichkeit durch endlose verbale Wiederholungen unserer menschlichen Misere ins Apokalyptische und Ausweglose zu stilisieren, sondern zur »anthropologischen Differenz«, die heute gewiß eher Katastrophen als humanen Glückserfüllungen zutreibt, *dennoch* und besonders dringlich das dazugehörig Komplementäre sichtbar und anwendbar zu machen: die Vernunftfähigkeit des Menschen, die wie seine Freiheit noch längst nicht erschöpft ist und uns spät – aber nicht *zu spät* – tiefere Einsicht in die vergessenen Naturgegebenheiten alles menschlichen Daseins bringen und damit Kräfte zum Handeln auslösen kann, »die dem Gang in die Nacht Einhalt gebieten, der man andernfalls fast besinnungslos zustolpern würde«[41].

Dabei wird für den Einzelnen wie für die anthropologischen Wissenschaften auch weiterhin gelten, was der französische Philosoph Emmanuel Lévinas so formuliert hat: »Einem Menschen begegnen heißt, von einem Rätsel wachgehalten werden.«

1 J. J. Rousseau, Diskurs über die Ungleichheit. Discours sur l'inégalité. Kritische Ausgabe des integralen Textes. Mit sämtlichen Fragmenten und ergänzenden Materialien nach den Originalausgaben und den Handschriften neu ediert, übersetzt und kommentiert von Heinrich Meier. (UTB 725) Paderborn 1984, S. 419. – Die in jeder Hinsicht außerordentliche Neuausgabe dürfte das Verständnis für Rousseaus philosophische Anthropologie entscheidend erweitern und vertiefen.
2 Ebd., S. LIXf.
3 Ebd., S. 419.
4 F. Nietzsche, Die Unschuld des Werdens (Nachlaß I und II). (Kröners Taschenausgabe, Bd. 82/83). Vgl. Nietzsche-Register. Stuttgart 1965.
5 M. Scheler, Die Stellung des Menschen im Kosmos. Bern, München 1966, S. 10f.
6 Dazu u.a. D. Kamper, Geschichte und menschliche Natur. Die Tragweite gegenwärtiger Anthropologie-Kritik. München 1973, S. 131ff.
7 W. Lepenies, H. Nolte, Kritik der Anthropologie. München 1971, S. 77ff.
8 V. F. Weisskopf, Perspektiven und Schranken der Naturwissenschaft. In: H. Rössner (Hrsg.), Rückblick in die Zukunft. Beiträge zur Lage in den achtziger Jahren. Berlin 1981, S. 203ff.
9 G. Bateson, Ökologie des Geistes. Anthropologische, psychologische, biologische und epistemologische Perspektiven. Frankfurt a.M. 1981, S. 406.
10 Ebd., S. 410.
11 Ebd., S. 413 u.ö.
12 K. Popper, Objektive Erkenntnis. Ein evolutionärer Entwurf. Hamburg 1973, S. 279.
13 In: A. Peisl, A. Mohler (Hrsg.), Reproduktion des Menschen. Beiträge zu einer interdisziplinären Anthropologie. Frankfurt a.M., Berlin, Wien 1981, S. 46.
14 Nietzsche, Die Unschuld des Werdens.
15 Nietzsche 1885, von Ernst Jünger zitiert in: Autor und Autorschaft. Stuttgart 1984, S. 241.
16 H. Schipperges, Idee und Wirklichkeit des Leibes im abendländischen Denken. In: Peisl, Mohler (Hrsg.), Reproduktion des Menschen, S. 143.ff.
17 Ebd., S. 154.
18 Ebd., S. 155.
19 Vgl. H. Paul, Deutsches Wörterbuch. 5., völlig neu bearb. u. erw. Aufl. v. W. Betz. Tübingen 1966; dort die einschlägigen Wortgeschichten.

20 Popper, Objektive Erkenntnis, S. 263.
21 H. Plessner, Mit anderen Augen. Aspekte einer philosophischen Anthropologie. Stuttgart 1982, S. 114.
22 J. Habermas in: Merkur 1970/4; zitiert bei Plessner, Mit anderen Augen, S. 113.
23 M. Eigen, R. Winkler, Das Spiel. Naturgesetze steuern den Zufall. München 1975, S. 288f.
24 N. Hartmann, Der Aufbau der realen Welt. Grundriß der allgemeinen Kategorienlehre. Berlin 1964.
25 G. Mann, Noch ein Versuch über Geschichtsschreibung. In: Zwölf Versuche. Frankfurt a.M. 1973, S. 21f., S. 25f.
26 H. M. Gauger, Sprache und Sprechen im Werk Sigmund Freuds. In: A. Peisl, A. Mohler (Hrsg.), Der Mensch und seine Sprache. Frankfurt a.M., Berlin, Wien 1979, S. 48ff. Dort und im übrigen Band werden Sprache und Geschichte in ihrem anthropologischen Zusammenhang aus der Sicht sehr verschiedener Disziplinen diskutiert.
27 M. Bloch, Apologie der Geschichte oder Der Beruf des Historikers. Stuttgart 1974, S. 160.
28 H. Lincke, Instinktverlust und Symbolbildung. Die psychoanalytischen Grundlagen des menschlichen Verhaltens. Berlin 1981, S. 119.
29 H. Arendt: Vita activa oder vom tätigen Leben. Stuttgart 1960, S. 29.
30 Popper, Objektive Erkenntnis, S. 328.
31 J. Burckhardt, Weltgeschichtliche Betrachtungen. Stuttgart 1963, S. 5.
32 Lincke, Instinktverlust, S. 34 u.ö.
33 Bateson, Ökologie des Geistes, S. 632.
34 Ebd., S. 629.
35 Ebd., S. 631.
36 M. Weber, Die Objektivität sozialwissenschaftlicher Erkenntnis. In: Soziologie, Weltgeschichtliche Analysen, Politik. Stuttgart 1956, S. 222.
37 Ebd., S. 223f.
38 Ebd., S. 217.
39 Bateson, Ökologie des Geistes, S. 617.
40 M. Weber, Wissenschaft als Beruf. In: Soziologie, Weltgeschichtliche Analysen, Politik, S. 318.
41 A. Weber, Kulturgeschichte als Kultursoziologie. München 1956. Jede wirkliche Apokalyptik, schreibt Alfred Weber, sei nur echt, wenn das »unbedachte Vermehrungs- und Vernichtungsverhalten, das aus dem Vergessen der Naturgegebenheiten alles menschlichen Daseins folgt, aus der Einsicht der Gefahren Kräfte auslösen werden, die dem Gang in die Nacht Einhalt gebieten, der man andernfalls fast besinnungslos zustolpern würde.« So der Schluß des Buchs.

WALTER BURKERT, geb. 1931 in Neuendettelsau; Studium der Klassischen Philologie und Philosophie in Erlangen und München; Promotion in Erlangen 1955, Habilitation 1961; Studienaufenthalt in USA 1965/66; Professor der Klassischen Philologie an der Technischen Universität Berlin 1966–1969, an der Universität Zürich seit 1969; Gastprofessor in Harvard (1968) und Berkeley (1977). Forschungsgebiete: altgriechische Literatur, Philosophie und Religion, besonders in anthropologischer Perspektive.

Veröffentlichte Bücher: Weisheit und Wissenschaft. Studien zu Pythagoras, Philolaos und Platon (1962); Homo Necans. Interpretationen altgriechischer Opferriten und Mythen (1972); Griechische Religion der archaischen und klassischen Epoche (1977); (diese Werke auch in englischer Übersetzung); Structure and history in Greek mythology and ritual (1979); Die orientalisierende Epoche in der griechischen Religion und Literatur (1984).

Der Beitrag von Walter Burkert wurde 1983 als Vortrag in der Carl Friedrich von Siemens Stiftung München gehalten und 1984 als Manuskript gedruckt (Themen-Reihe der Carl Friedrich von Siemens-Stiftung, Band XL).

IRENÄUS EIBL-EIBESFELDT, geb. 1928 in Wien. Studium der Zoologie in Wien; Mitarbeiter der Biologischen Station Wilhelminenberg in Wien und von Konrad Lorenz am Institut für Vergl. Verhaltensforschung in Altenberg; 1950 Dr. phil.; 1951 Übersiedlung mit Lorenz an die neugegründete Forschungsstelle für Verhaltensphysiologie in Buldern/Westf., 1957 ins MPI für Verhaltensphysiologie Seewiesen; 1963 Habilitation für Zoologie an der Universität München; 1970 Prof. für Zoologie und Übernahme der Arbeitsgruppe für Humanethologie am MPI für Verhaltensphysiologie; seit 1975 Leiter der selbständigen Forschungsgruppe. Mitglied der Akademie der Naturforscher Leopoldina u.a. wissenschaftlicher Organisationen. 1971 Goldene Bölsche-Medaille, 1981 Burda-Preis.

Veröffentlichungen: Grundriß der vergleichenden Verhaltensforschung (1967, ^{6}1980); Die Biologie des menschlichen Verhaltens. Grundriß der Humanethologie (1984, ^{2}1986);

Liebe und Haß (1970, [12]1985); Krieg und Frieden (1975, [2]1984), Galápagos ([1]1960, [7]1984); Malediven ([1]1982, [2]1985); Der vorprogrammierte Mensch ([1]1973; [4]1986).

BERNHARD HASSENSTEIN, geb. 1922 in Potsdam; 1940–1948 Studium der Biologie, unterbrochen durch Kriegsdienst, in Berlin, Göttingen und Heidelberg; Promotion 1950; 1948 bis 1954 wissenschaftliche Tätigkeit bei Prof. Erich von Holst am MPI für Verhaltensphysiologie; ab 1954 Assistent am Zoophysiologischen Institut der Universität Tübingen; dort 1957 Habilitation. 1958–1960 Mitbegründer und Mitarbeiter der Forschungsgruppe Kybernetik im MPI für Biologie, Tübingen, 1960–1984 o. Prof. für Biologie an der Universität Freiburg i. Br.; Lehrbereiche und Arbeitsgebiete: Tierphysiologie, biologische Kybernetik, Verhaltensbiologie und biologische Anthropologie.

Veröffentlichungen u. a.: Biologische Kybernetik (1965); Verhaltensbiologie des Kindes (1973); Was Kindern zusteht (1978); Freiburger Vorlesungen zur Biologie des Menschen (Hrsg., 1979); Instinkt, Lernen, Spielen, Einsicht (1980).

HANS JONAS, geb. 1903 in Mönchengladbach; Studium der Philosophie bei Husserl, Heidegger, Bultmann, Jaspers; Promotion 1928 in Marburg in Philosophie, Theologie und Kunstgeschichte; 1933 Emigration nach Palästina, 1949 nach Kanada, 1955 in die USA; 1940–1945 Artillerist in der britischen Armee (Jüdische Brigade), 1948–1949 in der israelischen Armee; Lehrtätigkeit an den Universitäten in Jerusalem, Ottawa, New York; Gastprofessuren u. a. in Princeton, Chicago, München; Hauptarbeitsgebiete: Spätantike, Theorie des Organismus (philos. Biologie), Technik und Ethik; Auszeichnungen: Mehrf. Ehrendoktor, H. K. Beecher Award, The Hastings Center 1978, Dr. Leopold-Lucas-Preis, Tübingen 1984. Mitglied der American Academy of Arts and Sciences und der New York Academy of Sciences.

Veröffentlichungen u. a.: Augustin und das paulinische Freiheitsproblem (1930, 1965); Gnosis und spätantiker Geist I (1934, 1964); II/1 (1954, 1966); The Gnostic Religion (1958, 1963); The Phenomenon of Life (1966); Organismus und Freiheit (1973); Philosophical essays (1974); Das Prinzip Verantwortung (1979); Macht oder Ohnmacht der Subjektivität (1981); Der Gottesbegriff nach Auschwitz (1984); Technik, Medizin und Ethik (1985).

Der Beitrag von Hans Jonas in diesem Band ist erstmals in

der Zeitschrift ›Scheidewege‹, Jahrgang 15, Jahresband 1985/86 erschienen.

HUBERT MARKL, geb. 1938 in Regensburg; Studium der Biologie, Chemie, Geographie an der Universität München; 1962 Promotion in Zoologie; 1965/66 Forschungsaufenthalte in den USA (Harvard und Rockefeller University); 1967 Habilitation für Zoologie an der Universität Frankfurt a. M.; 1968–1974 o. Professor an der Technischen Hochschule Darmstadt; seit 1974 o. Professor für Biologie an der Universität Konstanz; Mitgliedschaften (u. a.): Heidelberger Akademie der Wissenschaften; Deutsche Akademie der Naturforscher Leopoldina; Korr. Mitglied der Bayer. Akademie der Wissenschaften; Ehrenmitglied der American Academy of Arts and Sciences, Boston; 1977–1983 Vizepräsident, seit 1986 Präsident der Deutschen Forschungsgemeinschaft. 1985 Karl-Vossler-Preis für wissenschaftliche Prosa. Forschungsschwerpunkte: Verhaltensforschung und Sinnesphysiologie; Evolution sozialen Verhaltens bei Tieren.

ODO MARQUARD, geb. 1928 in Stolp/Pommern; Studium der Philosophie, Germanistik, Theologie; 1954 Promotion in Freiburg i. Br.; 1963 Habilitation in Münster/Westf.; seit 1965 o. Professor für Philosophie an der Universität Gießen; 1982/83 Fellow am Wissenschaftskolleg zu Berlin; 1984 Sigmund-Freud-Preis für wissenschaftliche Prosa der Deutschen Akademie für Sprache und Dichtung; seit 1985 Präsident der Allgemeinen Gesellschaft für Philosophie in Deutschland.
Bekannteste Bücher: Schwierigkeiten mit der Geschichtsphilosophie (1973, ^{2}1982); Abschied vom Prinzipiellen (1981, ^{3}1984).

CHRISTIAN MEIER, geb. 1929 in Stolp/Pommern; Althistoriker an der Universität München. Arbeitete über die römische Republik und die griechische Demokratie sowie deren Vorgeschichte. Besondere Interessen: Politik und Verfassung, politisches Denken, griechisches Theater und neuerdings immer mehr die Besonderheit griechischer Anthropologie; schließlich die historische Theorie. Seit einiger Zeit versucht er, neue Formen der Darstellung von Geschichte für ein breiteres Publikum zu erarbeiten.
Wichtigste Veröffentlichungen: Res Publica Amissa (1966, ^{2}1980); Entstehung des Begriffs ›Demokratie‹ (1970); Die Entstehung des Politischen bei den Griechen (1980, ^{2}1983); Die Ohnmacht des allmächtigen Dictators Caesar (1980);

Caesar (1982, dtv 1986); Introduction à l'anthropologie politique de l'antiquité classique (1984); Politik und Anmut (1985).

MARGARETE MITSCHERLICH-NIELSEN, geb. 1917 in Graasten/Dänemark; Studium der Literatur und Medizin; Medizinische Promotion 1950 in Tübingen; Studium der Psychoanalyse in Stuttgart, London und Heidelberg; Wissenschaftliche Mitarbeiterin in der Psychosomatischen Klinik Heidelberg und im Sigmund-Freud-Institut Frankfurt; Mitglied der Internationalen und Deutschen Psychoanalytischen Vereinigung, des PEN-Clubs und im Beirat des Hamburger Instituts für Sozialforschung.

Veröffentlichungen: Die Unfähigkeit zu trauern (mit Alexander Mitscherlich, 1968); Müssen wir hassen? (1972); Das Ende der Vorbilder (1978); Männer (mit Helga Dierichs, 1980); Die friedfertige Frau (1985); sowie zahlreiche Beiträge in Zeitschriften, insbesondere in ›Psyche‹. Teile des Beitrags in diesem Band finden sich auch in dem Kapitel ›Über weibliche Sozialisation‹. In: Die friedfertige Frau. Frankfurt a. M. 1985.

ERNST PÖPPEL, geb. 1940 in Pommern; Gymnasium in Freiburg; 2 Jahre Bundesmarine; Studium in Freiburg, München und Innsbruck; Promotion (Psychologie und Zoologie) 1968 in Innsbruck; Habilitation für Sinnesphysiologie an der Medizinischen Fakultät der Universität München 1974; Habilitation für Psychologie an der Naturwiss. Fakultät der Universität Innsbruck; Lehrstuhl für Medizinische Psychologie Universität München 1976; Wissenschaftliche Stationen: MPI für Verhaltensphysiologie, MPI für Psychiatrie, Massachusetts Institute of Technology (Department of Psychology), Neurosciences Research Program, Boston; Vorstand des Instituts für Mediz. Psychologie an der Universität München.

Veröffentlichungen: Bücher s. Literaturverzeichnis zum Beitrag in diesem Band; zahlreiche Einzelveröffentlichungen und Vorträge, insbesondere zu Fragen der visuellen Wahrnehmung und des Zeiterlebens.

KLAUS R. SCHERER, geb. 1943 in Leverkusen; Studium der Volkswirtschaftslehre, Soziologie und Psychologie an der Universität Köln und der London School of Economics and Political Sciences 1962–1966. Postgraduiertenstudium an der Harvard University, Ph. D. 1970; Assistant Professor of Psychology an der University of Pennsylvania, Philadelphia,

1970–1972; dann 1972/1973 Professor am Institut für Psychologie der Universität Kiel; 1973 Ruf auf den Lehrstuhl für Sozialpsychologie an der Universität Gießen; seit 1985 auch an der Universität Genf, Lehrstuhl für Emotionspsychologie; Schwerpunkte der Forschung sind Motivation und Emotion, u.a. Streßforschung und interkulturelle Untersuchungen von Emotionsreaktionen; Interaktion und Kommunikation, vor allem die objektive Analyse nonverbalen Verhaltens; Psychoakustik, insbesondere Sprachschallanalyse.
Veröffentlichungen: zahlreiche Buchbeiträge und Aufsätze in internationalen Fachzeitschriften.

THURE VON UEXKÜLL, geb. 1908 in Heidelberg; Sohn des Biologen Jakob von Uexküll; Medizinstudium 1928–1934; Leiter der Medizinischen Universitätspoliklinik Gießen 1955–1966; Leiter der Abtg. für innere Medizin und Psychosomatik im Dept. für Innere Medizin u. Kinderheilkunde der Universität Ulm 1966–1976; danach Emeritus in Freiburg i. Br.
Veröffentlichungen: Der Sinn des Lebens (1943, gemeinsam mit Ernesto Grassi); Wirklichkeit als Geheimnis und Auftrag (1945, gemeinsam mit J. v. Uexküll); Vom Ursprung und den Grenzen der Geisteswissenschaften und Naturwissenschaften (1950, gemeinsam mit Ernesto Grassi); Der Mensch und die Natur (1953); Grundfragen der Psychosomatischen Medizin (1963); Lehrbuch der Psychosomatischen Medizin (Hrsg., 1979, ^{3}1986); Kompositionslehre der Natur (Hrsg., 1980); Die Zeichenlehre J. v. Uexkülls. In: Krampen u.a. (Hrsg.): Die Welt als Zeichen (1981).

CHRISTIAN VOGEL, geb. 1933 in Berlin; Studium der Zoologie, Botanik und Geologie an den Universitäten Kiel und Basel; 1960 Promotion zum Dr. rer. nat. an der Universität Kiel als Schüler von A. Remane; anschließend wissenschaftlicher Assistent am Zoologischen, dann am Anthropologischen Institut der Kieler Universität, dort 1964 Habilitation für Anthropologie. 1972 Berufung auf den neugegründeten Lehrstuhl für Anthropologie der Universität Göttingen; 1978 Gastprofessor am Primate Research Institute der Kyoto University (Japan); 1982 »Research Fellow« an der Cornell University, Ithaca N. Y. (USA); seit 1967 ausgedehnte anthropologische und primatologische Feldforschung in Indien; Forschungsgebiete: Evolution des Menschen und der Primaten, funktionelle Morphologie, Verhalten, Ökologie und Soziobiologie der Primaten; Mitglied der Deutschen Akademie der Naturforscher Leopoldina und der Akademie der Wissenschaften zu Göttingen.

Friedrich Vogel, geb. 1925 in Berlin; 1946–1951 Studium der Medizin in Berlin; 1951 Staatsexamen und Promotion zum Dr. med. an der Freien Universität Berlin; 1953–1962 Tätigkeit am Max-Planck-Institut für vergleichende Erbbiologie und Erbpathologie in Berlin-Dahlem; 1957 Venia legendi für Humangenetik (FU-Berlin); 1958 Aufenthalt am Dept. of Human Genetics in Ann Arbor, Michigan, USA; seit 1962 o. Professor und Direktor des Instituts für Anthropologie und Humangenetik der Universität Heidelberg; 1971 Gastprofessor an der Delhi University, Indien; 1974 Mitglied der Akademie der Naturforscher Leopoldina; 1976–1977 Fellow am Center for Advanced Study in the Behavioral Sciences, Stanford; 1981 Honorary Member, Japanese Society of Human Genetics; 1983–1984 Fellow am Wissenschaftskolleg Berlin; wissenschaftliche Tätigkeit vor allem auf dem Gebiet der spontanen und induzierten Mutabilität menschlicher Gene; der Populationsgenetik der ABO-Blutgruppen sowie der genetischen Variabilität des normalen menschlichen Elektroenzephalogramms (EEG) in ihrer Bedeutung für Befinden und Verhalten des Menschen.

Etwa 250 Veröffentlichungen, darunter mehrere Bücher, u. a. (mit A. G. Motulsky) Human genetics. Problems and approaches (^{2}1986); (mit P. Propping) Ist unser Schicksal mitgeboren? (1981).

Der Beitrag in diesem Band ist eine überarbeitete und erweiterte Fassung eines Beitrags in: Rassen und Minderheiten. Schriftenreihe Sozialanthropologie, Bd. 1. Hrsg. v. H. Seidler u. A. Soritsch. Wien 1983.

Mario Wandruszka, geb. 1911 in Znaim (Mähren); 1936 Stipendiat der Alexander-von-Humboldt-Stiftung in Heidelberg; 1939 dort Dozent für romanische Philologie; 1956–1971 Professor in Tübingen; 1971–1981 in Salzburg; Gastprofessuren und Vortragsreisen in Europa, Amerika, Nordafrika; Ehrendoktor der Universität Paris-Sorbonne.

Veröffentlichungen: Angst und Mut (1950, 1981); Haltung und Gebärde der Romanen (1954); Der Geist der französischen Sprache (1959); Sprachen vergleichbar und unvergleichlich (1969); Interlinguistik: Umrisse einer neuen Sprachwissenschaft (1971); Die Mehrsprachigkeit des Menschen (1979, als dtv-Taschenbuch 1981); Das Leben der Sprachen (1984).

Hans Rössner, geb. 1910 in Dresden; Studium Deutsche Sprache und Literatur, Geschichte, Philosophie, ev. Theologie in Leipzig, Graz, Marburg und Bonn; Promotion 1938. Lektor und Verlagsleiter, danach Berater mehrerer Verlage.

Veröffentlichungen: Rückblick in die Zukunft. Beiträge zur Lage in den achtziger Jahren (Hrsg., Berlin 1981); Der nahe und der ferne Gott. Nichttheologische Texte zur Gottesfrage im 20. Jahrhundert (Hrsg., Berlin 1981); Beiträge und Aufsätze in Sammelwerken und Zeitschriften; Konzepte der Vortragsreihen ›Der Mensch und seine Sprache‹ (zus. mit Mario Wandruszka) und ›Reproduktion des Menschen. Beiträge zu einer interdisziplinären Anthropologie‹, die unter den gleichen Titeln als Band 1 (1979) und Band 5 (1981) in der Reihe Schriften der Carl Friedrich von Siemens-Stiftung, hrsg. von A. Peisl und A. Mohler, erschienen sind.